行政判例研究 XIX-1

社團法人 韓國行政判例研究會 編

2014

傳 英 社

Studies on Public Administration Cases

Korea Public Administration Case Study Association

Vol. XIX-1

2014

Parkyoung Publishing & Company

간 행 사

금년 2014년은 우리 행정판례연구회에 아주 의미 있는 한 해가 아닐 수가 없습니다. 행정판례연구회는 금년 10월에 창립 30주년을 맞게 되는 동시에 300회 발표회를 갖게 됩니다. 우리 회원님들께서 잘 알고 계시는 바와 같이 우리 연구회는 1984년 10월 행정소송법 및 행정심판법 전문개정을 계기로 하여 행정법학계와 실무계의 원로선생님들의 주도하에 창립되었으며, 우리 행정법 발전에 중요한 견인차 역할을 하여 왔습니다.

그동안 대학교수, 판사, 변호사, 공무원 등 학계와 실무계에 종사하시는 분들께서 매월 중요한 쟁점이 되고 있는 행정판례들을 발표하고 토론함으로써 학설의 발전을 촉진시키고 판례를 향도하여 왔습니다. 우리 연구회는 지난 30년의 세월 동안 우리나라의 법문화 창조에 적지 않은 기여를 하였다고 자평할 수 있으며, 이러한 학술연구활동은 우리의 후속세대를 통하여 앞으로도 수백 년 또는 그 이상 지속될 것으로 희망하고 있습니다.

우리 행정판례연구회는 2014년 상반기에도 5회에 걸쳐 2013년의 주요 판례들을 대상으로 월례발표회를 개최하였습니다. 이번에 출간되는 행정판례연구 제19집 제1호는 금년에 개최된 월례발표회에서 발표되었던 정보공개, 토지대장의 기재사항 변경거부의 처분성, 공법상 당사자소송, 출입국관리, 조세법상의 증액경정처분 및 소득금액변동통지, 지방자치단체의 구역관할결정 등 총론과 각론의 다양한 주제에 관한 9편의 논문으로 구성되고 있습니다.

이번 19집 제1의 출간을 위하여 귀중한 옥고를 보내주신 필자 여러분들께 고마움을 전하며, 학회지가 계획에 따라 차질없이 간행될 수 있도록 헌신적으로 노력하여 주신 출판이사 정남철 교수, 출판간사 계인국 박사께 깊은 감사를 드립니다. 아울러 「행정판례연구」가 전문학술지로서 높은 질적 수준을 유지하기 위하여 노고를 아끼지 않은 박정훈 간행편집위원장, 그리고 강현호, 김대인, 김의환, 서보국, 유진식, 이현수, 이희정, 장경원, 전훈, 정하명, 정호경, 조성규 편집위원들께도 깊은 謝意를 보냅니다.

2014년 6월

사단법인 한국행정판례연구회 회장

정하중

차 례

Table of Contents

行政行爲의 瑕疵

所得金額變動通知와 瑕疵의 承繼, 判例變更에 따른 信賴性 保護 問題 / 金世鉉

所得金額變動通知와 瑕疵의 承繼, 判例變更에 따른 信賴性 保護 問題

金世鉉*

대법원 2012. 1. 26. 선고 2009두14439 판결

Ⅰ. 서설

최근 대법원은 논쟁의 대상이 되어 왔던 소득처분에 따른 소득금액변동통지의 행정처분성 여부에 관하여 이를 부정하였던 기존의 견해를 변경하는 전원합의체 판결(대법원 2006. 4. 20. 선고 2002두1878 전원합의체 판결)을 선고하였다. 이 글의 대상 판결(대법원 2012. 1. 26. 선고 2009두14439 판결, 이하 '대상판결'이라 한다)은 위 전원합의체 판결 이후 징수처분에 대한 항고소송에서 기존처럼 소득금액변동통지의 구체적 내용에 대

* 仁川地方法院 富川支院 判事

하여 다툴 수 있는지를 그 쟁점으로 하고 있다. 위 전원합의체 판결 이전의 대법원판례는 소득금액변동통지를 항고소송의 대상이 되는 처분이 아닌 것으로 보고 소득금액변동통지에 따른 징수처분에 대하여 법인이 그 징수처분의 고유한 하자가 아닌 원천징수세액의 존부와 범위를 다툴 수 있도록 허용함으로써 원천징수의무자인 법인이 과세관청의 부당한 소득금액변동통지 및 징수처분에 따른 납세의무를 면할 수 있도록 하였다. 판례변경이 있었다고 하더라도 일반인으로서는 항고소송의 대상인 처분인지 여부를 쉽게 판단할 수 없으므로 여전히 징수처분에 대한 항고소송에서 소득금액변동통지의 구체적 내용에 대하여 다툴 수 있다고 보아야 하는지가 대상판결의 또 하나의 쟁점이다. 이하에서는 대상판결에 대해서 살펴보고 위 쟁점들에 대해서도 논의해 보고자 한다.

Ⅱ. 대상판결의 요지(대법원 2012. 1. 26. 선고 2009두14439 판결)

1. 사실 관계

원고는 2001. 11. 21. A라는 상호로 설립되어 서울 강남구에서 영업을 하다가 2005. 1. 15.경 B라는 상호로 변경하였고, 원고의 대표이사는 甲이다. 원고는 공급자가 C로 된 3장의 세금계산서를 수취하였다. 원고는 2003. 7. 25. 이 사건 세금계산서 3장에 해당하는 매입세액을 공제하여 2003년 제1기분 부가가치세를 신고하였다. 원고는 2004. 3. 31. 공급가액 118,322,760원을 손금에 산입하여 2003 사업연도 법인세를 신고하였다.

乙 세무서장은 2004. 5.경 C가 실물거래 없이 허위의 세금계산서를 발행한 사실을 확인하여 자료상으로 확정·고발하고 해당 과세자료를

피고에게 통지하였다. 피고는 위 과세자료에 따라 부가가치세 매입세액을 불공제하고 공급가액을 법인세 손금불산입하여 부가가치세 및 법인세를 경정·고지하였다. 그리고 피고는 130,155,036원이 사외유출된 것으로 보아 이를 대표자 甲에게 상여처분하고, 2006. 8. 1. 원고에게 소득금액변동통지를 하였다. 원고가 甲에 대한 원천징수근로소득세를 납부하지 않자, 피고는 2007. 3. 1.자로 원고에게 2003년 귀속 원천징수근로소득세 등 35,688,290원(근로소득세 32,443,900원 + 원천징수납부 불성실가산세 3,244,390원)을 납부하도록 고지(이하 '이 사건 징수처분'이라 한다)하고, 이는 2007. 4. 12. 원고에게 송달되었다.

원고는 2007. 7.경 국세심판원에 국세심판청구를 제기하였으나, 국세심판원은 이 사건 세금계산서를 가공세금계산서로 보아 행한 과세처분은 정당하다는 이유로 심판청구 기각결정을 내렸다. 원고는 2008. 1.경 "피고가 2007. 3. 1. 원고에 대하여 한 원천근로소득세 징수처분금액 35,688,290원의 처분을 취소한다."는 청구취지로 이 사건 소를 제기하였다.

2. 대상판결의 요지

과세관청의 소득처분과 그에 따른 소득금액변동통지가 있는 경우 원천징수의무자인 법인은 소득금액변동통지서를 받은 날에 그 통지서에 기재된 소득의 귀속자에게 당해 소득금액을 지급한 것으로 의제되어 그 때 원천징수하는 소득세의 납세의무가 성립함과 동시에 확정되므로 소득금액변동통지는 원천징수의무자인 법인의 납세의무에 직접 영향을 미치는 과세관청의 행위로서 항고소송의 대상이 된다. 그리고 원천징수의무자인 법인이 원천징수하는 소득세의 납세의무를 이행하지 아니함에 따라 과세관청이 하는 납세고지는 확정된 세액의 납부를 명하는 징수처분에 해당하므로 선행처분인 소득금액변동통지에 하자가 존재하더라도 당연무효 사유에 해당하지 않는 한 후행처분인 징수처분에 그대로 승계되지 아니한다. 따라서 과세관청의 소득처분과 그에 따른 소득금액변동통지가 있는 경우 원천징수하는 소득세의 납세의무에 관하여는 이를 확정하는 소득금액변동통지에 대한 항고소송에서 다투어야 하고, 소득금액변동통지가 당연무효가 아닌 한 징수처분에 대한 항고소송에서 이를 다툴 수는 없다.

3. 원심의 판단

소득금액변동통지의 행정처분성을 인정한 대법원 2006. 4. 20. 선고 2002두1878 전원합의체 판결 이후로는 원천징수세액의 존부와 범위를 다투는 자는 소득금액변동통지에 대한 항고소송에서 이를 다투어야 하고, 소득금액변동통지가 당연무효가 아닌 한 징수처분에 대한 항고소송에서는 징수처분의 고유한 하자에 대하여만 다툴 수 있다.

원고는 이 사건 소득금액변동통지 당시에는 이를 다투지 아니하다가, 이 사건 징수처분에 이르러 징수처분의 고유한 하자에 관하여는 아무런 주장을 하지 아니한 채 이 사건 소득금액변동통지의 구체적 내용만을 다투고 있으므로, 이 사건 소득금액변동통지가 당연무효가 아닌 한 이 사건 징수처분이 위법하다고 할 수 없다.

나아가 이 사건 소득금액변동통지에 당연무효의 사유가 있는지 여부에 관하여 보건대, 이 사건 세금계산서가 실제 거래에 따라 수취한 것인지 여부에 관한 피고의 판단이 잘못된 것이라 하더라도 그것은 이 사건 소득금액변동통지의 취소사유에 해당할 뿐 당연무효의 사유에 해당한다고 할 수는 없으므로, 원고의 이 사건 청구는 더 나아가 살펴볼 필요 없이 받아들일 수 없다.

그렇다면 원고의 이 사건 청구는 이유 없어 기각할 것인바, 제1심판결은 이와 결론을 같이 하여 정당하므로, 원고의 항소를 기각하기로 한다.

4. 원고의 상고 이유

소득금액변동통지의 행정처분성을 인정한 전원합의체 판결 이전의 대법원판례는 소득금액변동통지를 항고소송의 대상이 되는 처분이 아닌 것으로 보고, 소득금액변동통지에 따른 징수처분에 대하여 법인이 그 징수처분의 고유한 하자가 아닌 원천징수세액의 존부와 범위를 다툴 수 있도록 허용함으로써, 원천징수의무자인 법인이 과세관청의 부당한 소득금액변동통지 및 징수처분에 따른 납세의무를 면할 수 있도록 하였으며, 이와 같은 불복방법은 오랜 기간 동안 정착되어 관행화되어 있었다. 그런데 대법원 2002두1878 전원합의체 판결은 납세자의 권리구제를 위하여 소득금액변동통지의 처분성을 인정하여 이를 항고소송의 대상으로 삼을 수 있도록 판례변경을 하였다.

판례변경이 있었다고 하더라도 일반인으로서는 항고소송의 대상인 처분인지 여부를 쉽게 판단할 수 없고, 소득금액변동통지에 대하여 다투지 않으면 그에 따른 징수처분에 대하여도 다툴 수 없다고 판단할 정도로 고도의 법적 지식을 납세자에게 요구할 수 없는 점, 판례변경 이후로 더 이상 징수처분에 대한 불복을 허용하지 않는다면 종전의 불복방법에 관한 관행을 신뢰한 법인으로서는 불측의 손해를 입게 되는데, 이는 납세자의 권리구제를 위해 소득금액변동통지에 대하여 다툴 수 있도록 허용한 취지에 부합하지 않는 점, 판례변경에 의하여 그동안 관행화된 불복방법에 근본적인 변경이 생기면 그 변경된 불복방법에 대해서는 마땅히 법에 관련 규정을 신설할 필요가 있고, 그때까지는 기존의 불복방법을 허용함이 상당한 점 등의 사정에 비추어 볼 때, 판례변경에 불구하고 종전의 판례에 따른 불복방법을 신뢰한 원천징수의무자로서는 여전히 징수처분에 대한 항고소송에서 소득금액변동통지의 구체적 내용에 대하여 다툴 수 있다고 보아야 한다.

따라서 원고가 소득금액변동통지에 따른 징수처분에 대하여 다툴 수 없다고 한 원심판결은 판례변경 이후 징수처분에 관하여 다툴 수 있는 사유에 관한 법리를 오해한 것으로서 위법하다.

5. 참조 조문

법인세법(2007. 12. 31. 법률 제8831호로 개정되기 전의 것)

제67조(소득처분) 제60조의 규정에 의하여 각 사업연도의 소득에 대한 법인세의 과세표준을 신고하거나 제66조 또는 제69조의 규정에 의하여 법인세의 과세표준을 결정 또는 경정함에 있어서 익금에 산입한 금액은 그 귀속자에 따라 상여·배당·기타 사외유출·사내유보 등 대통령령이 정하는 바에 따라 처분한다.

법인세법 시행령(2007. 2. 28. 대통령령 제19891호로 개정되기 전의 것)

제106조(소득처분) ① 법 제67조의 규정에 의하여 익금에 산입한 금액은 다음 각 호의 규정에 의하여 처분한다. 비영리내국법인과 비영리외국법인에 대하여도 또한 같다.

1. 익금에 산입한 금액이 사외에 유출된 것이 분명한 경우에는 그 귀속자에 따라 다음 각 목에 의하여 배당, 이익처분에 의한 상여, 기타소득, 기타 사외유출로 할 것. 다만 귀속이 불분명한 경우에는 대표자 <괄호 규정 생략>에게 귀속된 것으로 본다.

나. 귀속자가 임원 또는 사용인인 경우에는 그 귀속자에 대한 상여

소득세법(2006. 12. 30. 법률 제8144호로 개정되기 전의 것)

제67조(근로소득) ① 근로소득은 당해연도에 발생한 다음 각 호의 소득으로 한다.

1. 갑종

다. 법인세법에 의하여 상여로 처분된 금액

제127조(원천징수의무) ① 국내에서 거주자나 비거주자에게 다음 각 호의 1의 소득금액 또는 수입금액을 지급하는 자는 이 절의 규정에 의하여 그 거주자나 비거주자에 대한 소득세를 원천징수하여야 한다.

4. 갑종에 속하는 근로소득금액

제128조(원천징수세액의 납부) ① 원천징수의무자는 원천징수한 소득세를 그 징수일이 속하는 달의 다음달 10일까지 대통령령이 정하는 바에 의하여 원천징수 관할세무서·한국은행 또는 체신관서에 납부하여야 한다.

소득세법 시행령(2008. 2. 22. 대통령령 제20618호로 개정되기 전의 것)

제192조(소득처분에 의한 배당·상여 및 기타소득의 지급시기 의제)

① 「법인세법」에 의하여 세무서장 또는 지방국세청장이 법인소득금액을 결정 또는 경정함에 있어서 처분되는 배당·상여 및 기타소득은 법인소득금액을 결정 또는 경정하는 세무서장 또는 지방국세청장이 그 결정일 또는 경정일부터 15일 내에 재정경제부령이 정하는 소득금액변동통지서에 의하여 당해 법인에게 통지하여야 한다. 다만 당해 법인의 소재지가 분명하지 아니하거나 그 통지서를 송달할 수 없는 경우 또는 당해 법인이 「국세징수법」 제86조 제1항 제1호 · 제2호 및 제4호의 규정에 해당하는 경우에는 당해 주주 및 당해 상여나 기타소득의 처분을 받은 거주자에게 통지하여야 한다.

② 제1항의 경우에 당해 배당 · 상여 및 기타소득은 그 통지서를 받은 날에 지급하거나 회수한 것으로 본다.

③ 법인의 소득금액을 신고함에 있어서 「법인세법 시행령」 제106조의 규정에 의하여 처분되는 배당·상여 및 기타소득은 당해 법인이 법인세 과세표준 및 세액의 신고기일에 지급한 것으로 본다.

6. 기초 개념

가. 소득처분의 개념

소득처분이라고 함은 법인이 각 사업연도의 법인세 과세표준 신고를 위한 세무조정을 하거나 과세관청이 탈루소득을 적발하여 법인세 과세표준을 경정함에 있어 익금에 산입한 금액에 대해 그 귀속관계를 추적하여 상여, 배당, 기타사외유출, 사내유보 등으로 귀속자와 귀속소득의 종류를 정하는 것을 뜻한다(법인세법 제67조).

소득처분은 법인이 당해 사업연도에 발생한 수익을 익금에 누락한 것을 익금에 산입하거나 가공의 비용을 손금에 산입한 것을 부인하는 것과 같이 실제로 소득금액이 소득처분의 대상자에게 귀속된 경우도 있고, 법인이 실제로 한 행위 · 계산을 부인하고 세법 규정에 따른 행위·계산이 있는 것으로 의제하여 과세표준 계산상 소득이 산출되거나, 법인이 채권자에게 이자로 지급하였으나 세법상 손금산입으로 인정받지 못하거나, 임원 등에 대한 퇴직금 지급액이 법정한도를 초과하여 손금으로 산입되지 못하는 등과 같이 기업회계와 세무회계의 차이로 인한 세무조정에 의해 가상적 수치로 소득금액이 산정되는 경우도 있다.

법인 스스로 또는 과세관청에 의해 소득처분이 이루어지는 경우 해당 금액을 어떠한 종류의 소득으로 하는지의 기준은 법인세법 시행령 제106조에 의하도록 되어 있는바, 익금에 산입한 금액이 사외에 유출된 것이 분명한 경우에는 그 귀속자에 따라 배당(귀속자가 주주 등인 경우), 이익처분에 의한 상여(귀속자가 임원 또는 사용인인 경우), 기타사외유출(귀속자가 법인이거나 사업을 영위하는 개인인 경우), 기타소득(그 이외)으로 하고, 귀속이 불분명한 경우에는 대표자에게 귀속된 것으로 보며, 사외에 유출되지 아니한 경우에는 사내유보로 하고(제1항), 추계조사에 의하여 결정된 과세표준과 법인의 대차대조표상의 당기순이익과의 차액도 대표자에 대한 상여로 본다(제2항). 이 중 사외유출금액의 귀속이 불분명한 경우에 그 금액이 대표자에게 귀속된 것으로 간주하여 상여로 소득처분하는 것을 통상 '인정상여', '대표자 상여간주' 또는 '귀속불분명형 소득처분'이라고 하여, 귀속자가 밝혀진 경우에 배당이나 상여로 소득처분하는 것과 개념상 구별하고 있다.

나. 소득금액변동통지

과세관청이 법인세 신고내용에 오류 또는 탈루가 있다고 보고 법인소득금액을 경정하면서 소득처분을 하는 경우에는 법인소득금액을 결정 또는 경정한 날로부터 15일 이내에 처분되는 배당·상여 및 기타소득에 관하여 당해 법인에게 소득금액변동통지서에 의하여 통지하도록 되어 있다(소득세법 시행령 제192조 제1항).

이와 같은 '소득금액변동통지'라는 절차는 1974. 12. 24, 대통령령 제7458호로 전문개정된 구소득세법 시행령(1975.1.1부터 시행) 제195조 제2항이 "법인세법에 의한 법인소득금액의 결정에 있어서 처분되는 배당과 증감되는 지상배당은 법인소득금액을 결정하는 세무서장이 그 결정일로부터 15일 내에 재무부령이 정하는 소득금액변동통지서에 의하여 당해 법인에게 통지하여야 한다. 이 경우에 당해 배당소득은 그 통지서를 받은 날에 지급하거나 회수한 것으로 본다"라고 규정함으로써 우리 세법에 처음으로 도입된 것으로,[1] 우리와 같은 소득처분 제도를 두고 있지 않은 일본에서는 그와 같은 것이 존재하지 않는다. 그 정확한 도입배경은 확인하지 못하였으나, 법인 스스로 세무신고를 하면서 소득처분을 하는 경우와 달리 과세관청이 소득처분을 하는 경우에 당해 법인으로서는 이를 알기 어려운 것인데, 소득처분에 따른 소득세를 원천징수 대상으로 삼고 있는 우리 소득세법의 입장에서 원천징수를 원활히 하기

1) 그 이전에는 별도의 소득금액변동통지 없이 법인세 과세처분과 세액에 대한 결정통지만이 있었고 위 부과처분송달일에 소득처분된 소득금액이 지급된 것으로 간주되어 왔었다.

위해서는 징수처분에 앞서 당해 법인에게 과세관청의 소득처분 내용을 미리 알려줄 필요가 있고, 그 이전의 세법이 법인세 과세표준 및 세액 결정통지 송달시를 소득처분된 소득금액의 지급일로 간주했던 것에 대해 원천징수 소득세와 당해 사업연도 법인세는 엄연히 별개의 세금이라는 점에서 적절치 않다는 지적이 있었기 때문이 아닐까 추측이 된다.[2)]

Ⅲ. 이 사건의 쟁점

1. 납세의무의 확정과 징수처분: 하자의 승계 문제

이 사건에서는 소득금액변동통지의 행정처분성이 인정되어 항고소송으로 다툴 수 있음에도 여전히 징수처분을 불복대상으로 삼아 원천징수세액의 존부와 범위에 관하여 다툴 수 있는가의 문제이다. 이는 하자의 승계 문제와 관련된다.

2. 하자의 승계

가. 일반적인 논의

1) 의 의

두 개 이상의 행정처분이 연속적으로 행하여지는 경우, 선행처분과 후행처분이 서로 결합하여 하나의 법률효과를 완성하는 때에는 선행처분에 하자가 있으면 그 하자는 후행처분에 승계되므로 선행처분에 불가쟁력이 생겨 그 효력을 다툴 수 없게 된 경우에도 선행처분의 하자를 이유로 후행처분의 효력을 다툴 수 있는 반면, 선행처분과 후행처분이

2) 이의영, "소득처분에 따른 소득금액변동통지의 법적 성질에 대한 비판적 검토", 조세법연구 XII-2, 세경사(2006. 11.), 169.

서로 독립하여 별개의 법률효과를 목적으로 하는 때에는 선행처분에 불가쟁력이 생겨 그 효력을 다툴 수 없게 된 경우 또는 일정한 행정목적을 위하여 독립된 행정처분이 단계적으로 이루어지는 때에는 선행처분의 하자가 중대하고 명백하여 당연무효인 경우를 제외하고는 선행처분의 하자를 이유로 후행처분의 효력을 다툴 수 없다.

통설은, 하자는 독립적으로 검토되어야 하며 행정상 법률관계의 조속한 확정의 요구에서 하자의 승계는 원칙적으로 인정되지 않으며 행정처분의 하자의 문제는 개개 행정처분마다 독립적으로 판단되어야 한다는 원칙적 전제하에, 다만 선행처분과 후행처분이 서로 결합하여 하나의 법적 효과 내지 법률효과를 완성하는 것일 때 위법성의 승계가 인정되어 선행처분이 위법하면 후행처분도 위법한 것으로 평가한다.

2) 논의의 전제

선행처분과 후행처분이 서로 결합하여 하나의 법적 효과를 목적으로 하는 경우에는 승계를 인정하고, 선행처분과 후행처분이 상호 관련적이나 별개의 법적 효과를 목적으로 하는 경우에는 승계를 부정한다.

하자승계는, ① 선행처분에 당연무효가 아닌 하자가 있을 것, ② 선행처분에 불가쟁력이 발생했을 것, ③ 특히 후행처분에는 별도의 위법사유가 없을 것 등의 경우에 특히 논의의 실익이 있다.

3) 판례의 입장

판례는 하자의 승계 문제와 관련하여 전통적 통설의 입장을 따르고 있다고 보인다. 판례는 기본적으로 선행행위와 후행행위가 서로 결합하여 하나의 법적 효과를 목적으로 하는지 아니면 양자가 서로 독립하여 별개의 법적 효과를 목적으로 하는지에 따라 하자의 승계 여부를 결정한다. 따라서 선행행위와 후행행위가 서로 결합하여 하나의 법적 효과를 목적으로 하는 경우에는 하자의 승계가 인정되지만, 선행행위와 후행행위가 서로 독립하여 별개의 법적 효과를 목적으로 하는 경우에는 하자의 승계가 인정되지 않는 것이 원칙이다. 다만 선행행위가 당연무효인 경우에는 선행행위와 후행행위가 독립하여 별개의 법적 효과를 목적으로 하는 경우에도 하자가 승계된다고 보고 있다(대법원 2009. 4. 23. 선고 2007두13159 판결).

다만 판례는 이런 원칙에도 불구하고, "선행처분과 후행처분이 서로 독립하여 별개의 효과를 목적으로 하는 경우에도 선행처분의 불가쟁력이나 구속력이 그로 인하여 불이익을 입게 되는 자에게 수인한도를 넘는 가혹함을 가져오며, 그 결과가 당사자에게 예측가능한 것이 아닌 경우에는 국민의 재판받을 권리를 보장하고 있는 헌법의 이념에 비추어 선행처분의 후행처분에 대한 구속력은 인정될 수 없다"고 보아, 서로 별개의 법적 효과를 목적으로 하는 개별공시지가의 위법을 이유로 과세처분을 다툴 수 있다고 보고 있다(대법원 1994. 1. 25. 선고 93누8542 판결).

나. 조세법에서의 논의

1) 납세의무의 성립, 확정과 징수처분[3]

조세채무는 개별세법이 정한 과세요건의 충족에 의하여 성립하지만, 이와 같이 성립한 조세채무는 신고납세방식, 부과과세방식, 자동확정방식에 의하여 현실적으로 납부할 구체적인 세액이 확정된다.

확정된 조세채권은 납세자의 임의이행행위인 납부가 있으면 소멸하나 납부가 없으면 과세관청은 자력집행권에 근거한 강제징수절차에 들어가기에 앞서 일정한 납부기한을 정하여 납세자의 임의이행을 최고하게 된다. 그 최고방식은 납세고지서에 의한 납세고지(징수고지)에 의하는데, 그와 같은 징수고지는 통상 납세의무를 확정짓는 부과고지와 함께 이루어지나, 신고납세방식의 조세에 있어서 적법한 신고만 있고 납부가 없는 경우나 자동확정방식의 조세에 있어서 법정납부기한까지 납

---

3) 하태흥, "소득금액변동통지의 처분성 인정 이후 징수처분에 관하여 불복이 가능한 사유", 대법원 판례해설, 법원도서관(2012), 68.

부가 없는 경우에는 징수고지만이 별도로 이루어진다. 이러한 납세고지는 확정된 조세의 징수만을 위한 단순한 이행의 청구로서 징수처분의 성질을 가진다. 납기까지 조세의 완납이 없는 경우에는 강제징수절차인 체납처분에 나아가게 되는데, 이 또한 광의의 징수처분에 속한다.

2) 납세의무의 확정과 징수처분에 있어서 하자의 승계[4]

징수처분은 납세의무의 확정과 독립하여 별개의 법률효과를 발생시키는 처분이다. 따라서 선행행위가 취소되지 않는 한 후행처분에서 선행행위의 위법사유를 주장할 수 없다.

가) 부과과세방식의 조세와 징수처분: 하자의 승계 부정

조세의 부과처분과 압류 등의 체납처분은 별개의 행정처분으로서 독립성을 가지므로 부과처분에 하자가 있더라도 그 부과처분이 취소되지 아니하는 한 그 부과처분에 의한 체납처분은 위법이라고 할 수는 없다.[5]

나) 신고납세방식의 조세와 징수처분: 하자의 승계 부정

신고납세방식을 채택하고 있는 조세에 있어서 과세관청이 납세의무자의 신고에 의하여 납세의무가 확정되므로 그 이행을 명하는 징수처분으로 나아간 경우, 납세의무자의 신고행위에 하자가 존재하더라도 그 하자가 당연무효사유에 해당하지 않는 한 그 하자가 후행처분인 징수처분에 그대로 승계되지는 않는다.[6]

다) 자동확정방식의 조세와 징수처분: 논할 수 없음

자동확정방식의 조세에 있어서는 법률상의 요건이 갖추어지면 자

---

4) 하태흥(주 3), 69－70.

5) 체납처분은 부과처분의 집행을 위한 절차에 불과하므로 그 부과처분에 중대하고도 명백한 하자가 있어 무효인 경우에는 그 부과처분의 집행을 위한 체납처분도 무효임(대법원 1974. 3. 26. 선고 73다1884 판결, 대법원 1987. 9. 22. 선고 87누383 판결, 대법원 1988. 6. 28. 선고 87누1009 판결, 대법원 1989. 7. 11. 선고 88누12110 판결 등).

6) 대법원 2006. 9. 8. 선고 2005두14394 판결

동적으로 세액이 확정되고 부과처분이나 신고와 같이 세액의 확정을 위한 행위를 상정할 수 없으므로 원칙적으로 하자의 승계를 논할 수 없다.

라) 징수처분 상호 간: 하자의 승계 긍정

징수처분끼리는 동일한 절차에서 서로 결합하여 하나의 법률효과를 발생시키는 처분으로 보아 하자의 승계가 긍정된다. 체납처분 내의 선행처분에 위법이 있을 때에는 이에 기한 후행처분도 위법해지므로, 불가쟁력이 발생한 선행처분의 위법사유를 후행처분의 취소소송에서 독립적으로 주장할 수 있다. 판례[7]도 체납처분을 구성하는 압류처분, 공매처분 및 환가처분은 조세채권의 강제적 실현이라는 동일 목적을 위한 일련의 행정처분이므로, 선행처분인 압류에 위법이 있으면 후행처분인 공매처분 등도 위법하게 된다고 한다.

3) 예외

가) 예측불가능성과 수인한도 초과의 경우

기본적으로 조세법률관계에 있어서 하자의 승계 문제는 일반 행정법관계에 있어서 하자의 승계 문제와 다르지 않다. 그러나 판례[8]는 양도소득세부과처분취소 사건에서 개별공시지가결정과 양도소득세부과처분의 경우 비록 선행 행정행위와 후행 행정행위가 서로 독립하여 별개의 효과를 목적으로 하고 있더라도 선행행정행위의 불가쟁력이나 구속력이 그로 인하여 불이익을 입게 되는 자에게 수인한도를 넘는 가혹함을 가져오며, 그 결과가 당사자에게 예측가능한 것이 아닌 경우에는 국민의 재산권과 재판을 받을 권리를 보장하고 있는 헌법의 이념에 비추어 선행행위의 위법을 후행행위에 대한 취소소송에서 독립된 취소사유로 주장할 수 있다고 한다.

---

7) 대법원 1991. 6. 25. 선고 89다카28133 판결

8) 대법원 1994. 1. 25. 선고 93누8542 판결

나) 자동확정방식의 조세에 있어서 징수처분[9]

소득금액변동통지에 의하여 소득의 지급시기가 의제되지만 원천징수소득세는 소득의 지급이라는 사실 자체로부터 조세채무가 성립·확정되는 자동확정방식의 조세로서 소득금액변동통지에 의하여 곧바로 원천징수의무가 성립하는 것은 아니다. 본래 원천징수하는 소득세 등에 있어서는 소득금액 또는 수입금액을 지급하는 때에 납세의무가 성립함과 동시에 자동적으로 확정되는 것이므로 과세관청의 납세고지는 징수처분에 불과하다.[10] 자동확정방식의 조세에 있어서는 부과처분이 존재하지 않으므로 원천징수의무자로서는 징수처분의 전제가 되는 원천징수의무(자동확정된 조세채무)의 존부나 범위에 관하여 다투고자 하여도 불복의 대상이 존재하지 않는 곤란을 겪게 된다.

원천징수의무자의 불복방법으로 생각해 볼 수 있는 것은, 징수처분을 불복대상으로 삼거나, 부당이득반환청구를 인정하거나, 조리상의 경정청구를 인정하는 방법[11]이다. 그러나 징수처분을 항고소송의 대상으로 삼는 것은 징수처분의 단계에서 원천징수의무의 성립·확정에 관한 하자를 다툴 수 없다고 본 일반적인 법리와 배치되는 측면이 있고, 부당이득반환청구는 법률의 규정에 의하여 소득의 지급사실이 의제됨에 따라 법률상의 원인을 갖추고 있다는 점에서 허용하기 곤란하다는 측면이 있으며, 조리상의 경정청구에는 법률상 근거를 찾기 어렵다는 약점이 있다.

종전 판례의 입장은 소득금액변동통지는 항고소송의 대상이 되는 독립된 행정처분으로 볼 수 없다고 판시하였다.[12] 소득금액변동통지의 행정처분성을 인정하기 전의 판례[13]는 원천징수의무에 관한 조세채권

---

9) 하태흥(주 3), 71－75.

10) 대법원 1984. 3. 13. 선고 83누686 판결

11) 이에 관한 자세한 논의는 강석규, "소득금액변동통지의 행정처분성", 판례연구 18집, 부산판례연구회(2007. 2.), 827－835 참조.

12) 대법원 1993. 6. 8. 선고 92누12483 판결 등.

이 자동확정방식에 의하여 그 납입할 세액이 자동적으로 확정된다 하더라도 원천징수할 세액을 정하여 그 납입을 고지한 이상 과세관청의 의견이 이때에 비로소 대외적으로 공식화되므로 그 고지내용과 견해를 달리하는 원천징수의무자로서는 그 고지된 세액으로 인한 징수를 방지하기 위하여 전심절차와 행정소송을 함으로써 구제를 받을 수 있다고 판시함으로써 징수처분에 대한 항고소송에서 그 전제가 되는 원천징수의무의 존부나 범위에 관하여 다툴 수 있는 길을 열어 둔 것으로 이해된다.[14] 즉, 원래 하자의 승계 문제는 아니지만 부득이 이와 유사한 취급을 해 온 것으로 보인다.

그런데 대법원 2006. 4. 20. 선고 2002두1878 전원합의체 판결은 '과세관청의 소득처분과 그에 따른 소득금액변동통지가 있는 경우 원천징수의무자인 법인은 소득금액변동통지서를 받은 날에 그 통지서에 기재된 소득의 귀속자에게 당해 소득금액을 지급한 것으로 의제되어 그때 원천징수하는 소득세의 납세의무가 성립함과 동시에 확정되고, 원천징수의무자인 법인으로서는 소득금액변동통지서에 기재된 소득처분의 내용에 따라 원천징수세액을 그 다음달 10일까지 관할 세무서장 등에게 납부하여야 할 의무를 부담하며, 만일 이를 이행하지 아니하는 경우에는 가산세의 제재를 받게 됨은 물론이고 형사처벌까지 받도록 규정되어 있는 점에 비추어 보면, 소득금액변동통지는 원천징수의무자인 법인의

---

13) 대법원 1974. 10. 8. 선고 74다1254 판결, 대법원 2000. 3. 28. 선고 98두16682 판결, 대법원 2004. 4. 9. 선고 2002두9254 판결.

14) 일본에서는 소득금액의 지급을 의제하는 소득처분이나 소득금액변동통지라는 제도가 없기 때문에 일본 최고재판소는 원천징수절차에서 원천징수의무의 존부와 범위를 다툴 수 있게 하기 위하여 원천징수세액에 대한 납세고지처분(징수처분)이 비록 원천납세의무의 범위를 확정하는 효력을 갖는 행정처분은 아니나 그 단계에서 비로소 확정된 세액이 얼마인가에 관한 과세관청의 견해가 공식적으로 표명되는 것이기 때문에 원천징수의무자가 이와 견해를 달리할 때에는 당해 세액에 대하여 항고소송을 제기할 수 있다고 판시해 왔음[강석규(주 11), 811~812 참조].

납세의무에 직접 영향을 미치는 과세관청의 행위로서, 항고소송의 대상이 되는 조세행정처분이라고 봄이 상당하다'고 판시함으로써 직접 항고소송으로 소득금액변동통지를 다툴 수 있는 길을 열게 되었다. 본래 소득처분에 의하여 확정된 소득의 종류(배당소득, 근로소득, 기타소득)에 대한 과세는 소득세법에 근거해 이루어지고, 소득금액변동통지에 의하여 소득의 지급시기가 의제되며, 법인은 원천징수의 대상이 되는 소득금액을 지급하면 원천징수의무를 지게 된다.[15] 대법원 2002두1878 전원합의체 판결의 다수의견은 원천징수세액의 존부와 범위를 다투는 불복대상으로서 소득금액변동통지의 행정처분성을 긍정한 것이다.

따라서 원천징수세액의 존부와 범위를 다투기 위해 징수처분을 불복의 대상으로 삼도록 한 판례의 태도를 계속하여 유지하여야 하는 것

---

15) 소득세법 제17조 제1항 제4호는 '법인세법에 의하여 배당으로 처분된 금액'을 배당소득으로, 제20조 제1항 제1호 (다)목은 '법인세법에 의하여 상여로 처분된 금액'을 갑종근로소득으로, 제21조 제1항 제20호는 '법인세법 제67조의 규정에 의하여 기타소득으로 처분된 소득'을 기타소득으로 규정하고 있음. 소득세법 시행령 제46조 제6호는 '법인세법에 의하여 배당으로 처분된 금액'인 배당소득의 수입시기를 '당해 법인의 당해 사업연도의 결산확정일'로, 제49조 제3호는 '당해 사업연도의 소득금액을 법인이 신고하거나 세무서장이 결정·경정함에 있어서 발생한 그 법인의 임원 또는 주주·사원 기타 출자자에 대한 상여'인 근로소득의 귀속시기를 '당해 사업연도 중의 근로를 제공한 날'로, 제50조 제1항 제2호는 '법 제21조 제1항 제20호에 따른 기타소득'의 귀속시기를 '그 법인의 해당 사업연도의 결산확정일'로 규정하고 있음.

과세관청이 소득금액변동통지를 한 경우 소득처분에 의한 배당·상여 및 기타소득은 그 통지서를 받은 날에 지급하거나 회수한 것으로 봄(소득세법 시행령 제192조 제2항). 법인이 소득금액을 신고함에 있어서 법인세법 시행령 제106조에 의하여 처분되는 배당·상여 및 기타소득은 당해 법인이 법인세과세표준 및 세액의 신고기일에 지급한 것으로 봄(소득세법 시행령 제192조 제3항).

소득세법 제127조 제1항은 원천징수의 대상이 되는 소득금액을 지급하는 자는 그 거주자나 비거주자에 대한 소득세를 원천징수하도록 규정하면서, 원천징수의 대상이 되는 소득의 종류를 개별적으로 열거하고 있는데, ① 배당소득금액(제2호), ② 갑종근로소득금액(제4호), ③ 기타소득금액(제5호) 등은 모두 원천징수의 대상이 된다고 규정함. 따라서 소득처분에 의한 의제소득의 경우 당해 법인은 소득세 원천징수의무를 부담함.

인지가 새롭게 문제된다.

다. 판례변경 이후에도 징수처분을 불복대상으로 삼아 원천징수세액의 존부와 범위를 다툴 수 있는지 여부[16)]

1) 긍정설

① 소득금액변동통지는 부과처분이 아니므로 징수처분을 다투게 할 필요가 있다. 판례변경으로 인하여 소득금액변동통지를 항고소송으로 다툴 수 있게 되었다고 하더라도 소득금액변동통지가 부과처분과 완전히 동일한 행정처분으로 보기는 어려우므로, 여전히 자동확정방식의 조세에 있어서는 징수처분을 다툼으로써 납세의무의 존부와 범위를 다툴 필요성이 존재한다(소득금액변동통지는 부과처분이 아니다). ② 법인이 스스로 소득처분을 하고 법인세 과세표준 및 세액을 신고한 경우에는 여전히 항고소송의 방법으로써 납세의무의 존부와 범위를 다툴 수 없으므로, 판례변경 이후에도 원천징수의무자인 법인은 징수처분을 불복대상으로 삼아 납세의무의 존부와 범위를 다툴 수 있다고 보아야 한다(소득금액변동통지가 없는 경우에는 여전히 징수처분을 다투게 할 필요가 있다). ③ 소득세법 시행규칙 제100조 제24호가 규정하는 별지 22호 서식(1) 소득금액변동통지서에는 "소득금액 변동사항을 통지합니다."라는 문구와 함께 '소득종류(배당·상여·기타), 사업연도, 귀속연도, 소득금액, 소득자'가 기재되는 것에 불과하고, 과세표준, 세율, 세액 그리고 세액의 산출근거 등이 표시되는 것이 아니므로, 적법한 납세고지가 있는 경우와는 달라서 납세의무자로서는 소득금액변동통지서만을 보고서는 불복 여부를 결정하는 데에 어려움이 있다. 따라서 소득금액변동통지를 다투지 않았다는 이유로 이후의 징수처분 단계에서 세액을 다툴 수 없게 된다면 납세의무자에게는 수인한도를 넘는 가혹한 결과를 가져올 수 있다(소득금액

16) 하태흥(주 3), 75-90.

변동통지서 송달과 기재사항의 불완전성). ④ 종래 대법원은 소득금액변동통지가 항고소송의 대상이 되는 행정처분이 아니라고 보았다. 이러한 대법원판례를 믿고서 소득금액변동통지에 대한 불복기간 내에 다투지 못한 경우도 충분히 예상할 수 있으므로 판례변경 이후로 징수처분에 대한 고유의 하자 이외에 원천징수세액의 존부와 범위에 관하여 징수처분을 다툴 수 없다고 하더라도 종전의 판례를 신뢰하여 소득금액변동통지에 대한 불복기간을 도과한 경우에는 종래의 판례에 따라 징수처분을 다툴 수 있다고 보아야 한다(판례변경의 경우 종전 판례를 신뢰한 자에 대한 보호의 필요성).

2) 부정설

① 과세관청의 소득처분과 그에 따른 소득금액변동통지가 있는 경우 원천징수자인 법인은 소득금액변동통지서를 받은 날에 그 통지서에 기재된 소득의 귀속자에게 당해 소득금액을 지급한 것으로 의제되어 그때 원천징수하는 소득세의 납세의무가 성립함과 동시에 확정될 뿐만 아니라, 대법원이 판례변경을 통하여 소득금액변동통지가 법인의 납세의무에 직접 영향을 미치는 과세관청의 행위로서 항고소송의 대상이 되는 조세행정처분이라고 판시하였으므로, 소득금액변동통지는 납세의무의 존부와 범위를 확정하는 처분으로 볼 수 있다(소득금액변동통지는 부과처분과 유사한 성질임). ② 판례변경 이후에 소득금액변동통지를 항고소송의 방법으로 다툴 수 있음에도 이를 다투지 아니하여 불가쟁력이 발생하였는데, 다시 세액의 존부와 범위에 관하여 징수처분에서 다툴 수 있다고 한다면 조세법률관계의 조속한 안정을 해할 우려가 있다(조세법률관계의 조속한 안정 필요). ③ 소득금액변동통지서에는 유의사항으로서 '소득금액변동통지서를 받은 법인은 통지받은 소득에 대한 소득세를 원천징수하여 통지서를 받은 달의 다음달 10일까지 납부하여야 합니다'라는 안내문구가 기재되어 있고, 그 뒷면에는 법인세 과세표준 결정(경정)내

용이 기재되어 있다. 당해 법인으로서는 기존에 지급한 현실 소득과 소득금액변동통지에 따라 지급이 의제되는 소득을 합산하면 충분히 원천징수할 세액을 계산할 수 있을 뿐만 아니라 이를 이행하지 않으면 징수처분이 있게 될 것이라는 점을 충분히 예상할 수 있다. 따라서 소득금액변동통지에 대하여 불복을 기대하는 것이 어려운 경우라고 말할 수 없다(예측불가능성과 수인한도 초과라는 요건을 충족하지 못함). ④ 판례변경으로 인하여 법률과 사실관계는 아무런 변동이 없고 다만 법적 견해만 변경된 것이므로, 판례변경과 무관하게 납세자 스스로 소득금액변동통지가 행정처분성을 가진다고 보아 그 취소를 구하는 등 불복절차를 밟는 데에 어떠한 법률적 장애가 있었다고 보기 어렵다(판례변경의 소급효).

3) 검토

가) 소득금액변동통지의 법적 성격: 소득금액변동통지를 부과처분과 유사한 것으로 볼 수 있다.

원천징수소득세가 자동확정방식의 조세로서의 특질을 가지거나 송달의 예외를 인정하므로 소득금액변동통지를 부과처분 내지 부과처분과 유사한 처분으로 볼 수 없다는 견해[17]는 '원천징수세제는 원천징수의무자가 원천납세의무자에게 원천징수대상 소득금액을 지급할 때 자동적으로 그 세액이 확정되고, 세액의 확정을 위한 별도의 부과처분이 불필요하다. 소득금액변동통지를 부과처분으로 보아 소득금액변동통지의 송달에 의하여 비로소 원천징수의무가 성립하고 확정된다고 보는 것은 자동확정방식 조세에 관한 일반적인 법리에 반하는 것이다'는 것을 그 근거로 한다. 그러나 위 견해에 대해서는 '소득금액의 지급사실을 의제하는 소득금액변동통지가 없으면 조세채무의 성립이나 자동확정 자체가 있을 수 없다.[18] 소득세법 시행령 제192조 제1항 단서 규정은 법인에게 소득

17) 정태학, "원천징수납부의무에 대하여 제2차 납세의무를 부담하는 과점주주 －소득금액변동통지의 경우 납세의무의 성립시기를 중심으로－", 특별법연구 제8권, 박영사(2006. 9.), 635.

금액변동통지서를 송달할 수 없는 경우에 당해 소득의 귀속자에게 보충적으로 송달을 행함으로써 법인에게 원천징수의무를 발생시키기 위한 규정이 아니다. 위 규정은 당해 소득의 귀속자에게 종합소득 과세표준의 추가신고 자진납부의 기회를 주기 위한 특칙 규정에 불과한 것이다. 소득자에 대한 소득금액변동통지서의 송달만으로는 법인에 대한 소득금액변동통지서의 송달에 갈음하는 것으로 볼 수 없기 때문에 이를 받은 날에 소득금액을 지급한 것으로 의제할 수 없고, 따라서 법인에게 원천징수의무가 성립한 것으로 볼 수 없다'는 것을 근거로 위 견해를 비판하는 견해[19]가 있다.

살피건대, ① 과세처분은 이미 성립되어 있는 조세채무를 확인하는 작업에 불과하므로 본질적으로 일반 행정처분보다 국민의 권리의무에 미치는 영향이 약하다고 할 수 있다. 그래서 그 처분성을 논할 때 일반 행정처분에 적용하는 엄격한 잣대를 과세처분에 그대로 적용하게 되면 과세처분의 행정처분성을 인정하는 데 상당히 인색한 결론에 이르게 될 가능성이 많으므로 다소 완화된 기준을 적용할 필요가 있다. 이 점에서 소득금액변동통지에 대하여도 행정처분성을 인정할 수 있는 여지가 마련되는 것이다(과세처분의 특성에 기초한 행정처분성의 차별적 고찰). 또한 ② 소득처분은 조세채무의 성립과 확정에 직접적인 영향을 미침으로써 다른 일반적인 조세부과처분보다 더 강력한 효력을 지닌다. 이 점에서 소득처분의 행정처분성을 인정할 수 있는 충분한 논거가 있는 것이다(소득금액변동통지가 조세채무의 성립과 확정에 미치는 영향). ③ 대법원

---

18) 대법원 2006. 8. 25. 선고 2006두3803 판결(과세관청이 내부적으로 소득처분을 하였다고 하더라도 그 내용을 소득금액변동통지를 통해 법인에게 고지하지 않거나 소득금액변동통지를 하였더라도 사후 이를 취소 또는 철회한 경우에는 법인에게 원천징수의무가 없고, 따라서 이를 전제로 과세관청이 징수처분에 나아갈 수도 없다).

19) 강석훈, "소득처분과 소득금액변동통지에 관하여", 조세법연구 XII−2, 세경사(2006. 11.), 117~121.

2006. 4. 20. 선고 2002두1878 전원합의체 판결의 다수의견에 대한 보충의견은 그동안 대법원이 중간적 처분에 대하여도 상대방의 권리의무에 직접적인 변동을 가져오는 경우에는 상대방의 권리구제를 위하여 처분성을 인정하였다고 하면서 그 예로서 농지법상의 농지처분의무통지(대법원 2003. 11. 14. 선고 2001두8742 판결)와 대집행계고(대법원 1966. 10. 31. 선고 66누25 판결 등) 등을 그 예로 들고 있다. 그런데 위 농지처분이나 이 사건의 소득금액변동통지와 비슷한 성격을 지니고 있으면서도 이보다는 처분성이 약하다고 볼 수 있는 개별토지가격의 결정에 대해서도, 그것이 토지초과이득세나 개발부담금 등의 산정기준이 되는 것에 불과하다는 이유로 행정처분성을 인정할 수 없다는 반론이 많았음에도 불구하고 대법원은 행정처분성을 인정하였다. 개별공시지가결정이 행정처분이라는 입장이 아직도 유지되고 있는 이상 소득금액변동통지도 행정처분으로 인정하는 것이 논리적인 일관성을 유지하는 길이라 할 것이다(중간적 처분에 대하여 처분성을 인정한 사례 고찰). 또한 ④ 위 전원합의체 판결의 다수의견에 대한 보충의견에서는 소득금액변동통지의 근거규정을 소득세법 제132조나 같은 법 제135조로 국한하여 보지 말고, 소득처분의 절차와 방법에 관한 법인세법 제67조와 같은 법 시행령 제106조, 소득처분에 의한 의제소득이 소득세의 원천징수의 대상이 된다는 소득세법 제127조의 규정 등을 종합적으로 보면, 소득세법 시행령 제192조가 규정한 소득금액변동통지가 소득처분으로 인하여 원천징수의무를 성립·확정시키는 규정으로 해석하더라도 조세법률주의에 반하지 않는다고 하였다(조세법률주의와 위임입법의 한계). ⑤ 원천징수절차에서 징수고지처분이 있을 경우 그 단계에서 소득금액변동통지의 부당함을 호소하면 된다는 것이 부정설의 주된 논거 중의 하나다. 그러나 이 같은 징수고지처분조차 없는 경우가 있다. 원천징수의무자가 소득처분이 부당한 줄 알면서도 가산세 등에 대한 부담감 때문에 일단은 원천징수세액을 납부해 놓고 다투고자 하는 자들이 많다. 이러한 경우에는 징수고지처

분이 있을 수 없기 때문에 부정설의 입장에 설 경우 항고소송을 제기할 대상이 전무하게 된다. 따라서 납세의무자에게 불복의 기회가 제공되어야 한다는 절차적 정의의 실현을 위해서는 소득금액변동통지를 행정처분으로 인정해주지 않을 수 없다고 하겠다(절차적인 면에서의 고찰).[20]

따라서 소득금액변동통지를 부과처분과 유사한 것으로 볼 수 있어 행정처분성을 인정하는 긍정설이 타당하다고 할 것이다. 그러므로 소득금액변동통지가 조세부과처분은 아니지만 그 통지를 받은 법인에게 원천징수의무를 발생시키는 처분으로 볼 수밖에 없고, 소득금액변동통지와 징수처분의 관계는 부과과세방식의 조세에 있어서 부과처분과 징수처분의 관계와 유사하다고 볼 수 있으므로, 소득금액변동통지에 관하여 불가쟁력이 발생하였음에도 소득금액변동통지에 관한 항고소송에서 다툴 수 있었던 원천징수세액의 존부와 범위에 관하여 후행 징수처분에서 독립된 불복사유로 삼아 다툴 수 있는가의 문제가 생기는 것이다.

나) 소득금액변동통지에 관하여 불가쟁력이 발생한 이후 징수처분에서 세액의 존부와 범위를 다투게 할 필요성

판례변경 이후로서 과세관청에 의한 소득처분과 소득금액변동통지가 이루어진 경우에는 조세법률관계의 조속한 안정을 도모하고, 별개의 독립된 행정행위에 관하여 하자의 승계를 부정해 왔던 판례의 원칙에 충실할 필요가 있으며, 더 이상 징수처분에 관하여 불복을 허용할 만한 필요성도 사라졌고, 조세채무의 성립·확정에 관한 소득금액변동통지 처분을 놔둔 채 변칙적으로 조세징수에 관한 징수처분만을 취소할 것도 아니므로, 소득금액변동통지의 행정처분성을 인정하는 판례변경 이후로는 징수처분에 대한 취소소송에서 세액의 존부와 범위를 다투는 사유를 주장할 수 없다고 보아야 할 것이다.[21]

---

20) 이상 강석규(주 11), 820-827.

21) 대법원 2002두1878 전원합의체 판결에서 다수의견에 대한 이강국, 고현철 대법관의 보충의견에서도 "조세의 부과처분과 징수처분은 별개의 효과를 목적으로

다) 예측가능성과 수인한도를 넘는 가혹함을 발생시키는지

과세관청의 소득금액변동통지는 주로 세무조사를 거쳐 이루어진 소득처분을 바탕으로 한다. 세무조사결과에 대하여는 불복이 빈번히 이루어지므로 회계학과 세법에 관하여 전문적인 지식을 가진 세무공무원에 의하여 이루어진다. 소득금액변동통지는 당해 법인에 하도록 규정되어 있고, 소득금액변동통지가 이루어져야 비로소 원천징수의무가 발생하게 된다. 소득금액변동통지가 있으면 필연적으로 원천징수세액의 증가가 있게 된다. 소득금액변동통지의 행정처분성이 인정된 이상 당해 법인은 소정의 기간 내에 세액의 존부와 범위에 관하여 소득금액변동통지를 다툴 기회가 있다. 소득금액변동통지는 그것이 불리한 처분임을 쉽게 알 수 있고, 이를 다툴 수 있는 기회도 충분히 보장하고 있으므로 위법한 소득금액변동통지를 다투지 아니한 경우에 후행 징수처분에서 그 위법을 주장할 수 없도록 하더라도 수인한도를 넘는 불이익을 강요함으로써 국민의 재산권과 재판받을 권리를 보장한 헌법의 이념에 반하는 것이라고 할 수 없다.

라) 소득금액변동통지가 없는 경우

자동확정방식의 조세인 원천징수소득세에 관하여 소득금액변동통지가 존재하는 경우에 법인 스스로 세무조정을 하면서 법인세 과세표준과 세액을 신고한 경우는 그와 같은 불복대상을 찾기 어려운 측면이 있다. 판례변경 이후 자동확정방식의 조세에 있어서 원천징수세액의 존부와 범위를 다투는 방법을 소득금액변동통지가 있는 경우와 소득금액변

하는 독립한 처분으로서 선행행위인 부과처분이 당연무효가 아닌 한 그 하자가 후행행위인 징수처분에 승계되지 않는 것이 행정법상의 기본원칙임에도, 종전의 판례는 원천징수의무자에게 불복수단을 마련하여 준다는 취지에서 그 원칙을 변경하여 징수처분에 대한 취소소송에서 원천징수의무의 성립 여부나 그 범위에 관하여 다툴 수 있다는 예외를 인정하게 된 것인데, 앞으로 소득금액변동통지 자체를 직접 항고소송의 대상으로 삼아 그 쟁송절차에서 원천징수의무의 성립 여부나 그 범위에 관하여 다툴 수 있게 된다면 이와 같은 변칙적인 운영을 시정할 수 있다…"고 판시하였다.

동통지가 없는 경우(일반적인 자동확정방식의 조세도 마찬가지이다)로 나누어 생각해 보면 다음과 같다.

첫째, 소득금액변동통지가 있었음에도 당해 법인이 원천징수소득세를 자진납부하지 아니하여 징수처분이 있었던 경우, 판례는 소득금액변동통지에 대하여 항고소송을 인정하고 있다. 앞서 본 바와 같이 이 경우에는 소득금액변동통지에서 세액의 존부와 범위를 다툴 수 있었으므로 굳이 하자의 승계를 인정하여 징수처분을 다투게 할 필요는 없다.

둘째, 소득금액변동통지가 있었으나 당해 법인이 원천징수소득세를 자진납부한 경우에도 소득금액변동통지에 대하여 불복이 가능하다. 소득금액변동통지는 부과처분은 아니지만 법률규정에 의하여 그에 유사한 법률효과가 발생하므로 자진납부한 원천징수소득세에 관한 부당이득반환청구는 부정적으로 볼 여지가 많다.[22)]

셋째, 소득금액변동통지와 무관한 일반적인 자동확정방식인 조세에서 징수처분에 대하여 항고소송을 제기할 수 있는지, 부당이득반환청구를 할 수 있는지가 문제된다. 일반적인 원천징수세액에 관하여는 여전히 징수처분에 의하여 비로소 과세관청의 의사가 대외적으로 공식화되므로 징수처분을 다툴 수 있도록 할 필요성이 있다. 엄밀히 말하면 자진납부와 징수처분은 조세채무의 이행이라는 측면에서는 동일한 법적 효

---

22) 2002두1878 전원합의체 판결에서 다수의견에 대한 이강국, 고현철 대법관의 보충의견에 의하면, 원천징수세액을 자진 납부하여 징수처분이 존재하지 않는 경우에는 이를 다툴 수 있는 아무런 구제수단이 없었다는 점을 소득금액변동통지에 관하여 불복할 수 있도록 하여야 하는 논거로 들고 있음. 김영란 전 대법관의 반대의견도 "소득금액변동통지의 처분성을 인정하지 않는 한 소득금액변동통지에 따라 원천징수의무를 이행한 납세의무자의 경우에도 부당이득반환청구가 허용되지 않는다고 볼 아무런 근거가 없다. 오히려 소득금액변동통지의 처분성을 인정하게 된다면, 소득금액변동통지에 의하지 않은 일반적인 원천징수납부의무 이행의 경우는 부당이득반환청구의 방법으로, 소득금액변동통지에 따른 원천징수납부의무 이행의 경우는 취소소송의 형태로만 그 권리구제가 가능하게 되는데, 동일한 원천징수 소득세에 대하여 구제수단을 달리 보아야 할 필요가 있는지는 의문이다."라고 설시하고 있음.

과를 발생시키고 다만 임의이행인지 강제실현인지의 차이만 있을 뿐이므로, 부당이득반환청구만 가능하다고 볼 여지도 있다. 법인이 스스로 세무조정을 하였으나 징수처분을 받게 된 경우나 일반적인 원천징수세액에 관한 문제에 있어서 징수처분과 그에 따른 자진납부의 경우 징수처분에 대한 항고소송과 부당이득반환청구 중 어느 것을 인정할 것인지, 아니면 양자를 모두 인정할 것인지는 논리의 문제라기보다 결단의 문제라고 할 수 있다.[23)]

넷째, 법인이 스스로 소득처분을 하는 경우에는 과세관청에 의한 소득금액변동통지가 이루어지지 아니하고 나아가 자진납부까지 한 경우에는 항고소송을 통한 불복의 대상을 설정하기가 곤란하다.[24)] 또한 일반적인 자동확정방식의 조세에 있어서도 자진납부한 경우 항고소송의 대상이 될 만한 것이 없는 경우가 많다(인지세[25)] 등). 소득금액변동통지가 없는 일반적인 원천징수세액에 관하여 판례는 부당이득반환청구를 긍정해 오고 있었다(2001두8780 판결[26)], 2002다68294 판결[27)]). 이에 대하여

---

23) 하태흥(주 19), 88.

24) 2003. 12. 30. 법률 제7008호로 개정된 국세기본법 제45조의2 제4항은 납세자가 과세관청의 소득처분이나 소득금액변동통지 없이 스스로 세무조정을 하고 원천징수의무를 이행한 경우 경정청구의 방법을 도입하였음. 그런데 위 조항은 원천징수하는 근로소득, 연금소득, 사업소득, 퇴직소득 등에 한하여 지급명세서를 제출기한 내에 제출한 경우와 같이 일정한 요건하에서만 엄격하게 경정청구권을 인정하고 있고, 법인이 스스로 세무조정을 하고 소득처분에 의한 원천징수를 이행한 경우에는 경정청구권을 인정하고 있지 아니함.

25) 소순무, 개정5판 조세소송, (주)영화조세통람(2010), 591면은 "인지세는 이른바 자동확정방식의 조세로서 상품권에 대한 인지세를 현금납부하였으나 미사용 상품권을 폐기한 경우에는 오납액에 해당하는 것으로서 바로 국가에 대하여 그 환급을 청구할 수 있다고 할 것이다."라고 설명하고 있음.

26) 위 판결은 '원천징수의무자가 원천납세의무자로부터 원천징수대상이 아닌 소득에 대하여 세액을 징수·납부하였거나 징수하여야 할 세액을 초과하여 징수·납부하였다면, 국가는 원천징수의무자로부터 이를 납부받는 순간 아무런 법률상의 원인 없이 보유하는 부당이득이 되고' 라고 판시하고 있다.

27) 위 판결은 '원천징수 세제에 있어 원천징수의무자가 원천납세의무자로부터 원천징수대상이 아닌 소득에 대하여 세액을 징수·납부하였거나 징수하여야 할 세액

는 판례변경 이후에도 부당이득반환청구가 가능하다고 보아야 할 필요성은 매우 크다고 할 수 있다.

라. 사안의 검토

대법원은 '원천징수세액의 존부와 범위에 관하여 소득금액변동통지에 대한 항고소송에서 다투어야 하고, 소득금액변동통지가 당연무효가 아닌 한 징수처분에 대한 항고소송에서는 징수처분의 고유한 하자에 대하여 다툴 수 있을 뿐, 세액의 존부와 범위에 관한 위법을 독립된 불복사유로 다툴 수 없다. 나아가 이 사건 세금계산서가 실제 거래에 따라 수취한 것인지에 관한 피고의 판단이 잘못되었다고 하더라도 그것은 소득금액변동통지의 취소사유에 불과할 뿐 당연무효 사유에 해당한다고 할 수 없다'는 원심의 판단을 수긍하였는바, 앞서 살펴본 바와 같이 판례변경 이후 소득금액변동통지와 징수처분의 관계에서 하자의 승계를 부정하고 있으므로 정당한 것으로 생각된다. 원고가 상고이유서에서 주장하는 소득금액변동통지의 하자사유는 사실과 다른 세금계산서 해당 여부의 판단에 위법이 있다는 것에 불과하므로 그 하자가 중대명백하다고 볼 수 없다. 따라서 위와 같은 대법원의 판단은 정당하다.

3. 종전 판례에 대한 신뢰성 보호[28)]

가. 원칙: 소급효

대법원판례의 변경은 법률의 변경이 아니라 이전의 판결에서 법에

을 초과하여 징수·납부하였다면, 이로 인한 환급청구권은 원천납세의무자가 아닌 원천징수의무자에게 귀속되는 것인바, 이는 원천징수의무자가 원천납세의무자에 대한 관계에서는 법률상 원인 없이 이익을 얻은 것이라 할 것이므로 원천납세의무자는 원천징수의무자에 대하여 환급청구권 상당액을 부당이득으로 구상할 수 있다.'고 판시하고 있다.

28) 하태흥(주 3), 91－107.

대하여 잘못 해석한 것을 시정하는 것이고 법은 이전부터 새로운 판례가 해석하는 대로였으므로 새로운 판례의 취지는 당연히 판례변경 이전의 행위에도 적용되어야 함이 원칙이다.

나. 예외

대법원 판결[29] 중에는, 판례변경 전 재판상 화해에 대한 재심사유가 될 수 없었던 사유가 판례변경 후에는 재심사유로 되게 된 경우 이러한 재심사유는 판례변경의 날에 비로소 발생한다고 볼 것이므로 원심판결이 이러한 재심사유가 재판상 화해 전에 발생한 것으로 단정하고 본건 재심의 소는 재판상 화해가 성립된 날로부터 5년을 경과하여 제기되었으니 부적법하다고 판정한 것은 위법하다고 판단하면서, 재심사유 발생일을 판례변경일로 본 것이 있다.

살피건대, 일단 새로운 판례의 소급효는 원칙적으로 인정되어야 한다는 전제하에서 다만 그 소급효가 기존의 법률관계에 어떤 영향을 미치는 것인지, 그 소급효가 구체적으로 어떻게 작용하는 것이 합리적인지를 분석할 필요가 있으며, 여기서 중요한 고려요소는 법적 안정성 내지 종전의 법률상태에 대한 당사자의 신뢰를 어느 정도까지 보호할 것인가라는 점이라고 할 수 있다.[30] 따라서 이 사건에서 판례 변경으로 인하여 발생이 예상되는 여러 가지 경우의 수에 대한 해결책을 제시함에 있어서도 위와 같은 점이 고려되어야 한다.

---

29) 대법원 1963. 10. 10. 선고 63다333 판결(종전의 판례에 의하면 재판상 화해는 소송법상 합의로서 확정판결과 동일한 효력이 있더라도 사법상 무효 또는 취소의 사유가 있을 때에는 확정판결과 달리 소송법상 효력도 당연무효이므로 화해가 성립되어 종료된 사건에 관하여 기일지정신청을 하여 심리·판단을 받거나, 별소로써 무효의 확인 등을 구할 수 있다고 보았으나, 변경된 판례에 의하면 일단 재판상 화해가 성립하면 그 내용이 강행법규에 위반된 경우라도 재심을 청구하여 구제를 받는 이외에는 그 무효를 주장할 수 없게 된 사례임).

30) 윤진수, "미국법상 판례의 소급효, 우리 법상 위헌결정의 소급효와 관련하여", 저스티스(제28권 제1호), 한국법학원, 119.

다. 판례변경으로 인하여 발생이 예상되는 여러 가지 경우의 수

1) 소득금액변동통지 이전에 판례변경이 있는 경우(A 경우)

소득금액변동통지 이전에 판례변경이 있는 경우에는 이미 종전의 판례는 변경되었고 종전의 판례는 불복 당시의 판례가 아니므로 종전의 판례에 대한 신뢰를 보호할 필요가 없고, 원천징수의무자는 소득금액변동통지에 대하여 항고소송을 제기하여야 한다. 이 사건의 경우이다(판례변경일 2006. 4. 20. 및 소득금액변동통지일 2006. 8. 1.).

2) 소득금액변동통지 이후에 판례변경이 있는 경우

가) 소득금액변동통지에 대한 불복기간이 남아 있는 경우(B 경우)

소득금액변동통지 이후에 판례변경이 있었고 불복기간이 남아 있었으나, 불복기간 만료일에 임박하여 판례변경이 있었거나 불복 준비에 충분한 시간적 여유가 없었거나 판례변경을 알지 못하여 소득금액변동통지에 관해 불복기간을 도과한 경우의 문제이다. 판례변경 당시 원천적으로 소득금액변동통지에 관해 불복의 기회가 봉쇄되어 있지 않으므로 판례변경의 소급효라는 원칙을 고수하여도 크게 부당한 결과가 발생할 여지는 없을 것이다.

나) 소득금액변동통지에 대한 불복기간이 도과한 경우(C 경우)

소득금액변동통지에 대한 불복기간이 도과한 이후에 비로소 판례변경이 있었던 경우에는 원천적으로 소득금액변동통지에 대한 불복이 불가능하였다.

국세심판원 등 전심절차에서는 오래전부터 소득금액변동통지의 처분성을 인정하여 불복을 허용하여 왔고, 대법원판례도 전심절차에서 소득금액변동통지를 다투었더라도 그것을 징수처분 취소소송의 전심절차로 볼 수 있다고 판시하고 있었다. 그러나 종전의 판례에 따르면 징수처분에 대하여 전심절차를 거치고 징수처분을 불복의 대상으로 삼아 제소하는 것이 원칙이라는 점에서 원천징수의무자는 종전의 판례를 신뢰하여 소득금액변동통지에 관한 불복기간이 지키지 못하였다고 이해할 수 있을 것이다.

이 경우 원천징수의무자에게 변경된 판례에 따라 소득금액변동통지에 대한 불복을 허용할 경우 불가쟁력과의 충돌이 문제된다. 이를 피하기 위해 가능하면 변경된 판례의 취지를 존중하여 징수처분의 취소를 구하도록 한 다음, 민사소송법상 청구의 변경과 전심절차 완화의 법리 등을 통해 소득금액변동통지의 취소를 구하는 방법으로 구제를 허용하는 것이 바람직할 것이다.

다) 종전 판례에 따라 징수처분에 대해 불복절차를 진행하던 중 판례변경이 있는 경우(D 경우)

소득금액변동통지에 대한 불복기간이 도과한 이후에 징수처분을 불복대상으로 삼아 불복절차가 진행되던 중 비로소 판례변경이 있는 경우에도 소득금액변동통지에 대하여 변경된 판례에 따라 불복할 기회가 원천적으로 봉쇄되어 있으므로 보호의 필요성이 있다.

이 경우 종전 판례의 태도와 같이 징수처분의 고유한 하자가 아닌 소득금액변동통지의 위법을 주장할 수 있도록 예외를 허용하여 징수처분의 취소를 허용하는 방법도 불가능한 것은 아닐 것이나, 가능하면 원천징수의무자로 하여금 징수처분에 대한 불복절차를 밟은 다음 민사소송법상 청구의 변경을 통해 불복의 대상을 징수처분에서 소득금액변동통지로 변경하도록 한 다음, 본안 판단을 하는 것이 불가쟁력의 문제와 불복의 대상 문제를 조화롭게 해결하는 바람직한 해결책으로 보인다.

라. 불복대상을 징수처분으로 하였다가 소득금액변동통지로 청구를 변경하는 경우 전심절차 완화의 문제

위 C, D의 경우 모두 징수처분에 대한 행정소송 과정에서 불복의 대상을 소득금액변동통지로 청구의 변경을 하게 되면 새로운 불복대상인 소득금액변동통지에 관하여 전심절차를 준수하였다고 볼 수 있는지가 문제된다.

판례[31]는, 행정청으로 하여금 기본적 사실관계와 법률문제에 대하여 다시 판단할 수 있는 기회를 부여하였고 납세의무자로 하여금 굳이 다시 전심절차를 거치게 하는 것이 가혹하다고 보이는 등 정당한 사유가 있는 때에는 전심절차를 거치지 아니하고도 조세소송을 제기할 수 있다는 법리를 확립하고 있다. 즉, 대법원 판례[32]는, 행정심판전치주의는 행정행위의 특수성, 전문성 등에 비추어 행정청으로 하여금 스스로 재고, 시정의 기회를 부여함에 그 뜻이 있는 만큼, 법률에 특별한 규정이 없는 이상 그 필요를 넘어 국민에게 지나치게 엄격한 절차를 요구할 것은 아니고, 비록 그것이 조세행정소송이라고 하더라도 다를 바 없다면서 전심절차 완화의 취지를 밝히고 있다.

소득금액변동통지와 징수처분은 별개의 목적을 가진 독립된 행위이기는 하나, 기본적 사실관계가 동일하고, 종전 판례에 따르면 소득금액변동통지의 내용상 위법을 주장하려면 부득이 징수처분을 다투어야 했으며, 징수처분에 관하여 전심절차를 거쳤다면 과세관청으로서는 충분히 자기시정의 기회를 가졌다고 볼 수 있고, 판례변경을 이유로 이미 불복기간이 경과한 소득금액변동통지에 관하여 다시 전심절차를 거칠 수도 없으므로, 전심절차의 완화 법리가 적용될 수 있다고 할 것이다.

마. 청구변경 시 제소기간의 준수 여부

1) 문제의 소재

행정소송법 제20조는 취소소송의 제소기간은 처분 등이 있음을 안 날부터 90일 이내, 처분 등이 있은 날부터 1년 이내에 제기하도록 규정하고 있다. 그러나 국세기본법 제56조 제3항은 행정소송법 제20조의 규

31) 대법원 1997. 4. 8. 선고 96누2200 판결.
32) 대법원 1997. 7. 30. 선고 95누6328 판결.

정에 불구하고 조세행정처분에 대한 행정소송은 심사청구 또는 심판청구에 대한 결정의 통지를 받은 날부터 90일 이내에 제기하도록 규정하고 있다.

판례변경에 따라 불복대상을 민사소송법상 청구의 변경에 의하여 징수처분에서 소득금액변동통지로 변경하거나 추가하는 경우는 두 가지 경우로 나누어 생각해 볼 수 있다.

첫째, 소득금액변동통지에 대한 전심결정을 받았으나 징수처분에 대해 불복을 진행하다가 다시 소득금액변동통지에 대한 취소를 구하는 것으로 청구취지를 변경하거나 추가하는 경우 소득금액변동통지에 대한 전심결정 이후 90일이 경과한 때가 대부분이기 때문에 제소기간의 준수 여부를 당초의 소제기 시로 볼 수 있는지가 문제된다. 행정소송법상 피고의 경정이나 행정소송법상 청구의 변경이 있으면 변경된 청구에 대한 소송은 처음에 소를 제기한 때에 제기한 것으로 보는 규정이 있으나, 민사소송법상 청구의 변경이 있으면 새로운 소에 대한 제소기간의 준수 등은 원칙적으로 '청구의 변경이 있은 때'를 기준으로 보는 것이 일반적이기 때문이다.

둘째, 징수처분에 대한 전심결정이 있어 소득금액변동통지에 관하여 전심절차 완화의 법리가 적용되는 경우 소득금액변동통지에 대한 전심결정을 받은 적이 없으므로 제소기간의 구애를 받지 않고 언제든지 청구의 변경을 할 수 있고 제소기간은 문제되지 않는 것인지 의문이 제기된다. 제소기간의 적용을 받지 않는 것으로 보면 장기간 조세법률관계가 부동적인 상태에 놓이게 되고, 제소기간의 적용을 받는다면 전심결정이 없음에도 제소기간을 적용하는 근거와 제소기간의 기산점이 문제된다.

2) 검토

가) 소득금액변동통지에 대한 전심결정을 받았으나 징수처분에 대해 불복을 진행하다가 다시 소득금액변동통지에 대한 취소를 구하는 것으로

청구취지를 변경하거나 추가하는 경우

판례[33]는 행정소송에 관하여 구제의 필요성이 큰 경우에는 소의 종류의 변경이 아닌 취소소송 사이의 소의 변경에 있는 경우 청구취지의 정정 이론 등을 적용하여 제소기간의 소급효를 인정하고 있다.

소득금액변동통지에 관하여 전심절차를 거쳤으나 종전 판례의 태도가 징수처분에 대한 불복만을 허용하고 있었던 점에 비추어 징수처분에 대한 취소소송을 제기한 후에 소득금액변동통지의 취소를 구하는 것으로 청구변경을 한 경우 제소기간을 준수하지 못하였다고 본다면, 납세자에게 수인할 수 없는 가혹함을 가져오므로, 이를 구제할 예외적 보호의 필요성이 있다고 보아 '당초의 소제기 시'를 기준으로 제소기간 준수 여부를 따지는 것이 타당할 것이다.

나) 징수처분에 대한 전심결정이 있어 소득금액변동통지에 관하여 전심절차 완화의 법리가 적용되는 경우

판례[34]는 전심절차를 거친 선행처분에 대한 취소소송 중 후행처분의 취소를 구하는 것으로 청구변경을 한 경우 전심절차 완화의 법리가 적용된다면 청구취지의 변경 시를 기준으로 제소기간의 준수 여부를 따로 따질 필요가 없다고 판시하거나, 직권조사사항인 제소기간의 준수 여부를 문제 삼지 않고 있다.

판례는 구제의 필요성 측면에서 전심절차와 제소기간을 모두 준수한 것으로 보고 있다. C, D의 경우 소득금액변동통지에 대해 불복기간이 도과한 후에 판례변경이 이루어짐으로 인하여 불복의 기회가 원천적으로 봉쇄되어 있었다는 점에서 구제의 필요성이 있다. 따라서 선행

---

33) 대법원 1991. 3. 12. 선고 90누4341 판결, 대법원 1997. 12. 26. 선고 97누16176 판결 등.

34) 대법원 1982. 2. 9. 선고 80누522 판결(명시적으로 제소기간의 준수 여부를 따로 따질 필요가 없다고 판시한 사안), 대법원 2011. 10. 13. 선고 2009두22270 판결, 대법원 2011. 11. 10. 선고 2009두17599 판결, 대법원 2012. 5. 9. 선고 2009두2887 판결.

소득금액변동통지에 관하여 불가쟁력이 발생하였고 후행 징수처분에 대하여 전심절차를 준수하고 제소기간 내에 제소된 경우로서 판례변경에 따른 보호 내지 구제가 필요하여 불복대상을 소득금액변동통지로 청구변경한 경우에는 후행 징수처분에 대한 제소기간(전심절차의 결정일로부터 90일 내) 내에 제소되었다면, 제소기간을 준수한 것으로 보아야 할 것이다.

바. 이 사건의 검토

이 사건은 2006. 4. 20. 판례변경이 있었고, 2006. 8. 1. 소득금액변동통지가 있었으므로 앞서 본 A의 경우에 해당한다. 원고가 변경된 판례의 내용을 알고 있든 없든 간에 판례변경 이후에 소득금액통지가 있었으므로 변경된 판례의 내용에 따라 불복의 기회가 있었다고 할 수 있다. 종전의 판례를 신뢰함으로써 소득금액변동통지에 대한 불복이 원천적으로 봉쇄되었던 경우로 볼 수 없다. 따라서 원고의 신뢰는 소득금액변동통지 당시 이미 소멸한 관행에 대한 것이므로 보호받기 어렵다.

Ⅳ. 결론

종래 대법원판결은 소득금액변동통지의 행정처분성을 인정하지 아니함에 따라 원천징수의무의 존부와 범위를 다투는 자에게 소득금액변동통지가 아니라 징수처분에 대하여 불복할 수 있도록 예외적으로 허용하였다. 그러나 대법원 2002두1878 전원합의체 판결은 소득금액변동통지가 원천징수의무자인 법인의 납세의무에 직접 영향을 미치는 행위로서 항고소송의 대상이 되는 조세행정처분으로 인정하였다. 따라서 대법원판례 변경 이후로는 원천징수세액의 존부와 범위에 관하여 다투려는 자는 소득금액변동통지에 대한 항고소송에서 다투어야 하고, 소득금액변동통지가 당연무효가 아닌 한 징수처분에 대한 항고소송에서는 징수처분의 고유한 하자에 대하여 다툴 수 있을 뿐, 세액의 존부와 범위에 관한 위법을 독립된 불복사유로 다툴 수 없다고 보아야 한다.

원고는 대법원판례 변경 이후에 소득금액변동통지를 받았고, 소득금액변동통지에 관하여 불복할 기회가 있었음에도 이에 대해 다투지 아니하여 불가쟁력이 발생하였으므로, 판례변경에 따른 예외적 보호의 필요성이 있다고 할 수도 없다. 소득금액변동통지에 관하여 원천징수세액의 존부와 범위에 관하여는 소득금액변동통지를 다투어야 하고, 원고가 징수처분의 고유한 하자에 관하여 아무런 주장도 하지 아니하고 소득금액변동통지가 당연무효가 아닌 한 이 사건 징수처분을 위법하다고 할 수 없다고 한 대상 판결은 정당하다.

대상 판결은 소득금액변동통지의 행정처분성을 인정한 대법원 2006. 4. 20. 선고 2002두1878 전원합의체 판결 이후 원천징수세액의 존부와 범위를 다투려는 자는 소득금액변동통지를 불복대상으로 삼아야 하고, 더 이상 징수처분을 불복대상으로 삼을 수 없음을 명확히 밝힌 최초의 판결이라는 데에 그 의의가 있고 그 결론도 타당하다.

참고문헌

이의영, "소득처분에 따른 소득금액변동통지의 법적 성질에 대한 비판적 검토", 조세법연구 XII-2, 세경사(2006. 11.)

하태흥, "소득금액변동통지의 처분성 인정 이후 징수처분에 관하여 불복이 가능한 사유", 대법원 판례해설, 법원도서관(2012)

강석규, "소득금액변동통지의 행정처분성", 판례연구 18집, 부산판례연구회(2007. 2.)

정태학, "원천징수납부의무에 대하여 제2차 납세의무를 부담하는 과점주주 －소득금액변동통지의 경우 납세의무의 성립시기를 중심으로－", 특별법연구 제8권, 박영사(2006. 9.)

강석훈, "소득처분과 소득금액변동통지에 관하여", 조세법연구 XII-2, 세경사(2006. 11.)

소순무, 개정5판 조세소송, (주)영화조세통람(2010)

윤진수, "미국법상 판례의 소급효, 우리 법상 위헌결정의 소급효와 관련하여", 저스티스(제28권 제1호), 한국법학원

국문초록

최근 대법원은 논쟁의 대상이 되어 왔던 소득처분에 따른 소득금액변동통지의 행정처분성 여부에 관하여 이를 부정하였던 기존의 견해를 변경하는 전원합의체 판결(대법원 2006. 4. 20. 선고 2002두1878 전원합의체 판결)을 선고하였다. 대법원판례 변경 이후로는 원천징수세액의 존부와 범위에 관하여 다투려는 자는 소득금액변동통지에 대한 항고소송에서 다투어야 하고, 소득금액변동통지가 당연무효가 아닌 한 징수처분에 대한 항고소송에서는 징수처분의 고유한 하자에 대하여 다툴 수 있을 뿐, 세액의 존부와 범위에 관한 위법을 독립된 불복사유로 다툴 수 없다고 보아야 한다. 원고는 대법원판례 변경 이후에 소득금액변동통지를 받았고, 소득금액변동통지에 관하여 불복할 기회가 있었음에도 이에 대해 다투지 아니하여 불가쟁력이 발생하였으므로, 판례변경에 따른 예외적 보호의 필요성이 있다고 할 수도 없다. 소득금액변동통지에 관하여 원천징수세액의 존부와 범위에 관하여는 소득금액변동통지를 다투어야 하고, 원고가 징수처분의 고유한 하자에 관하여 아무런 주장도 하지 아니하고 소득금액변동통지가 당연무효가 아닌 한 이 사건 징수처분을 위법하다고 할 수 없다고 한 대상 판결은 정당하다.

핵심어: 소득처분, 소득금액변동통지, 원천징수, 하자의 승계, 판례변경

Abstract

Issues regarding notification of the change on income amount and succession of defect, reliability protection according to change of precedents

－Focusing on the Decision Sentenced 2009Du14439 made by Supreme Court on January 26th 2012(cancellation of the disposition of tax withholding)－

KIM, SE－HYUN*

In regard to the administrative disposition of the notification of the change on income amount depending on the income disposition which has been the subject of discussion, the Supreme Court of Korea has sentenced unanimous decision recently to change its denial position on the administrative disposition of notification of change on income amount depending on the income disposition(sentenced on April 20th 2006 by Supreme Court, 2002Du1878, unanimous decision). After the changes on judicial precedents of Supreme Courts has become effective, anyone willing to argue about the existence and scope of tax withholding must argue at the Appeal Litigation for the notification of the change on income amount; unless the notification of the change on income amount is invalid without necessity of trial, appeal litigation for the disposition of tax collection can only deal with the intrinsic vice of the disposition of tax collection while the illegality about the existence and scope of tax withholding can't be dealt as independent grounds

* Judge of District Court, Bucheon Branch Court of Incheon District Court

for disobedience. The plaintiff received the notification of the change on income amount after the change on judicial precedents of Supreme Courts thus the plaintiff can't argue about the effect of this administrative act because the plaintiff did not argue even though the plaintiff had chance to disobey the notification of the change on income amount. Therefore, there is no need for exceptional protection in accordance to the change of precedents. I support the decision in this case which sentenced that existence and scope of tax withholding in regard to notification of change on income amount must be dealt with the notification of change on income amount and that the disposition of tax collection in this case is not illegal because the plaintiff did not make any argument about the inherent vice of the disposition of tax collection unless the notification of the change on income amount is invalid without necessity of trial.

Key word: income disposition, notification of the change on income amount, tax withholding, succession of defect, change of precedents

투 고 일: 2014. 6. 5
심 사 일: 2014. 6. 17
게재확정일: 2014. 6. 20

■ 소득세법 시행규칙 [별지 제22호서식(1)] 〈개정 2011.3.28〉

소득금액변동통지서(1)
(법 인 통 지 용)

※ 아래의 유의사항을 읽고 작성하여 주시기 바라며, [ ]에는 해당되는 곳에 √표를 합니다.

(앞쪽)

수령자	① 법 인 명	② 사업자등록번호
	③ 주 소	
	④ 대표자성명	

소득자별 [ ]배 당 / [ ]상 여 / [ ]기 타 소 득 소득금액 변동내용

⑤ 소득종류(배당·상여·기타)	⑥ 사업연도	⑦ 귀속연도	⑧ 소득금액	소득자		
				⑨ 성명	⑩ 주민등록번호	⑪ 주소
					-	
					-	
					-	
					-	

「소득세법 시행령」 제192조제1항에 따라 위와 같이 소득금액 변동사항을 통지합니다.

년 월 일

세 무 서 장 직인

유의사항

1. 소득금액변동통지서를 받은 법인은 통지받은 소득에 대한 소득세를 원천징수하여 통지서를 받은 달의 다음 달 10일까지 납부하여야 합니다.

2. 소득금액변동통지서를 받은 법인은 종합소득과세표준확정신고 대상 소득자의 소득금액이 변동됨으로써 소득세를 추가로 납부하여야 하는 경우에는 즉시 해당 소득자에게 이 통지서를 받은 날이 속하는 달의 다음 다음 달 말일까지 주소지 관할 세무서에 추가신고자진납부하여야 함을 알려주시기 바랍니다.

210㎜×297㎜[일반용지 60g/㎡(재활용품)]

(뒤 쪽)

법인세과세표준 결정(경정)내용

	⑫ 결정(경정)기관				
구 분	각사업연도소득		특별부가세과세표준		
	신 고	결정(경정)	구 분	신 고	결정(경정)
⑬ 각사업연도 소 득			⑲ 양도가액		
⑭ 이월결손금			⑳ 취득가액		
⑮ 비과세소득			㉑ 양도비용		
⑯ 소득공제			㉒ 특별공제		
⑰ 차감과세표준			㉓ 과세표준		
⑱ 추계결정(경정) 기준 수입금액					

210㎜×297㎜[일반용지 60g/㎡(재활용품)]

行政節次 및 情報公開

情報公開拒否處分取消*
- 公開對象情報의 特定問題를 中心으로 -

俞珍式

대상판결 : 대법원 2013. 1. 24. 선고 2010두18918 판결

Ⅰ. 사건의 개요

(1) 원고 X1(제이유네트워크 주식회사)은 2001년 5월 23일 설립되어 다단계판매업을 영위해온 기업으로서, 방문판매업체인 소외 1 주식회사 등 25개 회사로 구성된 00그룹의 모기업이고 X1의 대표이사인 원고 X2는 00그룹의 회장이다.

(2) 피고 Y(국가정보원장)는 국내 정보수집팀인 '부패척결 태스크포스(TF)팀'에서는 2004년 6월경부터 00그룹 관련 비리혐의를 포착하고 그 불법의 규모와 관련자들의 성격상 국가 전체에 미치는 영향이 크다고 판단하여 관련정보를 수집하였고, 이를 바탕으로 0000실에서는 2005년 1월 경 '00그룹이 불법비자금을 조성한 후 정, 관계 인사를 대상으로

* 이 논문은 2013년도 전북대학교 연구기반조성기금의 지원에 의하여 작성되었음.
** 全北大 法學專門大學院, 教授

광범위하게 금품을 살포하고 있다'는 등의 내용의 내부보고서와 위 뇌물 수수 의혹과 관련된 정, 관계 인사 및 경찰관, 검사, 판사, 공정거래위원회 직원 등의 근무 관서, 직위 및 성명과 금품이 수수된 날짜, 금액, 사유 등이 기재된 리스트를 작성하였다.

(3) 제1심은 정보공개법 제20조 제2항에 따른 비공개 열람·심사를 통하여 원심판결 별지(이하 '별지'라고 한다) 목록 제1항부터 제5항까지 기재된 정보는 피고가 2005. 1.경 작성한 보고서 형태의 문서(이하 '2005년 보고서'라고 한다)라고 특정하고 다음과 같은 내용을 확인 하였다. 즉, ① 개황(별지목록 제1항), ②「○○그룹」현황 및 원고 2 회장 최근 특이동향(제2항), ③ 원고 2 회장의 불법 비자금 조성·살포 실태(제3항), ④「△△네트워크」부도 시 파급영향(제4항), ⑤ 평가 및 고려방안 등(제5항) 큰 제목 아래에 구체적인 보고 내용을 기재하는 형식으로 구성되어 있었다. 그리고 ①, ②항에는 ○○그룹 및 X2가 비정상적 경영으로 부도 위기에 직면해 있고 불법 비자금을 정·관계에 제공하는 한편 그 일부를 해외로 이전하고 있다는 취지의 내용이, ③항에는 불법 비자금 조성과 제공에 관하여 그 구체적 사례 및 수령자 이름과 근무관서, 직위, 금품 수령 경위, 금품의 액수가 기재된 리스트와 함께 ○○그룹 및 X2가 불법 비자금을 조성하여 정·관계를 대상으로 불법적인 로비활동을 하고 있다는 취지의 내용이, ④항에는 ○○그룹이 부도 위기에 직면해 있고 그 부도 시 커다란 피해가 발생할 것이 우려된다는 취지의 내용이, ⑤항에는 ○○그룹의 부도에 대비하여 관계 당국이 피해를 최소화하고 비리를 엄중히 문책하며 제도적 대책을 마련하기 위하여 노력하여야 한다는 취지의 내용이 각 기술되어 있었다.

(4) X1, X2는 2009년 6월 8일 Y에게 위의 5개항을 포함한 7개항의 정보에 대한 정보공개를 청구하였는데 Y는 2009년 6월 17일 다음과 같은 이유를 들어 비공개결정을 하였다(이하, '이 사건 처분'이라고 한다).

첫째, 1, 2, 3, 6, 7항 기재 정보는 국정원의 조직·편제 및 활동내역에 관한 것으로서 '공공기관의 정보공개에 관한 법률'(이하, '정보공개법'이라고 한다) 제4조 제3항의 "국가안전보장에 관련되는 정보 및 보안 업무를 관장하는 기관에서 국가안전보장과 관련된 정보의 분석을 목적으로 수집하거나 작성한 정보", 같은 법 제9조 제1항 제2호의 "국가안전보장 등에 관한 사항으로서 공개될 경우 국가의 중대한 이익을 현저히 해칠 우려가 있다고 인정되는 정보" 및 같은 항 제6호의 "해당 정보에 포함되어 있는 성명·주민등록번호 등 개인에 관한 사항으로서 공개될 경우 사생활의 비밀 또는 자유를 침해할 우려가 있다고 인정되는 정보"에 해당한다.

둘째, 제5항 기재 정보는 정보공개법 제8조 제1항 단서의 "정보목록 중 제9조제1항에 따라 공개하지 아니할 수 있는 정보가 포함되어 있는 경우"에 해당한다.

셋째, 제6, 7항 기재 정보는 정보공개법 제9조 제1항 제1호, 국가정보원법 제6조에 의하여 "법률에 의하여 비밀 또는 비공개 사항으로 규정된 정보"이다.

넷째, 제1, 2, 3, 4, 5, 6, 7항 기재 정보는 진행 중인 손해배상청구소송 관련사항으로서 정보공개법 제9조 제1항 제4호의 "진행 중인 재판에 관련된 정보"에 해당한다.

마지막으로 제4항 기재 정보와 관련하여 국가정보원은 검찰에 자료를 제공하거나 지원한 사실이 없으므로 위와 같은 정보를 보유·관리하고 있지 않다.

이에 대하여 제1심(서울행정법원 2010. 1. 29. 선고 20099합25286판결)은 다음과 같은 이유로 원고의 청구를 기각하였다. 즉, 「이 사건 정보는 00그룹이 불법으로 비자금을 조성하고 정관계의 실력자들에게 금품제공 등의 범죄행위를 한 혐의가 있다는 것과 그 구체적인 대상자 및 금품수수 내역을 상세히 열거한 내용으로 되어 있는 바, 이러한 내용이 정보공개법 제4조 제3항의 "국가안전보장에 관련되는 정보 및 보안 업무를 관장하는 기관에서 국가안전보장과 관련된 정보의 분석을 목적으로 수집하거나 작성한 정보"라거나, 정보공개법 제9조 제1항 제2호의 "국가안전보장 등에 관한 사항으로서 공개될 경우 국가의 중대한 이익을 현저히 해칠 우려가 있다고 인정되는 정보"에 해당한다고 볼 수 없음은 명백하다.」 그러나 이 사건 정보 중 금품 수령자의 이름과 근무관서, 직위에 관한 부분은 특정한 개인을 식별할 수 있는 정보로서 개인의 사생활 보호라는 관점에서 정보공개법 제9조 제1항 제6호에서 정한 비공개대상 정보에 해당하고, 금품 수령자의 이름과 근무관서, 직위에 관한 부분을 제외한 나머지 부분만으로도 개인에 관한 정보를 식별할 가능성이 클 뿐만 아니라 나머지 부분 정보의 공개만으로는 공개의 가치가 있다고 볼 수도 없다는 것이다. 결국, Y가 이 사건 정보의 공개를 거부함에 있어서 「정보공개법 제4조 제3항이나, 정보공개법 제1항 제2호의 국가안전보장에 관련된 정보라는 등의 사유를 열거한 것이 잘못이기는 하나, 그 처분 사유에 정보공개법 제9조 제1항 제6호의 사생활의 비밀 또는 자유를 침해할 우려가 있다고 인정되는 정보라는 이유를 들고 있으므로, 이 사건 처분은 결과적으로 적법하다」는 것이다. 이어서 원심(原審)(서울고등법원 2010. 8. 25. 선고 2010누7552판결)도 제1심의 판단을 지지하여 항소를 기각하자 X1, X2가 상고한 것이 본건이다.

Ⅱ. 재판의 경과[1)]

1. 제1심(서울행정법원 2010.1.29. 선고 2009구합 25286 판결)

피고는, 이 사건 정보 중 별지 목록 제4항 기재 정보와 관련하여, 국가정보원은 검찰에 위와 같은 자료를 제공하거나 지원한 사실이 없으므로, 이 부분에 관한 청구는 피고가 보유·관리하고 있지 아니한 정보의 공개를 구하는 것으로서 그 취소를 구할 법률상 이익이 없다는 취지로 주장한다.

살피건대, 갑 6호증의 기재에 변론 전체의 취지를 종합하면, 국가정보원 □□□□실장으로 근무하던 소외 2는 관련 형사사건에서, '2005. 1.경 국가정보원 □□□□실에서 ○○○그룹 관련 비리 보고서가 작성되었고, 2005. 1.경 이를 청와대에 보고하였으며, 2006. 1.경 당시 국가정보원장의 지시에 따라 이를 다시 정리하여 검찰에 전달하였다'라고 진술한 사실이 인정되는바, 위 소외 2의 지위 및 그 내용의 구체성으로 미루어 볼 때 위 진술은 상당히 신빙성이 있다고 할 것이므로, 피고가 ○○그룹 관련 비리 보고서에 관하여 검찰에 전달한 내용을 문서로 정리하여 보유·관리하고 있을 상당한 개연성이 존재한다고 판단된다. 따라서, 이에 반하는 피고의 위 주장은 이유 없다.

---

1) 본건에서의 쟁점은 공개대상정보의 특정문제 외에도 심사위원 한 분께서 지적한 것처럼 「국가정보원이 비공개의 근거로 삼은 사유의 적정성, 그리고 국가정보원이 국가정보원법상 허용된 직무범위를 넘어 수행한 업무의 결과가 기재된 정보, 다시 말해 위법한 직무의 결과로 생산된 정보에 대한 공개청구에 대해 어떻게 대응할 것인지」에 관한 점도 있다. 그러나 편의상 본고에서는 공개대상특정문제에 한정하여 다루기로 한다.

2. 원심(서울고등법원 2010.8.25. 선고 2010누7552 판결)

공개대상정보의 특정에 관한 부분에 대하여 제1심의 판결내용을 그대로 인용하였다.

3. 대법원(대법원 2013. 1. 24. 선고 2010두18918 판결)

정보공개법에서 말하는 공개대상 정보는 정보 그 자체가 아닌 정보공개법 제2조 제1호 에서 예시하고 있는 매체 등에 기록된 사항을 의미하고, 공개대상 정보는 원칙적으로 그 공개를 청구하는 자가 정보공개법 제10조 제1항 제2호 에 따라 작성한 정보공개청구서의 기재내용에 의하여 특정되며, 만일 공개청구자가 특정한 바와 같은 정보를 공공기관이 보유·관리하고 있지 아니한 경우라면 특별한 사정이 없는 한 해당 정보에 대한 공개거부처분에 대하여는 그 취소를 구할 법률상 이익이 없다. 이와 관련하여 공개청구자는 그가 공개를 구하는 정보를 공공기관이 보유·관리하고 있을 상당한 개연성이 있다는 점에 대하여 입증할 책임이 있으나, 공개를 구하는 정보를 공공기관이 한때 보유·관리하였으나 후에 그 정보가 담긴 문서들이 폐기되어 존재하지 않게 된 것이라면 그 정보를 더 이상 보유 · 관리하고 있지 아니하다는 점에 대한 증명책임은 공공기관에 있다(대법원 2004.3.12.선고 2003두11544판결, 대법원 2004.12.9.선고 2003두12707판결, 대법원 2006.1.13.선고 2003두9459판결, 대법원 2007.6.1.선고2007두2555판결 등 참조).

이 사건에서 원고들은 이 부분 공개대상 정보를 별지 목록 제1항부터 제5항까지의 정보로 특정하였고, 이러한 정보는 그 내용상 국가정보원이 2005.1.경 작성한 보고서와 같은 특정 서류에 국한된 것이 아니라 해당 보고서 작성의 기초가 된 각종 내사·조사·수집자료는 물론이고, 그에 관련된 국가정보원 내 · 외부의 지시서 및 이에 대한 복명서, 보고서,

지원문건 등과 그 목록까지 망라하고 있음이 분명한데, 이러한 경우 법원으로서는 원고들이 특정하여 공개를 구하는 바에 따라 위와 같은 정보들을 피고가 보유·관리하고 있는지를 먼저 심리하여야 하고, 그 심리 결과 피고가 해당 정보를 보유·관리하고 있지 아니함이 밝혀진 경우 이 사건 소 가운데 해당 정보에 관한 공개거부처분의 취소를 구하는 부분은 법률상 이익이 없다고 하여 이를 각하하여야 한다(원고들이 공개대상 정보를 사회일반인의 관점에서 그 내용과 범위를 확정할 수 없을 정도로 특정하지 못한 경우도 마찬가지이다).반대로 만일 피고가 위 정보를 보유·관리하고 있을 상당한 개연성이 있음을 원고들이 입증한 경우라면 각 정보에 대하여 개별적으로 피고가 주장하는 비공개사유의 존부를 따져 그에 관한 원고들 청구의 당부를 판단하였어야 하고, 이때 피고가 과거에 생성하여 보유·관리하고 있던 정보를 폐기하였다고 주장하는 경우라면 그 폐기사실에 대한 증명책임이 피고에게 있음은 앞서 본 바와 같다.

그럼에도 원심은 위와 같은 개별적 조처에 나아가지 아니한 채 임의로 원고들이 이 부분 청구로써 구하는 공개대상 정보를 2005년 보고서에 한정시킨 다음 그 판시와 같은 이유로 위 보고서에 대한 공개를 거부한 피고의 처분이 적법하다고만 판단하고 나머지 정보들에 관하여는 아무런 판단도 하지 않은 제1심을 정당하다고 보아 이를 유지하였으니, 이러한 원심의 판단에는 정보공개법상 공개대상 정보의 개념과 특정 방법, 공개대상 정보의 존부에 따른 소송상 효과에 관한 법리를 오해하여 필요한 심리와 판단을 하지 않음으로써 판결에 영향을 미친 위법이 있고, 이를 지적하는 상고이유 주장에는 정당한 이유가 있다.

Ⅲ. 평석

1. 처음에

정보공개법은 정보공개를 청구하려는 자는 공개를 청구하는 정보의 내용을 기재하도록 하고 있다(정보공개법 제10조 제1항 제2호). 이 경우 어느 정도까지 구체적으로 정보를 특정하여야 하는 문제가 발생한다. 이 점은 정보공개제도에 있어서 매우 중요한 의미를 갖는다. 왜냐하면 공공기관이 청구된 정보를 해당 정보를 보유·관리하고 있지 않다고 공개를 거부하는 처분에 대한 위법성을 판단하는 일은 쉽지 않다. 즉, 해당 정보의 보유·관리의 여부에 대하여 누가 어느 정도 입증을 하여야 하는가 하는 문제가 발생하기 때문이다.

이처럼 정보공개제도에서 공개대상정보를 특정해야 하는 이유는 어디에서 유래하는 것일까? 그것은 정보공개여부에 대한 처분이 다른 일반 행정처분과는 다르다는 점에서 유래한다. 즉, 일반적으로 불이익처분이나 신청에 대한 처분 모두 처분의 속성상 그 처분 자체를 특정하는 데 큰 문제는 없다.

그러나 정보공개 청구에 있어서는 문제 상황이 다르다. 즉, 정보공개법은 일반적인 공개의무를 행정청에 부여한 후 비공개사유를 유형적으로 규정하고 있을 뿐이고 구체적으로 어떠한 내용의 처분이 내려질까에 대해서는 그 대상문서까지 포함시켜 생각해보면 규정이 없는 것에 가깝다. 또 어떠한 문서가 존재하는가, 존재하는 구체적인 문서 가운데 어떠한 정보가 기재되어 있는가에 대해서는 당연히 청구자측에는 정보가 없다. 그리하여 그 문제를 해결하기 위하여 청구자와 행정청 사이에서 정보교환을 하는 일은 바람직하며 필요한 일이지만 그 문서 자체를 볼 수 없는 경우가 적지 않기 때문에 쉽지 않다.[2)]

위와 같은 점은 정보공개법이 '대상정보'의 개념을 폭넓게 규정함으로서 더욱 두드러지게 된다(동법 제2조 제1호, 참조). 어떻게 보면 청구인이 단독으로는 대상정보를 특정하는 것은 거의 불가능한 경우도 있기 때문에 특정을 둘러싼 관계자의 역할분담에 대해서 검토할 필요가 발생하게 된다.

지금까지의 학설과 판례는 위와 같은 정보공개제도상의 처분의 특성에 대한 이해가 부족했다고 할 수 있다. 이하에서는 위와 같은 점을 염두에 두고 대상정보의 특정을 둘러싼 현행법의 규정과 정보의 보유·관리에 대한 입증책임 문제에 대하여 살펴보고 대상판결에 대하여 논평을 하기로 한다.

2. 왜, 대상정보 특정의 문제가 생기는가?

정보공개제도에서 대상정보의 특정문제가 발생하는 것은, 앞서 언급한 것처럼, 이 제도가 갖고 있는 특성에서 유래한다. 이 점은 다음과 같은 정보공개법의 기본적인 내용을 살펴보면 쉽게 이해할 수 있다.

1) 정보공개법의 기본적인 구성과 청구절차

첫째로 정보공개법이 규정하고 있는 '정보'의 개념이다. 정보공개법은 공개 청구의 대상이 될 수 있는 '정보'의 범위를 매우 넓게 정하고 있는 것이다. 즉 동법 제2조 제1호는 공개 청구의 대상이 되는 「"정보"란 공공기관이 직무상 작성 또는 취득하여 관리하고 있는 문서(전자문서를 포함한다. 이하 같다)·도면·사진·필름·테이프·슬라이드 및 그 밖에 이에 준하는 매체 등에 기록된 사항」이라고 규정하고 있다.

둘째로 청구인측의 사정에 대해서는 공개·비공개의 판단을 함에 있어서 거의 고려하고 있지 않다. 정보공개법은 청구자의 자격에 대해

---

2) 岩橋健定, 情報公開法における開示請求対象文書の特定, 国際公共政策研究 4(1)(1999.9), 184-185쪽.

서 외국인에게 일정한 제한을 두는 이외에 어떠한 제한도 가하고 있지 않으며(동법 제5조 제1항), 또 비공개사유에 있어서도 청구의 목적 등 청구자측의 사정은 고려하고 있지 않다(동법 제9조). 그렇기 때문에 정보공개 청구서의 기재사항으로 청구목적을 요구하고 있지 않다(동법 제10조).

셋째로 공개청구에 대한 공개결정 등을 둘러싸고 이의신청(동법 제18조)과 행정심판(동법 제19조) 그리고 행정소송(동법 제20조)을 제기할 수 있다. 특히 이들 구제절차에서 주목할 만한 사안은 행정소송의 경우 이른바 「in camera 심사제도」를 채택하고 있다는 점이다(동법 제20조 제2항). 이 제도는 앞서 살펴본 것처럼 대상정보 특정문제를 염두에 두고 도입되었다는 점은 두 말할 필요가 없을 것이다.

이상에서 살펴본 것처럼 정보공개법은 공개대상이 되는 '정보'의 개념에 대하여 특별한 제한을 두지 않고 매우 광범위하게 규정하고 있으며 청구자에 대하여 외국인에게 일정한 제한을 두는 외에 청구목적에 대해서도 묻지 않고 있다. 공개대상 정보의 특정문제는 바로 여기에서 유래하고 있는 것이다. 즉, 정보공개제도에 있어서는, 다른 처분에서와는 달리, 백지상태에서 청구자와 행정청이 역할분담을 하여 대상정보를 특정해간다고 말할 수 있다. 이처럼 대상정보 특정에 있어서 양자의 역할을 어떻게 합리적으로 분담시킬 것인가 하는 문제는 정보공개제도의 원활한 운영을 위하여 매우 중요한 사안임을 알 수 있다. 이 점에 대하여 정보공개법에서 어떻게 규정하고 있는지 이하에서 간단히 살펴보기로 한다.

2) 대상정보 특정에 있어서 역할분담

정보공개법에 의하면 대상정보의 특정은 청구자가 청구서(또는 구두)에 공개를 구하는 '정보의 내용'을 기재함으로써 이루어진다. 즉, 청구권자는 「청구인의 성명·주민등록번호·주소 및 연락처(전화번호·전자우편주소 등을 말한다)」(동법 제10조 제1항 제1호)와 「공개를 청구하는 정보의 내용 및 공개방법」(동법 제10조 제1항 제1호)을 기재한 청구서를 제출하거나 말로써 정보의 공개를 청구하도록 되어 있는 것이다(동법 제10조 제1항). 그러나 앞서 살펴본 것처럼 청구자가 원하는 정보를 행정청이 보유·관리하고 있는지 또는 보유·관리하고 있다고 하더라도 어떠한 명칭과 내용의 정보인가에 대하여 청구자가 정확히 아는 것은 매우 어려운 일이다.

이러한 이유로 정보공개법은 청구하는 정보의 내용을 특정하는 데 도움을 주기 위하여 다음과 같은 규정들을 두고 있다. 즉, 공공기관으로 하여금 정보의 적절한 보존과 신속한 검색이 이루어지도록 정보관리체계를 정비하도록 하고 있으며(동법 제6조), 국민생활에 매우 큰 영향을 미치는 정책에 관한 정보 등에 대해서는 공개의 구체적 범위와 공개의 주기·시기 및 방법 등을 미리 정하여 공표하고 이에 따라 정기적으로 공개하도록 하고 있다(동법 제7조). 또 공공기관은 자신이 보유·관리하는 정보에 대하여 국민이 쉽게 알 수 있도록 정보목록을 작성하여 갖추어 두고, 그 목록을 정보통신망을 활용한 정보공개시스템 등을 통하여 공개하여야 한다(동법 제8조 제1항). 그리고 공공기관 중 중앙행정기관 및 대통령령으로 정하는 기관은 전자적 형태로 보유·관리하는 정보 중 공개대상으로 분류된 정보를 국민의 정보공개 청구가 없더라도 정보통신망을 활용한 정보공개시스템 등을 통하여 공개하도록 하고 있다(동법 제8조의 2).

이상에서 알 수 있는 것처럼 현행 정보공개법의 규정은 청구대상정보의 특정을 함에 있어서 청구권자의 편의를 위하여 일반적인 규정은 두고 있으나 정보공개처분의 특성을 감안한 행정청과 청구권자의 역할분담이라는 관점에서 볼 때 매우 불충분하다는 것을 알 수 있다. 그 결과 청구자가 정보공개청구서를 작성함에 있어서 정보의 내용을 어느 정도 구체적으로 특정하여야 하는가 하는 점을 둘러싼 분쟁이 많이 발생하고 있다.

이 점과 관련하여 학설·판례의 경우 역시 위와 같은 관점에서의 논의는 그렇게 많지 않은데 청구대상정보를 특정하기 위해서는 당해 정보를 특정할 수 있는 정도의 문서제목, 작성일자, 문서번호나 관련내용을 제시해야 한다는 견해가 있다.[3] 그러나 이러한 견해는 앞서 언급한 것처럼 행정기관이 어떠한 문서를 보유하고 있는가 알 수 없는 것이 보통이기 때문에 위와 같은 기준은 청구대상정보에 대한 특정의 기준으로서 채용하기 어려울 것이다. 이에 대하여 판례는 「청구대상정보를 기재함에 있어서는 사회일반인의 관점에서 청구대상정보의 내용과 범위를 확정할 수 있을 정도」(밑줄은 필자)[4]로 특정할 것을 요한다는 입장이다. 판례도 「사회일반인의 관점」이라는 매우 추상적인 개념을 사용하고 있는데 구체적으로 무엇을 의미하는가에 대하여 관련판례를 통하여 살펴보기로 하자.

첫째는 청구자가 공정거래위원회에 소외회사 등이 일본뇌염백신 가격을 담합하여 인상하는 등 독점규제및공정거래에관한법률위반 행위를 하였다는 내용의 신고를 하자, 동위원회가 위 사건을 조사한 결과 혐의가 없다고 인정하고 청구자에게 위 신고 내용에 관하여 무혐의조치를 하였다는 내용의 '신고에 대한 조치내용 통지'를 하였고, 그 후 원고가 동법 제8조 제1항에 의하여, 동위원회에게 위 '신고에 대한 조치 내용 통지의 근거서류 일체'의 공개를 청구하였고, 이에 대하여 동위원회가 위 정보가 법 소정의 비공개대상정보에 해당한다는 이유로 위 공개청구를 거부하는 처분에 대한 취소를 구하는 사건이다(대법원 2003. 3. 28. 선고 2000두9212 판결). 이 사건에서 청구자가 기재한 '신고에 대한 조치 내용 통지의 근거서류 일체'라는 표현으로써 청구대상정보의 내용과 범위가 특정되었다고 볼 수 있는 가에 대하여 다툼이 있었다. 이에 대하여

---

3) 최창호, 정보공개법상 비공개정보에 관한 일고찰, 저스티스 62호(2001.8), 125쪽.
4) 대법원 2003. 3. 28. 선고 2000두9212 판결, 대법원 2007. 6. 1. 선고 2007두2555 판결, 등.

대법원은 청구자가 「이 사건 처분의 취소를 구하는 이 사건 소가 제1심 법원에 소송계속 중 당초의 정보 중 '공정거래위원회 제143회 심사조정 회의에 상정된 서류 등'의 공개거부처분만의 취소를 구하는 취지로 청구 취지를 변경하였다는 점을 들어 청구자가 동위원회에 대하여 공개를 청구한 당초의 정보는 그 내용과 범위를 확정할 수 있을 정도로 특정되었다고 판단하였다.

둘째는 공공임대주택의 입주자가 대한주택공사를 상대로 택지분양가 등에 대한 정보공개를 청구한 사건인데 이 때 청구서에 기재된 정보의 내용은 '① 덕정지구 택지수용가 및 관련 자료 일체, ② 덕정지구 택지조성원가 및 관련 자료 일체, ③ 덕정지구 택지분양가 및 관련 자료 일체, ④ 덕정1단지 건설원가 및 관련 자료 일체, ⑤ 시공사 한양과 관련된 계약서 일체와 직접공사비 관련 자료 일체, ⑥ 공사비, 설계감리비, 부대비용, 귀 공사 마진 등 실질적인 건축비 산출 내역 및 관련 자료 일체'라고 되어 있었다. 이에 대하여 대한주택공사는 "공개를 구하는 이 사건 정보는 너무나 막연하게 관련 자료 일체를 공개하라는 주장을 담고 있을 뿐 구체적으로 특정되지 않아 사실상 그 공개가 불가능하다"고 주장하였고 대법원은 「원고가 공개를 청구한 정보의 내용 중 '관련 자료 일체' 부분은 그 내용과 범위가 사회일반인의 관점에서 볼 때 일의적으로 확정할 수 있을 정도로 특정되었다고 보기」(대법원 2007. 6. 1. 선고 2007두2555 판결) 어렵다고 하여 이 주장을 인용하였다.

마지막으로 「국회의원의 해외 외교활동 예산집행 등에 관한 정보공개 청구소송」에 관한 서울행정법원의 판결(2001. 7. 19. 선고 2000구25732판결)이다. 이것은 시민운동단체인 참여연대가 행정감시를 목적으로 하여 국회의원 해외외교활동의 예산집행계획서와 집행내역서의 공개를 청구하였으나 거부되자 정보공개 거부처분의 취소를 구한 사건이다. 이 사건에서 서울행정법원은 '범위가 분명하지 않아 특정된 정보라고 볼 수' 없다는 피고측의 주장에 대하여 「국민의 알 권리, 국정참여권과 국정 운영의 투명성을 보장하기 위하여 일반적으로 입수하기 어려운 공공기관의 정보에 접근할 수 있는 길을 열어 주는 데 있다는 점에 비추어 볼 때 공개대상정보를 특정할 것을 기대하거나 요구하기는 어렵고, 사회 일반인의 관점에서 공개대상정보의 대략적인 내용을 알 수 있도록 정보의 범위를 확정하였다면 그로서 정보가 특정되었다」라고 판시하였다.5)

이상에서 살펴본 것처럼 판례는 청구자가 청구서에 정보의 내용을 기재함에 있어 「청구대상정보를 기재함에 있어서는 사회일반인의 관점에서 청구대상정보의 내용과 범위를 확정할 수 있을 정도」로 특정할 것을 요구하고 있다. 어느 면에서 보면 이러한 기준은 청구자에게 그다지 큰 부담을 주고 있지 않는 것처럼 보일지 모른다. 그러나 다시 생각해보면 위의 기준은 너무 막연하여 일반적인 기준으로 채용할 수 있을지 의문이다. 따라서 대상정보의 특정문제는 앞서 언급한 것처럼 정보공개제도의 특징을 염두에 두고 청구자와 행정청의 역할분담이라는 관점에서 구체적으로 특정되었는지 판단해야 할 것이다.

3. 비교법적인 고찰-일본의 경우

대상정보의 특정문제와 관련한 논의의 시사점을 얻기 위하여 일본의 제도를 잠깐 살펴보기로 한다. 일본의 정보공개제도에서 우리는 우리의 그것과 유사한 점을 많이 발견할 수 있지만 대상정보의 특정과 관련하여 우리와는 다른 점을 규정하고 있다는 점이 흥미롭다.

먼저 일본의 「행정기관이 보유하는 정보의 공개에 관한법률」(이하, 행정기관정보공개법이라 칭한다) 역시 공개청구의 대상이 되는 문서의 범위를 매우 넓게 규정하고 있다. 즉, 행정기관정보공개법 제2조는 다음과

5) 김태호, 국가기밀과 정보공개-정보공개법 제7조 제1항 제1호 및 제2호의 비공개사유와 그 운용을 중심으로-, 행정법연구 제8호, 333쪽을 바탕으로 재구성.

같이 되어 있다. 이 법률에서 「행정문서」란 행정기관의 직원이 직무상 작성하거나 또는 취득한 문서, 도화(圖畵) 및 전자적 기록(전자적 방식, 자기적 방식 그밖에 타인의 지각에 의해서는 인식할 수 없는 방식으로 만들어진 기록을 말한다. 이하 같음)으로 당해 행정기관의 직원이 조직적으로 이용하는 것으로서 당해행정기관이 보유하고 있는 것을 말한다. 다만 다음에 열거하는 것을 제외한다.

1. 관보, 백서, 신문, 잡지, 서적 그밖에 불특정다수의 자에게 판매할 것을 목적으로 하여 발행된 것

2. 공문서 등의 관리에 관한 법률 제2조 제7항에서 규정하는 특정역사공문서 등

3. 정령(政令)으로 정하는 연구소 그 밖의 시설에서 정령(政令)으로 정하는 바에 따라 역사적 혹은 문화적 자료 또는 학술연구용자료로서 특별히 관리되고 있는 것(전호에서 열거한 것을 제외한다).

둘째로 정보공개, 비공개의 판단에 있어서 청구권자측의 사정에 대한 고려를 하지 않는 점이나, 청구자의 자격에 제한을 두지 않는 점(행정기관정보법 제3조), 비공개사유로 청구목적 등 청구자측에 대한 사정을 고려하지 않는 점(행정기관정보법 제5조)은 한국의 정보공개법의 규정과 같다.

셋째로 비공개에 대한 불복절차는 한국의 그것과 약간 다른 제도를 취하고 있다. 먼저 행정불복심사법에 근거하여 비공개결정에 대한 취소를 구할 수 있다(행정불복심사법 제4조 제1항). 이 경우 원칙적으로 정보공개·개인정보보호심사회라고 하는 중립적인 기관의 자문을 받아(행정불복심사법 제18조) 이 자문을 의뢰했던 행정기관의 장(자문청(諮問廳)이 정보공개·개인정보보호심사회의 답신의 내용에 따라 불복신청에 대한 결정(재결)을 하게 된다. 정보공개·개인정보보호심사회의 답신에 법적 구속력은 없지만 이 답신의 내용은 공표되기 때문에(정보공개·개인정보보호심사회설치법 제16조) 실제로 거의 100% 답신에 따라서 결정(재결)이 이루

어지고 있다. 그리고 정보공개·개인정보보호심사회는 자문청에 대하여 공개대상문서의 제시를 요구하여 이른바 「in camera심리」를 행할 수 있다. 심사회로부터 대상문서의 제시를 요구받은 경우 자문청은 이것을 거부할 수 없다(정보공개·개인정보보호심사회설치법 제9조 제2항).

이어서 행정기관이 행한 공개, 비공개결정에 불복하는 경우 불복심사를 거치지 않고 행정사건소송법에 근거하여 직접 법원에 결정에 대한 취소를 구하는 소송을 제기할 수 있다(행정사건소송법 제3조 제2항). 정보공개소송에 있어서 법원은 일반적으로 「in camera심리」를 행하지 않고 법정에서의 진술이나 법정에 제출된 증거에 근거하여 문서의 내용을 추인하는 방법에 의하고 있다.[6)]

위와 같은 제도를 바탕으로 하여 정보공개청구를 함에 있어서 청구권자는 「공개청구하는 자의 시명 또는 명칭 및 주소 또는 거소 및 법인 그 밖의 단체에 있어서는 대표자의 씨명」 및 「행정문서의 명칭 그 밖의 공개청구에 관한 행정문서를 특정하기에 족한 사항」(밑줄은 필자)을 기재한 공개청구서를 제출하도록 되어 있다(행정기관정보공개법 제4조 제1항). 이처럼 일본의 경우 공개청구서에 '행정문서를 특정하기에 족한 사항'의 기재를 요구하고 있는데 이것은 한국의 경우보다 공개대상의 문서의 특정에 있어서 청구권자의 부담을 완화하고 있다고 볼 수 있다. 실제로 공개청구자측이 행정청이 어떠한 문서를 보유하고 있는 가 그 명칭이 무엇인가에 대하여 충분한 정보를 가지고 있는 경우는 예외적인 경우이며 행정청측의 협력 없이는 문서의 존재나 그 명칭을 특정하여 정보공개를 청구하는 것은 거의 불가능 하다고 할 것이다. 특정의 책임을 전면적으로 공개청구자에게 지게 하는 것은 실체법적으로 공개청구대상을 폭넓게 해두면서 절차적으로 사실상 대상을 지나치게 한정하는 것이 되어 논리적이라고 할 수 없다. 정보공개법의 근본이념인 설명책임의 관점에

---

6) 宇賀克也, 行政法概説 I 〔第２版〕, 有斐閣(2006), 178－179쪽.

서 보더라도 지나치게 청구권자측의 책임을 무겁게 파악하는 것은 적절하지 않다고 할 것이다.[7)]

나아가 일본의 행정기관정보공개법은 위와 같은 문제점에 대한 배려로 다음과 같은 규정을 두고 있다. 먼저 행정기관정보공개법 제22조 제1항은「행정기관의 장은 공개청구를 하려고 하는 자가 용이하고 적확하게 개시청구를 할 수 있도록 하기 위하여 당해 행정기관이 보유하는 행정문서의 특정에 도움이 되는 정보제공 그 밖의 공개청구를 하려는 자의 편리를 고려한 적절한 조치를 강구」하도록 하여 일반적으로 행정문서의 특정에 도움이 되는 정보를 제공할 의무가 행정기관측에 있음을 명확히 하고 있다.

둘째로 행정기관정보공개법 제24조는「정부는 보유하고 있는 정보의 공개를 종합적으로 추진하기 위하여 행정기관이 보유하는 정보가 적시에 그리고 적절한 방법으로 국민에게 알려지게 하도록 하기 위하여 행정기관이 보유하는 정보제공에 관한 시책을 충실히 수행할 수 있도록 노력해야 한다」라고 규정하고 있다.

셋째로 행정기관정보공개법 제4조 제2항은「행정기관의 장은 공개청구서에 형식상의 불비가 있다고 인정할 때에는 개시청구한 자에 대하여 상당한 기간을 정하여 보정을 요구할 수 있다. 이 경우에 행정기관은 공개청구자에 대하여 보정(補正)의 참고가 되는 정보를 제공하기 위하여 노력하지 않으면 안 된다」라고 규정하고 있다. 이 조항에서 의미가 있는 것은 후단의 규정이다. 후단에서는 보정의 참고가 되는 정보의 제공이 노력의무이기는 하지만 의무로 되어 있다. 공개청구서에 기재된 행정문서를 특정하기에 족한 사항의 구체성이 부족하다는 것은「형식상의 불비」에 해당하기 때문에 행정기관의 장은 그 보정을 위하여 특정을 위하여 필요로 하는 정보를 제공하도록 노력하지 않으면 안 되는 것이다.

---

7) 岩橋, 상게논문, 195쪽.

그리고 이 정보제공의무에는 일본 행정절차법 제9조 제2항과는 달리 「요구에 응해서」라는 요건이 부과되어 있지 않다. 이것은 구체적인 공개청구에 관한 장면에 있어서도 행정문서의 특정은 전면적으로 청구자측의 책임으로 행해져야 하는 것은 아니고 행정청측의 적극적인 관여가 필요하다는 점을 법이 명확하게 인정하고 있다는 것을 나타내 주고 있다고 볼 수 있다.[8)]

위와 같은 생각에서 학설에서도 청구시에 기재해야할 「행정문서의 명칭 그 밖의 공개청구에 관한 행정문서를 특정하기에 족한 사항」에 대해서는 「행정문서의 명칭 또는 내용 등을 합리적으로 추정할 수 있는 것으로 족하다」[9)], 「청구를 받은 행정기관의 전문직원이 합리적으로 노력하여 특정할 수 있는 정도의 기재가 있으면 1호의 기재로서는 충분하다」[10)]라고 하는 등 비교적 느슨하게 해석하고 있다.

3) 소결

이상에서 살펴본 것처럼 정보공개를 둘러싼 처분의 특수성에서 오는 청구대상정보의 특정에 따른 행정청과 청구권자의 역할분담에 대해서 새로운 시각으로 접근할 필요성이 있다는 것을 알 수 있었다. 이것은 결국 행정청으로 하여금 청구권자가 청구대상정보를 특정함에 있어서 부담을 줄일 수 있도록 행정청의 정보제공의무를 강화해야 한다는 점으로 귀착된다고 할 것이다. 이를 위해서는 먼저 한국의 정보공개법의 경우 청구권자가 정보공개를 청구함에 있어서 정보부족으로 청구대상정보를 특정 등에 어려움을 겪을 경우 등 행정청이 정보를 제공해야할 의무를 명시해야할 필요가 있을 것이다.

---

8) 岩橋, 상게논문, 196쪽.

9) 荏原明則, 「情報公開法3条·4条一開示請求権と請求の手続」, ジュリスト1156号(1999年), 44쪽.

10) 宇賀克也, 情報公開法の逐条解説(1999年), 35쪽.

그리고 이어서 생각해야 할 것이 어느 정도로 정보제공을 하도록 해야 할 것인가의 문제이다. 먼저 정보공개법이 정보공개법 제2조 제1호에서 규정하고 있는 것처럼 '정보'에 대하여 결재주의를 취하고 있지 않다는 점에서 생각해볼 때 보유하는 행정문서의 포괄적인 리스트를 행정청으로 하여금 미리 준비시켜 두고 그것을 제시하는 것까지 요구하는 것은 어렵다고 해야 할 것이다. 한편 문서관리를 적절하게 행하도록 규정되어 있다는 점에서 보면 최소한 결재를 거치거나 무엇인가의 의사결정에 관한 회의에 제출된 문서(이들 대부분은 날짜, 명칭이 부여되어 있을 것이다)에 대해서는 목록이 만들어져 있거나 만들 수 있는 상태가 요구된다고 생각할 수 있을 것이다. 또 문서를 이용하고 있는 조직 혹은 그 문서가 제공되고 있는 사무단위로 분류목록을 정하여 두는 것도 필요할 것이다. 명칭 등이 존재하지 않는 문서에 대해서는 이와 같은 형식에 의해서나 파악이 가능하다 할 것이다. 그렇다고 한다면 추상적인 공개청구에 대하여 정보공개법이 상정하고 있는 정보제공의무는 대표적인 문서목록의 제시와 문서의 분류세목의 교시(敎示)까지는 포함하고 있다고 생각할 수 있을 것이다.[11)]

4. 정보의 보유·관리에 대한 입증책임

정보공개법에 청구자와 행정청 사이의 역할분담이 합리적으로 규정되어 있지 않음으로써 발생하는 문제로서 대상정보의 특정문제의 연장선상에 있는 문제가 바로 대상정보의 보유·관리의 존부를 둘러싼 다툼이다. 앞서 살펴본 것처럼 정보공개제도의 특성에서 볼 때, 일반적으로 정보공개청구권자의 청구에 대하여 해당 행정기관은 해당 정보의 보유·관리를 하고 있지 않다는 주장을 하는 경우가 많다. 이 경우 이에

11) 岩橋, 상게논문, 197쪽.

대하여 법적으로 어떻게 취급하여야 할 것인가가 문제가 된다. 즉, 대상 정보의 보유·관리의 존부에 대한 입증책임을 누가 지게 되는가 하는 문제이다.

이 점과 관련하여 정보공개법 시행령 제6조는 다음과 같이 규정하고 있다. 먼저 「공개 청구된 정보가 공공기관이 보유·관리하지 아니하는 정보이거나 진정·질의 등 공개 청구의 내용이 법 및 이 영에 따른 정보공개 청구로 볼 수 없는 경우로서 해당 공공기관이 「민원사무처리에 관한 법률」에 따른 민원사무로 처리할 수 있는 경우에는 이를 같은 법에 따른 민원사무로 보아 처리할 수」 있도록 하고 있다(동시행령 제6조 제3항). 이 경우 공공기관은 「해당 정보를 보유·관리하지 아니한다는 사실 등 청구에 따를 수 없는 사유를 구체적으로 적어 청구인에게 통지하여야 한다.」(동시행령 제6조 제4항). 그리고 이러한 절차를 거친 후에도 다시 정보의 공개를 청구하는 경우에는 종결처리 하도록 하고 있다(동시행령 제6조 제5항). 그러나 이것은 어디까지나 행정실무에 관한 것으로 이것으로 재판에서의 분쟁해결을 도모할 수는 없다고 할 것이다.

이에 대하여 학설·판례는 「원고는 공개대상 정보를 특정할 수 있는 내용뿐만 아니라, 당해 정보를 공공기관이 보유·관리하고 있다는 점과 관련하여 이를 직접증거에 의하여 입증할 필요까지는 없다고 하더라도 당해 정보의 실체가 존재하고 공공기관이 이를 관리하고 있을 상당한 개연성이 있다는 점을 입증하여야 한다」(밑줄은 필자)는 입장을 취하고 있다.[12] 그리고 참고로 여기서 입증정도로 '상당한 개연성'을 들고 있는데 이것이 무엇을 의미하느냐 하는 점이다. 하급심이기는 하지만 판례에서 인정된 사례를 보면 다음과 같다. 첫 번째는 법학을 전공하는

12) 최창호, 상게논문, 125. 대법원 2004. 12. 9. 선고 2003두12707 판결, 대법원 2006. 1. 13. 선고 2003두9459 판결, 대법원 2007.6.1. 선고 2006두20587 판결, 서울고등법원 2000. 9. 7. 선고 2000누5472 판결; 서울행정법원 2001. 5. 23. 선고 2000구40212 판결 등.

대학원생이 학문적 연구 목적으로 보안관찰법 관련 통계자료에 대한 정보공개의 청구에 대하여 법무부(피고)가 비공개결정을 내리자 이의 취소를 구하는 사건에서 다음과 같이 주장하였다. 즉, 「동 정보는 마땅히 존재해야 하는 문서이며 실제로도 존재한다. 국회가 보유하고 있는 각종 문서에 따르면 보안관찰관련 통계가 작성, 제출되고 있기 때문에 자료가 없다는 주장은 거짓이다.」 이에 대하여 서울행정법원 2000. 9. 29. 선고 99구4276 판결은 다음과 같은 판지로 원고의 주장을 받아들였다. 「보안관찰법 시행규칙 제2조, 제49조, 제53조 등의 규정에 의하면… 통계서류를 편철 보관하고, 사안처리를 완결하거나 사안처리의 최종처리를 마친 때로부터 10년간 보존하도록 규정하고 있다.」 두 번째 사례는 앞서 살펴본 서울행정법원 2001. 7. 19. 선고 2000구25732판결이다. 이 사건에서 피고의 관련서류가 존재하지 않는다는 피고의 주장에 대하여 「정보공개법에서의 공개대상이 되는 '정보'는 실체가 존재하는 것에 한정되지만, 국회의원들이 활동계획을 세우지 아니하고 국회활동을 수행한다는 주장은 "선뜻 믿기 어려"울 뿐만 아니라, 여러정황과 서류를 토대로 볼 때 실체가 존재하는 문서」라고 보았다.

위의 판례의 경우에는 원고가 주장해야 할 입증의 정도가 그렇게 엄격하지는 않다는 점을 알 수 있다. 그러나 앞서 언급한 것처럼 정보공개를 둘러싼 처분에 있어서의 청구권자와 행정청 사이의 정보의 불균형이라는 관점을 고려한다면 위와 같은 입증책임론은 검토가 필요하다고 할 것이다. 이러한 점에서 다음과 같은 논거가 타당성이 있다고 할 것이다. 즉, 「(1) 행정처분의 적법성은 원칙적으로 처분청이 주장·입증하여야 하고, (2) 공개청구된 정보를 보유·관리하느냐의 여부는 피고 공공기관의 영역범위내에 속하는 것이어서 원고로서는 이를 입증하기가 극히 어려우며, (3) 공개청구된 정보를 보유·관리하지 않는다는 것은 소극적 사실이기는 하나 관련 문서목록 내지 담당자의 증언 등 간접증거로도 충분히 이를 입증할 수 있을 것이며, (4) 정보공개법이 공공기관

일반 국민이 공개대상정보를 쉽게 이용할 수 있도록 주요문서목록 등을 작성·비치할 의무까지 부과하고 있는 점(제22조 제1항) 등에 비추어도 그 입증책임은 피고 공공기관에 있다고 봄이 상당하다고 생각된다. 나아가 그렇게 보는 것이 당해 정보가 존재하는 경우 그것이 비공개정보에 해당하는가에 대한 입증책임은 피고 공공기관에 있다고 보는 것과도 일관성이 있다.」[13]

그리고 「공개를 구하는 정보를 공공기관이 한때 보유·관리하였으나 후에 그 정보가 담긴 문서들이 폐기되어 존재하지 않게 된 것이라면 그 정보를 더 이상 보유·관리하고 있지 않다는 점에 대한 증명책임은 공공기관」에 있다는 점은 이미 확립된 판례이다.[14]

3. 대상판결에 대한 논평

대상판결은 청구자의 정보공개청구에 대하여 행정청이 당해 정보를 보유·관리하고 있지 않다는 주장에 대한 입증책임 문제에 대하여 「공개청구자는 그가 공개를 구하는 정보를 공공기관이 보유·관리하고 있을 상당한 개연성이 있다는 점에 대하여 입증할 책임」이 있다고 판시하고 있다. 이것은 종래의 판례의 입장을 그대로 이어받고 있는 것으로 청구자에게 요구하는 입증책임이 그렇게 엄격하지 않아 결론에 있어서는 일단 수긍할 수 있는 것으로 보인다.

그러나 앞서 살펴본 것처럼 대상정보의 보유·관리를 둘러싼 문제는 대상정보의 특정문제의 연장선상에 있는 것으로서 이것은 정보공개제도의 특성에서 유래하고 있다는 점에 유의하여야 한다. 즉, 정보공개제도에 있어서 대상정보의 특정은 백지상태에서 시작하는 것과 마찬가지라

---

13) 한위수, 정보공개청구사건의 재판실무상 제문제, 인권과 정의(2001년 12월), 33쪽.
14) 대법원 2004. 12. 9. 선고 2003두12707판결; 대법원 2013. 1. 24. 선고 2010두18918 판결 등.

고 할 수 있기 때문에 이 과정에서 청구자와 행정청이 어떻게 역할분담을 부여해야 할 것인가 하는 점에 주목해야 한다. 따라서 대상정보의 보유·관리를 둘러싸고 분쟁이 발생했을 경우 이에 대한 입증책임은 「상당한 개연성」이라는 막연한 기준에 의해서 정할 것이 아니라 대상정보의 생산과 관련된 법령을 비롯한 제반 사정을 고려하여 양자에게 공평하게 입증책임을 분담하도록 하여야 할 것이다.

Ⅳ. 맺음말

정보공개를 청구함에 있어서 청구자는 청구서(또는 구두로)에 정보내용을 기재하여야 한다. 그런데 이 경우 어느 정도로 대상정보를 특정하여야 하는가 하는 문제가 발생한다. 만약 기재한 정보의 내용이 구체성을 결하여 대상정보를 특정할 수 없다고 판단하는 경우 행정청은 특정의 어려움을 들거나 보유·관리를 하고 있지 않다는 이유로 비공개결정을 하게 될 것이다. 이에 불복하여 청구자가 취소소송을 제기한다고 하여도 청구자가 특정한 바와 같은 정보를 행정청이 보유·관리하고 있지 않는 경우라면 특별한 사정이 없는 한 해당정보에 대한 공개거부처분에 대하여는 취소를 구할 법률상의 이익이 없다하여 각하되는 것이 확립된 판례이다.[15] 공개대상정보의 특정문제의 중요성이 바로 여기에 있다.

그런데 이처럼 공개대상정보의 특정이라는 다른 처분에서는 쉽게 볼 수 없는 문제가 발생하는 이유는 어디에 있을까? 그것은 바로, 본문에서 살펴본 것처럼, 정보공개처분이 지니고 있는 특성에서 유래한다. 정보공개법은 정보의 개념을 매우 넓게 규정하고 있으며, 청구자, 청구

15) 대상판결 등, 참조.

목적 등에 대하여 특별한 제한을 두고 있지 않다. 이러한 제도의 투영으로써, 형식론적으로 이야기 하면, 청구자는 백지상태에서 자신이 청구하는 정보의 내용을 기재하는 것이다. 결국 정보공개제도의 원할한 운영을 위해서는 청구자가 대상정보를 특정함에 있어서 겪게 되는 정보부족에서 오는 부담을 줄일 수 있도록 제도를 설계해야 한다. 대상정보의 특정에 있어서 청구자와 행정청의 역할분담론이 논의되는 이유이다. 즉, 일반적으로 대상정보의 특정에 있어서 행정청은 정보를 제공해야할 의무를 지고 있다고 말할 수 있다.

이 점과 관련하여 한국의 정보공개법은 공공기관으로 하여금 정보의 적절한 보존과 신속한 검색이 이루어지도록 정보관리체계를 정비하도록 하는(동법 제6조) 등의 청구권자의 편의를 위한 일반규정은 두고 있으나 청보공개처분의 특성을 감안한 행정청과 청구권자의 역할분담이라는 관점에서 볼 때 매우 불충분하다는 점은 본문에서 지적한 바와 같다.

한편 대상정보의 특정과 관련하여 판례는 두 가지 유형으로 나누어 먼저 청구자가 청구서에 기재한 정보의 내용이 특정이 되었는지의 여부에 대한 판단기준으로서는 「정보공개 청구에 있어서 청구인은 정보 공개를 요구받은 당해 공공기관이나 사회 일반인의 관점에서 보아 공개대상 정보가 무엇인지를 알 수 있을 정도로만 정보를 특정하면 충분하다」는 입장을 취하고 있다. 그리고 행정청이 해당 정보를 보유·관리하고 있는 지의 여부가 다퉈지고 있는 사안에서의 판단기준에 대해서는 「당해 정보를 공공기관이 보유·관리하고 있다는 점에 관하여 정보공개를 구하는 자에게 입증책임이 있다 할 것이지만, 그 입증의 정도는 그러한 정보를 공공기관이 보유·관리하고 있을 상당한 개연성이 있다는 점을 증명하면 족하다」라고 설시하고 있다. 대상판례도 이러한 종래의 입장을 답습하여 판단하고 있는 것으로서 청구자에게 요구하는 입증책임이 그렇게 엄격하지 않아 결론에 있어서는 일단 수긍할 수 있는 것처럼 보인다. 그러나 이것은 정보공개제도가 지니는 특성, 즉 대상정보의 특정함에 있어서 청구자와 행정청의 역할분담이라는 관점에서 내린 판단이라고 할 수 없다. 「일반인의 관점」이라든가 「상당한 개연성」과 같은 막연한 판단기준이 아니라 양자의 역할분담론에 바탕하여 대상정보의 생산과 관련된 법령을 비롯한 제반 사정을 고려하여 양자에게 공평하게 입증책임을 분담하도록 하여야 할 것이다.

참고문헌

김의환 정보공개법 일반론 행정소송 . [Ⅱ] 행정소송(II) / 한국사법행정학회(2008)

김태호, 국가기밀과 정보공개－정보공개법 제7조 제1항 제1호 및 제2호의 비공개사유와 그 운용을 중심으로－, 행정법연구 제8호

최창호, 정보공개법상 비공개정보에 관한 일고찰, 저스티스 62호(2001.8)

하명호, 가. 정보공개거부처분 취소소송에서 정보의 존재에 대한 입증책임의 소재와 입증의 정도, 나. 대한주택공사가 분양한 아파트의 분양원가 산출자료가 구 공공기관의 정보공개에 관한 법률 제7조 제1항 제7호 소정의 비 대법원판례해설 68호(2007 상반기)(2007.12) / 법원도서관 2008

한위수, 정보공개청구사건의 재판실무상 제문제, 인권과 정의(2001년 12월)

宇賀克也, 行政法概説Ⅰ〔第２版〕, 有斐閣(2006)

宇賀克也, 情報公開法の逐条解説(1999年)

岩橋健定, 情報公開法における開示請求対象文書の特定, 国際公共政策研究 4(1)(1999. 9)

岩橋健定, 「情報公開法18条·36条ー不服申立て·情報公開訴訟」, ジュリスト1156号(1999年)

荏原明則, 「情報公開法3条·4条ー開示請求権と請求の手続」, ジュリスト1156号(1999年)

角替晃, 「情報公開法６条·８条ー部分的開示, 公益上の理由による裁量的開示, 行政文書の存否に関する情報」, ジュリスト1156号(1999年)

角替晃, "ある"とも"ない"とも言わないで不開示ー存否情報の応答拒否と救済手続のあり方, 法学セミナー (1998.6) 〔No.522〕

국문초록

정보공개를 청구함에 있어서 청구자는 청구서(또는 구두로)에 정보내용을 기재하여야 한다. 그런데 이 경우 어느 정도로 대상정보를 특정하여야 하는가 하는 문제가 발생한다. 만약 기재한 정보의 내용이 구체성을 결하여 대상정보를 특정할 수 없다고 판단하는 경우 행정청은 특정의 어려움을 들거나 보유·관리를 하고 있지 않다는 이유로 비공개결정을 하게 될 것이다. 이에 불복하여 청구자가 취소소송을 제기한다고 하여도 청구자가 특정한 바와 같은 정보를 행정청이 보유·관리하고 있지 않는 경우라면 특별한 사정이 없는 한 해당정보에 대한 공개거부처분에 대하여는 취소를 구할 법률상의 이익이 없다하여 각하되는 것이 확립된 판례이다. 공개대상정보의 특정문제의 중요성이 바로 여기에 있다.

그런데 이처럼 공개대상정보의 특정이라는 다른 처분에서는 쉽게 볼 수 없는 문제가 발생하는 이유는 어디에 있을까? 그것은 바로 정보공개처분이 지니고 있는 특성에서 유래한다. 정보공개법은 정보의 개념을 매우 넓게 규정하고 있으며, 청구자, 청구목적 등에 대하여 특별한 제한을 두고 있지 않다. 이러한 제도의 투영으로써, 형식론적으로 이야기 하면, 청구자는 백지상태에서 자신이 청구하는 정보의 내용을 기재하는 것이다. 결국 정보공개제도의 원할한 운영을 위해서는 청구자가 대상정보를 특정함에 있어서 겪게 되는 정보부족에서 오는 부담을 줄일 수 있도록 제도를 설계해야 한다. 대상정보의 특정에 있어서 청구자와 행정청의 역할분담론이 논의되는 이유이다. 즉, 일반적으로 대상정보의 특정에 있어서 행정청은 정보를 제공해야 할 의무를 지고 있다고 말할 수 있다.

이 점과 관련하여 한국의 정보공개법은 공공기관으로 하여금 정보의 적절한 보존과 신속한 검색이 이루어지도록 정보관리체계를 정비하도록 하는(동법 제6조) 등의 청구권자의 편의를 위한 일반규정은 두고 있으나 청보공개처분의 특성을 감안한 행정청과 청구권자의 역할분담이라는 관점에서 볼 때 매우 불충분하다는 점은 본문에서 지적한 바와 같다.

한편 대상정보의 특정과 관련하여 판례는 두 가지 유형으로 나누어 먼저 청구자가 청구서에 기재한 정보의 내용이 특정이 되었는지의 여부에 대한 판단기준으로서는 「정보공개 청구에 있어서 청구인은 정보 공개를 요구받은 당해 공공기관이나 사회 일반인의 관점에서 보아 공개대상 정보가 무엇인지를 알 수 있을 정도로만 정보를 특정하면 충분하다」는 입장을 취하고 있다. 그리고 행정청이 해당 정보를 보유·관리하고 있는 지의 여부가 다퉈지고 있는 사안에서의 판단기준에 대해서는 「당해 정보를 공공기관이 보유·관리하고 있다는 점에 관하여 정보공개를 구하는 자에게 입증책임이 있다 할 것이지만, 그 입증의 정도는 그러한 정보를 공공기관이 보유、관리하고 있을 상당한 개연성이 있다는 점을 증명하면 족하다」라고 설시하고 있다. 대상판례도 이러한 종래의 입장을 답습하여 판단하고 있는 것으로서 청구자에게 요구하는 입증책임이 그렇게 엄격하지 않아 결론에 있어서는 일단 수긍할 수 있는 것처럼 보인다. 그러나 이것은 정보공개제도가 지니는 특성, 즉 대상정보의 특정함에 있어서 청구자와 행정청의 역할분담이라는 관점에서 내린 판단이라고 할 수 없다. 「일반인의 관점」이라든가 「상당한 개연성」과 같은 막연한 판단기준이 아니라 양자의 역할분담론에 바탕하여 대상정보의 생산과 관련된 법령을 비롯한 제반 사정을 고려하여 양자에게 공평하게 입증책임을 분담하도록 하여야 할 것이다.

주제어: 정보공개법, 정보공개처분의 특성, 공개대상정보의 특정, 입증책임의 분담, 정보제공의무

Abstract

A Case on revocation litigation against Non−Disclosure in Official Information Disclosure Act

− Chiefly on the problem of specification of the information requested −

Yoo, Jin Sik*

Any person who intends to make a request for disclosing information may submit a written request for disclosing information which contains details of the information. In such a time he will face the problem how much detailedly he should specify the disclosing information. If public institutions think they don't know which information the applicant wants because of the lack of specification of the information, they will refuse to disclose the information for the reason that they can't specify the information or they don't have it. And if the applicant is dissatisfied with a decision made by a public institution in connection with information disclosure and he file for an administrative litigation, the court will turn down his claim for the reason that there is no legal interests. This is the reason why we discuss the problem of specification of the information requested.

And then, where does the problem mentioned above comes from? It comes from the characteristic of the disposition of information disclosure. OFFICIAL INFORMATION DISCLOSURE ACT defines the definition of 'information' very broadly and dose not have any specific

* Chonbuk National University, Law School, Professor

restriction on the eligible applicant, the purpose of application and etc. And so we can say the applicant fills the application form in the blank slate. In the end we should design such a considerate information act to reduce the burden of an applicant in specifying the information. For this reason it is necessary we discuss the division of role between an applicant and a public institution in this matter. That is, generally speaking, public institutions have a duty to provide applicants with the information concerned. In light of this point, OFFICIAL INFORMATION DISCLOSURE ACT provides some public institutions' duties, for example, public institutions shall organize the information management system for proper preservation and expeditious search of information(Article 6 Clause 2), but it is not enough.

We can find two types of judicial precedents about the problem of specification of the information requested. At first the Supreme Court has mentioned as follows, as the standard of the specification of the information; "It is enough an applicant should specify the information in such a degree that public institutions and ordinary people can perceive the information which is requested. And about the standard of judgment if public institutions have the information requested or not, the Supreme Court has mentioned as follows; Although the applicant should the burden to prove public institutions have the information requested, it is enough he proves considerable probability that public institutions have it. This case analysed in this manuscript follows those precedents and it dose not impose such a severe burden on an applicant. We can agree on this conclusion, but it lack the theory of the division of role between an applicant and a public institution in light of the characteristic of the disposition of information disclosure. The Supreme Court reconsider those precedents in the near future.

Key Words: information disclosure act, the characteristic of the disposition of information disclosure, specification of the information requested, the division of role between an applicant and a public institution, duty to provide applicants with the information

투 고 일: 2014. 6. 5
심 사 일: 2014. 6. 17
게재확정일: 2014. 6. 20

情報公開法의 非公開事由로서 '進行中인 裁判에 關聯된 情報'*

金泰昊**

대상판결: 대법원 2011. 11. 24. 선고 2009두19021 판결

Ⅰ. 대상판결[1)]의 개관

1. 사실관계

경제개혁연대 및 그 소속연구원 甲은 금융위원회 위원장 및 금융감독원장을 상대로 다음과 같은 자료(이하에서 이를 '이 사건 정보'라고 부르기로 한다)에 대한 공개를 청구하였다.

① 2003. 9. 26. 론스타의 외환은행 주식 취득에 대한 동일인 주식보유한도 초과보유 승인과 관련하여 '론스타 측이 제출한 동일인 현황

---

* 이 글은 행정판례연구회 발표회(2013. 1. 18.)의 발표문을 일부 수정·보완한 것이다.

** 사법정책연구원 연구위원

1) 법원공보 2012상, 49

등 자료' 및 '금감원의 론스타에 대한 외환은행 주식취득 승인안'

② 2003. 12.말 기준부터 2006. 6.말 기준까지의 반기별 론스타의 외환은행 주식의 초과보유에 대한 적격성 심사와 관련하여 '론스타 측이 제출한 동일인 현황 등 자료' 및 '금감원의 심사결과보고서'

③ 2004. 5. 28. 테마섹 홀딩스의 하나은행 주식 취득에 대한 동일인 주식보유한도 초과보유 승인과 관련하여 '테마섹 홀딩스 측이 제출한 동일인 현황 등 자료' 및 '금감원의 테마섹 홀딩스에 대한 하나은행 주식취득 승인안'

금융위원회위원장 및 금융감독원장은 이상의 정보공개청구에 대해 공개청구한 정보가 정보공개법 제9조 제1항 제4, 5, 7호에 따른 비공개대상정보[2]에 해당한다는 이유를 들어 거부하였다.

2. 대법원 판결의 주요 요지

공공기관의 정보공개에 관한 법률(이하 '정보공개법'이라 한다)의 입법목적, 정보공개의 원칙, 비공개대상정보의 규정 형식과 취지 등을 고려하면, 법원 이외의 공공기관이 정보공개법 제9조 제1항 제4호에서 정한 '진행 중인 재판에 관련된 정보'에 해당한다는 사유로 정보공개를 거부하기 위해서는 반드시 그 정보가 진행 중인 재판의 소송기록 자체에 포함된 내용일 필요는 없으나, 재판에 관련된 일체의 정보가 그에 해당하는 것은 아니고 진행 중인 재판의 심리 또는 재판결과에 구체적으로 영

2) 이처럼 이 사건에서는 이 사건 정보가 정보공개법 제9조 제1항 제5호('공개될 경우 업무의 공정한 수행에 현저한 지장을 초래한다고 인정할 만한 상당한 이유가 있는 정보') 및 제7호('법인 등의 경영·영업상 비밀에 관한 사항으로서 공개될 경우 법인 등의 정당한 이익을 현저히 해할 우려가 있다고 인정되는 정보')에 해당하는 비공개정보인지 여부도 문제되었고, 대법원은 대상판결에서 제5호 및 제7호에 해당한다고 볼 수 없다는 판단을 하였다. 다만 이 판단은 기존의 법리를 적용한 것으로 볼 수 있고 이 글에서 살피고자 하는 주제와도 무관하므로 이 글에서는 논의를 생략하기로 한다.

향을 미칠 위험이 있는 정보에 한정된다고 보는 것이 타당하다.

(이에 비추어 보면) 이 사건 정보는 이 사건 처분 당시 진행 중인 대법원 2007두11412호 사건의 쟁점과 관련이 없는 점[3] 등에 비추어 정보공개법 제9조 제1항 제4호 소정의 비공개대상정보인 '진행 중인 재판에 관련된 정보'에 해당하지 아니한다.

Ⅱ. 정보공개법 제9조 제1항 제4호에 관한 해석의 쟁점

1. 연구의 의의

정보공개법 제9조 제1항 제4호(이하 '4호'로 줄여 부르기도 한다)에 따르면, 공공기관이 보유·관리하는 정보 중에 "진행 중인 재판에 관련된 정보와 범죄의 예방, 수사, 공소의 제기 및 유지, 형의 집행, 교정, 보안처분에 관한 사항으로서 공개될 경우 그 직무수행을 현저히 곤란하게 하거나 형사피고인의 공정한 재판을 받을 권리를 침해한다고 인정할 만한 상당한 이유가 있는 정보"는 이를 공개하지 아니할 수 있다. 그런데 여기서 비공개사유로 취급되는 '진행 중인 재판에 관련된 정보'를 어떻게 해석할 것인지에 대해서는 평석대상판결 이전까지 명확한 대법원의 법리 설시가 없었으며 이에 대한 이론적 논의도 드물었다. 하급심 판결은 '진행 중인 재판에 관련된 정보'에 대해 "진행 중인 재판의 내용과 관련된 모든 정보가 아니라 재판 자체에 관한 정보로서 당해 정보가 공개

3) 금융위원회 위원장 등은 거부처분 당시 공개를 신청한 정보가 대법원 2007두11412호로 진행 중인 재판에 관련된 정보였다는 취지로 처분사유를 제시하였으나, 이후 재판과정에서 서울중앙지방법원 2006고합1352, 1295, 1351호로 진행 중인 재판에 관련된 정보에도 해당한다며 처분사유를 추가하였다. 이에 대해 대법원은 당초의 처분사유와 기본적 사실관계가 동일하다고 할 수 없는 사유를 추가하는 것이어서 허용될 수 없다고 판단하였다.

될 경우에 진행 중인 재판의 심리 또는 재판결과에 영향을 미칠 위험성이 있는 정보만을 의미하는 것"이라고 해석한 것들이 더러 있었고[4], 이 사건 1심·원심 또한 그러한 해석에 터 잡아 제4호 해당 여부를 판단하였지만, 제4호의 해석에 관해 불명확한 부분들이 명확히 해소된 것은 아니었다. 그러던 차에 평석대상판결에서 문제된 사건에서 행정청은 상고이유를 통해 원심과 같이 제4호의 '진행 중인 재판에 관련된 정보'를 해석하는 것은 문언을 부당하게 축소 해석한 것이라고 주장함에 따라 제4호의 해석이 정면에서 문제되기에 이른다. 이에 이 글은, 제4호에 대해 유권적 해석을 한 대상판결의 판시 내용과 취지를 분석·평가해 봄으로써 해당 규정의 의미를 좀 더 명확히 해보고자 한다.

재판과 관련성이 있으면 공적 정보의 공개를 금지하여야 하는가의 의문은 좁게는 정보공개법의 해당 조항에 대한 해석의 쟁점이지만 넓게는 공론의 장(public sphere)에서 합리적인 판단을 형성해 가는 절차와 재판절차를 통해 시비를 가리는 절차 간의 긴장과 바람직한 공적 의사소통의 구조 형성에 관한 쟁점과도 관련이 있다. 이러한 관점에서 '재판에 관련된 정보'의 공개 여부, 범위와 시기의 문제를 가급적 포괄적으로 살펴보기로 한다.

2. 문제의 제기

가. 문언해석으로부터의 출발

해석의 출발점은 문언이라고 할 때 우리는 해석에 있어서 우선 문리해석에 따라 문언의 가능한 범위를 확정하고 한계를 확정할 필요가 있을 것이다. "법률의 문언 자체가 비교적 명확한 개념으로 구성되어 있다면 원칙적으로 더 이상 다른 해석방법은 활용할 필요가 없거나 제한

4) 서울행정법원 1999. 2. 25. 선고 98구3692 판결, 서울행정법원 2005. 6. 9. 선고 2004구합24813 판결, 부산고등법원 2011. 6. 1. 선고 2010두5615 판결 등

될 수밖에 없고, 어떠한 법률의 규정에서 사용된 용어에 관하여 그 법률 및 규정의 입법 취지와 목적을 중시하여 문언의 통상적 의미와 다르게 해석하려 하더라도 당해 법률 내의 다른 규정들 및 다른 법률과의 체계적 관련성 내지 전체 법체계와의 조화를 무시할 수 없으므로, 거기에는 일정한 한계가 있을 수밖에 없다."[5]

따라서 먼저 제4호에 대해서 '진행 중인 재판에 관련된 정보'의 의미를 문언 자체로부터 한정 해석할 수 없는지부터 살펴보자. 가령 제4호를 "진행 중인 재판에 관련된 정보(와 범죄의 예방, 수사, 공소의 제기 및 유지, 형의 집행, 교정, 보안처분에 관한 '사항'으)로서 공개될 경우 그 직무수행을 현저히 곤란하게 하거나 형사피고인의 공정한 재판을 받을 권리를 침해한다고 인정할 만한 상당한 이유가 있는 정보"를 가리키는 것으로 볼 수는 없을까. 그와 같이 보면, 진행 중인 재판에 관련된 정보라도 재판의 직무수행을 현저히 곤란하게 하거나 형사피고인의 공정한 재판을 받을 권리를 침해하는 상당한 이유가 있어야 비공개할 수 있다는 해석을 문언 자체에서 도출할 수 있을 것이다. 그러나 그와 같은 해석은 대등한 구를 연결하는 조사 '와'가 '정보'와 '사항'을 대등하게 연결한다고 보는 해석이 되므로 어문법상 어색하다. 여기서 조사 '와'는 진행 중인 재판에 관련된 '정보'와 범죄의 예방, (…)에 관한 사항으로서 (…) 상당한 이유가 있는 '정보'를 병렬적으로 연결하는 것으로 보는 것이 자연스럽다. 이는 입법 목적 차원에서 보더라도 전단부의 "진행 중인 재판에 관련된 정보"가 법원의 독립성 보장과 사법절차·소송절차를 보호하기 위해 제정된 것으로 볼 수 있어서, 후단의 범죄의 예방 등에 관한 사항에 대한 정보보호와는 성격적으로도 구분이 된다. 따라서 적어도 문언해석으로부터는 '진행 중인 재판에 관련된 정보'이기만 하면 되고, 거기에 더해 직무수행을 현저하게 곤란하게 하는 등의 사정이나 재판의 심리 또

5) 대법원 2009. 4. 23. 선고 2006다81035 판결

는 재판 결과에 영향을 미칠 위험성이 있어야 한다는 요건이 덧붙여져 있다고 볼 수는 없다.

그러나 문언해석에 의해 곧바로 한정이 곤란하다고 하더라도 문언해석은 '진행 중인 재판에 관련된 정보'의 해석에 있어 일종의 테두리와 같은 구실을 하는 것이므로 제4호의 해석과 관련해서는 추가적인 해석상의 쟁점이 등장할 수 있다. 구체적으로 다음과 같은 쟁점들이 가능할 것이다.

나. 쟁점

첫째, 진행 중인 재판에 관련된 정보에는 재판기록과 같은 '재판 자체에 관한 정보'만이 포함되는지 재판과의 '관련성'이 있는 정보로 넓게 볼 수 있는지, 재판에 관련된 정보의 범위를 확정할 필요가 있다(이하 Ⅲ. 1.).

둘째, '재판에 관련된 정보'가 정보공개법의 목적·취지상 비공개정보에 해당하기 위한 별도의 요건이 요구되는 것으로 해석할 수 있는지, 즉 진행 중인 재판의 심리 또는 재판 결과에 영향을 미칠 위험성이 있어야 한다는 등의 축소해석이 타당하지 여부를 검토해 보아야 할 것이다(이하 Ⅲ. 2.).

셋째, 추가적인 문제로서 '재판에 관련된 정보'의 판단을 유형에 따라 차별화해서 판단할 필요는 없는지, 즉 '행정부에 속하는 공공기관'이 아니라 '법원'에 대하여 정보공개청구를 하는 경우에 제4호를 특별히 달리 해석해야 할 필요는 없는지, 또는 정보공개법의 운영이 일반 민·형사 재판에서의 문서제출의무에 미치는 영향은 없는 것인지 등에 대해서도 생각해 볼 여지가 있을 것이다(이하 Ⅲ. 3.).

3. 외국의 경우

가. 독일 정보공개법

대상판결과 관련하여 독일의 정보공개법(Informationsfreiheitsgesetz, IFG)에서 비교 대상이 되는 경우는 제3조 제1호 g)목이다. 이 규정에 따르면 "정보의 공개가 진행 중인 재판절차의 수행, 개인의 공정한 재판청구권, 또는 형사법상·질서위반법상 또는 징계상의 조사수행에 불리한 영향을 주는 경우"는 비공개대상에 해당한다고 규정하고 있다. '진행 중인 재판절차의 수행에 불리한 영향을 주는 경우'를 비공개사유로 정한 이유는 무엇보다 사법(司法)제도의 핵심인 재판절차를 보호하기 위한 것이다. 즉 진행 중인 재판과 관련하여 절차와 관련된 정보의 공개에 의해 재판절차가 손상을 입지 않도록 재판을 보호하는 기능을 하기 위한 것이다.[6] 다만 이 조항이 질서정연한 재판절차의 진행뿐만 아니라 사법기관의 독립과 사법기관이 하는 결정의 자유를 보장하기 위한 것이기도 한 것인지에 대해서는 대립적인 견해가 존재하는 것으로 볼 수도 있다.

연방행정법원은 사법기관의 보호를 위 규정의 해석에 포함해서 적용하는 것으로 보인다.[7] 한 출판사가 행정청에 대해 화학물질 공장의 폐수 배출에 대한 환경정보 공개청구를 하자 행정청이 해당 공장의 종업원들에 대해 수질오염죄(형법전 제324조)의 혐의로 형사조사절차가 진행 중이라는 이유로 정보공개를 거부한 사건에서, 행정청의 서류에 존재하는 환경정보는 그 정보가 형사절차로부터 생성된 것이 아닌 한 형사절차의 진행 동안에도 환경정보공개 청구의 대상이 된다고 본 원심[8]과 달리, 연방행정법원은 정보공개 거부를 적법한 것으로 판단하였다.[9] '압력'으로부터의 보호 필요성이 있다는 것이다.[10]

6) Schoch, IFG, Kommentar, § 3 갓번호 75.
7) BVerwGE 110권 17면 이하.
8) VGH Mannheim, 1998. 6. 10. 판결
9) BVerwGE 110권 17면 이하(특히 24면).

이에 대해 다수 학설의 입장은 분명하지 않으나, 비판적인 입장을 명확히 하는 주석서의 견해도 있다.[11] 이에 따르면 사법기관이 정보의 공개로 인하여 여론의 비판이나 압력을 받게 된다는 가정 자체가 의문스럽기 때문에, 정보공개를 허용하게 되면 사법부 결정의 자유를 침해할 우려가 있다는 이유로 정보공개를 거부할 수 있다는 데 대해 의문을 갖는다. 정보공개 거부사유를 이용하여 사법절차나 행정절차에 대해 시민이 영향을 행사하는 것이 차단되도록 하여서는 아니 된다는 것이다.

해당 조항의 보호대상은 최초 '행정청'이 보유하고 있던 정보를 대상으로 한다. 따라서 행정청이 보유하고 있는 정보가 재판기록으로 제출되었다고 하더라도 정보공개청구는 법원이 아니라 행정청을 상대로 제기하여야 한다. 여기서 정보공개 거부의 대상이 되는 '정보'는 계속 중인 재판절차 또는 형사법상 조사절차의 대상이 되는 모든 정보로서, 행정청이 (재판과 무관하게) 스스로 조사를 하여 사전에 생성된 정보가 나중에 재판절차에 회부되었다고 하더라도 이는 정보공개 거부의 대상이 되는 '정보'의 범위에 해당할 수 있고 행정청을 상대로 청구하여야 한다.

행정청은 재판절차의 당사자 또는 관련 행정절차의 당사자로서 공개로 인하여 재판절차에 부정적인 영향을 초래할 수 있을 때에는 그 정보를 공개하여서는 아니 된다. '불리한 영향'이라는 문언의 해석에 있어서는, 사소한 불리한 영향이라도 하더라도 그 어떤 종류의 불리한 영향이 발생할 가능성이 있다면 여기에 포함되는가의 문제제기가 있을 수 있다. 주석서는, "불리한 영향"의 의미는 해당 규정이 보호하고자 하는 보호대상에 부정적인(negativ) 영향을 줄 때를 가리키는 것이고, '현저히' 부정적인 영향을 주는 등의 강화된 요건이 적용되는 것은 아니라고 해설하고 있다.[12] 다만 부정적인 영향의 발생 가능성은 엄격히 해석할 필

10) 같은 취지로, VG Frankfurt a. M., NVwZ 2006, 1321 (1325).
11) Schoch, 위의 책, § 3 갓번호 76.
12) Schoch, 위의 책, § 3 갓번호 93 이하. 유사한 취지의 판례로는, VGH BW,

요가 있고 이에 대한 증명책임은 행정청에게 있다고도 한다. 행정청은 왜, 어떤 이유로 부정적인 영향이 초래될 수 있는가에 대해서는 이유제시를 해야 한다.[13] 따라서 단순히 '추상적' 위험이 있는 것만으로는 위험성 인정에 충분하지 않고, 보호법익이 손상될 구체적 가능성이 있는 것으로 예상될 수 있어야 정보공개를 거부할 수 있다.[14]

나. 그 밖의 국가에서의 규율

미국과 영국의 입법 현황은 다음과 같다.[15] 미국의 정보자유법(FOIA, Freedom of Information Act)에는 "진행 중인 재판"과 관련된 별도의 규정은 없으나, "법집행목적을 위해 수집한 기록이나 정보"가 정보공개사유의 예외에 해당할 수 있다고 한다. 한편, 영국의 정보자유법(Freedom of Information Act 2000) 제32조 제1항은 소송기록(court records) 등을 비공개대상으로 규정하고 있다. 이에 따르면 '특정한 소송사건이나 문제에서 소송수행의 목적을 위해 법원에 보관 중인 문서', '특정한 소송사건이나 문제에서 소송수행의 목적을 위해 공공기관에 제공되거나 공공기관이 제공하는 문서', '법원이나 법원의 행정부서에서 만든 문서'는 비공개정보로 분류하고 있다.

일본의 정보공개법 제5조 제4호는 "공개되는 것에 의해 범죄의 예방, 진압 또는 수사, 공소의 유지, 형의 집행 그 밖에 공공의 안전과 질서의 유지에 지장을 미칠 우려가 있다고 행정기관의 장이 인정한 것에 상당한 이유가 있는 정보"를 비공개대상으로 하고 있다. 일본의 경우 진행 중인 재판을 비공개대상으로 명시하고 있지는 아니 하다.

NVwZ 1998, 987 (988).

13) Schoch, 위의 책, § 3 갓번호 88 이하.

14) Schoch, 위의 책, § 3 갓번호 97.

15) 이민영, "이른바 재판정보의 비공개 대상적격", 사법 제17호, 9면 이하; 정남철, "정보공개 거부결정과 처분사유의 추가·변경", 행정판례연구 제18집 제1호, 99-100면를 보라.

프랑스 정보공개법 제6조는 비공개사유로 "권한 있는 기관의 허가가 있는 경우를 제외하고, 법원의 계속된 절차 또는 그러한 절차의 선행절차의 진행에 위해를 주는 경우"(제6조 I, 2°, f.)를 포함시키고 있었는데, 2011년 5월 17일 법 제2011-525호의 개정에 따른 추가로 "국참사원 및 행정법원의 의견, 재정관할법전 제L.141-10조에서 정한 회계원의 문서…"도 비공개사유에 포함시키게 되었다(제6조, I, 1°).

Ⅲ. 해석론

1. 재판에 관련된 정보의 범위: 형식적 요건

가. 문제의 제기

'진행 중인 재판에 관련된 정보'의 범위에 대해서는 '재판 자체에 관한 정보'를 가리킨다는 견해(이 사건 원심의 취지)와 '재판 자체에 대한 정보'에 더해 '그 재판에 관련된 그 밖의 정보'도 포함된다고 보는 견해(대상판결의 취지)를 구분하려는 시도가 있다. 그러나 여기서 '재판 자체에 관한 정보'와 '그 밖의 재판에 관련된 정보'가 구체적으로 무엇을 의미하는지, 또 양자가 그 표현에 따라 명확히 구분되는지, 그와 같은 구분의 의미가 있는지 여부는 명확하지 않다. 이 점에서 우선 '재판에 관련된 정보'의 형식적 범위를 살펴볼 필요가 있다.

나. 검토

법원이 보유하고 있는 소송기록, 재판기록이 '재판 자체에 관한 정보'에 해당함은 의문의 여지가 없다. 나아가 소송 진행 상황에 관한 문서 등 재판과 직접·구체적으로 관련되어 생성된 정보, 특히 재판부가 정보의 생산을 매개하거나 생산에 개입한 정보는 재판 자체에 관한 정보에 포함될 수 있을 것이다. 이에 해당하는 정보는, 이를 법원이 보유하고 있든, 일반 행정기관이 보유하고 있든, 재판에 관련한 정보로 인정하는 데 큰 의문이 없을 것이다.

문제는, 법원에 제출되지 아니하고 일반 행정기관이 보유한 정보이나 재판과 관련성을 인정할 수 있는 정보가 '진행 중인 재판에 관련한 정보'에 해당하는지 여부다. '진행 중인 재판에 관련한 정보'를 '재판 자체에 관한 정보'로 한정하는 해석은 여기서 의미를 가질 수 있다. 법원에 제출되지 아니한 정보는 '재판 자체에 관한 정보'로 해석할 수는 없기 때문이다.

그러나 '진행 중인 재판에 관련한 정보'를 굳이 그와 같이 한정할 이유는 없는 것으로 보인다. 보다 분명한 표현, 가령 '진행 중인 재판의 소송기록'이라는 표현을 놔두고 입법자가 "진행 중인 재판에 관련된 정보"라고 표현한 것은 소송기록이나 재판기록 외에 그 밖에 재판과 관련성이 있는 정보까지 포함한 취지로 볼 수 있고, 그 경우에도 제4호 사유에 해당하려면, 이하의 2.에서 살펴보듯이, 재판에 부정적 영향을 미칠 구체적 위험이 있는 정보일 것이 요구되는 것으로 해석하게 되면 정보 비공개를 지나치게 확대할 위험을 제한할 수 있다.[16] 따라서 가령 공공기관이 재판과 무관하게 생성하여 보유하고 있는 정보로서 재판 진행 및 결과와 관련성이 있음에도 아직 재판부에 제출하지 않은 정보가 있다고 할 때, 이것이 반드시 '재판 관련 정보'에서 배제된다고 보기는 어렵다. 공공기관이 기존에 보유한 정보 중에서 재판과 관련성이 있음에

16) '진행 중인 재판에 관한 정보'의 의미를 '재판 자체에 관한 정보'라고 해석해야 한다고 주장하는 견해도 내용을 살펴보면, 소송기록에 한정하는 등 기록의 형식적 범위를 좁히자는 의미는 아니고, 재판에 영향을 미치는 정보를 재판 '자체'에 관한 정보로 해석해야 한다는 차원, 즉 정보의 내용이 재판과 직접적인 관련이 있어야 한다는 차원에서의 주장들이 대부분이다. 가령, 정남철, 앞의 논문, 104면을 보라. 이 견해들은 이하 2.에서 실질적 요건을 포함시켜야 한다는 제2설과 사실상 동일한 해석상 결론을 취하고 있다.

도 아직 증거서류·참고서류로 제출하지 않은 경우도 있을 수 있고, 반대로 이미 제출한 서류라고 하더라도 '재판과 관련한 정보'에 해당하지 않는 경우도 있을 것이기 때문이다. 따라서 법원에의 제출 여부를 기준으로 재판 관련 정보 여부를 판단하는 것은 타당하지 않다. 이러한 취지에서 대상판결 또한 '재판과 관련한 정보'의 형식적 범위는 넓게 인정한 것으로 보인다.

2. 재판에 관련된 정보에 해당하는지 판단에서 실질적 요건

가. 쟁점의 정리

나. 가능한 견해의 대립

(1) 제1설 — 진행 중인 재판에 관련된 정보에 해당하기만 하면 충분하다는 견해

제4호의 문언에 비춰볼 때 입법자의 취지는 '진행 중인 재판에 관련된 정보'에 해당하기만 하면 충분하고 해당 정보의 공개로 재판에 어떠한 영향을 미치는지는 불문하는 것이라는 해석을 해 볼 수 있다. 이 견해는, 제4호 자체에서 '진행 중인 재판에 관련된 정보'에 대해서는 제4호 후단의 범죄예방정보 등과 달리 별다른 제한을 두지 않음으로써 제4호 후단과 차이를 둔 것으로 문언 해석되는 점, 정보공개법이 '진행 중인 재판에 관련된 정보'를 포괄적으로 비공개대상정보로 규정함으로써 재판의 공정성과 독립성 등을 두텁게 보호하기 위한 취지가 있다는 점을 논거로 삼을 수 있을 것이다. 진행 중인 재판에 관련된 정보가 재판의 심리나 재판결과에 영향을 미칠 구체적인 위험이 있는지 여부는 실제 그 진행 중인 재판을 담당하는 법원(재판부) 이외의 기관(정보 보유 공공기관이나 정보공개거부처분 취소소송을 담당하는 법원)에서 담당 재판부의 의사와 무관하게 공개 여부를 결정할 수 있도록 하는 것이 적절하지 않다는 지적도 가능하다.

(2) 제2설 — 진행 중인 재판의 심리 또는 재판결과에 부정적인 영향을 미칠 구체적인 위험이 있는 정보라는 견해[17)]

국민의 알 권리를 보장하고 국정에 대한 국민의 참여와 국정운영의 투명성을 확보함을 목적으로 공공기관이 보유·관리하는 모든 정보를 원칙적 공개대상으로 하되 비공개대상정보를 예외적으로 규율하고 있는 정보공개법의 입법 방식, 재판의 독립성과 공정성 등 국가의 사법작용이 훼손되는 것을 막기 위한 제4호의 입법 취지를 볼 때, 제4호의 비공개사유는 판결 전에 재판의 심리나 재판결과에 영향을 미칠 정보가 공개되어 제3자가 그 당부를 논할 경우 해당 재판의 독립성과 신뢰성에 문제가 생길 수 있는 점, 경우에 따라서는 그 정보의 공개로 재판 당사자가 소송자료의 공개를 꺼려 소송자료를 법원에 제출하는 것을 주저하는 등 재판받는 당사자의 공정한 재판을 받을 권리가 침해될 우려가 있는 점[18)] 등을 차단하여 사법의 기능을 보호하기 위한 취지로 이해할 수 있다. 그와 같이 본다면 제4호에서 진행 중인 재판과의 '관련성'은 형식적인 것으로 이해되어서 아니 되고 진행 중인 재판의 심리 또는 재판결

---

17) 법원행정처를 상대로 청구된 정보공개신청의 처리와 관련하여, 법원행정처는 ① 진행 중인 재판이나 수사에 관련되는 정보로서 공개될 경우 재판의 심리 또는 결과에 영향을 미치거나 형사피고인의 공정한 재판을 받을 권리를 침해한다고 인정할 만한 상당한 이유가 있는 정보나 ② 공개될 경우 법관, 검사, 변호사, 배심원, 당사자 등 재판관계자의 업무수행에 현저한 지장을 초래할 우려가 있다고 인정할 만한 상당한 이유가 있는 정보를 비공개정보로 삼는다고 하고 있는데('비공개대상정보 세부기준'), 제2설과 유사한 취지에서 덧붙여 형사피고인의 권리를 침해하지 않을 것을 처리기준으로 삼고 있다고 이해할 수 있다. 학설로는, '공개될 경우 소송 당사자의 공정한 재판을 받을 권리를 침해하거나 재판관계자의 업무수행에 현저한 지장을 초래할 우려가 있거나 하여 재판의 심리 또는 판결에 영향을 미친다고 인정할 만한 사유'로 해석해야 한다는 견해가 있는데 이 또한 제2설의 취지로 이해할 수 있다. 이민영, 앞의 논문, 27면 참조.

18) 김의환, "비공개대상정보의 범위", 행정소송(Ⅱ), 2008, 203면 참조.

과에 부정적 영향을 미칠 구체적인 위험이 있는, 실질적인 차원에서 해석되어야 한다. 만약 관련성을 형식으로 이해한다면 정보공개의 원칙뿐만 아니라 헌법 제109조에 따른 재판공개의 원칙에도 부합한다고 할 수 없다.

다. 검토

(1) 실질적 관련성 기준의 필요성

제1설은 다음과 같은 점에서 그대로 받아들이기 어렵다. 먼저 진행 중인 재판에 관련된 정보 가운데에는 그 공개로 재판의 공정성과 독립성 등 사법기능을 실질적으로 침해한다고 보기 어려운 정보가 상당수 있을 수 있으므로, 이러한 정보까지 재판이 진행 중이라는 이유만으로 비공개대상정보에 해당한다고 보면 정보공개법이 취하는 정보공개의 원칙에 부합한다고 보기 어렵다. 특히 이 사건에서 보듯이 사회적 쟁점이 재판의 장으로 오고 확정판결이 있기까지 재판과정이 장기간 소요될 경우 관련 쟁점에 대한 정보공개청구를 진행 중의 재판정보라는 이유만으로 비공개하게 되면 정보공개를 통해 제공된 정보를 토대로 공론의 장에서 논의가 진행될 가능성을 소송을 제기함으로써 차단·지연시키려는 시도를 방임하게 될 소지가 크다. 이 점에서 볼 때 재판과의 관련성을 실질적으로 해석하는 것은 문언해석의 한계를 지나치게 축소한 것이라고는 보기 어렵다.19)

제1설과 같은 형식적 기준에 따르면 진행 사건 재판부의 입장에서

---

19) 정보공개법 제9조는 비공개 여부를 재량 형식('공개하지 아니할 수 있다')으로 규정하고 있기 때문에 제1설과 같이 해석을 하더라도 제4호를 진행 중인 재판의 심리 또는 재판결과에 영향을 미칠 위험성이 없는데도 이를 공개하지 않는 것은 재량권 일탈·남용에 해당하는 것으로 해석하여야 한다고 볼 수도 있을 것이다. 그러나 정보공개법 제9조가 재량 형식으로 규정된 것에 대해서는 결과적으로는 공개하여서는 아니 된다는 의미로 해석해야 한다는 견해들도 있다. 자세히는 경건, "정보공개청구제도에 관한 연구"를 참조.

설령 정보공개를 하는 것이 문제없다고 판단할 만한 사안에 대해서도 일률적으로 비공개정보로 취급하게 될 수 있고, 정보공개청구소송을 취급하는 법원이 실질적 관련성 여부를 판단하게 될 경우 해당 재판에 영향을 미칠 수 있다는 우려는, 해당 재판부 역시 사법권의 행사로서 신중한 판단을 할 수 있고, 헌법상 재판공개의 원칙에 비추어 재판에 관련된 정보의 내용이 실질적 위험성이 없는데도 비공개되어야 한다는 것은 과도한 해석이라고 할 것이다. 따라서 '진행 중인 재판에 관련된 정보'라 함은 진행 중인 재판의 심리 또는 재판결과에 부정적인 영향을 미칠 구체적인 위험이 있는 정보라고 해석하는 것이 타당하다.

(2) 구체적 위험이 있는 정보의 판단 기준

재판의 심리 또는 재판결과에 부정적인 영향을 미칠 구체적인 위험이 어떤 경우에 인정될 수 있는지는 개별·구체적 사건에서 실질적 판단기준을 정립해 나갈 필요가 있을 것이다. 일반론적으로는, 정보를 공개할 경우 "① 재판 당사자의 인격적·재산적인 이익에 치명적인 손상을 주게 되거나, ② 재판을 위한 증거서류가 제3자에게 공개되는 것을 꺼려 제출되지 아니하는 일이 생길 수 있거나, ③ 판결 전에 재판기록이 공개되어 제3자가 그 당부를 논할 경우 재판의 독립성과 신뢰성에 문제가 생길 수 있는 경우"[20]를 구체적 위험성의 기준으로 삼을 수 있을 것이다. 다만 ③의 경우에, 진행 중인 사건에 대한 사회적 논란이 계속되는 상황에서 정보의 공개가 사회적 논란을 격화시키고 그에 따른 사회적 여론이 재판과정 또는 결과에 영향을 미칠 수 있는 경우에 재판의 독립성과 신뢰성에 문제가 생길 구체적 위험에 있다고 할 것인지는 개별·구체적으로 판단해야 할 것이다. 원론적으로는 사회적 논란의 가중이 재판에 부담을 주거나 영향을 미칠 수 있다는 우려는 오히려 사법에 대한 불신에 기초한 것이라고 것일 수 있기 때문이다.

---

20) 김의환, 위의 글, 203면.

한편 그 밖에 정보를 공개하면 이를 변형하거나 조작하여 재판 진행과 결과에 영향을 미칠 수 있는 경우, 가령 공개된 정보를 보고 그 후의 재판과정에 왜곡된 형태로 대응할 우려가 있는 경우, 재판의 결론에 영향을 미치는 핵심 쟁점에 관한 정보로서 이를 취득하면 재판 결과를 미리 알고 공표하는 될 위험이 있는 경우에는 비공개사유에 해당하는 구체적 위험이 있는 것으로 볼 여지가 없지는 아니 하다. 그 밖에도 해당 재판의 정상적인 문서제출신청 등을 통해서는 얻을 수 없는 해당 재판의 핵심 쟁점 관련 정보를 정보공개청구제도를 통해 구하는 경우 이로 인해 해당 재판부의 재판진행과 결과 도출에 의도하지 않은 결과를 초래할 위험이 있을 가능성이 있는지, 그 경우에 제4호를 들어 정보공개청구를 거부할 수 있는지를 생각해 볼 수 있을 것이다. 이에 대해서는 이하 3. 나. 에서 좀 더 살펴보기로 한다.

3. 특수한 유형에서의 몇 가지 쟁점

가. 법원이 보유한 재판 관련 정보에 대한 정보공개청구

대상판결은 정보공개를 일반 행정기관을 상대로 청구한 사건이다. 그런데 경우에 따라서는 제4호와 관련하여 법원[21]을 상대로 하여 법원이 보유·관리하고 있는 소송기록이나 재판기록에 대해 정보공개청구를 하는 경우도 있을 것이다.[22] 즉 '진행 중인 재판'에 관한 정보를 법원이

21) 여기서 법원이란 사법권의 주체로서 법원(재판부)이 아니라, 정보공개업무 등 사법행정상의 업무를 처리하는 법원을 뜻하고 이를 대표하는 자는 해당 기관장이다. 법원정보공개규칙에 따르면, 각급법원, 법원행정처, 사법연수원, 법원공무원교육원, 법원도서관 및 그 소속기관이 정보공개업무를 처리하며(제2조 제1항), 각급기관의 장이 공개 청구된 정보의 공개여부를 결정하도록 하고 있다(제11조 제2항 제1호 참조).

22) 제4호는 오로지 법원을 상대로 한 정보공개청구에서 비공개사유로 될 수 있는 것이고, 일반 행정기관은 제4호를 이유로는 정보공개거부를 할 수 없다는 입론도 불가능한 것은 아니다. 그러나 그와 같은 견해는, 정보공개법이 정보공개의

보유하고 있다면 정보공개청구는 해당 재판부가 속한 법원조직법상의 '법원'에 하게 된다. 그런데 법원을 상대로 소송기록이나 재판기록의 정보공개청구를 하는 경우에는 일반 행정기관에 대한 재판 관련 정보의 공개청구와 다른 별도의 쟁점이 제기될 수 있다. 대상판결은 이러한 점을 염두에 두었는지, 판시에서 판결의 법리가 '법원'을 제외한 공공기관을 대상으로 한 정보공개청구에서 제4호 비공개사유의 해석방법에 대한 것이라는 제한을 두고 있다. 법원을 대상으로 한 정보공개청구는 일반 행정기관에 대한 청구와 달리 취급할 수 있는지 여부에 대해서 명시적인 법리를 제시하지 않은 것으로 볼 수 있는 것이다.

그런데 법원에 대한 정보공개청구라고 해서 제4호의 해석에 있어서 일반 행정기관과 달리 취급할 이유는 특별히 없는 것으로 보인다. 가령 법원에 진행 중인 재판과 관련된 소송기록의 정보공개를 청구한다고 하여, 그것만으로 제4호 비공개사유에 해당한다고 볼 수는 없고, 여전히 그 공개가 진행 중인 재판의 심리 또는 재판결과에 부정적인 영향을 미칠 구체적인 위험이 있는지 여부를 살펴보아야 할 것이다.

다만, 소송 당사자나 제3자가 법원에 대하여 소송기록에 관한 정보를 열람·사본의 교부 등의 방법으로 공개할 것을 청구하는 경우, 법령상 일정한 요건 하에서만 법령상 조서나 증거자료 등 소송기록의 열람·등사(또는 복사) 청구를 허용하고 있는 소송절차 관련 법령 규정과의 관계가 문제될 수 있다. 즉 진행 중인 재판과 관련하여 해당 재판을 규율하는 민사소송법 등 소송절차 관련 법령이 당사자가 갖는 문서제출명령 신청권한 등에 관한 규율을 두고 있다면, 정보공개법에 따라 정보공개

무를 지는 '공공기관'에 국가기관을 포함하고 있을 뿐(법 제2조 2호) 공개의무기관을 별도로 구분하고 있지 않은데 일반 행정기관은 제4호를 이유로 정보를 비공개할 수 없다고 해석할 입법적 근거가 없고, 그와 같이 해석한다면 법원 외의 공공기관은 진행 중인 재판에 구체적인 영향을 미칠 위험성이 있는 정보를 갖고 있더라도 적어도 제4호에 따른 정보공개거부를 할 수는 없다는 점 등에서 받아들이기 어려운 주장이다.

청구를 받은 법원은 소송절차 관련 법령[23]에도 불구하고 정보공개법에서 자체적으로 비공개사유에 해당하는지 여부만을 기준으로 재판기록의 공개 여부를 결정할 수 있는지 별도의 문제가 제기될 수 있다. 만약 정보공개법상 소송기록에 관한 정보공개가 가능하고 그 범위가 소송절차 법령상의 소송기록의 열람·등사의 허용 범위 보다 더 넓다면(대체로 그러할 것이다), 소송절차 법령에서 일정한 요건 아래 소송기록의 열람·등사의 허용 범위를 제한하고 있는 제도가 무의미해 질 수 있고, 그러한 경우에는 진행 중인 재판절차에 미치는 영향이 더 클 소지가 있다.

생각건대, 소송절차와 관련한 법령에서 특별한 규율이 있는 경우, 가령 민사소송법 제162조 제1항에서 당사자나 이해관계를 소명한 제3자의 소송기록의 열람·복사에 관한 규정의 취지는 '당사자나 이해관계를 소명한 제3자' 이외에는 소송기록의 열람·복사를 제한하는 취지로 해석할 수 있으므로, 이러한 경우의 소송기록은 정보공개법 제4조 제1항 "정보의 공개에 관하여 다른 법률에 특별한 규정이 있는 경우"나 정보공개법 제9조 제1항 제1호 "다른 법률 또는 법률이 위임한 명령에 의하여 비밀 또는 비공개 사항으로 규정된 정보"에 해당하는지부터 문제가 될 것이다. 이를 긍정한다면 재판 중에 있는 소송기록은 처음부터 정보공

---

23) 민사소송법에는 당사자나 이해관계를 소명한 제3자에 제한하여 진행 중인 재판의 소송기록의 열람·복사를 인정하고(제163조 제1항), 확정된 소송기록의 경우 열람은 그 청구 주체에 제한은 없되 "권리구제·학술연구 또는 공익적 목적"의 제한이 따르며, 공개를 금지한 변론에 관련된 소송기록이나 당해 소송관계인이 동의하지 아니한 경우에는 열람이 제한된다(제162조 제2항, 제3항). 행정소송의 경우에 행정소송법에 별도의 특칙을 두고 있지 않기 때문에 민사소송절차에 준하여 소송기록 열람·복사를 인정할 수 있을 것이다.

또 형사소송법의 경우 진행 중인 형사재판에 관한 소송기록 또는 수사기록의 열람·등사의 경우 피고인의 방어권을 보호하기 위하여 피고인 측에게 소송계속 중의 관계 서류 또는 증거물, 공판조서의 열람·등사(제35조, 제55조), 수사기록의 열람·등사가 인정되고, 피해자의 진술권을 보호하기 위하여 피해자 등의 소송기록 열람·등사도 인정된다(제294조의4). 확정된 소송기록의 열람·등사는 "권리구제·학술연구 또는 공익적 목적"에 한정되어 열람·등사가 허용된다(제59조의2).

개청구소송의 대상에서 제외될 수 있다. 그러나 한편으로 정보공개법은 독자적인 입법목적과 제도적 취지를 갖고 있고 원칙적으로 정보공개법상 정보공개 절차가 소송절차상 증거조사 방법이나 절차의 존재 때문에 영향을 받는다고 보기는 어려우므로, 소송절차에 관한 규정이 정보공개법 제9조 제1항 제1호 또는 정보공개법 제4조 제1항에 해당하는 다른 법률이라고 인정되는지는 제한적으로만 인정해야 할 것이다. 만약 그와 같은 비공개의 특칙을 규정한 '다른 법률 조항'에 해당하지 않으면 다시 정보를 공개할지 여부는 제4호에 따라 진행 중인 재판의 심리나 결과에 부정적인 영향을 미칠 구체적인 위험이 있는 정보에 해당하는가 여부 및 그 밖의 비공개사유에 해당하는지 여부에 따라서 정보 공개 여부를 판단해야 할 것이다.

그 밖에 시간적으로 '진행 중인 재판'이 아니라 확정된 재판에 대한 소송기록은 처음부터 4호가 적용되지 않으므로, 민사소송법·형사소송법 등 소송절차와 관련한 법령이 정보공개법 제4조 제1항 또는 제9조 제1항 제1호에 해당하는지 여부가 정보공개에서 전제적 판단으로 필요하다.

나. 소송법상 문서제출명령과 정보공개청구

한편, 진행 중인 재판의 당사자는 문서제출명령 신청 등을 할 수 있는데, 그 정보가 정보공개소송을 제기했다면 정보공개법의 여러 비공개사유 정보에 해당할 수 있는 경우 소송의 당사자가 문서제출신청을 하여 정보를 얻는 데 문제는 없는지, 반대로 소송의 타방 당사자인 국가 또는 행정청이 정보공개법상의 비공개사유 해당 가능성을 들어 문서제출의무를 면할 수 있는 것인지가 문제될 수 있다.

이 쟁점과 관련해 대법원은 양 제도의 취지가 다르다는 점을 들어 정보비공개사유에 해당하더라도 정당한 사유가 있는 등 특별한 사정이 없는 한 문서제출의무를 면할 수는 없다고 판단한 바가 있다.[24] 정보공개법상 비공개사유가 문서제출명령에 직접 또는 유추 적용된다고 보기 어렵다는 것이다.[25] 이러한 판단은 민사소송에 관한 것이지만 민사소송에 준하여 판단하는 행정소송에서의 문서제출의무에서도 적용될 수 있는 판단이다.[26] 따라서 국가배상소송과 같이 국가를 당사자로 하는 민

---

24) 대법원 2011. 7. 6. 자 2010마1659 결정. "민사소송법 제344조 제1항 제1호는 민사소송에서 문서의 제출의무에 관하여 '당사자가 소송에서 인용한 문서를 가지고 있는 때에 문서를 가지고 있는 사람은 그 제출을 거부하지 못한다.'라고 규정하고 있다. 이 규정의 인용문서에 관하여는 민사소송법 제344조 제1항 제3호나 제2항과 달리 문서제출의무의 예외사유에 대한 아무런 규정이 없는 점, 이러한 인용문서의 경우 당사자가 소송에서 문서를 증거로 인용하거나 자신의 주장을 명백히 하기 위하여 적극적으로 문서의 존재와 내용을 언급하여 자신의 주장의 근거 또는 보조로 삼은 이상, 상대방에게도 그 문서의 내용을 검토·비판할 기회를 보장하고 그 문서를 이용하게 하는 것이 공평의 견지에서 타당하다는 취지에서 문서제출의무가 인정되는 점, 비밀유지이익을 가지는 당사자로서는 소송에서 적극적으로 그 문서의 존재와 내용을 언급하지 아니함으로써 위와 같은 인용문서 제출의 부담을 회피할 수 있는 점, 민사소송법에 의한 문서제출명령 제도와 공공기관의 정보공개에 관한 법률에 의한 정보공개 제도는 그 목적이나 취지, 연혁 등을 달리하고, 법원이 공공기관의 정보공개거부처분을 취소할 경우 취소판결의 기속력에 의하여 공공기관의 정보공개가 사실상 강제되는 것에 반하여(행정소송법 제30조 제2항, 제34조), 국가 등이 당사자로서 문서제출명령에 따르지 아니한 때에는 법원이 소송상 문서의 기재에 대한 상대방의 주장을 진실한 것으로 인정할 수 있는데 그치는 점(민사소송법 제349조) 등 그 효력도 달리하는 점 등에 비추어 보면, 위와 같은 인용문서가 공무원이 그 직무와 관련하여 보관하거나 가지고 있는 문서로서 공공기관의 정보공개에 관한 법률 제9조에 정하고 있는 비공개대상정보에 해당한다고 하더라도, 특별한 사정이 없는 한 그에 관한 문서제출의무를 면할 수 없다고 봄이 상당하다."

25) 이에 대한 견해 대립의 가능성에 대해서는 이수영, "민사소송법상 인용문서에 관한 문서제출의무의 면제사유", 대법원 판례해설 89호(2011 하반기), 316-343면(특히 336면 이하)을 참조.

26) 우리 행정소송에서는 별도의 특칙이 없기 때문에 민사소송에 준하여 판단하게 될 것이지만, 독일 행정소송법은 별도의 규정이 마련되어 있으므로 이 규정과의 관계에 따라 판단을 한다. 즉 행정소송법 제99조는 행정관청의 제출의무 및 정보제공의무에 대해 규율하면서, 연방이나 주의 이익을 해칠 우려가 있는 경우 또는 법률상 또는 성질상 비밀이 유지되어야 하는 경우에는 권한 있는 최고 감독관청이 문서나 서류의 제출 및 정보제공을 거부할 수 있고, 본안법원이 제공거부의 타당성에 대해서 결정으로 재판하도록 하고 있다. 우리나라의 경우에도

사소송이나 공공주체가 당사자가 되는 행정소송에서의 문서제출의무에 대한 판단에서 정보공개법에의 비공개사유에 대한 해당 여부는 직접적으로 판단할 필요가 없다.[27)]

Ⅳ. 대상판결에서의 포섭

행정청은 이 사건 처분에서 주식취득승인처분의 무효 확인을 구하는 행정소송(이하 '이 사건에서 문제된 행정소송'이라 한다)이 진행 중임을 거부사유로 제시한 바 있다.[28)] 위 법리에 따라 대상판결에서의 구체적인 법리 적용의 구조는 다음과 같이 이해할 수 있다.

우선 이 사건 정보는 이 사건에서 문제된 행정소송에서 다투는 처분의 경위에 관한 정보이고 그 정보는 소송기록으로 제출되기도 한 점을 볼 때, 행정청이 이 사건 정보를 재판과정과 무관하게 생성·보관한 것이기는 하지만, 일단 이를 재판에 관련한 정보에 포함시킬 수는 있다. 그런데 이 사건에서 문제된 행정소송의 제1심과 항소심은, 외환은행 주주가 금융감독위원회를 상대로 하여 론스타에 대한 동일인 주식보유한

행정소송법 개정으로 자료제출의무 규정이 별도로 도입된다면 유사한 문제가 발생할 수 있다. 자료제출요구 제도에 대해서는, 최계영, "법치주의 구현을 위한 행정소송 심리절차의 강화", 서울대학교 법학, 2013. 12., 25-60면을 참조.

27) 자료제출의무 제도 등이 도입된다면, 행정소송에서는 자료제출의무 규정을 통해 공공주체의 정보공개 효과를 확보할 수 있을 것이므로, 당사자로서 정보공개제도의 활용도는 크지 않을 수 있다. 다만 그와 같은 규정이 있는 독일에서도 공공주체가 당사자가 되는 민사소송에서는 다시 정보공개청구의 방법으로 정보를 획득할 수 있는지가 문제될 수 있다. 이와 관련하여 공공주체가 자신의 승소가능성에 부정적인 영향을 미칠 수 있는 경우에 정보공개를 거부할 수 있는지 다시 문제될 수가 있다. 이에 대해서는 견해의 대립이 있다고 한다. Schoch, 앞의 책, § 3 갓번호 81 참조.

28) 처분 당시 법원에 계속 중이던 대법원 2007. 9. 20. 선고 2007두11412 판결(상고기각)을 가리킨다.

도 초과보유 승인처분의 무효를 다투는 재판에서 외환은행 주주의 원고적격을 부정하고 각하판결을 하였다. 그렇다면 쟁점에 비추어 볼 때 이 사건 정보의 공개가 이 사건에서 문제된 행정소송에서의 재판에 부정적인 영향을 미칠 구체적인 위험이 있다고 볼 수는 없다. 나아가 이러한 점에 대한 판단은, 이 사건에서 문제된 행정소송에서의 재판부가 아닌 대상판결을 한 법원에 의해서도 충분히 판단할 수 있는 성질의 것이다.[29]

한편 이 사건 처분청들은 이 사건 소 제기 이후에, 당시 진행 중이던 형사재판사건(이른바 '론스타 헐값매각 관련소송', 관련 형사재판[30]이라고 한다.)을 처분사유로 추가하면서 그 재판의 심리 및 결과에 제3정보의 공개가 영향을 미칠 위험성이 있다고 주장하였다. 이 주장에 대해서는 무엇보다 우선 그와 같은 처분사유의 추가가 허용되는지 여부가 검토되지 않을 수 없는데, 이 사건 형사재판은 이 사건 재판과 성격을 달리하는 별개의 재판으로서 당초 처분의 근거로 삼은 이 사건 재판과는 기본적 사실관계에 동일성이 있다고 보기 어렵다. 만약 분쟁의 일의적 해결과 정보공개의 지연을 방지하기 위해서 처분사유의 추가 변경을 넓게 볼 필요가 있고,[31] 이 사건과 같은 경우 처분사유의 추가를 허용할 필요가 있음을 긍정한다고 해도, 이 사건 정보의 공개가 형사재판의 심리 및 재판의 결과에 직접적인 영향을 미칠 위험성이 있다고 보기는 어렵다.

---

29) 원고적격을 인정할 것인가 여부에 대해 판단하는 것이 아니라, 이 사건 정보의 공개가 이 사건 재판에 부정적인 영향을 미칠 구체적 위험이 있는지 여부를 판단하는 것이기 때문이다. 다만 설령 이 사건 재판에서 원고적격이 인정되어 본안 판단을 한다고 하더라도, 국가기관을 피고로 하는 행정소송인 이 사건 재판의 속성상 이 사건 정보를 공개한다고 하여 이 사건 재판의 당사자인 국가기관의 이익을 침해한다고 볼 수 없다. 이 사건 정보가 대외적으로 공개된다고 하여 이 사건 재판의 심리 및 재판의 결과에 직접적인 영향을 미칠 위험성이 있음을 행정청이 구체적으로 제시한 바도 없다.

30) 처분사유 추가 당시 1심에 계속중이었던 이 사건은 대법원 2010. 10. 14. 선고 2010도387 판결로 확정되었다.

31) 가령 정남철, 앞의 글, 117-118면 참조.

참고문헌

경건, 정보공개청구제도에 관한 연구, 서울대학교 법학박사학위논문, 1998.

김의환, "비공개대상정보의 범위", 행정소송(Ⅱ), 2008.

이민영, "이른바 재판정보의 비공개 대상적격", 사법 제17호, 2011, 3－31면.

이수영, "민사소송법상 인용문서에 관한 문서제출의무의 면제사유", 대법원 판례해설 89호(2011 하반기), 316－343면.

정남철, "정보공개 거부처분과 처분사유의 추가·변경", 행정판례연구 제18집 제1호, 2013. 6., 89－121면.

최계영, "법치주의 구현을 위한 행정소송 심리절차의 강화", 서울대학교 법학, 2013. 12., 25－60면.

한위수, "정보공개청구사건의 재판실무상 제 문제", 인권과 정의 제304호, 2001, 31－60면.

Jastrow, Serge－Daniel/Schlatmann, Arne, Informationsfreiheitsgesetz (IFG), 2006.

Rossi, Matthias, Informationsfreiheitsgesetz: Handkommentar, 2006.

Schoch, Friedrich, Informationsfreiheitsgesetz: IFG Kommentar, 2009.

국문초록

본고는 정보공개법 제9조 제1항 4호에 따라 정보공개 청구의 거부가 가능한 요건인 '진행 중인 재판에 관한 정보'의 해석론을 전개한 글이다. 이 글의 소재가 된 대법원 판례는 그에 관한 최초의 대법원 법리를 밝힌 판결인데, 이 판결에서 대법원은 '진행 중인 재판에 관련된 정보'에는 재판기록뿐만 아니라 재판과의 '관련성'이 있는 정보도 포함되는 것으로 볼 수 있지만, 그 정보가 진행 중인 재판의 심리 또는 재판 결과에 영향을 미칠 구체적인 위험성이 있어야 한다는 법리를 전개하였다. 이 글은 그러한 한정적 해석이 타당함을 논증한 글이다. 이 글은 정보공개법의 취지를 살리고 공론장에서의 의사소통에 부정적인 영향을 초래하지 않도록 재판절차 및 재판의 독립성 보호에 부정적인 영향을 미칠 구체적인 위험이 있는지 실질적으로 판단할 필요가 있다고 본다.

그 밖에도 이 글은 위 해석론이 '행정부에 속하는 공공기관'이 아니라 '법원'에 대하여 정보공개청구를 하는 경우에도 마찬가지로 적용되어야 한다는 점, 소송법상의 문제제출 제도와 정보공개법의 정보공개청구는 원칙적으로 별개의 제도로서 취급되어야 한다는 점 등을 논제로서 제시하고 있다.

주제어: '진행 중인 재판에 관한 정보', 정보공개법상 비공개사유, 문서제출의무, 소송기록의 공개, 독일 정보공개법

Zusammenfassung

Laufendes Gerichtsverfahren und Ablehnung des Informationszugangs nach dem Informationsfreiheitsgesetz

Kim, Tae-Ho*

Nach dem koreanischen Informationsfreiheitsgesetz (KIFG) kann ein Antrag auf Informationszugang nur dann verweigert werden, wenn ein gesetzlicher Ablehnungsgrund vorliegt. Bei dieser Arbeit handelt es sich um die mit laufenden Gerichtsverfahren bezogene Information, die einen Ablehnungsgrund unter dem KIFG darstellt (§ 9 Abs. 1 Nr. 4 KIFG). Diese Arbeit ist in der Meinung, dass der Ausschluss des Anspruchs auf Informationszugang gemäß § 9 Abs. 1 Nr. 4 KIFG konkrete und nachteilige Auswirkungen auf ein laufendes Gerichtsverfahren voraussetzt. Diese Auslegung ist zwar eine restriktive Gesetzesinterpretation von dem Ausschlusstatbestand, aber kann unter der Berücksichtigung der Informationsfreiheit und Meinungsfreiheit in der Öffentlichkeit rechtsfertigt werden. Die Auffasung von dem Koreanischen Obersten Gerichtshofs (KOGH) ist auch ähnlich. Das Urteil von KOCH prüft die konkrete Gefährdungsmöglichkeit des fairen Verfahrensablaufes, durch die zweckmäßige Interpretation des Ablehnungstatbestandes.

* Research Fellow, Judicial Policy Research Institute

Schlüsselwörter: Anspruch auf Informationszugang, Laufendens Gerichtsverfahren, Konkrete Gefährdungsmöglichkeit des Verfahrensablaufes, Koreanisches und deutsches Informationsfreiheitsgesetz, Prozeduralle Urkunde, KIFG und Zivilprozessrecht

투 고 일: 2014. 6. 5
심 사 일: 2014. 6. 17
게재확정일: 2014. 6. 20

行政의 實效性確保手段

滯納者 出國禁止處分의 要件과 裁量統制 / 李相悳

滯納者 出國禁止處分의 要件과 裁量統制

李相悳*

대법원 2013. 12. 26. 선고 2012두18363 판결에 대한 평석

Ⅰ. 序說

1. 사건의 개요(출국금지 제도 제3기)

원고 최○○은 1998년경 ○○건설산업(주)의 대표이사로서 회사의 서울은행에 대한 채무 변제를 담보하기 위하여 자기 소유 부동산에 근저당권을 설정해 주었다가 근저당권 임의경매가 실행되어 부동산이 매각됨에 따라 2003년경 5건 합계 6억 6천만원의 양도소득세가 부과되었

* 서울행정법원 판사

으나, 그 후로 10여 년이 지나도록 전혀 납부하지 않았다.

원고는 자신의 부친이 설립한 사립학교법인의 이사장으로서 줄곧 재직하면서 이혼한 전처와 아들을 이사로 선임하고, 전처, 아들에게 고액의 급여를 지급하여 그 급여로 자신과 일가족의 호화로운 생활을 유지하였다. 원고는 위 양도소득세 체납 이후에도 매년 2~3차례 1주일 이내의 단기 일정으로 해외에 출입하였는데, 이에 관하여 원고는 사립학교법인이 운영하는 ○○대학과 해외 대학 간의 국제학사교류업무 추진을 위한 것이라고 해명하였다. 관할 세무서장이 파악한 원고 명의의 재산으로는 시골의 임야, 전, 답 4필지 면적 합계 1,567㎡에 불과하고, 이를 압류해 놓은 상태이다.

국세청장은 원고가 국체 체납액이 5천만원을 초과한 상태에서 최근 1년간 3회 이상 해외에 출입하였다는 이유로 국세징수법 제7조의4, 동 시행령 10조의5에 따라 법무부장관에게 원고의 출국금지를 요청하였고, 법무부장관은 2011. 6. 17. 원고에 대하여 6개월간의 출국금지처분을 하였다. 이에 원고는 법무부장관을 상대로 출국금지처분 취소소송을 제기하였다.

2. 하급심 법원의 판단

제1심 법원은 대법원 2001. 7. 27. 선고 2001두3365 판결을 원용하면서 다음과 같은 두 가지 이유로 원고에 대한 출국금지 처분이 위법하다고 판단하고 원고의 청구를 인용하였다(서울행정법원 2011. 11. 11. 선고 2011구합22679 판결).

“(증거)에 의하면 ① 원고가 전처와 아들을 학교법인 ○○학원의 이사로 재직하게 하면서 고액의 급여를 지급하고 그 급여로 자신의 생활을 영위하고 있는 사실, ② 원고의 아들들이 별다른 소득이 없으면서 2006년경 부동산을 취득하거나 고급 승용차를 구입한 사실, ③ 원고가 사립학교법에 어긋나게 ○○대학의 관사에 전입하여 거주하고 있는 사실을 인정할 수 있기는 하나, 다른 한편 앞서 인정한 사실들이나 그밖에 이 사건 변론에 드러난 다음의 사정들, 즉 양도소득세 부과 이후 상당 시일이 경과하여 원고 소유의 재산을 찾을 충분한 시간이 있었고 원고가 그 동안 수시로 해외로 드나들었음에도 과세관청이 압류한 재산 외에 추가로 원고 소유 재산을 찾거나 원고가 재산을 은닉하거나 해외로 도피시킨 정황을 적발하지 못한 점, 원고가 국세를 체납한 상태에서 해외에 자주 드나들기는 하였으나 원고의 현재 직책이나 과거 경력, 비교적 짧은(1회 평균 3~5일) 해외체류기간을 감안하면 재산 해외도피 또는 관광 등의 소비목적의 출국이라고 단정하기 어려운 점, 원고의 아들들은 오래 전에 이혼한 전처들 소생으로 원고와는 독립된 생계를 유지하여 왔고, 그 모친들도 과거 인기 있는 배우 또는 가수였던 점 등의 사정에 비추어 보면 앞서 인정한 사실만으로는 원고가 재산을 해외에 도피할 가능성이 있다고 인정하기 부족하고, 달리 증거가 없다(특히 위 ①, ③의 사실은 학교법인 ○○학원의 운영이 부적절함을 시사하는 사정은 될 수 있어도 곧바로 원고가 국외로 재산을 도피하였을 가능성을 추단케 하는 사정이라고는 볼 수 없다).

또한, 원고가 국세청장의 출국금지요청 전 1년 이내에 3번 출국한 사실이 인정되기는 하나, 그 모두가 정당한 사유 없는 출국임을 인정할 증거가 없고, 달리 국세징수법 제7조의4 제1항 및 동 시행령 제10조의5 제2항에 정한 출국금지요청 요건에 해당하는 사정이 없어 원고에 대한 국세청장의 출국금지요청은 국세징수법상 요건을 갖추지 못한 것으로 보이는바, 비록 출입국관리법 제4조의 제1항의 문언상으로는 국세청장의 출국금지 요청이 없어도 피고가 출국금지를 할 수 있는 것으로 규정되어 있으나 출국금지 요청이 없는 경우 법무부가 대상자의 국세체납사실이나 재산의 해외도피 가능성을 파악하기 어려워 출국을 금지하는 것이 사실상 불가능하고, 실제로 그러한 사례도 없는 것으로 보이는 점에 비추어 보면, 법령상 요건을 갖추지 못하여 위법한 출국금지요청에 따라 내려진 이 사건 처분 또한 위법하다고 보아야 할 것이다."

항소심 법원도 기본적으로 제1심 법원과 동일한 취지이지만, 두 번째 위법사유에 관하여 약간 다른 이유제시를 하면서 법무부장관의 항소를 기각하였다(서울고등법원 2012. 7. 19. 선고 2011누43180 판결).

"비록 국세청장의 원고에 대한 출국금지 요청일로부터 직전 1년 동안에 원고가 3회에 걸쳐 해외로 출국한 사실이 존재한다는 점은 앞서 인용한 사실과 같으나, … 위 국세청장의 출국금지 요청일로부터 직전 1년 동안에 있었던 3회에 걸친 원고의 출국이 3회 모두 정당한 사유 없이 이루어진 것이라고 볼 만한 객관적 증거가 충분하지 아니[…]하다. 따라서 피고는 국세청장의 원고에 대한 출국금지 요청에 기초하여 이 사건 처분을 하였고, 위와 같이 이 사건 처분의 전제가 되는 원고에 대한 국세청장의 출국금지 요청이 적법하다고 볼 수 없는 이상, 위 출국금지 요청과 결합하여 원고에 대한 출국금지라는 하나의 법률효과를 완성하는 이 사건 처분도 위법하다고 봄이 상당할 것이고(대법원 2006. 9. 22. 선고 2006두7942 판결 등 참조), 가사 [그렇지 않다]고 하더라도, 이 사건 처분은 앞서 … 본 바와 같은 여러 사정 등에 비추어 볼 때, 그 자체로도 재량권을 남용하거나 일탈한 경우에 해당하여 위법하다고 보지 않을 수 없다."

3. 대법원의 판단

대법원은 체납자 출국금지처분에서 재산의 해외도피 가능성에 관한 법리 및 사실인정에 관하여 한 항소심 법원의 판단이 정당하고, 다만 국세청장의 출국금지 요청이 요건을 구비하지 못한 경우 법무부장관의 출국금지처분이 위법한 것인지에 관한 원심의 판단에 잘못이 있으나 출국금지처분이 위법하다고 보아 항소를 기각한 결론에 있어서는 정당하므로, 원심의 잘못이 판결결과에 영향이 없다고 하며 법무부장관의 상고를 기각하였다(대법원 2013. 12. 26. 선고 2012두18363 판결).

"1. 국민의 출국의 자유는 헌법이 기본권으로 보장한 거주·이전의 자유의 한 내용을 이루는 것이므로 그에 대한 제한은 필요 최소한에 그쳐야 하고 그 본질적인 내용을 침해할 수 없고, 출입국관리법 등 출국금지에 관한 법령 규정의 해석과 운용도 같은 원칙에 기초하여야 한다.

구 출입국관리법(2011. 7. 18. 법률 제10863호로 개정되기 전의 것. 이하 '구 출입국관리법') 제4조 제1항, 그 시행령(2011. 11. 1. 대통령령 제23274호로 개정되기 전의 것) 제1조의3 제2항은, 5천만 원 이상의 '국세·관세 또는 지방세를 정당한 사유 없이 그 납부기한까지 내지 아니한 사람'에 대하여는 기간을 정하여 출국을 금지할 수 있다고 규정하고 있다. 그러나 위와 같은 조세 미납을 이유로 한 출국금지는 그 미납자가 출국을 이용하여 재산을 해외에 도피시키는 등으로 강제집행을 곤란하게 하는 것을 방지함에 주된 목적이 있는 것이지 조세 미납자의 신병을 확보하거나 출국의 자유를 제한하여 심리적 압박을 가함으로써 미납 세금을 자진납부하도록 하기 위한 것이 아니다. 따라서 재산을 해외로 도피할 우려가 있는지 여부 등을 확인하지 아니한 채 단순히 일정 금액 이상의 조세를 미납하였고 그 미납에 정당한 사유가 없다는 사유만으로 바로 출국금지 처분을 하는 것은 위와 같은 헌법상의 기본권 보장 원리 및 과잉금지의 원칙에 비추어 허용되지 아니한다.

나아가 재산의 해외 도피 가능성 여부에 관한 판단에 있어서도 재량권을 일탈하거나 남용하여서는 아니 되므로(대법원 2001. 7. 27. 선고 2001두3365 판결 참조), 조세 체납의 경위, 조세 체납자의 연령과 직업, 경제적 활동과 수입 정도 및 재산상태, 그간의 조세 납부 실적 및 조세 징수처분의 집행과정, 종전에 출국했던 이력과 목적·기간·소요 자금의 정도, 가족관계 및 가족의 생활정도·재산상태 등을 두루 고려하여, 출국금지로써 달성하려는 공익목적과 그로 인한 기본권 제한에 따라 당사

자가 받게 될 불이익을 비교형량하여 합리적인 재량권의 범위 내에서 출국금지 여부를 결정하여야 한다. […]

3. 중앙행정기관의 장 등은 소관 업무와 관련하여 출국금지 사유에 해당하는 사람이 있다고 인정할 때에는 법무부장관에게 출국금지를 요청할 수 있고(구 출입국관리법 제4조 제2항), 국세청장은 정당한 사유 없이 5천만 원 이상의 국세를 체납한 사람 중 최근 1년간 정당한 사유 없이 국외 출입 횟수가 3회 이상인 사람 등으로서 체납처분을 회피할 우려가 있다고 인정되는 때에는 법무부장관에게 출국금지를 요청하여야 한다(구 국세징수법 제7조의4 제1항, 그 시행령 제10조의5 제1항, 제2항).

그러나 구 출입국관리법 제4조 제1항, 그 시행령 제2조, 제2조의3 등의 규정을 종합해 보면, 위와 같이 국세청장 등의 출국금지 요청이 있는 경우에도 법무부장관은 이에 구속되지 않고 출국금지의 요건이 갖추어졌는지를 따져서 처분 여부를 결정할 수 있다. 따라서 국세청장 등의 출국금지 요청이 요건을 구비하지 못하였다는 사유만으로 출국금지 처분이 당연히 위법하게 되는 것은 아니고, 앞서 본 재산의 해외 도피 가능성 등 출국금지 처분의 요건이 갖추어졌는지 여부에 따라 그 적법 여부가 가려져야 할 것이다.

원심은, 이 사건 출국금지 처분은 원고에 대한 국세청장의 출국금지 요청과 결합하여 하나의 법률효과를 완성하는 것이므로 위 출국금지 요청이 적법하다고 볼 수 없는 이상 이 사건 출국금지 처분은 위법하다고 판단하였다. 그러나 앞서 본 법리에 비추어 이러한 원심의 판단은 수긍할 수 없다. 따라서 이 점을 다투는 상고이유 주장은 이유 있다고 할 것이지만, 원심이 이 사건 출국금지 처분이 위법하다고 하여 원고의 청구를 인용한 결론에 있어서는 정당하므로, 위와 같은 원심의 잘못은 판결결과에 영향이 없다."

4. 問題의 所在

평석대상판결은 언뜻 보면 쟁점에 관한 새로운 판결이 아니고 그것이 원용하고 있는 대법원 2001. 7. 27. 선고 2001두3365 판결의 판시를 반복한 것으로 보이지만, 여러 복합적인 문제들을 내포하고 있다. 우선, 대법원 2001두3365 판결은 뒤에서 살펴보는 바와 같이, 벌금, 추징금, 세금 미납자(이하 통틀어 '체납자'라 함)에 대한 출국금지처분의 요건과 관련하여 하급심 재판실무에 심대한 영향을 미쳤지만, 이에 관하여 그보다 먼저 있었던 대법원 1992. 10. 9. 선고 91누10510 판결에서 제시한 법해석을 전원합의체를 통해 변경하는 절차를 거치지 않고 전혀 다른 법해석을 제시하였고, 입법자의 제·개정 이유서나 법규명령의 문언에서 근거를 찾기 어려움에도 '재산의 해외도피 방지'를 체납자 출국금지제도의 주된 목적이라고 선언하였으며, 더 나아가 이러한 입법 목적으로부터 '재산의 해외도피 가능성'이라는 불문의 처분요건을 도출해 냈다는 점에서 법이론적 차원에서도 법원의 법해석의 정당성 내지 한계의 측면에서 의문이 든다.

헌법재판소가 추징금 미납자 출국금지처분 제도에 관한 위헌법률심판에서 대법원 2001두3365 판결에서 제시한 법해석을 그대로 따르면서, 그렇게 해석하는 한 추징금 미납자 출국금지제도가 합헌이라고 판단하였지만(2004. 10. 28. 선고 2003헌가10 결정), 아직까지 행정실무에서뿐만 아니라 재판실무에서도 체납자 출국금지 제도의 존재이유에 관하여 결정적인 세계관이 차이가 상존하고 있다. 한편에서는 출국금지를 체납자의 재산 해외도피를 방지하기 위한 제도로 한정적으로 보고 있지만, 다른 한편에서는 체납자임에도 높은 소비수준을 영위하고 있어 재산을 어딘가에 은닉하여 놓았을 것으로 추단되거나 국내·외를 넘나들며 왕성한 경제활동을 하고 있어 상당한 소득이 있을 것으로 추단되는 자, 다시 말해 능력이 됨에도 고의로 납부를 거부하는 자들에 대해 출국을 금지함으로써 그들의 국외 여행·소비·경제활동을 불편하게 하고 이를 통해 납부를 간접적으로 강제하는 제재수단으로 활용할 수 있다고 본다. 입법정책적 논의는 별론으로 하고, 이미 출국금지 제도가 법률에 규정된 이상, 과연 후자를 배제하는 것이 법률에 대한 정당한 해석인지, 법률 해석상 후자가 포함된다면 그러한 제도가 과연 위헌인지를 검토할 필요가 있다.

또한, 평석대상판결은 국세청장의 출국금지 요청이 국세징수법과 동 시행령상의 요건을 갖추지 못해 위법하다 할지라도 그것만으로 법무부장관의 출국금지처분이 위법해지는 것은 아니며, 출국금지처분의 위법 여부는 오직 출입국관리법의 차원에서 가려져야 한다고 판시하였으나, 원심 판결이 원용한, 세무서장의 관허사업제한 요청이 국세징수법과 동 시행령의 요건을 갖추지 못해 위법하면 그것만으로 이를 전제로 한 주무관서의 관허사업제한처분도 위법하다고 판시한 대법원 2006. 9. 22. 선고 2006두7942 판결 등을 왜 따르지 않았는지, 과연 체납자에 대한 출국금지와 관허사업제한 사이에 양자의 법적 성질을 달리 보아야 할 어떤 결정적인 차이가 있는지에 대한 정교한 논증이나 해명은 하지 아니하였다. 이는 체납자에 대한 출국금지 제도의 본질, 다시 말해 국세청장의 출국금지 요청과 법무부장관의 출국금지처분, 양자의 주종(主從) 내지 본말(本末) 관계에 관한 숙고를 필요로 한다.

평석대상판결의 두 가지 쟁점에 관한 이러한 법해석은 법이론 차원의 문제 외에도 현재의 출국금지 행정실무와는 상당한 괴리가 있고, 입증책임 등과 관련하여 재판실무에서도 어려운 문제를 불러일으킬 수 있다. 따라서 본고에서는 평석대상판결의 법해석을 비판적으로 고찰하고, 실정법령의 정당한 해석 결과를 제시하는 것을 목표로 한다. 법해석은 실정법령에서 출발하여야 하므로, 본고에서는 이를 위해 우선 내국인 출국금지제도의 연혁을 고찰하고(Ⅱ. 1.) 이와 관련한 선행 판례의 형성·변천 과정을 되짚어 본다(Ⅱ. 2.). 그런 다음 '재산의 해외도피 가능성'을 출국금지처분의 요건으로 보는 법해석의 문제점에 대해서 고찰하고(Ⅲ. 1.), '행정응원' 제도로서의 체납자 출국금지처분의 본질을 고찰한 다음 (Ⅲ. 2.), 실정법령의 문언과 제도의 본질로부터 도출되는 출국금지처분의 요건 해석 결과를 가지고 입증책임과 구체적인 재량통제방식, 처분의 이유제시와 처분사유 추가·변경 등의 문제에 대한 해명을 시도한다 (Ⅲ. 3.).

Ⅱ. 내국인 출국금지 제도의 연혁 및 판례들

1. 내국인 출국금지 제도의 연혁

가. 제1기(1963. 3. 5. ~ 1988. 12. 30.)

대한민국 건국 직후에 우리나라에는 1949. 11. 17. 법률 제65호로 제정된 외국인의입국출국과등록에관한법률이 명칭 자체로 알 수 있듯이 외국인의 출입국에 관해서만 규율하였을 뿐이고, 내국인에 관해서는 여권발급절차를 규율한 해외여권규칙(1949. 2. 17. 외무부령 제2호로 제정되어, 1961. 12. 31. 법률 제940호로 제정된 여권법에 의해 폐지된 것) 외에는 내국인의 출국을 제한하는 법령이 없었다. 그러다 1963. 3. 5. 법률 제1289호로 출입국관리법이 제정되어 '국민의 출입국'이란 제목의 제2장에서 내국인의 출국금지 제도를 최초로 규정하면서, 출국금지 사유로 "출국목적이 대한민국의 이익에 배반될 우려가 현저하다고 인정될 때"가 규정되었다(제4조 제2호).

1978. 3. 30. 대통령령 제8912호로 출입국관리법 시행령이 개정되면서 내국인 출국금지에 관한 규정들이 처음으로 포함되었는데, 그렇지만 법무부장관의 출국금지 및 해제시의 대장·명부 작성 및 출입국관리사무소장에의 통보 의무를 규정하고(제3조), 타 기관이 법무부장관에게

출국금지를 요청할 수 있는 법령상 근거(제4조)를 둔 데 지나지 않았다.

1988. 12. 31. 법무부령 제315호로 제정된 출국금지업무처리규칙의 제정이유[1)]에 비추어 보면, 이 시기에도 벌써 각 부처에서 법무부장관에게 행정제재 수단으로 내국인에 대한 출국금지를 드물지 않게 요청하였는데, 법무부장관은 실질적인 심사 없이 요청에 따라 기계적으로 출국금지처분을 하였으며, 법무부 내부적으로 출국금지처분의 기준이나 절차를 규율하는 행정규칙도 마련되어 있지 않았던 것으로 보인다.

나. 제2기(1988. 12. 31. ~ 2002. 3. 29.)

이러한 문제점을 해소하기 위해 1988. 12. 31. 법무부령 제315호로 출국금지업무처리규칙이 제정되었는데, 그 주요 골자는 출국금지처분을 단순히 공무수행의 편의나 행정제재의 목적으로 할 수 없도록 기본원칙을 선언하고(제2조), 출국금지의 구체적인 기준은 출국금지심의위원회의 심의를 거쳐 법무부장관이 정하도록 하며(제3조), 타 부처가 출국금지 요청을 할 때에는 소명자료를 첨부하도록 하고(제4조), 장기간의 출국금지를 억제하기 위해 출국금지예정기간 및 기간연장 요청 제도를 도입하며(제5조, 제13조), 출국금지자에게 출국금지된 사실을 통지하고 통지를 받은 날로부터 10일 이내에 이의신청을 할 수 있는 기회를 부여한다(제10조, 제11조)는 것이다.[2)] 당시에 비록 출입국관리법 시행령 제95조는

---

1) "출국규제제도는 개인의 자유에 대한 중대한 제한조치로서 인권침해의 염려가 많음에도 불구하고 현재 각 부처에서는 행정편의나 행정제재의 수단으로 요청하는 경우가 많고, 당부의 심사절차에 있어서도 신속한 조치의 필요성, 과다한 요청건수 등으로 각 사안에 관한 실질적인 심사 없이 요청하는 대로 규제하는 등 행정목적 달성에 치중되어 당사자의 권리보호를 위한 제도적 장치가 거의 미비되어 있으므로 출국규제업무를 신중히 결정하고 당사자의 권리보호 기회를 충분히 부여함으로써 국민의 권리보호에 만전을 기하려는 것임"(출처: 법제처 국가법령정보센터 http://www. law.go.kr)

2) 제정 출국금지업무처리규칙 중 출국금지의 기준과 관련한 규정들은 다음과 같다. 제2조 (기본원칙) ① 출국금지는 제4조의 규정에 의한 출국금지기준에 따라 필

"이 영의 시행에 관하여 필요한 사항은 법무부령으로 정한다."라는 일반적 위임조항을 두고 있었지만, 문제는 출입국관리법에 내국인 출국금지에 관한 사항을 대통령령이나 법무부령에서 정하도록 하는 개별적 위임조항은 물론이고 일반적 위임조항도 전혀 없었다는 점이다. 따라서 출국금지업무처리규칙은 비록 법무부령의 형식을 취했지만 법률의 위임 없이 만들어진 것이어서, 대외적인 구속력이 있는 법규명령은 아니었다.[3)]

이후로는 출국금지위원회의 심의를 거쳐 법무부장관이 정하는 내부기준에 따라 출국금지대상자를 결정해 오다가, 1992. 3. 12. 법부무령 제360호로 출국금지규칙업무처리규칙을 개정하면서 제2조의2를 신설하여 규칙 단계에서 출국금지대상자의 유형을 세분화했는데, 이때 비로소 "그 출국이 대한민국의 이익을 현저하게 해할 염려가 있다고 인정되는

요한 최소한의 범위 안에서 행한다.

② 출국금지는 단순히 공무수행의 편의나 형벌 또는 행정벌을 받은 자에 대한 행정제재의 목적으로 할 수 없다.

③ 출국금지는 제3조의 규정에 의한 출국금지대상자가 유효한 여권을 가지고 있다고 인정되는 경우에 한하여 행한다. 다만, 범죄의 수사와 관련된 자(기소중지자로 결정된 자를 제외한다)에 대하여는 유효한 여권을 가지지 아니한 경우에도 출국금지를 할 수 있다.

제3조 (출국금지의 기준) 제2조제1항의 규정에 의한 출국금지의 기준은 제17조의 규정에 의한 출국금지심의위원회(이하 "위원회"라 한다)의 심의를 거쳐 법무부장관이 정한다.

제9조 (심사시 참작사항) 법무부장관은 제8조의 규정에 의하여 출국금지를 심사·결정함에 있어서는 다음 사항을 참작하여야 한다.

1. 제2조의 기본원칙에 위배되는 지의 여부
2. 출국금지 대상자의 성별·연령·학력·성행 및 범죄사실
3. 출국금지 대상자의 가족관계 및 사회적 신분
4. 기타 해외도피 가능성 여부를 판단하는데 필요하다고 인정되는 사항

3) 위임명령과 구별되는 '집행명령'이란 집행하기 위하여 필요한 세칙을 정하는 범위 내에서만 가능하고 새로운 권리나 의무를 규정할 수는 없으므로, 출국금지업무처리규칙 중 출국금지처분의 요건 내지 기준에 관한 규정들은 집행명령에 해당한다고 볼 수 없고, 단지 내부적 사무처리지침을 규정한 것이라고 볼 수밖에 없다.

자"라는 일반조항이 일정액 이상의 세금 미납자, 신체구금형의 집행을 종료하지 아니한 자, 일정액 이상의 벌금·추징금 미납자, 형사재판에 계류중인 자, 형집행정지 중인 자로 구체화되었다(제2조의2). 그러나 이때까지도 출국금지의 요건이 되는 세금·추징금 등 미납액 기준을 "일정액 이상"이라고만 하여 규정하여, 결국 이를 출국금지심의위원회의 심의를 거쳐 법무부장관이 결정할 사항으로 남겨 두었다. 이 시기에 법무부장관은 세금·추징금 등 미납액 기준을 2,000만원 이상으로 결정해 두고 있었다.

이 시기에 출입국관리법 시행령은 1993. 3. 30. 대통령령 제13872호로 개정되면서 종전에 출국금지업무처리규칙에 있던 출국금지심의위원회의 설치·운영 근거, 출국금지 결정 통지의무, 출국금지자 명부 작성의무에 관한 규정들을 승격시켜 시행령에 포함시킨 정도의 변화만 있었을 뿐, 출국금지의 기준에 관해서는 아무런 규정을 두고 있지 않았다.

다. 제3기(2002. 3. 30. ~ 2010. 2. 17.)

2001. 12. 29. 법률 제6540호로 개정되어 2002. 3. 30. 시행된 출입국관리법은, 기본권의 제한은 법률에 의한다는 헌법 제37조 제2항의 취지를 살린다는 이유에서, 종전에 출입국업무처리규칙 제2조의2 제1항에 열거된 여섯 가지 출국금지사유를 법률 제4조 제1항으로 옮겨 놓고, 다만 벌금·추징금·세금 미납액 기준을 법무부령에 위임하였다. 이에 따라 출국금지업무처리규칙도 2002. 8. 10. 법무부령 제524호로 개정되어 벌금, 추징금, 세금 미납액의 기준을 1,000만원, 2,000만원, 5,000만원으로 구분하여 규정하기에 이르렀고, 병역의무 불이행자, 국세포탈혐의로 세무조사를 받고 있는 자가 출국금지대상자로 추가되었다(제3조).

그 후 출입국관리법이 2008. 12. 19. 법률 9142호로 개정되면서 벌금·추징금·세금 미납액 기준을 종전과 같이 법무부령이 아니라 대통령령에서 정하도록 하였고(제4조 제1항 제4호, 제5호), 그에 따라 종전과 동일한 금액의 벌금, 추징금, 세금 미납액의 기준이 2009. 6. 16. 대통령령 제21534호로 개정된 출입국관리법 시행령 제1조의3으로 자리를 옮겼고, 2009. 6. 22. 법무부령 제670호로 출국금지업무처리규칙도 개정되어 벌금·추징금·세금 미납액 기준에 관한 제3조 제2항, 제3항을 삭제하는 한편, 2008. 10. 20. 폐지된 출국금지심의위원회의 기능을 대신하여 법무부장관이 출국금지 등의 결정시 정확한 심사를 위해 관계기관 등과의 협의 및 의견청취 등을 할 수 있도록 하였다(제18조).

라. 제4기(2010. 2. 18. ~ 현재)

종래 국세 체납자에 대한 출국금지 요청의 요건 및 절차에 관한 사항은 국세청훈령인 '국세징수사무처리규정'으로 규율되다가, 2010. 1. 1. 법률 제9913호로 국세징수법이 개정되면서 신설된 제7조의4에 규정되었고, 그 위임에 따라 2010. 2. 18. 대통령령 제22036호로 개정된 국세징수법 시행령에 출국금지 요청 및 해제 요청의 세부적인 요건이 규정되었는데, 뒤에서 살펴보는 바와 같이(Ⅲ. 3.) 출국금지 요청 기준이 '체납처분을 회피할 우려'라는 요소를 중심으로 구체화되어 있다. 지방세나 관세의 경우에도 각 법률에 특별한 규정이 있는 것을 제외하고는 국세징수법을 준용하므로(지방세기본법 제147조, 관세법 제26조), 국세징수법상의 출국금지 요건이 그대로 준용된다고 보아야 할 것이다. 이로써 세금 체납자의 경우에는 출입국관리법과 그 하위법령에 규정된 출국금지 기준보다 국세징수법과 그 시행령에 보다 상세한 출국금지 요청 기준이 규정되기에 이른 것이다. 이것의 규범적 의미에 관해서는 아래에서(Ⅲ. 2.) 살펴보기로 한다.

한편, 출입국관리법이 2011. 7. 18. 법률 제10863호로 개정되어 2012. 1. 19. 시행되면서 법률에 출국금지기간의 상한이 6개월로 규정되었다(제4조 제1항). 2012. 1. 19. 법무부령 제761호로 출입국관리법 시행규칙을 개정하면서 출국금지업무처리규칙을 폐지하고 동 규칙의 내용을 그대로 출입국관리법 시행규칙 제6조부터 제6조의12로 흡수함으로써, 체납자 출국금지처분의 세부사항을 규율하는 법부부령이 '출국금지업무처리규칙'에서 '출입국관리법 시행규칙'으로 대체되었다. 그러나 출입국관리법과 동 시행령은 출국금지처분의 요건 내지 기준에 관한 세부사항을 법무부령에 위임한 바 없고, 단지 관계기관의 장이 출국금지(연장) 요청시에 첨부할 서류 목록 결정권한을 위임하였을 뿐이므로(동 시행령 제2조 제2항, 제2조의2 제2항), 동 시행규칙 제6조(출국금지의 기본원칙), 제6조의5(출국금지 등의 심사결정시 고려사항), 제6조의6(출국금지의 해제)에 규정된 사항들은 여전히 상위법령의 위임 없이 만들어진 것이어서 대외적인 구속력이 있는 법규명령이라 할 수 없다.

마. 小結

1963년에 도입된 내국인 출국금지 제도는 반세기를 지나면서 기본권 제한의 한계에 관한 헌법 원칙들에 합치되기 위하여 점차로 출국금지의 요건·기준에 관한 규정들이 구체화되고, 그 규정들의 지위가 대외적 구속력이 없는 내부지침에서 법무부령을 거쳐 대통령령과 법률로 승격되어 왔다. 관련 규정들이 대외적 구속력이 있는 법규명령인지 아닌지에 따라 그 규율내용이 출국금지처분의 요건이 되는지를 좌우하기 때문에, 아래에서 살펴보는 관련 판례들의 사안이 몇 기에 해당하는지는 출국금지처분의 요건 해석에서 중요하게 고려되어야 한다. 또한, 본고의 맥락에서 중요한 점은, 관련 규정들의 등급 변천에도 불구하고 체납자 출국금지 제도의 주된 입법 목적이 '재산의 해외 도피 방지'에 있다고 추론할 만한 법령의 문언이나 제·개정 이유서를 찾아볼 수 없다는 점, 제4기에서는 출국금지 요청 기준으로서 국세징수법 시행령에 '체납처분을 회피할 우려'가 명시적으로 규정되었음에도 평석대상판결이 이러한 관계법령의 변천에 주의를 기울이지 않았다는 점이다.

2. 관련 선행 판례

가. 대법원 1992. 10. 9. 선고 91누10510 판결(출국금지 제도 제2기)

원고 고○○는 ○○주식회사의 2차 납세의무자로서 위 회사에 대한 1988년도분 법인세 1억 4,500만원 및 자신에 대한 1989년도분 소득세 2,400만원 등을 미납하였다. 법무부장관은 1990. 5. 1. 원고에 대하여 위와 같은 국세 체납을 이유로 1년간의 출국금지처분을 하고, 1991. 4. 30. 다시 그 금지기간을 1년간 연장하는 처분을 하였다. 이에 원고가 법무부장관을 상대로 출국금지연장처분 취소소송을 제기한 사안에서, 대법원은 다음과 같은 이유로 원고의 상고를 기각하였다.

"반포세무서장이 원고에 대하여 한 기타소득세부과처분이 당연무효가 아니고, 나아가 그 처분이 취소되었다고 인정할 만한 자료가 없으므로 원고는 그 소득세 및 방위세 상당의 국세를 체납하였다고 할 것이고, 이는 법무부 소정의 출국금지요건에 해당한다고 할 것이다. 그렇다면 원고에 대한 출국금지처분 나아가 출국금지기간연장처분은 적법한 것이라 아니할 수 없다.

그리고 원고가 재일교포로서 일본영주권을 가지고 있고, 미납세액을 전혀 납부하지 아니하고 있는 등 여러 가지 사정과 이 사건 처분이 출국금지업무처리규칙에서 정한 일반적인 기준에 따라 이루어진 점 등을 참작할 때 이 사건 출국금지처분이 비례의 원칙에 위반된다거나 재량권을 일탈한 위법한 처분이라고 단정할 수 없다."

이 사건은 앞서 살펴본 출국금지 제도 연혁 중 제2기에 해당하는데, 대법원은 일정 금액 이상의 국세 체납 사실만으로 출국금지처분의 요건을 충족하며, 원고의 해외도피 가능성이나 납부노력 등의 제반 사정은 출국금지처분의 효과재량 단계의 공·사익의 형량에서 고려할 요소라는 취지로 판단한 것이다.

나. 대법원 2001. 7. 27. 선고 2001두3365 판결(출국금지 제도 제2기)

원고 박○○는 1993. 6. 29. 특정범죄가중처벌등에관한법률위반(관세) 등 죄로 징역 1년 6개월에 집행유예 3년 및 추징금 5억 8,000만원의 형을 선고받았는데, 서울지방검찰청 검사는 강제징수절차에서 추징금 중 124만원만을 징수할 수 있을 뿐이었다. 서울지방검찰청 검사장은 원고의 추징금 미납을 이유로 법무부장관에게 출국금지를 요청하였고, 법무부장관은 2000. 7. 8. 원고에 대하여 6개월간의 출국금지처분을 하였다. 이에 원고는 법무부장관을 상대로 출국금지처분 취소소송을 제기하였으나, 제1심 법원은 다음과 같은 이유로 원고의 청구를 기각하였다(서울행정법원 2000. 10. 5. 선고 2000구25169 판결).

"(2) 법무부장관이 벌금이나 추징금 또는 국세 체납자 등에 대하여 출국을 금지하고 있는 이유는, 벌금이나 추징금 및 국세 등을 납부하지 아니한 자가 그 출국을 기화로 해외로 도피하거나 벌금 등의 시효기간 동안 귀국하지 아니하고 외국에 체재하여 그 시효기간을 넘기는 것을 방지할 목적과, 출국을 이용하여 재산을 해외로 도피하여 강제집행을 면탈하는 것을 막을 목적 등에 있다 할 것이므로, 국민이 일정한 직업을 가지고 경제활동을 하면서 그 경제활동으로 벌어들인 수입으로 추징금을 일부씩 납부하여 왔고 또한 가족과 함께 국내에 거주하고 있어서 출국하였다가 곧바로 귀국할 가능성이 높다고 인정된다면, 단지 추징금을 납부하지 않고 있다는 사유만으로 출국을 제한하는 것은 거주이전의 자유와 경제활동의 자유를 지나치게 제한하는 것으로 되어 위법하다 할 것이나, 반대로 주된 생활근거지가 해외여서 본인이 먼저 출국한 후 가족들도 뒤따라 출국할 가능성이 높다거나, 추징금이 고액이고 정상적인 경제활동을 하면서도 장기간 추징금을 일체 납부하지 아니하였고 과거의 행적으로 보아 출국을 기회로 삼아 재산을 해외에 도피할 가능성이 높다고 인정된다면, 출국금지로 달성하려는 공익에 비하여 그로 인하여 침해되는 사익이 더 보호할 가치가 있다고는 볼 수 없어서 출국금지처분은 적법하다고 보아야 할 것이다.

(3) 이 사건에서 보건대, 원고가 특정범죄가중처벌등에관한법률위반(관세) 등 죄로 1993. 6. 29. 추징금 584,367,470원을 선고받아 1996. 5. 4. 금 1,242,000원만을 강제집행당하였을 뿐, 나머지 금 583,125,470원은 현재까지 이를 전혀 납부하지 않고 있음은 앞에서 본 바와 같고, 갑제3호증의 1, 2, 을제4호증의 각 기재에 의하면 원고는 현재 전자제품 수입업을 영위하는 ○○주식회사에 근무하고 있어서 회사업무와 관련한 단기간의 국외출장이 필요한 사실, 원고는 피고가 여권의 유효기간에 대하여만 출국금지처분을 한다는 사실을 알고서 여권분실신고를 하여 새로운 여권을 발급받아 이 사건 출국금지처분을 받기 전인 1999. 8. 21.부터 2000. 6. 9. 사이에 이미 3차례에 걸쳐 출국을 하였으나 모두 3일 내지 7일만에 귀국한 사실 등을 인정할 수 있는 바, 위 인정사실에 의하면 원고가 원래부터 가족과 함께 국내에서 거주하여 왔고 출국목적이 해외출장에 있으며 그 동안 출국 후 곧바로 귀국하여 온 점 등에 비추어 해외도피의 목적으로 출국할 가능성은 희박하다고 할 것이지만, 원고가 추징금처분을 받게 된 전과가 관세법위반으로 인한 것인 점, 원고가 납부하여야 할 추징금이 5억 원이 넘는 거액인 점, 추징금 판결이 확정된 때로부터 7년이 넘는 기간 동안 단 한 푼도 자진하여 추징금을 납부하지 않은 점, 원고에 대하여 시도한 추징금집행도 그 집행대상 재산이 원고가 아닌 그의 처의 재산이라는 이유로 불가능하였던 점, 그 동안의 경제활동의 행태에 비추어 원고가 출국의 기회에 재산을 해외로 도피할 가능성이 없다고 볼 수 없는 점 등에 비추어 보면, 이 사건 출국금지처분으로 인하여 침해되는 원고의 이익이 출국금지를 통하여 달성하려고 하는 공익에 비하여 더 크다고 할 수 없고, 따라서 이 사건 처분이 비례의 원칙에 위반하여 국민의 기본권을 지나치게 제한하여 위법하

다는 원고의 주장은 받아들일 수 없다(대법원 1992. 10. 9. 선고 91누10510 판결 참조)"

항소심 법원은 제1심 판결과 완전히 동일한 이유로 원고의 항소를 기각하였다(서울고등법원 2000누15431 판결). 이 제1심 판결이 이후의 여러 상급심 판결의 문제 있는 법해석에 결정적인 단초가 된 것 같다. 이 판결은 당시 출입국관리법에 체납자 출국금지처분의 근거조항으로 "출국이 대한민국의 이익을 현저하게 해할 염려가 있다고 인정되는 자"에 대하여 출국을 금지할 수 있다 라고만 추상적으로 규정되어 있는 상황에서, 나름대로 행정청의 재량권 남용을 방지하기 위한 기준을 제시하려 했던 것으로 보인다. 이러한 취지에서 이 판결은 체납자 출국금지처분의 존재이유로 ① 체납자 자신의 해외도피 방지 목적, ② 체납자 재산의 해외도피 방지 목적을 들었는데(물론 "등"이란 첨가함으로써 다른 목적이 존재할 가능성을 봉쇄하진 않았다), 그러한 목적들을 도출한 근거가 무엇인지는 설명하지 않았다. 그럼에도 이 판결은 이 두 가지 목적과 관련한 요소들이 출국금지처분의 효과재량 단계의 공·사익의 형량에서 고려되어야 한다고 보았다.

그러나, 대법원은 다음과 같은 이유로 항소심 판결을 파기하고 사건을 원심 법원으로 환송하였다.[4)]

"위 관련 규정의 취지를 종합하면, 2,000만 원 이상의 추징금 미납을 이유로 한 출국금지는 그 추징금 미납자가 출국을 이용하여 재산을 해외로 도피하는 등으로 강제집행을 곤란하게 하는 것을 방지함에 주된 목적이 있는 것이지, 단순히 출국을 기화로 해외로 도피하거나 시효기간 동안 귀국하지 아니하고 외국에 체재하여 그 시효기간을 넘기는 것

---

4) 환송심 법원은 원고가 출국을 기회로 재산을 해외로 도피할 가능성이 많지 않다며 원고의 청구를 인용하였고(서울고등법원 2002. 4. 18. 선고 2001누13494 판결), 법무부장관의 상고가 기각되어 확정되었다(대법원 2002. 8. 14. 선고 2002두4211 심리불속행 상고기각 판결).

을 방지하는 등 신병을 확보하기 위함에 있는 것이 아니므로, 재산의 해외 도피 우려 여부를 확인하지 아니한 채 단순히 일정 금액 이상의 추징금 미납 사실 자체만으로 바로 출국금지처분을 하는 것은 형벌을 받은 자에게 행정제재의 목적으로 한 것으로 규칙 제2조 제2항에 위반되거나 과잉금지의 원칙에 비추어 허용되지 아니한다고 할 것이고, 재산의 해외 도피 가능성 여부에 관한 판단에 대하여도 재량권을 일탈하거나 남용하여서는 아니 된다고 할 것이다. 한편 재산의 해외 도피 우려 여부는 추징금 처분의 범죄사실, 추징금 미납자의 성별 · 연령 · 학력 · 직업 · 성행이나 사회적 신분, 추징금 미납자의 경제적 활동과 그로 인한 수입의 정도 · 재산상태와 그 간의 추징금 납부의 방법이나 수액의 정도, 그 간의 추징금 징수처분의 집행과정과 그 실효성 여부, 그 간의 출국 여부와 그 목적 · 기간 · 행선지 · 해외에서의 활동 내용 · 소요 자금의 수액과 출처 등은 물론 가족관계나 가족의 생활 정도 · 재산상태 · 직업 · 경제활동 등을 종합하여 판단하여야 할 것이다.

그런데도 원심은, 재산의 해외 도피 가능성 여부에 관한 위와 같은 구체적 사실에 관한 심리도 없이 원고가 추징금처분을 받게 된 전과가 관세법위반으로 인한 점, 그 미납 추징금이 5억 원이 넘는 거액인 점, 추징금 판결이 확정된 때로부터 7년이 넘는 기간 동안 단 한 푼도 자진하여 추징금을 납부하지 않은 점, 원고에 대하여 시도한 추징금 집행도 그 집행대상 재산이 원고가 아닌 그의 처의 재산이라는 이유로 불가능하였던 점, 원고가 취직 등으로 그간 경제활동을 한 형태 등 그 판시와 같은 사정만을 들어 원고가 출국을 기회로 재산을 해외로 도피할 가능성이 없다고 볼 수 없다고 단정하고 말았으니, 거기에는 추징금 미납자에 대한 출국금지요건에 관한 법리오해나 출국금지처분에 관한 재량권 일탈·남용에 대한 법리오해 또는 심리미진으로 판결 결과에 영향을 미친 위법이 있다고 아니할 수 없다.”

이 대법원 판결은 아무런 논증 없이 원심 판결이 추징금 미납자 출국금지 제도의 존재이유로 거론한 두 가지 중 체납자 해외도피 방지는 정당한 목적이 될 수 없고, 오직 '재산의 해외 도피 방지'만이 정당한 목적이 될 수 있다고 선언한 다음, 그로부터 '재산 해외 도피 가능성'이 출국금지처분의 요건이라는 결과를 도출해 내었다. 이것의 문제점에 관해서는 아래(Ⅲ. 1.)에서 다시 구체적으로 살펴본다.

다. 헌법재판소 2004. 10. 28. 선고 2003헌가18 결정(출국금지 제도 제3기)

원고 김○○은 1998. 11. 17. 관세법위반죄 등으로 형의 선고유예 및 추징금 1억 6,700만원을 선고받았다. 법무부장관은 추징금을 납부하지 않는다는 이유로 2003. 7. 2. 원고에 대하여 6개월 간의 출국금지처분을 하였다. 이에 원고는 2003. 9. 4. 서울행정법원 2003구합24144호로 취소소송을 제기하는 한편, 처분의 근거조항인 구 출입국관리법(2001. 12. 19. 법률 제6540호로 개정된 것) 제4조 제1항 제4호 중 추징금 부분에 관한 위헌법률심판 제청신청을 하였다. 제1심 법원은 원고의 신청을 받아들여, 심판대상 법조항이 일정 금액 이상의 추징금 미납 사실 자체만으로 곧바로 출국금지처분을 할 수 있도록 규정하고 있는 것이 과잉금지 원칙과 포괄위임입법금지 원칙에 위배되어 위헌이지 않은가 의심이 든다며, 2003. 8. 6. 위헌법률심판 제청을 하였다.[5)]

헌법재판소는 다음과 같이 대법원 2002두3365 판결이 선고된 사실을 중요하게 고려하면서 심판대상 법조항을 그와 같이 해석할 경우 추징금 미납자에 대한 출국금지제도는 입법 목적의 정당성이 인정될 뿐만 아니라, 과잉금지 원칙이나 포괄위임입법금지의 원칙에 위배되지 않아 합헌이라고 판단하였다.

"2001. 12. 29. 법률 제6540호로 개정된 출입국관리법에 심판대상

---

5) 본안 사건은 헌재의 합헌 결정이 선고 된 직후에 원고가 소를 취하하여 종결되었다.

법조항이 도입된 취지는 법무부령인 출국금지업무처리규칙에 규정되어 있는 국민에 대한 출국금지대상자의 구체적인 기준을 법률에 직접 규정함으로써(법 제4조 제1항) 기본권의 제한은 법률에 의한다는 헌법 제37조 제2항의 취지를 살리도록 한 것이다. 나아가 재산의 해외 도피 우려 여부를 확인하지 아니한 채 단순히 일정 금액 이상의 추징금 미납 사실 자체만으로 바로 출국금지처분을 하는 것은 형벌을 받은 자에게 행정제재의 목적으로 한 것으로 출국금지업무처리규칙 제2조 제2항에 위반되거나 과잉금지의 원칙에 비추어 허용되지 아니한다는 대법원의 판결(대법원 2001. 7. 27. 선고 2001두3365 판결)이 있은 후, 같은 해 12. 29. 위 법률 제6540호로 개정된 출입국관리법에 심판대상 법조항이 도입되었다. […]

심판대상 법조항은 일정금액 이상의 추징금을 납부하지 아니한 자에게 법무부장관이 출국을 금지할 수 있도록 함으로써 헌법 제14조상의 거주·이전의 자유 중 출국의 자유를 제한하고 있다. 그러나 이 법조항은 추징금을 미납한 국민이 출국을 이용하여 재산을 해외로 도피하는 방법으로 강제집행을 곤란하게 하는 것을 방지하므로써 추징금에 관한 국가의 형벌권을 실현하고자 하는 것에 그 목적이 있으므로 그 정당성은 인정된다고 할 것이다.

국가가 고액의 추징금미납자에게 출국금지처분을 하는 것은 적어도 국가가 추징금에 관한 형벌권을 실현하는 목적을 달성하는데 적합한 하나의 수단이 될 수 있다. 또한 출국금지의 대상이 되는 추징금은 2,000만 원 이상으로 규정하여 비교적 고액의 추징금 미납자에 대하여서만 출국의 자유를 제한할 수 있도록 하고 있으며 실무상 추징금 미납을 이유로 출국금지처분을 함에 있어서는 재산의 해외도피 우려를 중요한 기준으로 삼고 있다. 구체적으로 법무부령인 출국금지업무처리규칙 제2조 제1항도 추징금 미납자에 대한 출국금지는 필요한 최소한의 범위에서 행한다고 규정하고 있고, 단순히 공무수행의 편의나 형벌 또는 행정벌을 받은 자에 대한 행정제재의 목적으로 할 수는 없으며(동 규칙 제2조 제2항), 출국금지는 유효한 여권을 소지한 자에 대하여 가능하고(동 규칙 제2조 제3항), 출국금지 여부를 심사·결정함에 있어서는 위와 같은 출국금지업무처리규칙 제2조에 규정된 기본원칙, 출국금지대상자의 성별·연령·학력·성행 및 범죄사실, 출국금지대상자의 가족관계 및 사회적 신분, 출국금지대상자의 해외도피가능성 유무 등을 반드시 참작하도록 하고 있다(동 규칙 제10조). 특히 출국금지요청서에는 출국금지를 요청하는 소명자료를 첨부하도록 하면서(동 규칙 제5조 제2항), 미납자가 재산의 해외도피 목적으로 국외도주할 우려가 있다고 인정할 수 있는 자료, 가족 등의 국외이주 또는 장기국외체류사실 입증자료(미납자 가족의 출입국사실조회서 또는 국외이주사실이 기재된 주민등록등본), 재산의 해외도피 목적으로 국외도주할 우려가 있음을 구체적으로 적시한 관계공무원의 조사보고서(추징금처분의 범죄사실, 미납자의 성별·연령·직업·성행이나 사회적 신분, 미납자의 경제적 활동과 그로 인한 수입의 정도, 재산상태와 그 간의 추징금납부의 방법 및 납부금액정도, 출입국여부와 그 목적·기간·행선지·해외에서의 활동내용·소요자금의 수액과 출처, 미납자의 가족관계, 가족의 생활정도 및 재산상태·직업·경제활동, 재산을 은닉하였다고 의심할 만한 자료) 등을 제출토록 하고, 출국금지심의위원회에서 제출된 자료를 검토하여 출국금지 여부를 결정하고 있다. 이와 같이 이 사건 법률조항은 출입국관리법시행령과 출국금지업무처리규칙의 관련 조항들과 유기적으로 결합하여 살피면 일정한 액수의 추징금 미납사실 외에 '재산의 해외도피 우려'라는 국가형벌권실현의 목적에 부합하는 요건을 추가적으로 요구함으로써 출국과 관련된 기본권의 제한을 최소한에 그치도록 배려하고 있다고 할 것이다."

헌법재판소가 출국금지제도를 합헌으로 평가하는 이유의 하나로서 "실무상 추징금 미납을 이유로 출국금지처분을 함에 있어서는 재산의 해외도피 우려를 중요한 기준으로 삼고 있다."라고 판시하였으나, 행정실무에서 실제 그렇지는 않은 것 같다. 즉, 위 결정이 선고된 지 10년이 지난 현재에도 마찬가지이지만, 당시의 출국금지업무처리규칙에는 '출국금지대상자의 해외도피가능성 유무'를 참작하도록 규정하고 있을 뿐(제10조 제4호), 관계 법령 어디에도 '재산의 해외도피' 가능성에 대한 언급이 없었다. 뿐만 아니라, 출국금지업무처리규칙은 제5조 제2항에서 출국금지요청서에는 단순히 "출국금지를 요청하는 소명자료를 첨부하여야 한다." 라고만 규정하였을 뿐이지, 위 결정에서 거론하고 있는 "미납자가 재산의 해외도피 목적으로 국외도주할 우려가 있다고 인정할 수 있는 자료"나 이에 관한 "관계공무원의 조사보고서"를 제출토록 규정한 바 없다. 또한, 뒤에서 살펴보는 바와 같이, 사실의 차원에서 행정실무상 재산의 해외도피 가능성에 관한 구체적인 조사가 전혀 이루어지고 있지 않다. 따라서, 헌법재판소가 도대체 무엇을 근거로 위와 같이 판시하였는지를 알 수 없으나, 아마도 법무부장관이 '행정실무가 적정하게 운용되고 있으니 심판대상 법조항의 위헌 우려를 크게 걱정할 필요가 없다'며 내세운 임기응변의 논리를 무비판적으로 채용한 것으로 짐작된다.

3. 대법원 2001두3365 판결 후의 실무 상황

가. 하급심 재판실무

대법원 2001두3365 판결은 이후 하급심 재판실무에 심대한 영향을 주었다. 필자가 사법부 판결문검색시스템을 통해 2002. 1. 1.부터 2013. 12. 31.까지[6] 체납자에 대한 출국금지처분 취소소송에서 제1심

6) 출국금지처분은 법무부장관만이 할 수 있으며, 법무부장관은 중앙행정기관이므로, 출국금지처분 취소소송의 1심 재판은 서울행정법원만이 관할한다. 사법부 판결문검색시스템에서 피고를 '법무부장관'으로, 사건명 검색어를 '출국금지'로 조건을 지정하면, 2002. 1. 1.부터 2013. 12. 31.까지의 선고된 1심 판결이 총 76건이 검색되는데, 그 중 3건은 병역의무자에 대한 출국금지처분 사건이고, 5건

본안판결이 선고된 64건의 제1심 및 그 상급심 판결문을 전수(全數) 조사한 결과에 의하면, 그 중 1건은 미국 국적의 재미동포에 대하여 양도소득세 체납을 이유로 출국금지처분을 한 사건에서 외국인은 출국금지처분의 대상자가 될 수 없다는 이유로 청구를 인용한 것이어서 본고의 맥락에서는 의미가 없고, 나머지 63건이 재산의 해외도피 가능성과 관련이 있는데 이들 판결문의 이유 논리구성은 크게 보아 3가지 유형으로 나뉘었다.

압도적인 비율을 차지하는 제1유형(55건)은 대법원 2001두3365 판결을 원용하면서, 재산 해외도피 가능성을 출국금지처분의 요건으로 본 다음, 제반 사정을 고려하여 당해 사안에서 재산 해외도피 가능성이 없다고 인정하면 곧바로 출국금지처분이 위법하다고 결론짓고, 당해 사안에서 재산 해외도피 가능성이 있다고 인정하면 그것만으로 곧바로 처분으로 침해되는 원고의 사익보다 당해 처분을 달성하려는 공익이 우월하므로 재량 하자가 없어 당해 처분이 적법하다고 결론지었다. 제1유형의 기본 전제가 정당하다고 가정할 경우, 재산 해외도피 가능성이 없으면 출국금지처분의 요건을 갖추지 못한 것이므로 그것만으로 처분이 위법

은 범죄수사 및 형사재판 계속 중인 자에 대한 출국금지처분 사건이며, 68건이 체납자에 대한 출국금지처분 사건이다(추징금 관련 11건, 국세 관련 42건. 지방세 관련 12건, 관세 관련 3건).

체납자에 대한 출국금지처분 취소소송이 제기된 68건 중 27건은 원고의 청구가 인용되었고(39.7%), 37건은 청구가 기각되었으며(54.4%), 4건은 출국금지기간이 종료되었고 추가로 연장처분도 없어 더 이상 출국금지처분을 다툴 소의 이익이 없다는 이유로 각하되었다(5.9%). 이 68건 중 23건이 항소되었는데, 본고를 작성한 2014. 1. 말을 기준으로 4건은 항소심 계속 중이고, 오직 2건만이 항소심에서 1심 판결이 실질적으로 취소되고 정반대의 결론으로 변경되었으며, 나머지 17건은 항소기각 또는 항소심에서 연장처분으로 소의 교환적 변경이 이루어져 연장처분에 대해 1심과 동일하게 판단하는 등으로 1심 판결의 결론이 사실상 유지되거나 항소취하 또는 소취하로 종결되었다. 이 중 상고된 사건은 7건인데, 그 중 2건은 상고심 계속 중이고, 나머지 5건은 모두 상고가 기각되었다(2건은 심리불속행, 1건은 상고이유서 부제출, 2건은 평석대상판결 및 이와 같은 날 같은 내용으로 선고된 2013두14085 판결이다).

하다는 결론에 이른 것은 당연하지만, 재산 해외도피 가능성이 있어 출국금지처분의 요건을 갖추었다 할지라도, 효과재량 단계에서 처분으로 침해될 원고의 사익과 처분으로 달성할 공익 사이의 비교형량을 하여야 할 것이다. 그럼에도 제1유형의 판결들은 '재산 해외도피 가능성'이란 요건판단의 재량과 공·사익 형량을 통한 효과부분의 재량을 엄밀히 구분하지 아니한 채, 요건 부분의 재량 하자가 없으면 별도로 따질 것도 없이 자동적으로 효과 부분의 재량 하자도 없다는 논리구조를 취한 문제점이 있다(이에 관해서는 아래 Ⅲ. 3. 다.항에서 후술함).

제2유형(2건)은 대법원 2001두3365 판결을 원용하여 당해 사안에서 재산 해외도피 가능성이 없다고 판단하고서도 그것만으로 곧바로 출국금지처분이 위법하다고 결론짓지 않고, 출국금지처분으로 달성할 공익에 비해 그로 인한 원고의 사익 침해가 커 출국금지처분이 위법하다고 결론지었다. 즉, 재산 해외도피 가능성을 출국금지처분의 효과재량 단계에서의 공·사익 형량요소로 본 것이다.[7)]

제3유형(6건)은 대법원 2001두3365 판결을 원용하지 않으면서 출입국관리법상의 형식적 요건만 구비되면 출국금지처분의 처분사유는 갖추었다고 판단한 다음, 재산의 해외도피 가능성 등의 사정은 제2유형의 경우와 같이 효과재량 하자 판단의 형량요소로 설시하였다.[8)]

판결 이유의 논리구조의 문제를 떠나서도, 하급심 판결들 사이에서도 앞서 언급한 세계관의 차이가 확인된다. 한편으로, 제3유형을 취하면서 재산의 해외도피 가능성에 관해서는 판단하지 않은 채, 국내에서 상

---

7) 서울행정법원 2008. 12. 12. 선고 2008구합29533 판결(항소 부제기로 확정), 2012. 11. 8. 선고 2012구합16190 판결(항소 부제기로 확정)

8) 서울행정법원 2008. 10. 31. 선고 2008구합9362 판결(항소 취하, 확정), 2009. 6. 4. 선고 2009구합7127 판결(항소 취하, 확정), 2012. 10. 19. 선고 2012구합4586 판결(항소 부제기, 확정), 2012. 11. 2. 선고 2012구합19298 판결(항소 부제기, 확정), 2013. 5. 24. 선고 2013구합3221 판결(항소기각, 확정), 2013. 6. 21. 선고 2013구합7896 판결(항소 부제기, 확정)

당한 재산을 보유하며 호화로운 생활을 유지하고 있을 것으로 보이는 명백한 정황이 있음에도 고의적으로 조세납부를 거부하는 사정과 연 2~3회의 해외여행을 즐기고 있는 사정을 거론하면서 공·사익 형량에 하자가 없다고 본 판결들이 있다.[9] 이는 결국 그러한 체납자의 출국을 금지함으로써 그들의 국외 여행·소비·경제활동을 불편하게 하고 이를 통해 납부를 간접적으로 강제하는 제재수단으로 활용하는 것이 정당하다고 본 것이다.

다른 한편으로, 대법원 2001두3365 판결에 충실하여 출국금지를 체납자의 재산 해외도피를 방지하기 위한 제도로 한정적으로 보는 입장에서는 '출국을 기회로 재산을 해외로 도피할 가능성'에 초점을 맞추고, 국내에서의 재산 은닉과 호화로운 생활, 고의적인 납부 거부라는 사정은 국내에서의 문제이지 재산 해외도피 가능성과는 관계가 없으며, 설령 국내에 은닉한 재산이 있다면 사해행위 취소소송과 같은 수단을 동원하여 해결하면 족하지 출국금지라는 수단을 동원할 필요가 없다고 본다.[10] 이런 입장은 판결례가 누적되어 가면서 점점 논조가 강화되어, 최근에는 은닉재산을 환원하기 위해 처분금지가처분을 신청하고 사해행위

9) 서울행정법원 2013. 5. 24. 선고 2013구합3221 판결(항소 부제기, 확정) 및 2013. 6. 21. 선고 2013구합7896 판결(항소 부제기, 확정)

10) 이러한 입장은 이미 대법원 2001두3365 판결의 환송심 판결(서울고등법원 2002. 4. 18. 선고 13494 판결)에서부터 찾아볼 수 있다. 이 환송심 판결은 추징금을 선고받은 원고가 수사단계에서 그 명의로 소유하고 있는 재산 전부 타에 매각하였고, 그 이후로는 중소기업 부사장으로 일하는 등 왕성하게 경제활동을 하고 있음에도 자기 명의로는 재산을 취득한 바 없는 사정이 있음을 인정하면서도, 이러한 사정은 '출국을 기회로 재산을 해외로 도피할 가능성'과는 관계가 없다는 취지로 설시하였다. 서울행정법원 2013. 3. 28. 선고 2013구합2723 판결(항소 부제기, 확정)도 제1유형을 취하면서, 원고의 여동생 명의의 아파트, 원고의 장녀 명의의 단독주택 등이 피고의 주장과 같이 원고가 은닉해 놓은 차명보유 재산이라고 인정할 아무런 자료가 없고, 설령 그렇다고 하더라도 과세관청이 사해행위 취소소송 등을 통하여 재산을 환원한 후 이에 대하여 체납처분 절차를 진행할 수 있음은 별론으로 하고, 그와 같은 사정만으로 곧바로 재산의 해외도피 가능성을 추단할 수는 없다고 판시하였다.

취소소송을 제기하는 등 조세채권 보전을 위한 조치를 먼저 취하지 않고 출국금지처분을 하는 것은 재산 해외도피 가능성 여부를 떠나 그 자체로 재량권 남용이라는 판시까지 출현하고 있는 상황이다.[11)]

나. 행정실무

필자가 서울행정법원에서 여러 사건을 심리한 경험과 그간 선고된 63건의 판결문을 분석한 결과에 의하면, 대법원 2001두3365 판결이 선고된 후로 현재까지도 체납자 출국금지 행정실무에는 변함이 없다. 법무부장관은 관계기관장이 출국금지를 요청하면 출국금지 요건에 대한 구체적이고 실질적인 심사를 거치지 않은 채 기계적으로 출국금지처분을 하고 있다.[12)] 출입국관리법 시행령 제2조의3 제1항, 제2항은 관계기관장의 출국금지(연장) 요청이 있을 경우 법무부장관이 원칙적으로 3일

---

11) 서울행정법원 2013. 11. 14. 선고 2013구합2402 판결(항소 부제기, 확정)은 "출국의 자유를 포함한 해외여행의 자유는 넓은 의미의 거주·이전의 자유에 포함되는 것으로서 헌법 제14조에 따라 보호받는 기본권이므로, 이를 제한하는 법률의 제·개정은 물론, 그러한 법률에 따라 실제로 제한 조치를 집행할 때도 과잉금지의 원칙이나 비례의 원칙 등 헌법 제37조 제2항의 한계를 벗어나서는 안 될 것이며, 따라서 국세를 체납한 사람이 타인 명의로 재산을 은닉하고 있음을 의심할 정황이 있어도 그에 대하여 국세징수법 제30조, 민법 제406조 및 제407조에 따라 사해행위의 취소를 청구하고 민사집행법에 따라 가처분을 하는 등 조세채권의 보전을 위한 조치를 먼저 취하지 아니한 채 만연히 위와 같은 정황만을 들어 재산을 해외로 빼돌릴 우려가 있다며 출국금지처분을 하는 것은 재량권을 남용한 것으로서 위법하다."

12) 필자가 2014. 1. 말경 법무부장관에게 정보공개청구를 하여 받은 법무부의 2002년~2013년 통계자료에 의하면, 법무부장관은 관계기관장의 체납자에 대한 출국금지 요청 중 매년 2% 내지 23% 가량을 거부하고 있고, 2013년의 경우 1,937건의 요청을 받아 그 중 1,836건의 출국금지처분을 하였다(거부율 평균 5.2%)고 한다. 해마다 거부율의 편차가 지나치게 크고, 법무부장관의 심사기준이 무엇인지는 공개된 바 없지만, 최소한 분명한 것은 법무부장관이 출국금지처분의 요건 충족 여부에 관하여 추가적인 사실조사를 하지는 않는다는 점이다. 한편, 같은 통계자료에 의하면, 같은 기간 법무부장관이 체납자에 대하여 관계기관장의 요청 없이 직권으로 출국금지처분을 한 적은 전혀 없었다.

이내에 심사하여 결정하도록 규정하고 있는데, 3일 이내에 대법원 2001두3365 판결이 제시한 것과 같은 제반 사정을 독자적으로 조사하여 결정한다는 것은 물리적으로 불가능하므로, 결국 관계기관장이 요청시 첨부한 소명자료에 대한 형식적 심사만이 현실적으로 가능할 뿐이다.

특히 세금 체납을 이유로 한 출국금지 요청을 할 때, 관계기관장은 우선 ① 자체 보유 과세자료를 통해 체납액이 5,000만원 이상인 자들을 추출하고, ② 관할 출입국관리사무소에 이들에 대한 출입국기록을 요청하여 최근 1년간 국외 출입 횟수가 3회 이상이거나 국외 체류 일수가 6개월 이상인지를 확인한다. 그런 다음, ③ 주민등록등·초본 등을 통해 체납자의 가족관계를 확인하고, 부동산등기부·대장, 자동차등록부 등을 통해 체납자의 본인 및 배우자·자녀 명의의 재산보유 상황을 파악하여, 체납자 본인 명의로 보유하는 재산이 미미함에도 배우자·자녀 명의의 보유재산이 많고, 고가의 주택, 자동차를 보유하는 등 높은 소비 수준을 유지하고 있어 체납자가 실질적으로 세금을 납부할 능력이 있음에도 체납처분을 회피하고 있는 것으로 판단되는 사람들에 대하여 법무부장관에게 출국금지 요청을 하고 있다. 즉, 세무관서의 출국금지 요청 행정실무는 재산의 해외도피 가능성이 아니라 체납자의 실질적인 납부능력과 고의적인 체납처분 회피 여부에 초점이 맞추어져 있다. 이러한 행정실무는 대법원 2001두3365 판결이 제시한 기준과 현저한 괴리가 있다. 대법원 2001두3365 판결이 제시한 기준대로라면, 종래 우리나라에서 이루어진 체납자 출국금지처분은 엄밀히 말하자면 그 전부가 재량권 행사에 결정적인 하자가 있어 더 나아가 살펴볼 것도 없이 위법하다고 보아야 할 것이다. 그러나 이러한 행정실무는 비록 대법원 2001두3365 판결이 제시한 기준은 충족하지 못하였을지라도, 적어도 실정법령의 규정들에는 적합하기 때문에 이를 위법한 실무관행이라고 단정할 수 있는지는 의문이다.

Ⅲ. 체납자 출국금지처분의 요건과 재량통제

1. 체납자 출국금지제도의 입법 목적

결론부터 말하자면, 체납자 출국금지제도의 입법 목적을 재산 해외도피 방지로 제한하는 것은 다음과 같은 점에서 부당해 보인다.

가. 입법 목적을 그와 같이 제한할 법령 문언상의 근거를 발견하기 어렵다.

앞서 입법 연혁에서 살펴본 바와 같이, 관계 법령이나 하위 규정의 문언과 그것의 제 · 개정 이유서 어디에서도 체납자 출국금지 제도의 주된 목적이 재산의 해외도피 방지에 있고 체납자의 해외도피를 방지하거나 출국금지를 조세납부의무 이행의 간접강제수단으로 삼는 것이 금지된다고 볼 근거를 찾기 어렵다. 출입국관리법과 그 시행령은 출국금지처분의 요건·기준으로서 1천만원 이상의 벌금 미납, 2,000만원 이상의 추징금 미납, 정당한 사유 없는 5천만원 이상의 세금 미납을 규정하고 있을 뿐이고, 국세징수법과 그 시행령은 출국금지 요청의 요건·기준을 '체납처분을 회피할 우려'에 초점을 맞추고 있을 뿐이다.

대법원 2001두3365 판결의 원심 판결은 관계법령에 대외적으로 구속력 있는 법명제로는 오직 출입국관리법 제4조 제1항 제1호에 '출국이 대한민국의 이익을 현저하게 해할 염려가 있다고 인정되는 자에 대하여 출국을 금지할 수 있다' 라고만 추상적으로 규정되어 있는 상황에서 행정재량권 남용을 방지하기 위한 기준을 제시하려는 좋은 의도에서 출발하였다. 원심 판결은 당시의 출국금지업무처리규칙이 행정기관 내부의 사무처리기준에 불과하므로 그로부터 재량권 행사 기준을 도출하지 않고, 곧바로 기본권 제한에 관한 비례의 원칙, 과잉금지의 원칙을 원용하여 출국금지처분의 헌법적 한계를 도출해내고자 시도하였다. 그러나 비례의 원칙, 과잉금지의 원칙은 기본권제한이 입법 목적을 달성하기 위한 필요최소한 그쳐야 한다는 원칙일 뿐, 기본권 제한을 초래하는 제도의 입법 목적이 무엇인지는 설명해주지 못한다. 그런데도 관계 법령의 문언상 아무런 근거 없이 그리고 아무런 구체적인 논증도 없이 체납자 출국금지처분의 존재이유가 ① 체납자 자신의 해외도피 방지 목적, ② 체납자 재산의 해외도피 방지 목적에 있다고 선언하였는데, 아마도 피고 법무부장관이 당해 사건의 변론과정에서 쟁송대상이 된 출국금지처분의 정당성 내지 필요성을 설명하면서 그런 두 가지 목적에 기여할 수 있다고 주장한 것을 성급히 제도의 입법 목적으로 일반화하는 잘못을 범한 것으로 짐작할 수 있을 뿐이다.

이에 대해 대법원 2001두3365 판결은 원심 판결이 추징금 미납자 출국금지 제도의 존재이유로 거론한 두 가지 중 체납자 해외도피 방지는 정당한 목적이 될 수 없고, 오직 '재산의 해외도피 방지'만이 정당한 목적이 될 수 있다고 선언하였는데(물론 "주된 목적"이란 표현을 사용함으로써 다른 목적이 존재할 가능성을 봉쇄하진 않았다), '당시의 출국금지업무처리규칙 제2조, 제10조 등 관련 규정의 취지를 종합하면' 그러한 결과가 도출된다고 설명하였다. 여기에는 두 가지 측면에서 문제가 있는데, 하나는 원심이 출국금지업무처리규칙이 대외적인 구속력 없는 행정규칙에 불과하다고 설시하였음에도 불구하고 출국금지업무처리규칙의 법규성 여부에 대해 숙고하지 아니한 채 단지 행정규칙에 불과한 것의 규율내용으로부터 제도의 입법 목적을 도출해내려고 시도하였다는 점이다. 다른 하나는 앞서 지적한 바와 같이 출국금지업무처리규칙의 문언에서는 그러한 입법 목적을 발견하기 어렵다는 점이다. 구체적인 논증이 없어 대법원이 어떠한 이유로 그러한 판단을 하게 되었는지를 정확히는 알 수 없으나, 다만 벌금 미납자에 대해서는 환형유치에 처해야 하고 이를 위해 신병 확보가 필요하다고 볼 수 있는 반면, 추징금의 경우에는 재산에 대한 강제집행만 가능하지 환형유치 제도가 없다는 점에서 신병 확보 차원에서의 해외도피 방지는 추징금 미납자에 대한 출국금지의 정당한 목적이 될 수 없다고 판단한 것으로 보이는데,[13] 이것은 위 두 가지 목적 중 하나를 제외하는 이유일 뿐, 재산의 해외도피 방지를 제도의 주된 목적으로 설정할 근거는 되지 못한다.

나. 체납자에 대한 출국금지 조치는 재산 해외도피를 방지하는 적절한 수단으로 보기 어렵다.

대법원 2001두3365 판결, 헌재 2003헌가18 결정과 평석대상판결은 한결같이 체납자에 대한 출국금지 제도의(사실상 유일한) 입법 목적이 재산 해외도피 방지에 있다고 보았다. 그렇게 볼 헌법적, 법률적 근거를 찾기 어렵지만, 만일 체납자 출국금지 제도의 목적을 그렇게 상정한다면, 현실적으로 출국금지 조치가 재산 해외도피 방지의 적절한 수단이 될 수 없으므로, 체납자 출국금지 제도는 과잉금지원칙의 두 번째 하위원칙인 수단의 적절성을 갖추지 못한 것이어서 위헌이라고 볼 여지가 크다.

한편으로, 출국금지제도는 본질적으로 체납자 본인의 신병을 국내에 묶어둘 뿐이지, 체납자가 가족이나 타인을 통해 또는 국제송금을 통해 국내 재산을 해외로 반출하는 것을 방지할 수 없다. 다른 한편으로, 재산의 해외도피를 방지하기 위해 체납자 본인의 신병을 국내에 묶어둔다는 것은 적절한 수단이 될 수 없다. 공항·항만에 최신 엑스레이검색대가 설치되어 있어 출국의 기회에 공항·항만을 통해서 다량의 귀금속이나 현금, 유가증권을 반출하기는 어렵다. 보안검색이 허술한 자가용 여객기를 이용하거나 밀항선을 이용하는 경우가 아니라면, 출국의 기회

13) 김재협, “가. 추징금의 시효중단에 관한 법리, 나. 추징금 미납자에 대한 출국금지처분시 고려사항 및 추징금 미납자에 대한 출국금지처분의 기준인 재산의 해외도피 가능성 여부의 판단 방법”, 「대법원판례해설」 제38호(법원도서관 2002), 763면 참조.

에 고액의 재산을 해외로 반출하는 것은 쉬운 일이 아니다. 언론보도를 통해 알 수 있듯이, 현대에 가장 널리 활용되고 있는 해외 재산도피의 방식은 '소지하고 출국하는 방식'이 아니라 국내·외에 유령회사 또는 페이퍼컴퍼니(paper company)를 설립하고 '국제투자·거래를 가장하는 방식'으로 이루어진다. 이러한 현실을 고려하면, 체납자 출국금지는 체납자가 재산을 소지하고 출국하는 것을 방지하는 것이 아니라, 체납자가 은닉재산을 해외에서 향유하는 것을 방지하기 위한 것이라고 보는 것이 목적과 수단의 관계를 제대로 설정하는 것이다.

만약 체납자 출국금지 제도의 목적을 재산 해외도피 방지에만 둔다면, 이미 재산을 해외로 전부 도피시켜 국내에 재산이 남아 있지 않는 자의 경우, 국내에 재산을 은닉하여 두었으나 재산을 해외로 이전하려는 정황은 없고 다만 수시로 해외여행을 즐기기만 하는 자의 경우 '재산의 추가 해외이전 가능성'이 없기 때문에 출국금지가 허용되지 않아야 할 것이다. 그러나 체납자 출국금지 제도의 목적을 납부능력이 있음에도 고의로 납부를 거부하는 자들에 대해 출국을 금지함으로써 그들의 국외 여행·소비·경제활동을 불편하게 하고 이를 통해 납부를 간접적으로 강제하는 데 있다고 본다면 이러한 경우에도 출국금지 조치는 정당화될 수 있다.

다. 법원이 법해석을 통해 입법 목적으로 행정처분의 불문의 구성요건을 도출해내는 것은 법이론적 차원에서 정당화하기 어렵다.

법명제(법규, Rechtssatz)란 특정한 구성요건과 법효과가 조건적으로 결합된 명제이다. 법해석이란 입법자가 만들어 놓은 일반·추상적 법명제를 구체적인 사건에 적용하기 위한 전(前) 단계로서 법명제의 의미내용, 특히 법명제에 포함되어 있는 법개념의 내용·범위를 보다 구체적으로 규명하는 작업이다. 법해석을 통해 확정하는 구체적 내용은 반드시 법령의 문언(텍스트)에서 찾아낼 수 있는 내용이어야 하며, 그렇지 않다

면 그것은 법해석의 한계를 넘어 입법의 단계로 진입하는 것이다.[14)]

선례구속의 원칙이 확립된 영미법계에서와는 달리, 우리나라를 비롯한 대륙법계에서는 판례의 일반적 구속성이 제도적으로 인정되지 않고 있다.[15)] 성문법주의를 취하고 있는 나라에서 법명제는 오직 헌법과 법률, 그리고 법률의 위임을 받은 하위법령들에 의해서만 만들어질 수 있을 뿐이며(법률의 법규창조력), 法院은 법명제를 만들어낼 권한이 없다. 다만 구체적 사건에 적용할 법령에 공백상태가 존재하는 경우에 규율의 공백을 해결하기 위하여 법원이 법명제를 만들어내는 것이 예외적으로 정당화되기는 하지만,[16)] 그렇게 만들어낸 법명제(판례)는 일반적인 법적 구속력은 없고 단지 그 법명제의 실질적 합리성과 보편화가능성 때문에 향후 유사·동종 사건에서 결정정인 영향력을 갖는 것이다.[17)] 그러나 체

14) Karl Engisch, 안법영/윤재왕 譯, 「법학방법론」, 세창출판사 2011, 96~140면 참조. 그러나 하나의 법명제가 반드시 하나의 법조항에 규정되어 있는 것은 아니다. 법명제를 성문화하는 과정, 특히 총칙과 각칙으로 체계화하는 법전화(Kodifikation)의 과정에서 기술적인 이유에 분해되는 경우가 있다. 예를 들어 '매매'(賣買)의 효력이 발생하기 위한 구성요건을 규명하기 위해서는 민법 채권 편의 계약 각론 매매에 관한 절만을 보면 되는 것이 아니라, 민법 총칙과 채권 총칙, 계약 총칙에 관한 규정들도 종합적으로 고찰하여야 된다. 즉, 하나의 법명제는 '법질서의 통일성'(die Einheit der Rechtsordnung)의 측면에서 관련 규정의 총체로부터 그 규성요건과 법률효과를 구성해내는 작업을 필요로 한다. 이것이 바로 체계적 법해석이다. 그러나 관련 규정에 근거가 없는 구성요건을 창설하는 것은 더 이상 법해석이 아니다.

15) 법원조직법 제8조는 "상급법원의 재판에 있어서의 판단은 당해사건에 관하여 하급심을 기속한다." 라고만 규율하고 있을 뿐이다.

16) 법관은 법률이 흠결된 경우에도 재판거부의 금지로 말미암아 여하튼 판결을 하여야 하는데, '이유제시의 합리성'을 위하여 스스로 不文의 일반적·추상적 기준, 즉 법명제(Rechtssatz)를 정립하고 이를 대전제로 하여 그에 당해사건을 포섭시키는 방식으로 판결을 하게 되는데, 이와 같이 규율의 공백을 해결하기 위하여 법원이 법명제를 만들어내는 행위가 바로 法形成(Rechtsfortbildung)이라 한다. 그러나 법형성은 규율공백이라는 예외적 사정 하에서, 법률의 범위 내에서(intra legem) 그리고 법률에 반하지 않는(praeter legem) 범위 내에서만 허용된다.

17) '법의 규범적 인식근거'로서의 判例의 法源性에 관해서는 박정훈, "행정법의 법원", 「행정법의 체계와 방법론」, 박영사 2005, § 4, 126－130면 참조.

납자 출국금지처분과 관련해서는, 법령상 그 요건이 추상적으로 또는 광범위하게 설정되어 있는 것이 문제일 뿐, 규율의 공백은 존재하지 않으므로, 행정의 재량을 제한하기 위하여 불문의 구성요건을 창설하는 것을 판례의 법형성으로 정당화하기도 어렵다.

또한, 출국금지처분의 경우를 제외하고는, 이제까지 대법원이 입법 목적으로부터 구성요건을 도출해 낸 前例를 찾기 어렵다. 입법 목적이란 법 문언을 해석함에 있어 방향제시 기능을 하는 것이지(목적적 해석방법) 그로부터 새로운 구성요건, 즉 법 문언 자체를 이끌어낼 수는 없는 것이다.18)

라. 체납사실만을 이유로 한 기본권 제한이 허용되고 있다.

평석대상판결은 출국금지제도를 체납자에 대한 간접강제제도로 보아서는 안 되며, 일정 금액 이상의 조세 체납사실만으로 출국금지처분을 하는 것은 헌법상 과잉금지의 원칙에 위배된다고 판시하였다. 그러나 체납자들에 대하여 이미 다양한 형태의 간접강제제도가 도입된 현실에서 출국금지를 간접강제수단으로 자리매김하는 것이 과연 그 자체로

---

18) 입법 목적의 방향제시 기능은 행정재량권 행사에도 중요한 지침으로서 작용하며, 따라서 입법 목적에 위배된 행정재량권 행사를 재량권 남용으로 평가할 수는 있다. 예를 들어, 대법원 2013. 5. 9. 선고 2010두28748 판결: "구 자동차관리법(2009. 2. 6. 법률 제9449호로 개정되기 전의 것, 이하 '법'이라 한다) 제13조 제3항 제4호가 사위 기타 부정한 방법으로 등록을 마친 경우 제재적 효과가 발생하는 직권말소 처분을 할 수 있도록 규정한 목적은, 자동차를 효율적으로 관리하고 자동차의 성능 및 안전을 확보함으로써 공공의 복리를 증진하기 위함이고(법 제1조), 위 규정에 따른 직권말소 처분은 그 규정형식 등에 비추어 볼 때 행정청에게 재량권이 부여되어 있는 재량행위에 속한다. 다만 이러한 재량을 행사함에 있어서 재량권 행사의 한계를 벗어나면 이는 위법하다고 할 것인데, 그 직권말소 처분이 재량권의 범위를 일탈하거나 남용한 것인지는 위와 같은 입법 목적을 토대로 등록과정에서 사용된 사위 기타 부정한 방법의 내용 및 태양, 직권말소 처분에 의하여 달성하려는 공익목적, 자동차등록을 말소함으로써 초래되는 사익 침해의 정도 등 구체적·개별적 사정을 모두 고려하여 판단하여야 한다."

목적의 정당성을 갖추지 못해 위헌인지는 숙고할 필요가 있다.

이미 6개 법률에 고액 체납자 인적사항 공개 제도가 도입되었다.[19] 이와 관련하여 체납국세의 징수와 고액 체납자 인적사항 공표 사이에는 아무런 실체적 관련이 없어 부당결부금지의 원칙에 위배되므로 제도 자체를 폐지함이 타당하다는 지적이 있었으나,[20] 부당결부금지의 원칙이란 행정권한의 남용을 제한하기 위한 행정법의 일반원리이므로, 이러한 지적은 과거에 체납자 인적사항 공개가 법률에 근거 없이 국세청장의 훈령인 '국세징수사무처리규정'에 따라 행해지던 시대에는 적절할 수 있으나, 법률에 규정된 이후에는 행정의 자의적 권한남용이 아니라 입법자의 결정을 집행하는 것이므로 부당결부금지의 원칙의 잣대를 들이대는 것 자체가 부적절하다.[21]

그 밖에도, 체납자의 인적사항 및 체납액에 관한 자료를 신용정보

---

19) 국세기본법 제85조의5 제1항 제1호(체납발생일로부터 1년이 지난 국세가 5억원 이상인 체납자), 관세법 제116조의2(체납발생일로부터 1년이 지난 관세가 5억원 이상인 체납자), 지방세기본법 제140조(체납발생일로부터 1년이 지난 지방세가 3천만원 이상인 체납자), 국민연금법 제97조의2(납부기한의 다음날부터 2년이 경과한 연금보험료 등 체납액이 5천만원 이상인 체납자가 납부능력이 있음에도 불구하고 체납한 경우), 국민건강보험법 제83조(납부기한의 다음날부터 2년이 경과한 보험료 등 체납액이 1천만원 이상인 체납자가 납부능력이 있음에도 불구하고 체납한 경우), 「고용보험 및 산업재해보상보험의 보험료징수 등에 관한 법률」 제28조의6(납부기한의 다음날부터 2년이 지난 보험료, 징수금 등의 체납액이 10억원 이상인 체납자)

20) 김완석, "조세징수의 간접적 강제수단의 문제점", 「조세연구」 제3집(2003), 131면

21) 부당결부금지의 원칙이 실정법률의 규정들로부터 도출되는 법률적 효력을 갖는 원칙이냐, 아니면 헌법상 법치국가원리로부터 도출되는 헌법적 효력을 갖는 원칙이냐에 관하여 논쟁이 있었고, 후자가 다수설이라고 한다(김용섭, "부당결부금지의 원칙과 부관", 「행정판례연구」 15-2집(2010), 296-297면). 후자의 관점에 의할지라도, 개별법률의 특정한 조항이 부당결부금지의 원칙에 반할 소지가 있어도 그것만으로 해당 조항이 위헌으로 판정될 수 있는 것은 아니다. 왜냐하면, 해당 조항의 위헌성 심사에서 부당결부금지의 원칙은 다른 헌법원칙들과 형량되어져야 하기 때문이다. 이 경우에도 해당 조항이 위헌적인지가 문제될 뿐이며, 행정청의 재량권 일탈·남용 여부는 문제되지 않는다.

업체에 제공하는 제도,[22] 조세, 과태료 체납자의 관허사업 제한 제도,[23] 공공발주계약에서 공공기관의 대금 지급 전 납세증명서 제출 제도 및 외국 이주·거주 목적의 여권을 신청하는 경우의 납세증명서 제출 제도[24]가 이미 입법화되었다. 납세의무에 관한 것은 아니지만, 역시 국민의 기본의무에 속하는 병역의무와 관련해서는 미이행자에 대한 국외여행 허가제 및 불이행자에 대한 출국금지, 고용금지, 관허사업금지 제도가 시행중이다.[25]

일정 금액 이상의 세금 체납사실만으로 사생활의 비밀은 물론이고 직업·영업의 자유와 거주·이전의 자유를 제한하고 있는 위와 같은 간접

22) 국세징수법 제7조의2, 동 시행령 재10조의2(체납발생일로부터 1년이 지난 국세가 500만원 이상인 체납자), 관세법 제44조(체납발생일로부터 1년이 지난 관세가 5억원 이상인 체납자), 지방세기본법 제66조, 동 시행령 제52조(체납발생일로부터 1년이 지난 국세가 500만원 이상인 체납자)

23) 국세징수법 제7조(신규사업의 경우 대통령령으로 정하는 사유 없이 체납한 사실이 있으면 인·허가 제한, 기존사업의 경우 국세를 3회 이상 체납하고 체납액이 500만원인 경우), 지방세기본법 제65조(신규사업의 경우 대통령령으로 정하는 사유 없이 체납한 사실이 있으면 인·허가 제한, 기존사업의 경우 지방세를 3회 이상 체납하고 체납액이 30만원인 경우), 질서위반행위규제법 제52조(해당 사업과 관련된 질서위반행위로 부과받은 과태료를 3회 이상 체납하고 있고, 체납 발생일부터 각 1년이 경과하였으며, 체납금액의 합계가 500만원 이상인 체납자). 세금 체납자에 대한 관허사업 제한 제도에 관하여 사물적 관련성이 완전히 결여되어 있다는 점에서 부당결부금지원칙에 위배될 뿐만 아니라 국민의 경제활동 자체를 봉쇄함으로써 경제적 재기를 불가능하게 한다는 점에서 비례원칙을 위반한 제도라는 견해가 있으나(박정훈, "협의의 행정벌과 광의의 행정벌", 「행정법의 체계와 방법론」, 박영사 2005, § 8, 377면; 박윤흔, "행정법상의 의무확보수단", 「공법연구」 12집(1984), 132면), 필자는 고액의 세금을 체납한 체 높은 소비수준을 향유하는 자의 경우에는 관허사업제한이 헌법적으로 정당화될 수 있다고 본다. 또한 국세징수법상 체납의 정당한 사유가 매우 폭넓고 다양하게 규정되는 등 제도적 정비가 이루어져 관허사업제한 적용대상이 매우 한정적이다. 한편, 아직까지 이 제도에 대해 위헌법률심판이 이루어진 적이 없는 점을 보면, 이 제도가 회사설립의 자유 및 우리사회에 만연해 있는 '명의대여' 풍토 때문에 체납자 간접강제제도로서 별반 실효성을 발휘하지 못하는 것으로 짐작된다.

24) 국세징수법 제5조(납세증명서의 제출)

25) 병역법 제70조(국외여행의 허가 및 취소), 제76조(병역의무 불이행자에 대한 제재)

강제 제도들은 '조세정의 실현' 및 '지하경제 양성화'라는 국정목표에 부합하는 것일 뿐만 아니라, 국민들의 법감정에도 지극히 부합하므로 입법 목적의 정당성 자체를 부정하기는 어려울 것이다. 또한 체납자 출국금지는 국외이주 · 여행을 제한함으로써 은닉재산을 국외에서 소비·향유하는 것을 막을 뿐이지 국내에서의 거주·이전에는 제한이 없고, 뒤에서 살펴보는 바와 같이 '체납의 정당한 사유', '출국의 정당한 사유', '체납처분 회피 우려'라는 국세징수법령상의 출국금지 요청의 요건으로도 재량권 남용을 적절히 통제할 수 있으므로, 침해의 최소성 원칙이나 법익의 균형성 원칙을 위배된다고 단정하기도 어렵다.

이와 관련하여 검토할 필요가 있는 것은 구 출국금지업무처리규칙 제2조 제2항(현 출국입국관리법 시행규칙 제6조 제2항)에 규정된 "출국금지는 단순히 공무수행의 편의를 위하여 하거나 형벌 또는 행정벌을 받은 사람에게 행정제재를 가할 목적으로 해서는 아니된다." 라는 '출국금지의 기본원칙'이다. 앞서 살펴본 바와 같이, 출국금지업무처리규칙의 제정 이유를 연혁적으로 고려하면, 이 규정은 법무부장관이 아무런 구체적인 기준도 세워두지 않은 채 관계기관장의 출국금지 요청이 있으면 기계적으로 출국금지처분을 해온 것에 대한 반성적 고려에서 앞으로는 당해 규칙에서 정한 요건과 기준에 부합하는 경우에만 출국금지처분을 하여야 한다는 취지일 뿐이고, "행정제재를 가할 목적으로 해서는 아니된다"는 문구에 그 이상의 의미를 부여하는 것은 부적절해 보인다. 왜냐하면, 넓은 의미에서 행정제재란 수익적 행정처분의 대응개념으로서 행정상대방에게 의무를 부과하거나 권리를 제한하는 제반 조치를 의미하므로, 요건이나 기준을 어떻게 설정하든지간에 출국금지처분은 본질적으로 행정제재에 해당하기 때문이다.

또한, 넓은 의미에서의 국가는 조세징수를 위하여 체납처분이라는 강제징수수단 외에도 다양한 간접강제수단들을 보유하게 되는데, 과연 이러한 수단들 사이에 적용의 우선순위가 있는 것인지도 문제된다. 입법 단계에서는 물론이고, 행정집행 단계에서도 여러 수단들 중에서 체납자의 권리나 자유를 최소한으로 침해하는 수단을 선택하여야 한다는 명제는 일반론으로서는 자명하지만, 고액의 세금을 체납하면서 높은 소비수준을 향유하는 자들은 대개 재산을 타인명의로 은닉해 놓은 경우가 대부분이고, 전두환 씨 비자금 사건이 보여주듯이 은닉행위는 압수수색과 구속이라는 강제수사를 동원하지 않는 한 입증하기 어려울 뿐만 아니라, 민사상 보전처분은 부동산이나 예금 등에 대해서만 실효성이 있을 뿐, 현금이나 유가증권은 소재 자체를 알기 어려우므로, 체납자에 대한 출국금지처분을 최후의 보충적 수단으로 자리매김하는 것은 타당하지 않다.

마. 재산 해외도피 가능성을 처분요건으로 상정할 경우 입증책임과 관련하여 실무상 큰 어려움을 만들어 낼 수 있다.

확립된 판례에 의하면, 행정소송에 민사소송법이 준용되므로 행정소송에서 입증책임은 원칙적으로 민사소송의 일반원칙에 따라 당사자간에 분배되고, 항고소송의 특성에 따라 당해 처분의 적법을 주장하는 처분청에게 그 적법사유에 대한 입증책임이 있고, 처분청이 당해 처분의 적법성에 관하여 합리적으로 수긍할 수 있는 정도로 증명을 한 경우에는 그 처분은 정당하고, 이와 상반되는 예외적인 사정에 대한 주장과 증명은 상대방에게 그 책임이 돌아간다.[26] 특히 처분청에게 효과재량이 부여된 행정처분의 경우에는 처분요건을 모두 갖추었다는 점은 처분청이 입증하여야 할 것이지만, 효과재량 행사의 일탈·남용이 있다는 점은 그 행정처분의 효력을 다투는 원고가 주장 · 입증하여야 하고, 처분청이 재량권 행사가 정당한 것이었다는 점까지 주장·입증할 필요는 없다.[27]

---

26) 대법원 1984. 7. 24. 선고 84누124 판결, 2012. 6. 18. 선고 2010두27639 전원합의체 판결

27) 대법원 1987. 12. 8. 선고 87누861 판결

만일 '재산 해외도피 가능성'을 체납자 출국금지처분의 요건으로 볼 경우, 그에 대한 입증책임은 처분청인 법무부장관에게 있다. 대법원 2001두3365 판결에 의하면, 재산의 해외도피 가능성 여부는 "추징금 미납자의 성별·연령·학력·직업·성행이나 사회적 신분, 추징금 미납자의 경제적 활동과 그로 인한 수입의 정도·재산상태와 그 간의 추징금 납부의 방법이나 수액의 정도, 그 간의 추징금 징수처분의 집행과정과 그 실효성 여부, 그 간의 출국 여부와 그 목적·기간·행선지·해외에서의 활동 내용·소요 자금의 수액과 출처 등은 물론 가족관계나 가족의 생활 정도·재산상태·직업·경제활동 등"을 종합하여 판단하여야지 재량권 일탈·남용에 해당하지 않으므로, 처분청이 처분 단계에서 그와 같은 요소들을 모두 고려하지 않은 경우 당해 출국금지 처분은 요건판단에 관한 재량권 일탈·남용으로서 위법하다고 보아야 할 것이다.[28)]

처분청이 처분 과정에서 그와 같은 제반 요소들을 제대로 조사고려하였는지 여부는 처분청의 지배영역에 있는 사항일 뿐만 아니라 처분 상대방인 원고가 입증하는 것이 불가능하므로, 처분청 스스로 입증하도록 함이 타당하다. 이에 관한 입증책임이 어느 당사자에게 있는지의 문제를 떠나, 행정실무상으로 행정청이 위와 같은 제반 요소들을 제대로 조사고려하지 않는 것이 현실이고, 그러한 사정은 피고 법무부장관이 소송에서 하는 변론이나 증거만으로도 분명하게 인지할 수 있으므로, 실제 소송에서 대개의 경우 재량하자 사유에 관한 원고의 입증노력 없이도 출국금지처분 과정에서 명백한 재량하자가 있다는 것이 입증되었다고 볼 여지가 무척 크다. 그러나 실제 소송에서 수소법원은-대법원 2001두3365 판결이 제시한 기준을 따르자면-처분청에게 '과정상의 결

28) 이러한 입장에서 서울고등법원 2010. 9. 16. 선고 2009누40270 판결(상고 부제기, 확정)은 제1유형을 취하여 재산의 해외도피 가능성이 없어 출국금지처분이 위법하다고 판단한 다음, 덧붙여 피고 법무부장관이 재산 해외도피 가능성 등 처분사유의 존부 및 공·사익 형량에 의한 처분의 당부에 대한 실질적 심사를 하였다는 흔적이 전혀 없다는 점을 추가적인 재량권 하자 사유로 설시하였다.

정적인 재량하자'가 있음이 명백함에도, 행정청이 도출한 결론이 수소법원이 전면적인 사실심리를 통해 도출한 결론과 일치할 경우에는 '(결론에 있어) 재량권 행사에 일탈·남용이 없다'고 판시함으로써 과정상의 하자를 눈감아 주고 있다고 평가할 수 있을 것이다.

문제는 위와 같은 고려요소들이 대부분 처분상대방의 지배영역에 있는 사항으로서 처분청이 입증하기가 곤란한 반면, 처분상대방은 용이하게 입증할 수 있다는 점이다. 행정실무상으로도 세무관서는 조세부과처분 및 체납처분에 관한 자료, 주민등록등·초본, 부동산등기부등본, 토지·건물대장, 자동자등록원부, 출입국기록을 통해서만 대상자의 가족관계, 보유재산, 생활수준, 출국의 횟수, 기간 및 행선지만을 파악할 수 있을 뿐이지, 가족의 직업이나 소득 정도, 출국의 목적, 해외에서의 활동 내용, 소요자금의 수액과 출처 등은 처분상대방이 적극적으로 밝히지 않는 한 구체적으로 파악하기 곤란하다.

제1유형의 방식을 취한 실제 소송에서는 재판부가 쌍방 당사자에게 대법원 2001두3365 판결을 제시하면서 그 판결에서 제시한 고려사항들을 구체적으로 주장·입증할 것을 요구하면서, 특히 원고에게 그간 출국의 목적, 해외에서의 활동 내용, 소요자금의 수액과 출처 등을 해명하도록 요구하고 있다. 이러한 사항들에 관해 원고가 설득력 있게 해명을 하면서 어느 정도 구체적인 증거를 제출하면, 이에 관한 입증책임이 처분청에게 있음을 전제로 '원고의 주장이 허위라고 단정할 객관적 증거가 충분하지 않다'라고 판시하고, 그러한 사항들에 관해 원고가 설득력 있는 해명을 못하거나 구체적인 증거를 제출하지 못하는 경우 '원고의 주장은 믿기 어렵고, 재산의 해외도피 가능성이 없다고 단정할 수 없다'라고 판시하고 있다. 즉, 소송 승패가 원고의 해명과 입증에 좌우되고 있다. 물론 소송에서 입증책임이란 쟁점이 된 사실관계가 쌍방이 제출한 증거에도 불구하고 규명되지 않았을 때 누가 불이익을 받을 것인가에 관한 법적 평가의 문제이고, 처분청에게 입증책임이 있는 사항이라도 원고가 적극적으로 입증활동을 하는 것이 금지된 것은 아니라 할지라도, 소송 승패가 피고의 입증 여하가 아니라 원고의 입증 여하에 좌우되도록 하는 것은 항고소송에서의 입증책임 분배의 일반원칙상 부적절해 보인다.

그러나 이러한 소송실무는 법률요건의 입증책임의 문제를 떠나 개별사안에서 입증의 용이성을 기준으로 입증부담을 지움으로써 당사자간의 실질적 형평을 도모하는 것이라 평가할 수 있다.[29] 이와 같은 항고소송에서의 입증책임 분배의 일반원칙과 소송실무에서의 사실상의 입증부담 전환 사이의 괴리 상황에서 입증책임 분배의 일반원칙이 잘못되었다고 하며 그것의 수정을 주장할 것이 아니라, 처분청이 아니라 그 상대방이 입증하기 용이한 '재산의 해외도피 가능성'이란 요소를 출국금지처분의 요건이 아니라 재량고려요소로 설정함으로써 해결함이 타당하다고 생각한다.

바. 小結

이상의 논의를 종합하면, 재산의 해외도피 방지를 체납자 출국금지제도의 주된 입법 목적으로 설정한 다음, 재산의 해외도피 가능성을 이러한 입법 목적으로부터 도출되는 출국금지처분의 불문의 요건으로 보는 것은 법령의 문언상 근거를 찾기 어려울 뿐만 아니라 행정현실이나 유사한 간접강제제도들에 비추어 타당하지 못하고, 재판실무상으로도 입증책임과 관련하여 어려운 문제를 야기할 수 있다. 오히려 최초의 판례인 대법원 91누10510 판결과 같이, 법령 문언상의 요건들이 충족되면 일단 처분사유는 존재하는 것이며, 처분청은 효과재량 단계에서 출국금지처분으로 달성할 공익과 그로써 침해될 사익을 비교형량하여 공익이

29) 행정소송에서 입증책임 분배 기준에 관한 논의로는 권오봉, "행정소송에 있어서의 주장·입증책임", 「재판자료」 67집, 법원도서관 1995, 315−320면; 구욱서, "행정소송에서의 입증책임", 「저스티스」 34권 3호(2001), 196−203, 206−208면 참조.

우월할 경우에 출국금지처분을 할 수 있으며, '재산 해외도피 가능성'이란 효과재량 단계에서 고려할 수 있는 요소들 중의 하나라고 봄이 타당하다.

2. 국세청장의 출국금지 요청의 본질과 위법한 출국금지 요청의 법적 효과

가. 체납자 출국금지 요청의 요건

앞서 살펴본 바와 같이(Ⅱ. 1.), 종래 국세 체납자에 대한 출국금지 요청의 요건 및 절차에 관한 사항은 국세청훈령인 '국세징수사무처리규정'으로 규율되다가, 2010. 1. 1. 법률 제9913호로 국세징수법이 개정되면서 신설된 제7조의4에 규정되었고,[30] 그에 따라 2010. 2. 18. 대통령령 제22036호로 국세징수법 시행령에 출국금지 요청 및 해제 요청의 세부적인 요건이 규정되었으며,[31] 이러한 국세징수법령의 규정들은 지방

30) 제7조의4(출국금지 요청 등) ① 국세청장은 정당한 사유 없이 5천만원 이상으로서 대통령령으로 정하는 금액 이상의 국세를 체납한 자 중 대통령령으로 정하는 자에 대하여 법무부장관에게 「출입국관리법」 제4조제2항에 따라 출국금지를 요청하여야 한다.
② 법무부장관이 제1항에 따라 출국금지를 한 경우에는 국세청장에게 그 결과를 정보통신망 등을 통하여 통보하여야 한다.
③ 국세청장은 체납액 징수, 체납자 재산의 압류, 담보 제공 등으로 출국금지사유가 해소된 경우에는 즉시 법무부장관에게 출국금지의 해제를 요청하여야 한다.
④ 그 밖에 출국금지 요청 등의 절차에 관하여 필요한 사항은 대통령령으로 정한다.

31) 제10조의5(출국금지 요청) ① 법 제7조의4제1항에서 "대통령령으로 정하는 금액"이란 5천만원을 말한다.
② 법 제7조의4제1항에서 "대통령령으로 정하는 자"란 다음 각 호의 어느 하나에 해당하는 자로서 관할 세무서장이 압류·공매 등으로 조세채권을 확보할 수 없고, 체납처분을 회피할 우려가 있다고 인정되는 자를 말한다.
1. 배우자 또는 직계존비속이 국외로 이주(국외에 3년 이상 장기체류 중인 경우를 포함한다)한 자
2. 출국금지 요청일 현재 최근 2년간 미화 5만달러 상당액 이상을 국외로 송

세나 관세의 경우에도 그대로 준용할 수 있다.

국세징수법 제7조의4 제1항, 제4항, 동 시행령 제10조의5 제1항, 제2항, 제10조의6 제1항의 규정들을 종합하면, 출국금지 요청 대상자에 해당하려면 ① 정당한 사유 없이 5천만원 이상의 국세를 체납하고 있을 것, ② 동 시행령 제10조의5 제2항 각 호의 어느 하나에 해당하는 자로서 압류·공매, 담보 제공, 보증인의 납세보증서 등으로 조세채권을 확보할 수 없고, 체납처분을 회피할 우려가 있을 것이란 요건이 충족되어야 한다. 동 시행령 제10조의5 제2항 각 호 중에서 행정실무상으로 가장 흔히 적용되고, 재판실무상으로도 주로 다투어지는 것은 바로 제5호, 특히 '최근 1년간 정당한 사유 없이 3회 이상 국외 출입하였을 것'이란 규정이다.

금한 자

3. 미화 5만달러 상당액 이상의 국외자산이 발견된 자
4. 「국세기본법」 제85조의5제1항제1호에 따라 명단이 공개된 고액·상습체납자
5. 출국금지 요청일부터 최근 1년간 체납액이 5천만원 이상인 상태에서 사업 목적, 질병 치료, 직계존비속의 사망 등 정당한 사유 없이 국외 출입 횟수가 3회 이상인 자

제10조의6(출국금지 해제 요청) ① 국세청장은 출국금지 중인 자에게 다음 각 호의 어느 하나에 해당하는 사유가 발생한 경우에는 지체 없이 법무부장관에게 출국금지의 해제를 요청하여야 한다.

1. 체납액을 납부하거나 부과결정 취소 등에 따라 체납액이 5천만원 미만으로 된 경우
2. 재산 압류, 담보 제공, 보증인의 납세보증서 등으로 조세채권이 확보된 경우
3. 제10조의5제2항에 따른 출국금지 요청의 요건이 해소된 경우

② 국세청장은 출국금지 중인 자에게 다음 각 호의 어느 하나에 해당하는 사유가 발생한 경우로서 체납처분을 회피할 목적으로 국외 도피할 우려가 없다고 인정되는 자에 대해서는 법무부장관에게 출국금지의 해제를 요청할 수 있다.

1. 국외건설계약 체결, 수출신용장 개설, 외국인과의 합작사업 계약 체결 등 구체적인 사업계획을 가지고 출국하려는 경우
2. 국외에 거주하는 직계존비속이 사망하여 출국하려는 경우
3. 제1호 및 제2호의 사유 외에 본인의 신병치료 등 불가피한 사유로 출국금지를 해제할 필요가 있다고 인정되는 경우

나. 출국금지 요청에 따른 체납자 출국금지처분의 본질

출입국관리법령은 체납자에 대한 출국금지처분과 관련하여 단지 1천만원 이상의 벌금이나 2천만원 이상의 추징금을 내지 아니한 사람, 5천만원 이상의 세금을 정단한 사유 없이 그 납부기한까지 내지 아니한 사람이라고만 간명하게 규율하고 있고, 관계기관장이 법무부장관에게 출국금지를 요청할 수 있도록 규정하고 있는 반면, 국세징수법령은 체납자 출국금지 요청의 요건 내지 기준을 출입국관리법령보다 훨씬 상세하게 규정하고 있다.

물론 출입국관리법령에 의하면, 관계기관장의 요청이 법무부장관의 출국금지처분의 필수요건은 아니므로, 체납자에 대하여 법무부장관이 직권으로 출국금지처분을 하는 것이 불가능한 것은 아니다. 그러나 이는 공익의 대변자로서 출국금지처분권한을 보유하고 있는 법무부장관에게 관계기관의 요청이 없는 경우라 할지라도 또는 관계기관이 불분명한 경우를 대비하여 출입국관리법 제4조 제1항 제5호 소정의 "대한민국의 이익이나 공공의 안전 또는 경제질서를 해칠 우려가 있어 그 출국이 적당하지 아니한 사람"을 독자적으로 판단할 가능성을 열어 두기 위한 것일 뿐이지, 법무부장관이 관계기관장의 요청을 받아 출국금지처분을 하는 경우 출국금지제도는 바로 출국금지 요청을 한 관계기관장의 소관사무에 기여하기 위해 존재한다는 점을 부정하는 근거는 될 수 없다. 실제로 체납자에 대하여 법무부장관이 관계기관장의 요청 없이 출국금지처분을 하는 경우는 현실적으로 존재하지도 않는다. 체납자에 관한 한 출국금지제도는 체납액 징수라는 목적을 위해서 존재하는 수단일 뿐이며, 법무부장관의 출국금지처분은 본질적으로 관계기관장의 소관사무의 행정목적 실현에 협조하는 행위, 다시 말해 '행정응원'(Amtshilfe)에 해당한다고 봄이 타당하다.

행정응원이라 하면 통상 긴급상황시 인력·장비의 지원을 떠올리지만, 우리의 실정법상 행정응원 제도를 이것으로 한정할 법령상의 근거는 없다. 행정응원에 관한 일반법으로서 「행정절차법」은 제7조에서 "행정청은 행정의 원활한 수행을 위하여 서로 협조하여 한다."라고 규정하고 있고, 제8조 제1항에서 다른 행정청에 행정응원을 요청할 수 있는 다섯 가지 사유를 열거하고, 같은 조 제2항에서 요청받은 행정청이 응원을 거부할 사유를 열거하고 있는데,[32] 체납자에 대한 출국금지처분은 행정절차법 제8조 제1항 제1호 소정의 "법령등의 이유로 독자적인 직무수행이 어려운 경우"로 충분히 포섭할 수 있고,[33] 적어도 국세기본법

---

32) 행정절차법 제7조(행정청 간의 협조) 행정청은 행정의 원활한 수행을 위하여 서로 협조하여야 한다.

제8조(행정응원) ① 행정청은 다음 각 호의 어느 하나에 해당하는 경우에는 다른 행정청에 행정응원(行政應援)을 요청할 수 있다.

1. 법령등의 이유로 독자적인 직무 수행이 어려운 경우
2. 인원·장비의 부족 등 사실상의 이유로 독자적인 직무 수행이 어려운 경우
3. 다른 행정청에 소속되어 있는 전문기관의 협조가 필요한 경우
4. 다른 행정청이 관리하고 있는 문서(전자문서를 포함한다. 이하 같다)·통계 등 행정자료가 직무 수행을 위하여 필요한 경우
5. 다른 행정청의 응원을 받아 처리하는 것이 보다 능률적이고 경제적인 경우

② 제1항에 따라 행정응원을 요청받은 행정청은 다음 각 호의 어느 하나에 해당하는 경우에는 응원을 거부할 수 있다.

1. 다른 행정청이 보다 능률적이거나 경제적으로 응원할 수 있는 명백한 이유가 있는 경우
2. 행정응원으로 인하여 고유의 직무 수행이 현저히 지장받을 것으로 인정되는 명백한 이유가 있는 경우

33) 우리 행정절차법을 제정할 때 참조한 독일 행정절차법에는 우리 행정절차법 제8조 제1항과 아주 유사하게 행정응원 요청사유 5가지가 열거되어 있는데, 그 중 "법적인 이유로 혼자서는 직무수행을 할 수 없는 경우"(제5조 제1항 제1호)에 해당하는 사례로는 소관사무에 관하여 일반적인 집행권한이 있는 행정청이 사물관할이나 토지관할의 흠결로 필요한 직무수행을 할 수 없는 경우, 예를 들어 사실조사시 선서에 갈음하는 보증(eidesstattliche Versicherung, §27 VwVfG)을 받을 권한이나 공법상 채권을 체납처분을 통해 강제징수를 할 권한 자체가 없는 경우, 또는 일정한 관할구역 내에서만 강제징수권한이 있을 뿐인데 채무자가 당해 행정청 관내에 거주하지 않아 토지관할이 없어 직접 강제징수를 할 수 없는 경우가 거론되고 있다. Wolfgang Clausen, in: Hans Joachim Knack(Hg.), Verwaltungs-

제84조 제1항으로도 포섭할 수 있을 것이다.[34)]

다. 출국금지 요청이 위법한 경우에 대한 평가

세무서장의 요구에 따라 군수가 체납자에 대하여 관허사업제한처분을 하였으나 세무서장의 요구가 국세징수법 시행령상의 요건을 갖추지 못했음이 밝혀진 사안에서, 대법원 2006. 9. 22. 선고 2006두7942 판결은 다음과 같이 판시한 바 있다.

"국세징수법(이하 '법'이라고만 한다) 제7조는 세무서장은 허가 등을 받아 사업을 경영하는 자가 국세를 3회 이상 체납한 때에는 대통령령이 정하는 경우를 제외하고 그 주무관서에 사업의 정지 또는 허가의 취소를 요구할 수 있고(제2항, 이하 '제한요구'라고 한다), 제한요구를 받은 당해 주무관서는 정당한 사유가 없는 한 이에 응하여야 한다고 규정하고 있으며(제4항), 한편 법 시행령(이하 '시행령'이라고만 한다) 제9조 제2항은 세무서장이 제한요구를 할 수 없는 제외사유로서 시행령 제8조 각 호에 게기하는 경우로서 세무서장이 인정하는 때(제1호), 납세자에게 납세가 곤란한 사정이 있은 사실을 세무서장이 인정하는 때(제2호)를 들고 있는바, 객관적으로 보아 시행령에서 정하고 있는 바와 같이 납세자에게 납세가 곤란한 사정이 있음에도 불구하고, 세무서장이 이를 간과하거나 제외사유에 해당하지 않는 것으로 보아 제한요구를 한 경우, 세무서장의 인정 여부에 상관없이 그 제한요구는 법 제7조 제2항 소정의 요건을 갖추지 못한 것으로서 위법하다 할 것이고, 따라서 이를 전제로 한 주무관서의 허가취소 등의 처분 역시 위법함을 면할 수 없다 할 것이다(대법원 1976. 12. 28. 선고 74누231 판결, 1982. 10. 12. 선고 82누160 판결 등 참조)"

---

verfahrensgesetz Kommentar, 9. Aufl, Köln 2010, § 5, S. 192 f. 참조.

34) 국세기본법 제84조(국세행정에 대한 협조) ① 세무공무원은 직무를 집행할 때 필요하면 국가기관, 지방자치단체 또는 그 소속 공무원에게 협조를 요청할 수 있다.
② 제1항의 요청을 받은 자는 정당한 사유가 없으면 협조하여야 한다. [⋯]

평석대상판결은 위 대법원 2006두7942 판결을 원용한 원심판결에 대하여 법리오해의 잘못이 있다고 지적한 것을 보면, 세무서장의 요구에 의한 관허사업제한처분과 국세청장의 요구에 의한 출국금지처분이 법적 성질을 달리한다고 판단했던 것으로 보인다. 특히 "국세청장 등의 출국금지 요청이 있는 경우에도 법무부장관은 이에 구속되지 않고 출국금지의 요건이 갖추어졌는지를 따져서 처분 여부를 결정할 수 있다." 라는 이유를 들었으므로, 관허사업제한의 경우 주무관서가 세무서장의 요구에 구속된다고 이해하지는 않았나 짐작할 수 있다.

이와 관련하여 근거법령의 체계와 문언을 살펴보면, 세무서장의 요구에 의한 관허사업제한처분의 경우 근거법률에 '세무서장의 요구가 있을 때에는 해당 주무관서는 정당한 사유가 없으면 요구에 따라야 한다' 라는 규정이 있는 반면(국세징수법 제7조 제4항), 국세청장의 요구에 의한 출국금지처분의 경우 그러한 규정이 없다는 점에서 차이가 있다. 그러나 이러한 점을 양자의 법적 성질을 달리 볼 결정적인 차이로 볼 수 있는지는 의문이다. 정당한 사유가 없으면 요구에 따라야 한다는 것은 행정청 사이의 협조의무(행정절차법 제7조)의 당연한 귀결이고, 응원거부 사유를 한정적으로 열거하고 있는 행정절차법 제8조 제2항의 반대해석으로도 도출할 수 있으며, 국세기본법 제84조 제2항의 적용을 부정할 합당한 근거도 없기 때문이다. 또한 응원거부 사유가 규정되어 있다시피, 응원요청을 받은 기관이 요청에 법적으로 구속되는 것은 아니며, 정당한 사유 없이 응원요청을 거부하더라도 이를 법적으로 강제하거나 제제할 수단은 존재하지 않는다. 따라서 세무서장의 관허사업제한 요구에서는 물론이고, 일반적인 행정응원에서도 요청받은 기관은 요청받은 조치가 적법하고 필요한지에 대해 독자적으로 심사하여 응원 여부를 결정할 수 있으며, 다만 협조의무와 행정응원 제도의 본질상 응원을 요청한 기관의 의사를 가급적 존중하는 자세가 요청될 뿐인 것이다. 따라서 요청 · 요구에 구속되는지 여부에 따라 양자를 달리 취급할 근거는 부족해 보인다.

만일 행정응원 요청이 관계법령상의 요건을 충족하지 못했다면, 요청받은 기관은 당연히 행정응원을 거부할 수 있으며, 행정의 법률적합성 원칙상 이를 거부할 법적 의무까지 있다고 보아야 할 것이다. 따라서 요청이 요건을 갖추어 못해 위법함에도 불구하고, 이를 간과하거나 무시하고 요청받은 대로 응원조치를 취했다면 이는 요청받은 행정청이 자신의 법적 의무를 위반하여 응원조치를 한 것이어서 위법하다고 충분히 볼 수 있다.

물론 출입국관리법령상 관계기관장의 요청이 없더라도 법무부장관이 직권으로 체납자에 대하여 출국금지처분을 할 가능성이 열려 있으므로, 국세청장의 요청이 국세징수법령상의 요건을 갖추지 못했더라도 출국금지처분이 출입국관리법령상의 요건을 갖추었는지, 출국금지처분을 달성할 공익이 그로써 침해될 사익보다 우월한지에 대하여 독자적으로 심사하여 직권으로 체납자에 대하여 출국금지처분을 할 수 있을 것이다. 그러나 요청에 의한 출국금지처분과 직권에 의한 출국금지처분은 처분에 이른 동인(動因)이 다른 것이므로, 법무부장관은 출입국관리법 시행령 제2조의3 제4항에 의하여 국세청장에게 요청에 따른 출국금지처분을 하지 아니하기로 결정하였음을 통보하여야 할 것이고, 출국금지처분의 상대방에게는 당해 처분이 국세청장의 요청에 의한 것이 아니라 법무부장관의 직권으로 한 것이라는 점을 이유제시하여야 할 것이다.

3. 요청에 의한 체납자 출국금지처분의 구성요건과 재량통제

가. 체납자 출국금지처분의 요건

행정응원 제도로서의 체납자 출국금지 제도의 본질에 비추어 보면, 체납자에 대하여 출국금지처분이 필요한지는 요청을 받는 법무부장관의 출입국관리행정의 관점에서가 아니라 행정응원을 요청하는 조세행정의 관점에서 다루어져야 할 것이다. 따라서 국세징수법령상의 출국금지 요청의 기준은 단순히 요청의 기준일 뿐만 아니라 출국금지처분의 기준으로 봄이 타당하다. 국세징수법령이 출입국관리법령보다 체납자 출국금지의 요건·기준에 관하여 훨씬 상세하게 규정하고 있는 것은 법률제정자와 시행령제정자가 출입국관리행정 및 국세징수행정과 관련된 제반 법익을 형량하여 국세징수법 시행령에서 출국금지처분의 요건·기준을 구체화한 것이라고 이해함이 타당하다. 물론 출국금지처분은 출입국관리법령의 한계 내에서만 가능하다.

이상의 논의를 종합하면, 요청에 의한 조세 체납자 출국금지 처분의 요건은 단지 출입국관리법령의 규정들뿐만 아니라 국세징수법령의 규정들을 종합하여 ① 정당한 사유 없이 5천만원의 이상의 조세를 체납하였을 것, ② 국세징수법 시행령 제10조의5 제2항 각 호의 어느 하나에 해당할 것, ③ 압류·공매, 담보 제공, 보증인의 납세보증서 등으로 조세채권을 확보할 수 없을 것, ④ 체납처분을 회피할 우려가 있을 것이란 4가지로 봄이 타당하다.

나. 요건판단에 관한 행정재량의 통제 문제

여기에서 '정당한 사유'나 '체납처분을 회피할 우려'는 모두 개념의 내용과 범위가 상당히 불확실한 '불확정개념'임과 동시에 가치평가를 필요로 하는 '규범적 개념'이다.[35] 불확정개념의 해석 · 적용에는 처분청의 판단여지 내지 (요건)재량이 인정되지만, 그 재량의 일탈 · 남용 여부는 사법심사의 대상이 된다.[36]

---

35) 불확정개념과 규범적 개념의 의미에 관해서는 Karl Engisch, 안법영/윤재왕 譯, 「법학방법론」, 세창출판사 2011, 182－187면 참조.

36) 박정훈, "불확정개념과 판단여지", 「행정작용법」, 김동희 교수 정년기념 논문집, 2005, 250－270면. 대법원 2005. 7. 14. 선고 2004두6181 판결은 "「국토의 계획 및 이용에 관한 법률」에 의한 토지의 형질변경허가는 그 금지요건이 불확정개념

조세체납의 정당한 사유의 경우 국세징수법령이나 국세기본법령에 예시들이 열거되어 있으므로 불확정개념에의 포섭이 비교적 쉬운 편이라 할 수 있다. 1) 관허사업제한의 예외사유로서 국세징수법 제7조 제1항, 동 시행령 제8조 각 호 소정의 체납사유, 즉 공시송달의 방법으로 납세가 고지된 경우, 천재지변, 화재, 전화(戰禍), 그 밖의 재해를 입거나 도난을 당하여 납세가 곤란한 경우, 납세자 또는 그 동거가족의 질병으로 납세가 곤란한 경우, 납세자가 그 사업에 심한 손해를 입어 납세가 곤란한 경우, 납세자가 어음교환소에서 거래정지처분을 받았거나 강제집행이 개시된 경우 등, 2) 고액·상습체납자 명단 공개의 예외사유로서 국세기본법 제85조의5 제1항 단서, 동 시행령 소정의 사유, 즉 체납된 국세가 이의신청·심사청구 등 불복청구 중에 있는 경우, 회생계획인가 결정에 따라 체납된 세금의 징수를 유예받고 그 유예기간 중에 있거나 체납된 세금을 회생계획의 납부일정에 따라 납부하고 있는 경우 등을 들 수 있겠다. 특히 관허사업제한의 위와 같은 예외사유들은 조세채무자가 재해, 질병, 사업손실, 부도, 경매 등 본인이 예상하기 어렵거나 윤리적 비난가능성이 적은 경우에는 관허사업제한이라는 추가적인 제재로서 재기가능성까지 봉쇄하지는 않겠다는 취지로 이해할 수 있고, 이는 출국금지의 경우에도 원칙적으로 타당하다고 보인다. 그러나 객관적으로 사업실패, 부도, 경매 등과 같은 사정이 있다 할지라도 조세채무자가 그와 같은 사정이 발생하기 전이나 후에 재산을 은닉한 정황이 있다면, 더 이상 위와 같은 예외사유를 주장할 수 없도록 함이 타당한데, 이는 그러한 주장이 예외사유의 입법취지상 내재적 한계를 넘은 것이어서 권

으로 규정되어 있어 그 금지요건에 해당하는지 여부를 판단함에 있어서 행정청에게 재량권이 부여되어 있다 … 행정청의 재량에 기한 공익판단의 여지를 감안하여 법원은 독자의 결론을 도출함이 없이 당해 행위에 재량권의 일탈·남용이 있는지 여부만을 심사하여 되고, 이러한 재량권의 일탈·남용 여부에 대한 심사는 사실오인, 비례·평등의 원칙 위반 등을 그 판단 대상으로 한다."라고 판시하였다.

리남용에 해당한다고 볼 수 있기 때문이다.

'체납처분을 회피할 우려'의 의미에 대하여는 보다 깊은 검토가 필요하다. 우선, 체납처분이란 체납자의 재산에 대한 압류·공매절차를 의미하므로, 체납처분의 '회피'란 체납자 본인의 잠적이나 해외도피를 의미하는 것이 아니라 체납처분의 대상이 될 재산의 은닉이나 처분으로 현재 계속중이거나 장래에 개시될 체납처분의 실행을 방해하는 것을 의미한다고 이해하여야 할 것이고, 형법 제327조 소정의 강제집행면탈죄에 해당하는 행위는 물론이고 임의납부를 거부하면서 사치스런 소비를 향유하는 것도 이에 포함시킬 수 있을 것이다.

또한, 체납자 출국금지는 조세징수를 위한 간접강제수단이므로 단지 장래에 체납처분 회피가 행해질 가능성이 있는 경우뿐만 아니라, 과거에 체납처분 회피가 행해졌고 장래에 더 행해질 가능성은 없는 경우, 예를 들어 재산은닉이 완료되었고 더 이상 체납자 본인 명의로 보유하는 재산이 없어 더 이상 은닉할 재산이 없는 경우도 포함한다고 보아야 할 것이다. 왜냐하면 은닉재산으로 체납한 조세를 납부할 때까지 간접적인 불이익조치를 계속 가할 필요성이 있기 때문이다. 뿐만 아니라 과거의 체납처분 회피행위는 장래의 체납처분 회피 가능성을 추단할 결정적인 징표로도 볼 수 있다.[37)]

국세징수법 시행령 제10조의5 제2항은 출국금지 요청의 요건으로

---

37) 서울고등법원 2013. 11. 22. 선고 2013누19211 판결(대법원 2014두731호로 상고심 계속 중)은 추징금 미납자에 대한 출국금지처분이 다투어진 사안에서, 원고가 장기간 십여 차례에 걸쳐 거액을 외국으로 불법송금을 하여 외국환거래법위반죄로 추징의 형을 선고받은 범죄전력 자체를 원고의 재산의 해외도피 가능성을 인정하는 첫 번째 요소로 거시하면서 출국금지처분이 적법하다고 판단하였다. 반면, 이 사건의 1심 법원은 국내에 원고 명의의 재산이 더 이상 남아 있지 아니하고, 국내에 친인척 명의로 은닉한 재산이 있다고 인정할 증거도 없지만 있다 하더라도 사해행위 취소소송 등의 방식으로 은닉재산을 추적하여 강제집행하면 된다는 등의 이유로 재산의 해외도피 가능성이 없다고 보아 출국금지처분이 위법하다고 판단하였다(서울행정법원 2013. 5. 31. 선고 2012구합42069 판결).

서 단지 '체납처분을 회피할 우려'라고 규정하고 있지, '출국을 기화로' 체납처분을 회피할 우려라고 규정하고 있지 아니하므로, 체납처분의 회피가 출국을 통해 또는 국외에서 이루어질 것을 요하지는 않는다고 보아야 할 것이다. '재산의 해외도피 우려'는 그 자체가 출국금지처분의 구성요건이 아니라 구성요건인 '체납처분을 회피할 우려'의 하위유형에 불과하다고 봄이 타당할 것이다. 즉, 재산의 해외도피 가능성이 인정된다면 체납처분을 회피할 우려가 있어 출국금지의 요건이 갖추어진 것으로 볼 것이지만, 재산의 해외도피 가능성이 없다 하더라도 국내에서의 재산은닉·소비라는 사정이 있으면 체납처분을 회피할 우려를 인정할 수 있다.

이러한 관점에서 보면, 출입국관리법 시행령 제10조의5 제2항 각 호의 사유들은 체납처분을 회피할 우려가 있는 사람의 대표적인 유형 6가지를 열거하고 있는 것이라고 이해함이 타당하며, 각 호의 사유에다가 압류·공매, 담보 제공 등의 통상적인 방식으로는 조세채권을 확보할 수 없는 사정이 더해지면, ②번 요건과 ③번 요건이 갖추어지면 다른 특별한 사정이 없는 한 체납처분을 회피할 우려가 있는 사람으로 추단할 수 있는 것이다.

앞서 지적한 바와 같이, 대법원 2001두3365 판결은 당시 출입국관리법에 체납자 출국금지처분의 근거조항이 "출국이 대한민국의 이익을 현저하게 해할 염려가 있다고 인정되는 자"에 대하여 출국을 금지할 수 있다 라고만 추상적으로 규정되어 있고 그 밖의 규정들은 모두 행정 내부적인 업무처리기준에 불과한 상황에서 행정의 재량권 행사기준을 제시함으로써 행정의 재량권 남용을 통제하려는 본디 좋은 취지에서 시작하였다. 그러나 이제는 적어도 조세 체납자의 경우에는 출국금지처분의 요건이 법규명령인 국세징수법 시행령에 상세하게 규율되어 있으므로, 행정의 재량권 통제도 법규명령상의 처분요건을 중심으로 이루어져야 할 것이고, '정당한 사유'나 '체납처분을 회피할 우려'라는 불확정개념의 적용에 대한 사법심사를 통해 충분히 이루어질 수 있다고 보인다.

다. 요청에 의한 체납자 출국금지처분의 입증책임

출국금지대상자에게 주장·입증책임이 있는 사항들을 제외하고 ① 5천만원의 이상의 조세를 체납하였다는 사정, ② 국세징수법 시행령 제10조의5 제2항 각 호의 어느 하나에 해당하는 사정, 특히 제5호의 경우 최근 1년간 체납액이 5천만원 이상인 상태에서 3회 이상 국외에 출입하였거나 국외 체류 일수가 6개월 이상이라는 사정, ③ 체납자 본인을 포함한 제1·2차 납무의무자, 납세보증인의 압류된 재산이나 담보로 제공된 재산의 평가액이 공매절차에서의 평균적 낙찰비율[38]을 고려할 때 조세체납액에 현저하게 못 미친다는 사정이 존재하면, 체납처분을 회피할 우려가 있다고 추단할 수 있고, 이로써 일단 출국금지처분의 요건은 갖추었다고 보아야 할 것이다. 법무부장관은 국세청장이 출국금지 요청을 하면서 제출한 소명자료를 심사하여 위와 같은 처분의 요건이 갖추어졌는지를 판단하여야 할 것이며, 소송단계에서 위와 같은 사정에 대한 입증책임은 처분청인 법무부장관에게 있다고 보아야 할 것이다.

각 요건의 추정을 뒤집는 반대의 사정은 쟁송단계에서 출국금지 처분의 위법을 주장하는 원고가 주장·입증하여야 할 것이다.[39] 즉, ① 조세를 체납한 데 정당한 사유가 있어 정당한 사유 없는 체납액이 5천만원에 미달한다는 점, ② 제5호의 경우, 최근 1년간의 국외 출입에 정당한 사유가 있어[40] 최근 1년간의 정당한 사유 없는 국외 출입 횟수가 3

---

38) 경매·공매절차에서는 감정가격보다 낮은 가격으로 매각이 이루어지는 경우가 대부분이다.

39) 대법원 1991. 9. 10. 선고 90누8831 판결, 1992. 10. 13. 선고 92누8071 판결 등 참조.

40) 평석대상판결의 1심 및 항소심 판결들은 '정당한 사유 없는 출국임을 인정할 증거가 없다', '원고의 출국이 정당한 사유 없이 이루어진 것이라고 볼 만한 객관적 증거가 충분하지 아니하다'라고 판시하여 정당한 사유에 관한 입증책임이 피고에게 있음을 전제로 하였다. 그러나 정당한 사유는 원고가 입증하여야 하고,

회 미만이라거나 정당한 사유 없는 국외 체류 일수가 6개월 미만이라는 점, ③ 압류되었거나 담보로 제공된 자산가치가 시장가격 변동 등으로 상승하여 조세체납액에 근사한 수준이 되었다거나, 체납자 본인을 포함한 제1·2차 납무의무자에게 추가로 압류할 수 있는 상당한 재산이 있다는 점(즉시 압류집행이 가능할 정도로 구체적으로 특정되어야 하고 압류집행에의 법적·사실적 장애사유가 없을 것 포함), ④ 2번, 3번 요건에 해당하는 사정이 있는 경우라 할지라도 체납처분을 회피할 우려에 대한 추정을 뒤집는 반대사정을 주장·입증하여야 할 것이다. 반대사정에 해당할 수 있는 것으로는, 예를 들어 원고가 과거에 재산을 은닉하였을 것이라는 처분청의 의심이 합리적 근거가 없고 과거의 재산 및 소득은 합당한 이유로 정당하게 지출되었다는 점, 원고의 구체적인 소득액 내지 사업계획에 근거하여 파산법원에서 인가받는 회생계획에 준하는 정도로 구체적이며 실천가능한 조세 납부 계획을 세워 당해 처분 이전에 세무관서에 제출하였다는 점, 원고와 그 가족들의 생활비가 원고 본인의 소득으로 충당되는 것이 아니라 가족들의 소득으로 충당되는 것이며 원고가 가족들에 의해 부양받는 정도가 중산층의 수준을 뛰어넘는 것이 아니어서 자신이 받는 부양료 중 일정 비율을 조세 납부에 쓰지 아니한 것이 사회적으로 비난가능성이 있는 정도에 이르지 않는다는 점 등을 들 수 있을 것이다.

수소법원은 처분시를 기준으로 행정처분의 위법 여부를 판단하여야 하나, 처분 당시 존재하였거나 처분청에 제출되었던 자료뿐만 아니라 사실심 변론종결일까지 제출된 모든 자료를 종합하여 처분 당시 존재하였던 객관적 사실을 확정하고 그 사실에 기초하여 처분의 위법 여부를 판단하여야 한다.[41] 예를 들어 체납이나 출국에 정당한 사유가 있다는 점을 원고가 입증한 경우 또는 처분청이 이유제시한 처분사유는

그에 관한 객관적 증거가 없다면 원고의 불이익으로 귀속시켜야 할 것이다.

41) 대법원 2001. 7. 27. 선고 99두5092 판결

존재하나 반대사정을 종합하여 체납처분을 회피할 우려가 없다고 인정되면, 출국금지처분은 객관적으로 요건을 갖추지 못한 것이어서 더 나아갈 살필 필요 없이 위법한 것으로 보아야 할 것이다.

체납처분을 회피할 우려까지 인정되어 출국금지처분이 그 요건을 갖춘 경우에도 그것만으로 당해 처분이 항상 적법하다 볼 수 있는 것은 아니다. 처분청에게는 효과선택에 관한 재량이 있고, 처분으로 달성할 공익과 그로써 침해될 원고의 사익을 비교형량하여 공익이 우월한 경우에만 출국금지처분은 정당화될 수 있고, 그렇지 않은 경우에는 출국금지처분은 비례의 원칙을 위반한 것이어서 위법하다. 앞서 지적한 바와 같이, 현재까지의 재판실무의 주류(제1유형)는 출국금지의 요건이 갖추어졌음을 확인하면 곧바로 다른 사정에 대한 고려 없이 처분으로 달성이 공익이 그로써 침해될 원고의 사익보다 우월하여 출국금지처분이 적법하다고 판단하면서, 요건 판단(대법원 2001두3365 판결이 제시한 '재산 해외도피 가능성')과 무관한 원고의 사익침해 관련 요소들을 뭉뚱그려 거시하고 있으나, 요건판단에 관한 재량과 효과 단계에서의 재량은 구별되어야 한다. 물론 출국금지처분의 요건이 가치평가적 불확정개념이기 때문에, 상당한 고려요소들이 요건 판단시에 고려될 수 있을 것이지만, 요건인 체납처분 회피 우려와 무관한 재량고려요소들이 분명 있을 것이다. 과거의 재산은닉 및 정당한 사유 없는 단순 여행·소비 목적의 잦은 국외 출입 등의 사정에 비추어 체납처분을 회피할 우려가 있는 경우에도, 국세징수법 시행령 제10조의6 제2항 각 호의 사유 또는 이에 준하는 사유가 있고 해외에서 비교적 단기간 체류할 예정인 경우, 구체적인 사안에서 출국금지처분으로 달성할 공익보다 그로써 침해될 원고의 사익이 우월한 경우가 있을 수 있다. 예를 들어, 국외로의 자산이전을 수반하지 않는 거래 또는 사업계획을 위해 출국하려는 경우(외자유치 계약 등), 국외에서 가족이 사망하여 장례 또는 시신 귀국 수속을 밟기 위해서 원고의 출국이 필요한 경우, 국외에 체류중인 가족이 위중한 상태이고 그의 치료 또는 귀국 수속을 밟기 위해서 원고의 출국이 필요한 경우를 들 수 있다(물론 이익형량 결과는 구체적인 사안에 따라 달라질 수 있다). 앞서 지적한 바와 같이, 처분청의 공·사익 형량에 재량하자가 있다는 점에 관한 입증책임은 원고에게 있다.

라. 처분의 이유제시의 정도와 처분사유 추가변경

행정절차법 제3조 제2항 제9호 및 동 시행령 제2조 제2호는 "외국인의 출입국·난민인정·귀화·국적회복에 관한 사항"에 대하여만 행정절차법의 적용을 배제하고 있다. 내국인에 대한 출국금지처분은 권익을 제한하는 처분으로서 행정절차법 제23조 소정의 처분의 이유제시의무가 원칙적으로 적용된다.[42)]

이제까지의 행정실무에서는 국세청장의 요청에 의해 출국금지처분을 할 때 처분서에 처분사유로 '국세 체납', 근거법령으로 '출입국관리법 제4조 제1항 제5호'와 같이 간략하게 기재하는 정도에 그치고 있다. 행정절차법 시행령 제14조의2가 "행정청은 법 제23조의 규정에 의하여 처분의 이유를 제시하는 경우에는 처분의 원인이 되는 사실과 근거가 되는 법령 또는 자치법규의 내용을 구체적으로 명시하여야 한다." 라고 규정한 것이 의미하는 바는 행정청이 처분을 할 때에는 처분상대방이 처분의 동인(動因)을 알 수 있도록 하라는 데 있다.[43)] 처분의 이유제시 제도는 행정의 자기통제기능, 당사자 설득·만족기능 외에도 당사자의 방

---

42) 그러나 출국금지처분에는 행정절차법상 사전 통지(제21조 제1항)와 의견제출의 기회 부여(제22조 제3항)에 관한 규정은 적용되지 않는다고 봄이 타당하다. 출국금지처분을 미리 상대방에게 통지할 경우 그 자가 곧바로 해외로 출국해버릴 수 있으므로, 출국금지처분의 경우 행정절차법 제21조 제4항 제3호 소정의 "해당 처분의 성질상 의견청취가 현저히 곤란하거나 명백히 불필요하다고 인정될 만한 상당한 이유가 있는 경우"로 보아 사전통지의무가 면제되는 것으로 볼 수 있고, 출입국관리법상 사후통지 조항(제4조의4 제1항)은 바로 이러한 취지로 이해할 수 있다.

43) 김철용, "처분의 이유제시의 정도", 「인권과 정의」 396호(2009), 109면.

어권보장(권리구제기능)에 기여하기 위한 것이란 점에 비추어 보면, 위와 같은 막연한 이유제시로는 부족하고 적어도 국세징수법 시행령 제10조의5 제2항 각 호 중 어디에 해당하는지는 밝혀야 할 것이다.

또한, 항고소송에서 처분청은 당초 처분의 근거로 삼은 사유와 기본적 사실관계가 동일성이 있다고 인정되는 한도 내에서만 다른 사유를 추가 또는 변경할 수 있다.[44] 특히 실무상으로 국세징수법 시행령 제10조의5 제2항 각 호의 어느 하나에 해당하는지가 주된 쟁점으로 다투어지고 있는 만큼, 당사자의 방어권보장을 위해 국세징수법 시행령 제10조의5 제2항의 각 호 사이에서는 처분사유의 추가·변경이 허용되지 않는다고 보아야 할 것이다.

Ⅳ. 結語

대법원 2001두3365 판결은 출입국관리법상 체납자 출국금지처분의 요건이 느슨하게 설정되어 있는 상황에서 행정재량권 행사의 구체적인 기준을 제시함으로써 재량권 남용을 통제하려는 좋은 취지에서 출발하였으나, 법규명령의 제·개정이유나 그 문언상 근거가 전혀 없음에도 '재산의 해외도피 방지'를 체납자 출국금지제도의 주된 목적이라고 선언하고, 이러한 입법 목적으로부터 '재산의 해외도피 가능성'이라는 불문의 처분요건을 창설해 내었다는 점에서 이를 과연 판례의 법해석 권한으로 정당화할 수 있는 것인지 의문이 든다. 평석대상판결은 이를 그대로 따라 체납자 출국금지처분이 조세징수를 위한 간접강제수단으로 활

44) 이러한 기본적 사실관계의 동일성 유무는 처분사유를 법률적으로 평가하기 이전의 구체적 사실에 착안하여 그 기초인 사실관계가 기본적인 점에서 동일한지에 따라 결정하여야 하며, 추가 또는 변경된 사유가 처분 당시에 이미 존재하고 있었다거나 당사자가 그 사실을 알고 있었다는 점은 고려 대상이 아니다. 대법원 1992. 2. 14. 선고 91누3895 판결, 2009. 11. 26. 선고 2009두15586 판결 등 참조.

용하는 것을 거주·이전의 자유 보장을 위해 허용할 수 없다고 보았으나, 이미 고액 체납자에 대하여 명단 공개, 신용정보제공, 관허사업제한 등의 간접강제수단이 입법화되어 활용되고 있는 실정에서 출국금지제도만을 유달리 금기시할 합리적 근거는 없어 보인다.

요청에 의한 체납자 출국금지처분은 본질적으로 조세 징수 확보를 목적으로 하는 행정응원 제도로 보고, 그 필요성 여부는－물론 출입국관리법령의 한계 내에서－국세징수법령 소정의 요건을 충족하였는지를 중심으로 판단함이 타당하다. 따라서 요청에 의한 체납자 출국금지처분의 요건은 출입국관리법령상의 출국금지 기준뿐만 아니라 국세징수법령에 규정된 출국금지 요청의 기준을 종합하여 도출하여야 한다. 평석대상판결이 우려하는 행정재량권 남용은 법령에 명시된 요건인 '체납의 정당한 사유', '출국의 정당한 사유', '체납처분을 회피할 우려'라는 불확정개념의 적용에 대한 사법심사, 요건이 갖추어진 경우에도 처분으로 달성할 공익과 그로써 침해될 사익 간의 비교형량을 통한 법익균형성 사법심사를 통해 적절히 통제될 수 있을 것이다.

또한, 요청에 의한 체납자 출국금지처분이 본질적으로 행정응원 제도인 이상, 관계기관장의 요청이 법규명령상의 요건을 충족하지 못한 경우, 법무부장관은 응원조치의 발령을 거부하여야 할 것이고, 요청이 요건을 충족하지 못했음을 간과하고 출국금지처분을 행한 경우 당해 처분은 행정의 법률적합성 원칙을 위반하여 요청의 적법성에 대한 심사의무를 게을리한 것이어서 위법하다고 보아야 할 것이다. 물론 요청이 요건을 충족하지 못했을 경우에도 법무부장관은 직권으로 출국금지처분을 할 수 있지만, 이때에는 관계기관장에게 응원요청을 거부한다고 통보하고 처분의 상대방에게는 직권으로 처분하는 구체적인 이유를 제시하여야 할 것이다. [끝]

참고문헌

권오봉, “행정소송에 있어서의 주장·입증책임”, 「재판자료」 67집(법원도서관 1995), 307－342면.

구욱서, “행정소송에서의 입증책임”, 「저스티스」 34권 3호(2001), 190－215면.

김완석, “조세징수의 간접적 강제수단의 문제점”, 「조세연구」 3집(2003), 113－145면.

김용섭, “부당결부금지의 원칙과 부관”, 「행정판례연구」 15－2집(2010), 271－314면.

김재협, “가. 추징금의 시효중단에 관한 법리, 나. 추징금 미납자에 대한 출국금지처분시 고려사항 및 추징금 미납자에 대한 출국금지처분의 기준인 재산의 해외도피 가능성 여부의 판단 방법”, 「대법원판례해설」 제38호(법원도서관 2002), 744－764면.

김철용, “처분이유제시의 정도”, 「인권과 정의」 제396호(2009), 96－112면.

김철용/최광률 편집, 「주석 행정소송법」, 박영사 2004.

박윤흔, “행정법상의 의무확보수단”, 「공법연구」 12집(1984), 89－134면.

박정훈, 「행정법의 체계와 방법론」, 박영사 2005.

______, “불확정개념과 판단여지”, 「행정작용법」(김동희 교수 정년기념 논문집 2005), 250－270면

Karl Engisch, 안법영/윤재왕 譯, 「법학방법론」, 세창출판사 2011.

Hans Joachim Knack(Hg.), Verwaltungsverfahrensgesetz Kommentar, 9. Aufl, Köln 2010.

국문초록

본고의 평석대상인 대법원 2013. 12. 26. 선고 2012두18363 판결은 기본적으로 대법원 2001. 7. 27. 선고 2001두3365 판결의 판시를 반복한 것으로서, 출입국관리법상 체납자 출국금지처분의 요건이 느슨하게 설정되어 있는 상황에서 행정재량권 행사의 구체적인 기준을 제시함으로써 재량권 남용을 통제하려는 좋은 취지에서 출발하였다. 그러나, 법규명령의 제·개정 이유나 그 문언상 근거가 전혀 없음에도 '재산의 해외도피 방지'를 체납자 출국금지제도의 주된 목적이라고 선언하고, 이러한 입법 목적으로부터 '재산의 해외도피 가능성'이라는 불문의 처분요건을 창설해 내었다는 점에서 이를 과연 판례의 법해석 권한으로 정당화할 수 있는 것인지 의문이 든다. 평석대상판결은 이를 그대로 따라 체납자 출국금지처분이 조세징수를 위한 간접강제수단으로 활용하는 것을 거주·이전의 자유 보장을 위해 허용할 수 없다고 보았으나, 이미 고액 체납자에 대하여 명단 공개, 신용정보제공, 관허사업제한 등의 간접강제수단이 입법화되어 활용되고 있는 실정에서 출국금지제도만을 유달리 금기시할 합리적 근거는 없어 보인다.

요청에 의한 체납자 출국금지처분은 본질적으로 조세 징수 확보를 목적으로 하는 행정응원 제도로 보고, 그 필요성 여부는－물론 출입국관리법령의 한계 내에서－국세징수법령 소정의 요건을 충족하였는지를 중심으로 판단함이 타당하다. 따라서 요청에 의한 체납자 출국금지처분의 요건은 출입국관리법령상의 출국금지 기준뿐만 아니라 국세징수법령에 규정된 출국금지 요청의 기준을 종합하여 도출하여야 한다. 평석대상판결이 우려하는 행정재량권 남용은 법령에 명시된 요건인 '체납의 정당한 사유', '출국의 정당한 사유', '체납처분을 회피할 우려'라는 불확정개념의 적용에 대한 사법심사, 요건이 갖추어진 경우에도 처분으로 달성할 공익과 그로써 침해될 사익 간의 비교형량을 통한 법익균형성 사법심사를 통해 적절히 통제될 수 있을 것이다.

또한, 요청에 의한 체납자 출국금지처분이 본질적으로 행정응원 제도인 이상, 관계기관장의 요청이 법규명령상의 요건을 충족하지 못한 경우, 법무부장관은 응원조치의 발령을 거부하여야 할 것이고, 요청이 요건을 충족하지 못했음을 간과하고 출국금지처분을 행한 경우 당해 처분은 행정의 법률적합성 원칙을 위반하여 요청의 적법성에 대한 심사의무를 게을리한 것이어서 위법하다고 보아야 할 것이다. 물론 요청이 요건을 충족하지 못했을 경우에도 법무부장관은 직권으로 출국금지처분을 할 수 있지만, 이때에는 관계기관장에게 응원요청을 거부한다고 통보하고 처분의 상대방에게는 직권으로 처분하는 구체적인 이유를 제시하여야 할 것이다.

주제어: 체납자, 출국금지, 불확정개념, 행정응원, 처분의 이유제시

Zusammenfassung

Der Tatbestand und die Ermessenkontrolle der Ausreiseverbotsverfügung über die Steuerrückstandschuldner

Lee, Sang-Deok

Bei dem vorliegenden Aufsatz handelt es sich um den Tatbestand und die Ermessenkontrolle der Ausreiseverbotsverfügung über die Steuerrückstandschuldner. In einer Rechtssprechung als Gegenstand der Untersuchung hat das koreanische Oberstegericht zu der Ausreiseverbotsverfügung über die Steuerrückstandschuldner Stellung genommen: die Ausreiseverbotsverfügung sollte nur zur Verhütung der Vermögensausweichung aufs Ausland verwendet werden und darf nicht zum mittelbare Zwang der Steuererhebung. Aber bei dem relevante Gesetz und Verordnung könnte eine Grundlage für solche Auslegung nicht gefunden werden. Bereits werden verschienene Mittel als mittelbare Zwang, Z.B. der Öffentlichkeit der persönliche Informationen und Kreditinformationen, Unternehmensvervot usw., durch das relevante Gesetz geregelt, so gibt es eine Notwendigkeit zu denken, dass nur die Ausreiseverbotsverfügung ist kontraindiziert.

Die Ausreiseverbotsverfügung nach dem Antrag des Steuramt ist im Wesetlichen eine Art von Amtshilfe. Daher wenn der Antrag des Steuramt ist rechtswidrig, dann sollte natürlich die Ausreiseverbotsverfügung als rechtwidrig bewertet weden. Ermessensmissbrauch des Antrag und der Ausreiseverbotsverfügung könnte durch der gerichtlichen Überprüfung für der Anwendung der unbestimmte Begriffe gekontrolliert wedern.

Schülsselwörter: Steuerrückstand, Ausreiseverbot, unbestimmter Begriff, Amtshife, Begründungspflicht

투 고 일: 2014. 4. 30
심 사 일: 2014. 6. 19
게재확정일: 2014. 6. 20

取消訴訟의 對象

土地臺帳의 職權抹消 및 記載事項 變更拒否의 處分性*

安東寅**

대상판결 1: 대법원 2013. 10. 24. 선고 2011두13286 판결

대상판결 2: 대법원 2012. 1. 12. 선고 2010두12354 판결

Ⅰ. 판결의 개요

[대상판결 1]

1. 사실관계

피고 행정청은 원고의 부(父) 소유로 등재된 이 사건 토지가 토지대장과 등기부는 존재하나 지적미복구된 실체가 없고 그 위치를 알 수 없는 등록사항정정대상토지에 해당한다는 이유로 상속인인 원고에게 이

* 이 연구는 2013년도 영남대학교 학술연구조성비에 의한 것임.

** 영남대학교 법학전문대학원 교수.

사건 토지의 등록사항정정(대장말소)신청을 할 것을 통지하였다. 그러나 피고가 정한 기한 내에 원고가 등록사항정정신청을 행하지 않자, 피고는 지적법령에 따라서 이 사건 토지에 대한 토지대장을 직권으로 말소하는 이 사건 처분을 하였다.

이에 대하여 원고는 이 사건 토지가 실제 존재함에도 불구하고 피고가 이 사건 토지에 대한 대장을 말소한 것은 위법하다고 주장하면서 그 처분의 취소를 구하는 이 사건 소를 제기하였다.

2. 소송경과

1심과 원심은 모두 이 사건 처분은 항고소송의 대상이 되는 행정처분이 아니라고 보아 원고의 이 사건 소는 부적법하다고 판단하였다. 그러나 대법원은 그와 같은 판단은 행정처분에 관한 법리를 오해한 것이라고 하여 원심판결을 파기하고 제1심판결을 취소하여 환송하였다.

3. 판결요지

(1) 1심(의정부지방법원 2010. 10. 12. 선고 2010구합2390 판결)과 원심(서울고등법원 2011. 5. 24. 선고 2010누38280 판결)의 판단

지적도 등 지적공부에 일정한 사항을 등재하거나 등재된 사항을 변경하는 등의 행위는 행정사무 집행의 편의와 사실증명의 자료로 삼기 위한 것으로 그 등재 또는 변경으로 인하여 당해 토지에 대한 실체상의 권리관계에 변동을 가져오는 것이 아니고, 토지의 소재, 지번, 지목 및 경계가 지적공부의 기재에 의하여 확정된다 하여 토지소유권의 범위가 지적공부의 기재만으로 증명되는 것도 아니므로 소관청이 그 등재사항을 직권으로 정정하였다 하여도 이는 항고소송의 대상이 되는 행정처분이라고 할 수 없다 할 것이므로(대법원 1995. 12. 12. 선고 95누9747 판결 등 참조), 원고의 이 사건 소는 부적법하다.

(2) 대법원의 판단

토지대장은 토지에 대한 공법상의 규제, 개발부담금의 부과대상, 지방세의 과세대상, 공시지가의 산정, 손실보상가액의 산정 등 토지행정의 기초자료로서 공법상의 법률관계에 영향을 미칠 뿐만 아니라, 토지에 관한 소유권보존등기 또는 소유권이전등기를 신청하려면 이를 등기소에 제출해야 하는 점 등을 종합해 보면, 토지대장은 토지의 소유권을 제대로 행사하기 위한 전제요건으로서 토지소유자의 실체적 권리관계에 밀접하게 관련되어 있으므로, 이러한 토지대장을 직권으로 말소한 행위는 국민의 권리관계에 영향을 미치는 것으로서 항고소송의 대상이 되는 행정처분에 해당한다.

[대상판결 2]

1. 사실관계

이 사건 토지(성남시 판교동 74-2)에 관한 토지대장에는 소유자 명의가 '국'(國)으로 되어 있어 원고를 비롯한 망인의 상속인들은 이 사건 토지에 관하여 상속을 원인으로 한 소유권이전등기를 하기 위하여 피고에게 위 토지대장상 소유자명의를 등기부상 소유명의인인 망인으로 변경하여 줄 것을 신청하였다. 그러나 피고는 원고에게 이 사건 토지에 관한 등기부는 사실 판교동 74-3 토지를 표상하는 것으로 과거 한국전쟁 이후 회복등기를 하는 과정에서 번지가 잘못 기재된 것으로 보인다는 취지로 회신하면서 국가를 당사자로 하는 소송을 제기하여 소유권확인을 받아야 토지대장의 소유명의인을 변경할 수 있다며 원고의 신청을 거절하였다.

이에 원고는 이 사건 토지에 관하여 망인 명의의 등기부가 존재함에도 불구하고, 대한민국은 위 토지를 무주부동산이라는 이유로 대한민국을 소유자로 하여 토지대장을 작성하였고, 특별한 사정이 없는 한 망인 명의의 소유권이전등기는 적법하다고 추정되므로, 피고는 망인의 상속인인 원고에 대하여 토지대장상 소유자 명의를 망인으로 변경할 의무가 있다고 하면서 피고의 이 사건 토지대장정정불가처분의 취소를 구하는 이 사건 소를 제기하였다.

2. 소송경과

1심과 원심, 그리고 대법원은 모두 소관청이 토지대장상의 소유자 명의변경신청을 거부한 행위는 항고소송의 대상이 되는 행정처분이라고 할 수 없다고 하면서 원고의 이 사건 소가 부적법하다고 판단하였다.

3. 판결요지

(1) 1심(수원지방법원 2009. 11. 19. 선고 2009구합5870 판결)과 원심(서울고등법원 2010. 5. 12. 선고 2009누39966 판결)의 판단

항고소송의 대상이 되는 행정처분이라고 함은 행정청의 공법상 행위로서 특정사항에 대하여 법규에 의한 권리의 설정 또는 의무의 부담을 명하며 기타 법률상 효과를 발생케 하는 등 국민의 권리의무에 직접적 변동을 초래하는 행위를 말하고 상대방 또는 기타 관계자들의 법률상 지위에 직접적인 법률적 변동을 일으키지 아니하는 행위는 항고소송의 대상이 되는 행정처분이 아니라고 할 것인바, 지적공부에 기재된 소유자 명의는 행정상 집행의 편의와 사실증명의 자료로 삼기 위한 것으로, 그 소유자 명의가 변경된다고 하여도 이로 인하여 당해 토지에 대한 실체상의 권리관계에 변동을 가져오는 것이 아니고, 토지소유권이 지적공부의 기재 만에 의하여 증명되는 것도 아니다.

한편 지적법령에 의하면 토지등기부상의 소유자로 등기되어 있는 사람이 소관청에 등기부등본을 첨부하여 타인 명의로 등록된 토지대장상의 소유자 명의변경을 신청하는 경우 소관청은 특별한 사정이 없는 한 토지대장상의 소유자등록명의를 변경하여야 하겠으나, 객관적으로 토지등기부의 소유 명의를 의심할 사정이 있는 경우에는 소관청이 이를 거부할 수 있다고 보아야 한다. 그리고 이 사건의 경우 원고는 대한민국을 상대로 소유권확인을 구하는 민사소송을 제기하여 이 사건 토지에 관한 소유권을 명확히 한 후 소유권을 확인받은 판결문을 첨부하여 소관청에 토지대장상 소유자 명의변경을 신청하는 방법으로 이 사건 토지에 관한 토지대장상 소유자 명의를 변경할 수 있다고 할 것이므로, 결국 피고가 원고에게 토지대장상의 소유자 명의변경이 불가하다고 한 소위는 원고의 권리의무에 직접적 변동을 초래하거나 법률상 지위에 직접적인 법률적 변동을 일으키는 행정처분으로 볼 수 없고, 따라서 이 사건 토지에 관한 토지대장상 소유자 명의를 변경하여 달라는 원고의 신청을 거부한 소위는 항고소송의 대상이 될 수 없으며 그 취소를 구하는 이 사건 소는 부적법하다.

(2) 대법원의 판단

토지대장에 기재된 일정한 사항을 변경하는 행위는, 그것이 지목의 변경이나 정정 등과 같이 토지소유권 행사의 전제요건으로서 토지소유자의 실체적 권리관계에 영향을 미치는 사항에 관한 것이 아닌 한 행정사무집행의 편의와 사실증명의 자료로 삼기 위한 것일 뿐이어서, 그 소유자 명의가 변경된다고 하여도 이로 인하여 당해 토지에 대한 실체상의 권리관계에 변동을 가져올 수 없고 토지소유권이 지적공부의 기재

만에 의하여 증명되는 것도 아니다(대법원 1984. 4. 24. 선고 82누308 판결, 대법원 2002. 4. 26. 선고 2000두7612 판결 등 참조). 따라서 소관청이 토지대장상의 소유자명의변경신청을 거부한 행위는 이를 항고소송의 대상이 되는 행정처분이라고 할 수 없다.

Ⅱ. 평석

1. 쟁점의 정리

우리의 일상생활에서 발생 및 유지되는 법률관계 가운데 가장 중요한 것 중의 하나가 바로 부동산에 관한 법률관계라 할 수 있다. 그리고 부동산에 관한 법률관계에는 국가가 개입하여 일정한 관리책임을 부담하는데, 이 때 국가가 부동산을 관리하는 공적 장부가 바로 등기부와 지적공부(地籍公簿)이다.

그런데 과거에는 지적공부는 단지 행정청이 사무집행의 편의와 사실증명의 자료로 삼기 위하여 작성하는 것일 뿐이라는 인식이 강하였으나, 실질적으로 지적공부의 존부와 그 기재사항의 정오(正誤)에 따라서 토지의 소유자는 권리행사에 어떠한 지장을 받게 될 수도 있으므로, 이러한 경우 그와 같은 오류를 실질에 부합하게 정정하도록 허용할 것인지 여부가 문제된다. 그리고 이로부터 지적공부를 행정소송의 대상으로 삼을 수 있는지, 즉 지적공부와 관련한 처분성의 문제가 드러나게 된다.

이 사건들에서는 토지대장의 직권말소의 처분성[대상판결 1]과 토지대장의 기재사항 변경(거부)의 처분성[대상판결 2]이 문제되었다. 이와 관련하여 그 각각의 처분성 인정 여부를 검토함에 있어 먼저 행정소송법상 '처분'개념과 판례가 채택하고 있는 처분개념이 서로 차이를 보이고 있는 개념요소를 중심으로 판례의 처분개념에 대해서 비판적 검토 및 평가를 해 보고자 한다(2.). 그리고 이와 같은 예비적 고찰을 바탕으로 대상판결들을 검토하고, 그에 따라서 토지대장의 직권말소 및 기재사항 변경(거부)의 처분성 인정이 적정하게 판단되었는지 여부를 살핀 후, 또 다른 지적공부인 건축물대장에 대한 관련 판례들도 한 번 정리해 보도록 한다(3., 4.).

또한 본 평석을 진행함에 있어서 단순히 대상판결들만을 비교·분석하기 보다는 그 간의 관련 판례의 변화 내지 전개과정도 아울러 살펴보고, 이와 더불어 관련된 기존의 논의들도 두루 정리해 보고자 한다.

2. 행정소송법상 '처분' 개념의 재고(再考)

(1) 행정소송법의 정의규정과 판례가 주목하는 개념 요소의 괴리

우리 행정소송법은 1951년 제정 당시 '처분'을 행정소송의 대상으로 규정하였음에도 불구하고,[1] 별도로 그 개념의 정의에 대해서는 규정하지 않았다. 그리고 이와 관련하여 판례는 '항고소송의 대상이 되는 행정처분'에 대해서 "행정청의 공법상의 행위로서 특정사항에 대하여 법규에 의한 권리의 설정 또는 의무의 부담을 명하며, 기타 법률상의 효과를 발생케 하는 등의 국민의 권리·의무에 직접 관계가 있는 행위"[2] 내지 "행정청이 공법상의 구체적 사실을 규율하기 위하여 이부적으로 국민의 권리·의무를 형성하고 직접 국민의 권익에 영향을 주는 행정청의 권력적 행위",[3] 또는 "행정청의 공법상의 행위로서 특정사항에 대하여 법규에 의한 권리의 설정 또는 의무의 부담을 명하며 기타 법률상의 효

1) 행정소송법[법률 제213호, 1951.8.24, 제정] 제1조(행정청 또는 그 소속기관의 위법에 대한 그 처분의 취소 또는 변경에 관한 소송 기타 공법상의 권리관계에 관한 소송절차는 본법에 의한다).

2) 대법원 1967. 6. 27. 선고 67누44 판결.

3) 대법원 1978. 9. 26. 선고 78누265 판결.

과를 발생케 하는 등 국민의 구체적인 권리·의무에 직접적 변동을 초래하는 행위"[4] 등으로 판시해 왔고, "행정소송법 제1조의 행정청의 처분이라 함은 행정청의 공법상의 행위로서 특정사항에 대하여 법규에 의한 권리설정 또는 의무의 부담을 명하며 기타 법률상의 효과를 발생하게 하는 등 국민의 권리·의무에 직접관계가 있는 행위를 말한다."[5]라고 설시하기도 하면서 나름의 개념을 정립하여 왔다.

그러던 중 1984. 12. 15. 행정소송법이 전면개정되면서 취소소송의 대상이 되는 '처분'에 대해서 "행정청이 행하는 구체적 사실에 관한 법집행으로서의 공권력의 행사 또는 그 거부와 그 밖에 이에 준하는 행정작용"으로 정의하였다(행정소송법 제2조 제1호). 그러나 대법원 판례는 행정소송법의 개정에도 불구하고 기본적으로 종전의 판례상 처분개념을 그대로 따르면서 구체적 사안에서의 처분성 인정 여부의 판단기준으로 삼아 왔다.

즉, 판례는 ⓐ "행정소송의 대상이 되는 행정처분이란 행정청 또는 그 소속기관이나 법령에 의하여 행정권한의 위임 또는 위탁을 받은 공공단체 등이 국민의 권리·의무에 관계되는 사항에 관하여 직접 효력을 미치는 공권력의 발동으로서 하는 공법상의 행위를 말하며, 그것이 상대방의 권리를 제한하는 행위라 하더라도 행정청 또는 그 소속기관이나 권한을 위임받은 공공단체 등의 행위가 아닌 한 이를 행정처분이라고 할 수 없다."라고 파악하거나,[6] 또는 ⓑ "항고소송의 대상이 되는 행정청의 처분이란 원칙적으로 행정청의 공법상 행위로서 특정사항에 대하여 법규에 의한 권리의 설정 또는 의무의 부담을 명하거나 기타 법률상 효과를 직접 발생하게 하는 등 국민의 권리·의무에 직접 관계가 있는

4) 대법원 1980. 10. 14. 선고 78누379 판결.
5) 대법원 1984. 2. 14. 선고 82누370 판결.
6) 대법원 2008. 1. 31. 선고 2005두8269 판결; 2004. 3. 4. 자 2001무49 결정; 1999. 11. 26. 자 99부3 결정; 1999. 2. 9. 선고 98두14822 판결; 1995. 2. 28. 자 94두36 결정 등.

행위를 말하므로, 행정청의 내부적인 의사결정 등과 같이 상대방 또는 관계자들의 법률상 지위에 직접 법률적 변동을 일으키지 않는 행위는 그에 해당하지 아니한다."라고 파악하여 반드시 법령상의 정의규정에 따르지는 않았다.[7] 요컨대 판례는 '① 행정청이 행하는 공법상의 행위로서 ② 국민의 권리·의무에 직접적인 효력을 미치는 ③ (구체적 사실에 관한) 공권력의 발동'을 처분의 주요한 표징(標徵)으로 포착하고 있는 것이라 할 수 있다.[8]

그런데 이와 같은 판례상의 처분개념은 행정소송법상의 처분개념과 비교할 때, 주된 개념요소로서 법에서 명시적으로 규정하고 있지 아니한 ②의 요소[국민의 권리 · 의무에 대한 직접적인 영향]를 요구하고 있다는 점에서 그 특징을 찾아볼 수 있다.[9] 그리고 이와 같은 판례의 태도에 대해서는 긍정적으로 선해(善解)하는 입장과 부정적으로 비판하는 입장에서 각각의 평가가 가능하다 할 것이다.

(2) 판례의 (전통적인) 처분개념에 대한 평가

우선 판례의 태도를 선해하는 입장은 먼저 "행정소송법은 행정소송절차를 통하여 행정청의 위법한 처분 그 밖에 공권력의 행사, 불행사 등으로 인한 국민의 권리 또는 이익의 침해를 구제하는 것 등을 목적으로

7) 대법원 2012. 9. 27. 선고 2010두3541 판결; 2011. 4. 21. 자 2010무111 결정; 2009. 12. 24. 선고 2009두12853 판결; 2007. 11. 15. 선고 2007두10198 판결; 2002. 5. 17. 선고 2001두10578 판결; 1999. 8. 20. 선고 97누6889 판결; 1999. 6. 25. 선고 98두15863 판결 등.

8) 법원실무제요 역시 "행정청이 공권력의 행사로서 행하는 처분 중 국민의 권리·의무에 직접적으로 법률상 영향을 미치는 것"을 항고소송의 대상으로 보고 있다 [법원행정처, 법원실무제요(행정)(전정증보), 법원행정처, 1997, 89면].

9) 이에 대하여 서울행정법원(실무연구회)은 판례상의 처분개념이 행정소송법에서 정의한 '처분'의 개념에 충실한 것이라고 평가하고 있으나[서울행정법원 실무연구회, 행정소송의 이론과 실무(개정판), 사법발전재단, 2014, 46면], 아래에서 살펴볼 수 있는 바와 같이 판례상의 처분개념이 행정소송법상의 처분개념에 충실하지 못하다는 점에 대해서 종래 많은 비판이 제기되어 왔다.

하는 법"이며,10) 항고소송은 어디까지나 국민의 권리구제를 주된 목적으로 하는 주관소송임을 그 전제로 한다고 할 수 있다. 그리고 이와 같은 입장에서는 처분개념 자체가 선험적인 것이 아니라 어디까지나 그 동안의 학문적·실무적 업적을 바탕으로 하여 생성된 역사적 개념이라 할 수 있고, 법원이 그 동안 설정하여 제시해 왔던 처분개념이 행정소송법상의 처분개념과 크게 배치되는 것도 아니라고 파악할 수 있다. 또한 무엇보다도 일반적으로 처분성의 인정과 관련된 법적 분쟁에서 실제로 문제되는 부분은 행정청이 행한 것인지(위의 ⓐ와 같은 판례군), 아니면 그것이 국민의 권리·의무에 영향을 미치는 것인지(위의 ⓑ와 같은 판례군) 여부가 대부분이라 할 수 있으므로, 전통적인 판례의 태도는 실제적으로 구체적인 문제해결에 집중하고자 하는 것으로 볼 수 있고, 따라서 이와 같은 견지에서 판례가 굳이 법령상의 정의규정을 무시하는 것은 아니라고 평가할 수 있을 것이다.

그러나 이와 같은 판례의 태도에 대해서는 우선 판례가 '처분'에 대한 행정소송법의 명확한 정의규정을 무시하거나 간과하고 있다는 점을 앞세워, 그 동안 법원이 행정소송법의 처분의 정의와는 무관하게 독자적인 처분개념을 내세워 처분성의 문제를 해결하려는 것으로 보이므로 그와 같은 성문법경시의 태도는 지양하여야 한다고 말하거나,11) 판례가 최근까지도 처분의 정의규정이 없었던 1984년 이전에 취하고 있었던 이른바 독일식의 최협의의 행정행위 개념을 지금까지도 처분개념으로 그대로 유지하여 왔던 것으로서 재고되어야 마땅하다고 지적하거나,12) 대법원 판례가 행정소송법 전면개정에 따른 새로운 처분개념과 그 취지를 외면하고 구법시대에 형성된 판례를 답습하거나 다분히 사법소극주의적

10) 대법원 1992. 3. 31. 선고 91누4911 판결.
11) 김남진, "대법원의 처분개념에 대한 의문", 「법률신문」, 제2844호(1999.12.13), 14면.
12) 김철용, 행정법(전면개정 제3판), 고시계사, 2014, 570면; 조헌수, "건축물대장 직권정정행위의 처분성", 행정판례연구 Ⅳ, 한국행정판례연구회, 1999, 299면.

인 일본의 법규정과 판례를 추종하여 처분을 매우 좁게 파악하였다고 평가하는[13] 비판적 견해들이 있었다. 또한 판례가 행정소송법상의 처분 개념을 지나치게 제한적으로 해석·적용하고 있다는 점을 앞세워, 판례는 법적 규율을 처분의 개념적 요소로 파악함으로써 행정소송법이 명문으로 규정하고 있는 '공권력의 행사'의 개념을 부당하게 '법적인 행위'로 축소하는 것이라는 점에서 비판을 면할 수 없다고 하거나,[14] 판례의 입장은 처분의 개념을 명문화한 입법취지에 반할 뿐만 아니라, 그 내용에 비추어 보더라도 '구체적 사실에 관한 법집행으로서의 공권력의 행사'라는 처분개념을 '상대방 또는 기타 관계자들의 법률상 지위에 직접적인 법률적 변동을 일으키는 행위'에 한정하여 해석할 이유가 전혀 없다는[15] 비판적 견해들도 제시되어 왔다.

생각건대 우선 전통적인 판례의 처분개념은 무엇보다 행정소송법상의 처분의 정의규정에 부합하지 않는다는 점에 문제가 있다. 즉 행정소송법은 1951년 당시의 일본 行政事件訴訟特例法을 본떠 전문 14개조의 극히 간략한 내용으로 제정되어 1980년대 초까지 30여 년 간 시행되다가, 1984년에 이르러 기존의 법이 발전하는 행정상황에 부응하지 못할 뿐 아니라 국민이 권리구제에도 미흡하다는 이유로 이를 전면개정하여 국민의 권익을 최대한 보호함과 아울러 행정목적의 실현에도 지장이 없도록 하기 위하여 전면개정되었고,[16] 또한 1984년에 개정된 행정소송법에서 새롭게 구체적으로 규정한 처분개념은 종래의 행정행위 개념보다 확장된 해석을 유도하는 입법문언이 채택된 것으로 현대산업사회에 있어서의 행정작용의 적극화 및 행위형식의 다양화에 부응하여 행정쟁

13) 박정훈, "항고소송의 대상 및 유형", 행정소송법 개정자료집(Ⅱ), 법원행정처, 2007, 776-778면.

14) 김남철, 행정법강론, 박영사, 2014, 735-736면.

15) 김정중, "건축물대장 변경행위 등의 처분성", 재판자료 제120집(행정재판실무연구 Ⅲ), 2010, 94-95면.

16) 행정소송법 [법률 제3754호, 1984.12.15., 전부개정] 제·개정이유.

송사항을 확대함으로써 국민의 권리구제의 길을 넓히려는 데 그 입법취지가 있었던 것[17]임에도 불구하고, 판례는 이처럼 새롭게 규정된 처분개념에 집중하여 처분성을 파악한 것이 아니라 과거의 태도를 지금껏 고수해 왔다는 점에 분명히 문제가 있다 할 것이다.

그리고 이와 연관하여 판례가 채택하고 있는 처분개념이 과연 허용되는 법해석의 범위 내에 속하는 것인지 여부에 대해서도 의문이 있다. 우리법체계에서도 현재 판례가 사실상 구속력을 갖는다는 점은 인정되고 그와 같은 차원에서 판례의 법원성(法源性)을 인정할 수는 있다 하겠으나, 그럼에도 불구하고 영미법계 국가들에서 인정되는 것과 같은 차원의 법원성이 인정된다고는 보기 어렵다. 나아가 이른바 판례 및 법관의 법형성 기능을 인정한다 할지라도 그것이 입법자의 결단에 따라서 이루어진 개념 내재적으로 모순이 없는 명확한 입법을 무시하면서까지 허용될 수 있는 것은 아니라 할 것이다. 즉 행정소송법의 처분의 정의규정을 목적론적으로 축소해석하고 있는 현재와 같은 판례의 태도는 일응 '법률의 문언에 반하는 해석'(contra legem)으로 평가할 수 있을 것인데, 이러한 해석은 해석에 의한 법률 문언의 수정을 의미할 수 있기 때문에 사법입법에 해당하고 나아가 민주주의 원칙에 반하는 것으로 볼 여지가 있다.[18] 그리고 설령 일정한 경우에는 법률의 문언에 반하는 해석을 인정할 수 있다 할지라도, 이와 같은 해석은 법률에 흠결이 있는 경우, 법률의 내용이 상호 모순적이거나 충돌하는 경우, 법률에 명백한 실수가 있는 경우, 법률의 내용이 심하게 비합리적이거나 반도덕적인 경우 또는 사회변화로 규범상황이 변한 경우 등에 한하여 인정될 수 있다 할 것이다.[19] 그러나 지금껏 판례가 채택해 온 처분개념은 이와 같이 법률

17) 헌법재판소 2009. 4. 30. 선고 2006헌바66 전원재판부.

18) 참고: 박철, "법률의 문언을 넘은 해석과 법률의 문언에 반하는 해석", 법철학연구 제6권 제1호, 2003, 186-188면.

19) 위의 논문, 232면.

의 문언에 반하는 해석이 허용되어 정당화될 수 있는 경우에 해당한다고 단정 짓기 어렵다.

게다가 판례의 처분개념은 국민의 권익구제에 충분히 기여하지 못하는 문제점도 있다. 대법원 역시 현재의 처분개념의 한계를 인식하고 있으며, 그에 따라서 국민의 권리구제의 폭을 확대하고 행정의 적법성 보장을 강화하기 위하여 지난 2006년 행정소송법의 개정을 시도하면서 항고소송의 대상을 확대하고자 하였다는 점에서도 이와 같은 문제의식은 드러나 있다 할 것이다.[20] 또한 현재 행정소송법의 개정과 관련하여 당사자소송의 활성화 등이 논의되고 있기는 하나 아직까지는 이른바 취소소송 중심주의에 따라서 항고소송이 국민의 권익구제의 주된 기제로서 운용되어 왔고, 이에 따라 항고소송의 대상이 되는 처분에 해당하는지 여부가 국민의 권익구제 여부를 실질적으로 좌우하여 왔으며, 무엇보다 처분성(대상적격)은 사인의 개별·구체적인 사정을 고려하기에 앞서 객관적·외형적으로 판단되는 소송요건의 제1차적 관문으로 작용하는 것이라는 점을 고려한다면, 지금과 같은 판례의 태도는 충분히 비판적으로 평가할 수 있을 것이다.

따라서 위와 같은 비판점들을 종합적으로 고려한다면 법원이 종래 행정소송법의 처분의 정의와는 무관하게 독자적인 처분개념을 내세워 처분성의 문제를 해결해 왔던 태도에는 분명히 문제점이 있음을 인정할 수 있나 할 것이다. 그리고 현재까지 확립되어 유지되어 온 판례의 태도를 어느 한 순간 전면적으로 변경할 수는 없다 할지라도, 행정소송법에

20) 다만 2006년 당시 대법원이 '처분'을 "행정청이 행하는 구체적 사실에 관한 공권력의 행사 그 밖에 이에 준하는 행정작용"이라고 개정하여 협의의 처분뿐만 아니라 권력적 사실행위, 법규명령 등을 모두 항고소송의 대상에 포함하고자 하였던 것은 현재 본고의 비판의 초점, 즉 현행 판례가 행정소송법상 규정되어 있지 아니한 별개의 요건(국민의 권리·의무에 대한 직접적인 영향)을 처분성의 판단기준으로 삼고 있다는 점을 해소하고자 하는 것은 아니었다는 점에서 다소 주의할 필요는 있다.

서 명확히 규정하고 있지 아니한 요소, 즉 "국민의 권리·의무에 대한 직접적인 영향"을 결정적인 처분성의 판단요소로서 엄격하게 적용하는 것은 결코 적절하지 못하다 할 것이고, 당해 판단요소는 보다 탄력적으로 적용하는 것이 필요하다고 생각된다.21)

(3) 판례상 처분개념의 변화의 움직임

한편 최근의 판례는 전통적인 판례의 태도와는 달리 행정소송법상의 처분개념을 보다 명확하게 따르는 모습을 보여주기도 한다. 그리고 이와 같은 모습은 일찍이 행정지도의 처분성에 대한 판단기준을 제시하였던 부분에서 그 단초를 찾을 수 있다.

즉 판례는 행정지도의 처분성 여부를 판단함에 있어 "행정청의 어떤 행위를 행정처분으로 볼 것이냐의 문제는 추상적 · 일반적으로 결정할 수 없고, 구체적인 경우 행정처분은 행정청이 공권력의 주체로서 행하는 구체적 사실에 관한 법집행으로서 국민의 권리 · 의무에 직접 영향을 미치는 행위라는 점을 고려하고 행정처분이 그 주체, 내용, 절차, 형식에 있어서 어느 정도 성립 내지 효력요건을 충족하느냐에 따라 개별적으로 결정하여야 하며, 행정청의 어떤 행위가 법적 근거도 없이 객관적으로 국민에게 불이익을 주는 행정처분과 같은 외형을 갖추고 있고, 그 행위의 상대방이 이를 행정처분으로 인식할 정도라면 그로 인하여 파생되는 국민의 불이익 내지 불안감을 제거시켜 주기 위한 구제수단이 필요한 점에 비추어 볼 때 행정청의 행위로 인하여 그 상대방이 입는 불이익 내지 불안이 있는지 여부도 그 당시에 있어서의 법치행정의 정도와 국민의 권리의식 수준 등은 물론 행위에 관련한 당해 행정청의 태

---

21) 필자는 종전에 전통적인 판례의 태도를 비판하는 견해에 대해서 원칙적으로 찬동하면서도 판례의 태도에 대해서 선해하는 입장을 피력한 바 있었으나("한국마사회의 조교사·기수면허 취소처분에 대한 쟁송방법", 행정법연구 제30호, 행정법이론실무학회, 2011. 8, 111-112면), 본고를 통하여 판례의 태도에 비판하는 입장을 보다 강조하고자 한다.

도 등도 고려하여 판단하여야 한다."라고 하여 권리·의무에 대한 영향을 요구하는 전통적인 판단기준을 완화하여 제시하면서 이른바 쟁송법적 처분개념을 채택하였음을 밝힌 바 있다.[22)]

그리고 이와 같은 태도는 근자에 "행정청의 어떤 행위가 항고소송의 대상이 될 수 있는지의 문제는 추상적 · 일반적으로 결정할 수 없고, 구체적인 경우 행정처분은 행정청이 공권력의 주체로서 행하는 구체적 사실에 관한 법집행으로서 국민의 권리·의무에 직접적으로 영향을 미치는 행위라는 점을 염두에 두고, 관련 법령의 내용과 취지, 그 행위의 주체 · 내용 · 형식 · 절차, 그 행위와 상대방 등 이해관계인이 입는 불이익과의 실질적 견련성, 그리고 법치행정의 원리와 당해 행위에 관련한 행정청 및 이해관계인의 태도 등을 참작하여 개별적으로 결정하여야 한다."라고 하면서 건축법상의 관련 규정에 비추어 볼 때 불안정한 지위로 인한 당사자의 법적 불안 해소 및 위법 건축물과 관련한 분쟁의 조기해결 등이 가능하다는 이유로 행정청의 건축신고 수리거부행위의 처분성을 인정하였던 대법원 2010. 11. 18. 선고 2008두167 전원합의체 판결에서 보다 명확히 드러났다고 볼 수 있고, 이러한 태도는 그 이후로도 유지되고 있다.[23)]

이와 같이 쟁송법적 처분개념설에 입각하여 처분성의 확대를 도모

22) 대법원 1993. 12. 10. 선고 93누12619 판결; 1992. 1. 17. 선고 91누1714 판결; 1989. 9. 12. 선고 88누8883 판결 등; 다만 위와 같은 일반론의 설시에도 불구하고 판례가 실제 문제된 사안들에 대해서는 처분성을 쉽사리 인정하지 않고 있다는 지적이 있다[김철용 · 최광률(편집대표)(조용호 집필부분), 주석 행정소송법, 박영사, 2004, 61면].

23) 이와 같은 판례의 태도는 이후 행정청의 착공신고 반려행위의 처분성을 인정한 대법원 2011. 6. 10. 선고 2010두7321 판결; 부당한 공동행위 자진신고자 등의 시정조치 또는 과징금 감면신청에 대한 공정거래위원회의 감면불인정통지의 처분성을 인정한 대법원 2012. 9. 27. 선고 2010두3541 판결; 건강보험심사평가원의 입원료 가산 및 별도보상적용제외통보의 처분성을 인정한 대법원 2013. 11. 14. 선고 2013두13631 판결 등에서도 그대로 유지되었다.

하고 있는 현재의 판례의 태도를 고려한다면, 판례의 처분개념은 상당히 넓은 것으로 파악할 수도 있다. 그러나 판례는 여전히 "국민의 권리·의무에 대한 직접적인 영향"을 처분성의 주된 판단기준으로 삼고 있으므로, 이에 대한 비판적 검토 역시 여전히 의미가 있다 할 것이다.

3. 토지대장의 직권말소의 처분성: 「대상판결 1」의 검토

(1) 토지대장의 공법상 효력

토지대장은 토지의 현황을 명확히 파악하기 위하여 특별자치시장·시장·군수·구청장이 작성하는 장부로서 지적공부(地籍公簿)[24]의 일종이다. 토지대장에는 ① 토지의 소재, ② 지번, ③ 지목, ④ 면적, ⑤ 소유자의 성명 또는 명칭, 주소 및 주민등록번호(국가, 지방자치단체, 법인, 법인 아닌 사단이나 재단 및 외국인의 경우에는 「부동산등기법」 제49조에 따라 부여된 등록번호), ⑥ 토지의 고유번호(각 필지를 서로 구별하기 위하여 필지마다 붙이는 고유한 번호), ⑦ 지적도 또는 임야도의 번호와 필지별 토지대장 또는 임야대장의 장번호 및 축척, ⑧ 토지의 이동(異動)사유,[25] ⑨ 토지등급 또는 기준수확량등급과 그 설정·수정 연월일, ⑩ 개별공시지가와 그 기준일, ⑪ 그 밖에 국토교통부장관이 정하는 사항을 등록하여야 한다.[26]

이와 같은 등록사항과 기타 기재사항은 그 내용에 따라서 크게 ㉠ 토지의 표시에 관한 부분(토지의 소재, 지번, 지목, 면적, 토지의 이동사유, 토

---

24) 지적공부는 토지대장, 임야대장, 공유지연명부, 대지권등록부, 지적도, 임야도 및 경계점좌표등록부 등 지적측량 등을 통하여 조사된 토지의 표시와 해당 토지의 소유자 등을 기록한 대장 및 도면(정보처리시스템을 통하여 기록·저장된 것을 포함한다)을 말한다(측량·수로조사 및 지적에 관한 법률 제2조 제19호).

25) "토지의 이동(異動)"이란 토지의 표시를 새로 정하거나 변경 또는 말소하는 것을 말한다(측량·수로조사 및 지적에 관한 법률 제2조 제28호).

26) 측량·수로조사 및 지적에 관한 법률 제71조 제1항, 같은 법 시행규칙 제68조 제2항.

지의 고유번호), ㉡ 소유자의 표시에 관한 부분(소유자의 성명 또는 명칭, 주소 및 주민등록번호, 권리관계의 변동원인 및 변동일자), ㉢ 과세의 기초가 되는 부분(토지등급 또는 기준수확량등급과 그 설정·수정 연월일, 개별공시지가와 그 기준일, 용도지역) 및 ㉣ 토지대장의 관리를 위한 부분(지적도 또는 임야도의 번호와 필지별 토지대장 또는 임야대장의 장번호 및 축척, 발급번호, 처리시각 및 작성자)으로 구분하여 볼 수 있다.

그리고 단순히 토지대장의 관리를 위한 정보를 담고 있는 ㉣의 내용들을 제외한 나머지 ㉠, ㉡ 및 ㉢의 등록사항 및 기재사항들은 각기 과세대상(과세물건)과 납세의무자의 현황 및 과세표준의 기준이 될 토지의 시가표준액에 대한 내용들이므로 이는 곧 조세나 부담금 등을 부과하기 위한 기초자료로서 작용하는 것이라 할 수 있다. 따라서 토지대장의 가장 주요한 작성목적이 바로 조세 및 부담금의 부과징수를 위한 토지의 현황파악이라고 할 때,[27] 위와 같은 ㉠ 내지 ㉢의 등록사항들은 모두 조세 및 부담금의 부과징수라는 공법적 목적의 달성을 위하여 필요한 내용들이라 할 것이고, 이는 그 자체로 토지대장의 공법적 성격 및 그 효력을 드러내는 것이라 하겠다. 즉 이와 같은 토지대장의 등재사항들이 단순히 행정사무 집행의 편의와 사실증명의 자료로서만 작용하는 것은 아니라 할 것이다.

「대상판결 1」 역시 이와 같은 취지에서 "토지대장은 토지에 대한 공법상의 규제, 개발부담금의 부과대상, 지방세의 과세대상, 공시지가의 산정, 손실보상가액의 산정 등 토지행정의 기초자료로서 공법상의 법률관계에 영향을 미치는 것"임을 인정하고 있는바, 이는 적정한 판단이라 하겠다.

27) 사법연수원, 부동산등기법, 사법연수원 출판부, 2013, 5면; 곽윤직, 물권법(신정판), 박영사, 1994, 119면.

(2) 토지대장의 직권말소의 처분성

「대상판결 1」의 사안에서 지적소관청은 원고가 이 사건 토지의 등록사항정정(대장말소)신청 요청을 따르지 않자 곧 구 지적법 제24조[28] 및 같은 법 시행령 제31조[29]에 기하여 이 사건 토지에 대한 토지대장을 직권으로 말소하였다. 따라서 이 사건 토지대장의 직권말소는 행정청인 지적소관청이 구 지적법령을 집행하여 원고에게 구체적이고 직접적인 공법상 영향을 미치는 공권력을 행사한 것으로서 곧 그 처분성을 인정할 수 있다 할 것이다.

그런데 「대상판결 1」은 토지대장의 공법적 성격과 효력을 인정하고 있음에도 불구하고, 이와 더불어 토지에 관한 소유권보존등기나 소유권이전등기를 신청하기 위하여 토지대장을 등기소에 제출해야 하는 점을 들면서 토지대장은 토지의 소유권을 제대로 행사하기 위한 전제요건으로서 "토지소유자의 실체적 권리관계에 밀접하게 관련"되어 있음을 이유로 토지대장의 직권말소의 처분성을 인정하였다. 즉 「대상판결 1」은 토지대장 직권말소의 경우를 앞서 판례상 처분개념을 살피면서 분류한 ⓑ 판례군의 전형적인 사례로 파악하고 '권리 · 의무에 대한 직접적 영향'을 처분성 인정의 주요한 판단기준으로 제시 및 적용하고 있는 것이다.

그러나 앞서 살핀 바와 같이 판례가 이와 같이 권리 · 의무에 대한

---

28) 이는 현행 측량·수로조사 및 지적에 관한 법률 제84조와 같다.
제84조(등록사항의 정정) ② 지적소관청은 지적공부의 등록사항에 잘못이 있음을 발견하면 대통령령으로 정하는 바에 따라 직권으로 조사 · 측량하여 정정할 수 있다.

29) 이는 현행 측량·수로조사 및 지적에 관한 법률 시행령 제82조와 같다.
제82조(등록사항의 직권정정 등) ① 지적소관청이 법 제84조제2항에 따라 지적공부의 등록사항에 잘못이 있는지를 직권으로 조사 · 측량하여 정정할 수 있는 경우는 다음 각 호와 같다.
4. 지적공부의 작성 또는 재작성 당시 잘못 정리된 경우

직접적인 영향을 처분성의 주요한 판단기준으로 삼는 것은 바람직하지 않다 할 것이다. 그리고 토지대장의 직권말소는 토지소유자의 공법적 법률관계에 대해서 구체적이고 직접적인 영향을 미치는 공권력 작용임이 분명하므로, 그 자체로 '행정청이 행하는 구체적 사실에 관한 법집행으로서의 공권력의 행사'인 처분에 해당한다고 볼 수 있다. 따라서 「대상판결 1」의 결론에는 충분히 찬동할 수 있으나, 「대상판결 1」이 여전히 권리·의무에 대한 직접적인 영향을 처분성 판단의 주된 요소로 파악하고 있는 점에 대해서는 아쉬움이 남는다.

그리고 이에 더하여 「대상판결 1」이 토지대장의 직권말소가 권리 · 의무에 대하여 영향을 미치는 것의 근거로서 소유권등기의 신청을 위하여 토지대장을 등기소에 제출하여야 한다는 점을 제시하고 있는 것에 대해서도 상당한 아쉬움이 남는다. 이는 판례가 처분성의 판단기준으로서 삼고 있는 '국민의 권리 · 의무에 직접 관계가 있는 행위'의 의미를 '토지소유권과 같은 실체적 권리관계에 밀접하게 관련되어 있는 행위'로 파악하고 있는 것에 따른 것으로 보인다.[30] 그러나 이와 같이 파악하면 여기서의 '실체적 권리관계'는 단지 사법(私法)상의 권리 · 의무관계만을 의미하게 되므로, 토지대장의 등재(행위)가 공법상의 법률관계에만 어떠한 구속력을 미치게 되는 경우에는 처분성이 부인될 수 있다.[31] 그러나 토지대장의 등재(행위)는 행정청과의 관계에서 공법적 법률관계에 영향을 미치게 됨이 분명하고 또한 그 자체로서 처분성을 인정할 수 있을 것임에도 불구하고 굳이 사법상의 권리 · 의무에 대한 영향(만)을 주된 판단요소로 고려하는 것이 적절한지는 의문이라 하겠다.

30) 박해식, "지목변경신청반려행위의 처분성", 대법원판례해설 제50호, 법원도서관, 2004, 228면.

31) 선정원, "공부변경 및 그 거부행위의 처분성", 행정판례연구 Ⅶ, 한국행정판례연구회, 2002, 293면.

(3) 건축물대장의 직권말소와의 비교

토지대장과 더불어 대표적인 지적공부 중의 하나인 건축물대장의 직권말소에 대해서도 판례는 토지대장의 직권말소의 경우와 마찬가지로 판단하고 있다. 즉 판례는 "건축물대장은 건축물에 대한 공법상의 규제, 지방세의 과세대상, 손실보상가액의 산정 등 건축행정의 기초자료로서 공법상의 법률관계에 영향을 미칠 뿐만 아니라, 건축물에 관한 소유권보존등기 또는 소유권이전등기를 신청하려면 이를 등기소에 제출하여야 하는 점 등을 종합해 보면, 건축물대장은 건축물의 소유권을 제대로 행사하기 위한 전제요건으로서 건축물 소유자의 실체적 권리관계에 밀접하게 관련되어 있으므로, 이러한 건축물대장을 직권말소한 행위는 국민의 권리관계에 영향을 미치는 것으로서 항고소송의 대상이 되는 행정처분에 해당한다."라고 하면서 건축물대장의 직권말소의 처분성을 인정하였다.[32] 검토건대 건축물대장의 공법적 성격과 효력 및 건축물대장 직권말소의 처분성은 위에서 토지대장에 대하여 살펴본 것과 같은 맥락에서 파악할 수 있다 할 것이다.

그리고 이와 유사한 차원에서 판례는 "구 건축법(2005. 11. 8. 법률 제7696호로 개정되기 전의 것, 이하 '구 건축법'이라 한다) 제29조 제2항, 구 건축물대장의 기재 및 관리 등에 관한 규칙(2007. 1. 16. 건설교통부령 제547호로 전문 개정되기 전의 것, 이하 '구 건축물대장규칙'이라 한다) 제1조, 제5조 제1항, 제2항, 제3항의 각 규정에 의하면, 구 건축법 제18조의 규정에 의한 사용승인(다른 법령에 의하여 사용승인으로 의제되는 준공검사·준공인가 등을 포함한다)을 신청하는 자 또는 구 건축법 제18조의 규정에 의한 사용승인을 얻어야 하는 자 외의 자는 건축물대장의 작성 신청권을 가지고 있고, 한편 건축물대장은 건축물에 대한 공법상의 규제, 지방세의

---

32) 대법원 2010. 5. 27. 선고 2008두22655 판결.

과세대상, 손실보상가액의 산정 등 건축행정의 기초자료로서 공법상의 법률관계에 영향을 미칠 뿐만 아니라, 건축물에 관한 소유권보존등기 또는 소유권이전등기를 신청하려면 이를 등기소에 제출하여야 하는 점 등을 종합해 보면, 건축물대장의 작성은 건축물의 소유권을 제대로 행사하기 위한 전제요건으로서 건축물 소유자의 실체적 권리관계에 밀접하게 관련되어 있으므로 건축물대장 소관청의 작성신청 반려행위는 국민의 권리관계에 영향을 미치는 것으로서 항고소송의 대상이 되는 행정처분에 해당한다."라고 하여 건축물대장 작성신청 거부행위의 처분성도 인정하고 있다.[33)]

4. 토지대장의 기재사항 변경(거부)의 처분성: 「대상판결 2」의 검토

(1) 토지대장에의 등재 및 기재사항 변경의 법적 성격

토지대장에의 등재에 대해서는 일반적으로 그 법적 성격을 '공증'으로 파악하고 있다. 그러나 공증행위라는 것으로부터 곧바로 처분성이 인정될 것인지 여부에 대해서는 견해가 다소 나뉘고 있다.

우선 처분성에 대해서 긍정적으로 파악하는 입장으로는 ① 국가부처가 작성한 공부에 권리, 법상황 또는 법률관계가 등재됨으로써 일정한 사실·법상황이 사후절차에서 주장될 수 있거나 번복될 수 있는 경우 그 증서 및 등재행위는 구속효를 지닌 법효과를 규율하고 그리하여 행정행위가 된다고 하면서, 공증은 법효과를 낳은 등재사항을 증명하는 행정청의 의사가 반영됨으로써 처분성이 인정된다고 보는 견해가 있

33) 대법원 2009. 2. 12. 선고 2007두17359 판결; 한편 서울행정법원 2009. 4. 3. 선고 2008구합35958 판결은 아파트 지층 세대 소유자가 그 지층 공간을 집합건축물대장에 등재하여 달라는 신청을 하였으나 행정청이 이를 거부한 사안에서 건축물대장등재신청거부행위의 처분성을 인정하였다.

다.[34] 그리고 ② 공증이 법령에 규정되어 있고, 당해 공증의 공적 증거력이 국민의 권리·의무에 실질적인 영향력을 미치는 경우 처분성을 인정할 수 있다는 견해와[35] ③ 공증이 개인의 권리나 법적 지위를 구속적으로 확정하는 규율적 성격을 갖는 경우에 처분성을 갖는다는 견해[36] 및 ④ 공증행위는 실체적 권리관계의 변동과 관련을 갖고 있기는 하지만, 공적 장부에 대한 공신력이 인정되고 있지 않고 이러한 공적 장부에의 등재행위나 변경행위에 있어서 담당공무원의 실질적 심사권도 인정되고 있지 않는 등 다소 특수한 사정에 있는 행정행위라고 하면서도, 실질적으로 지적공부의 등재나 기재사항의 변경 등은 당사자의 이해관계에 매우 밀접한 관계를 맺는 것이므로, 처분성을 긍정하는 것이 타당하다고 보는 견해[37]도 같은 맥락에서 이해할 수 있다. 또한 ⑤ 공부에의 등재행위는 행정소송법이 정하는 처분개념에 해당하지만 그 등재행위 자체로서 법률관계를 직접 변동시키는 것으로 보기는 어렵다고 보면서도 등재행위 자체로서 법률관계를 직접 변동시키는 경우에는 항고소송의 대상이 되는 처분으로 보아야 한다는 견해[38]도 일정 부분 이에 포함되는 것으로 파악할 수 있다.

이에 반하여 처분성에 대해서 부정적으로 파악하는 입장으로는 공증행위가 그 효과로서 갖는 공적 증거력이 누구든지 공증의 취소를 기다림이 없이 반증에 의하여 변경가능한 것이라면 이는 행정행위의 공정력을 부인하는 것이고, 따라서 공증행위 자체에 대하여 행정행위성을 인정하기 어렵다고 보는 견해가 있다.[39]

---

34) 김중권, 행정법, 법문사, 2013, 189－190면.
35) 박균성, 행정법론(상)(제13판), 박영사, 2014, 338면.
36) 정하중, 행정법개론(제8판), 법문사, 2014, 226면.
37) 류지태·박종수, 행정법신론(제15판), 박영사, 2011, 182면.
38) 홍정선, 행정법원론(상)(제22판), 박영사, 2014, 373면.
39) 김남진·김연태, 행정법 I (제15판), 법문사, 2011, 247－248면.

(2) 토지대장의 기재사항 변경(거부)에 대한 판례의 검토

판례는 과거에는 "토지대장에 일정한 사항을 등재하거나 등재된 사항을 변경하는 행위는 행정사무집행의 편의와 사실증명의 자료로 삼기 위한 것이고 그 등재나 변경으로 인하여 당해 토지에 대한 실체상의 권리관계에 어떠한 변동을 가져오는 것은 아니"라는 것을 논거로 공증행위 중 토지대장과 같은 공적 장부에의 등재나 기재사항의 변경(거부)행위에 대하여 일반적으로 처분성을 인정하지 않았다.[40] 그러나 그 이후 일정 부분 그 태도가 변경되기도 하였는바, 아래에서는 토지대장의 기재사항 변경(거부)와 관련된 판례의 태도를 사항별로 나누어 살펴보기로 한다.

1) 지번복구 및 그에 대한 신청의 거부

행정청이 토지대장상의 지번복구신청을 거부한 것에 대하여, 판례는 "토지대장에 일정한 사항을 등재하는 행위는 행정사무집행의 편의와 사실증명의 자료로 삼기 위한 것일 뿐 그 등재행위로 인하여 당해 토지에 대한 실체상의 권리관계에 아무런 변동을 가져오는 것이 아니므로 피고(부산시 동구청장)가 이 사건 지번복구신청을 거부한 것을 가리켜 항고소송의 대상이 되는 행정처분이라고는 할 수 없다."라고 하여 전통적인 입장에 따라서 처분성을 인정하지 않았다.[41]

2) 토지대장의 복구 및 분필절차를 취한 처분

이에 대해서도 판례는 역시 전통적인 입장에 따라서 "멸실된 토지대장을 복구하거나 토지대장에 일정한 사항을 등재 또는 등재사항을 변경하는 행위는 행정사무집행의 편의와 사실증명의 자료로 삼기 위한 것이고 그 등재나 변경으로 인하여 당해 토지에 대한 실체상의 권리관계

40) 대법원 1968. 7. 31. 선고 68누41 판결; 1980. 7. 8. 선고 79누309 판결; 1995. 12. 5. 선고 94누4295 판결 등.

41) 대법원 1984. 4. 24. 선고 82누308 판결.

에 어떤 변동을 가져오는 것이 아니므로, 소관청이 지적법상의 적법한 분필과 복구절차를 거치지 아니한 채 특정 토지에 대한 토지대장을 복구하고 분필절차를 취한 처분은 행정소송의 대상이 되는 행정처분이라고 볼 수 없다."라고 하여 처분성을 부정하였다.[42)]

3) 토지분할신청거부

지적소관청의 토지분할신청 거부행위에 대해서 판례는 기존의 일반적인 태도와는 달리 당해 거부행위가 국민의 권리관계에 영향을 미친다는 이유로 처분성을 인정하였다. 즉 판례는 "지적법 제17조 제1항, 같은법시행규칙 제20조 제1항 제1호의 규정에 의하여 1필지의 일부가 소유자가 다르게 되거나 토지소유자가 필요로 하는 때 토지의 분할을 신청할 수 있도록 되어 있음에도 지적공부 소관청이 이에 기한 토지분할신청을 거부하는 경우에, 분할거부로 인하여 토지소유자의 당해 토지의 소유권에는 아무런 변동을 초래하지 아니한다 하더라도, 부동산등기법 제15조, 지적법 제3조 내지 제6조 등의 관계규정에 의하여 토지의 개수는 같은 법에 의한 지적공부상의 토지의 필수를 표준으로 결정되는 것으로 1필지의 토지를 수필로 분할하여 등기하려면 반드시 같은 법이 정하는 바에 따라 분할의 절차를 밟아 지적공부에 각 필지마다 등록되어야 하고, 이러한 절차를 거치지 아니하는 한 1개의 토지로서 등기의 목적이 될 수 없는 것이니 토지의 소유자는 자기소유 토지의 일부에 대한 소유권의 양도나 저당권의 설정 등 필요한 처분행위를 할 수 없게 되고, 특히 1필지의 일부가 소유자가 다르게 된 때에도 그 소유권을 등기부에 표창하지 못하고 나아가 처분도 할 수 없게 되어 권리행사에 지장을 초래하게 되는 점 등을 고려한다면, 지적소관청의 이러한 토지분할신청의 거부행위는 국민의 권리관계에 영향을 미치는 것으로서 항고소송의 대상이 되는 처분으로 보아야 할 것이다."라고 판단하여 처분성의 인정범

42) 대법원 1991. 8. 27. 선고 91누2199 판결.

위를 확장하였다.[43)]

4) 지목변경 및 그에 대한 신청의 거부

토지대장의 기재사항 변경(거부)의 처분성에 대하여 주목할 만한 판례의 태도변경은 바로 지목의 변경과 관련하여 나타났다.

초창기의 판례는 토지대장상의 지목변경과 관련하여서도 처분성을 인정하지 않았다.[44)] 그러나 그 후 헌법재판소는 "지적법 제38조 제2항에 의하면 토지소유자에게는 지적공부의 등록사항에 대한 정정신청의 권리가 부여되어 있고, 이에 대응하여 소관청은 소유자의 정정신청이 있으면 등록사항에 오류가 있는지를 조사한 다음 오류가 있을 경우에는 등록사항을 정정하여야 할 의무가 있는바, 피청구인의 반려행위는 지적관리업무를 담당하고 있는 행정청의 지위에서 청구인의 등록사항 정정신청을 확정적으로 거부하는 의사를 밝힌 것으로서 공권력의 행사인 거부처분이라 할 것이므로 헌법재판소법 제68조 제1항 소정의 '공권력의 행사'에 해당한다. … 지목은 토지에 대한 공법상의 규제, 공시지가의 산정, 손실보상가액의 산정 등 각종 토지행정의 기초로서 공법상의 법률관계에 법률상 · 사실상의 영향을 미치고 있으며, 토지소유자는 지목을 토대로 한 각종 토지행정으로 인하여 토지의 사용 · 수익 · 처분에 일정한 제한을 받게 되므로, 지목은 단순히 토지에 관한 사실적 · 경제적 이해관계에만 영향을 미치는 것이 아니라 토지의 사용·수익 · 처분을 내용으로

---

43) 대법원 1992. 12. 8. 선고 92누7542 판결; 1993. 3. 23. 선고 91누8968 판결; 1994. 1. 11. 선고 93누18228 판결(이 판결은 토지분할신청거부처분의 처분성에 대해서 직접적으로 판단하고 있지는 않으나, 처분성이 인정됨을 전제로 토지분할신청의 내용에 대한 지적소관청의 실질심사권 유무에 대해서 판단하였다).

44) 대법원 1971. 8. 31. 선고 71누103 판결; 1972. 2. 22. 선고 71누196 판결; 1976. 5. 11. 선고 76누12 판결; 1980. 2. 26. 선고 79누439 판결; 1980. 7. 8. 선고 79누309 판결; 1981. 7. 7. 선고 80누456 판결; 1985. 3. 12. 선고 84누681 판결; 1985. 5. 14. 선고 85누25 판결; 1991. 2. 12. 선고 90누7005 판결; 1993. 6. 11. 선고 93누3745 판결; 1995. 12. 5. 선고 94누4295 판결 등; 이 판례들은 모두 대법원 2004. 4. 22. 선고 2003두9015 전원합의체 판결에 의하여 변경되었다.

하는 토지소유권을 제대로 행사하기 위한 전제요건으로서 토지소유자의 실체적 권리관계에 밀접히 관련되어 있다고 할 것이고, 따라서 지목에 관한 등록이나 등록변경 또는 등록의 정정은 단순히 토지행정의 편의나 사실증명의 자료로 삼기 위한 것에 그치는 것이 아니라, 해당 토지소유자의 재산권에 크건 작건 영향을 미친다고 볼 것이며, 정당한 지목을 등록함으로써 토지소유자가 누리게 될 이익은 국가가 헌법 제23조에 따라 보장하여 주어야 할 재산권의 한 내포로 봄이 상당하다."라고 판시하여 대법원의 태도와 배치되는 결정을 하였다.[45)]

그리고 대법원은 이와 같은 헌법재판소의 결정취지를 수용하여 종전의 판례를 변경하였다. 즉 현재의 판례는 "구 지적법(2001. 1. 26. 법률 제6389호로 전문 개정되기 전의 것) 제20조, 제38조 제2항의 규정은 토지소유자에게 지목변경신청권과 지목정정신청권을 부여한 것이고, 한편 지목은 토지에 대한 공법상의 규제, 개발부담금의 부과대상, 지방세의 과세대상, 공시지가의 산정, 손실보상가액의 산정 등 토지행정의 기초로서 공법상의 법률관계에 영향을 미치고, 토지소유자는 지목을 토대로 토지의 사용·수익·처분에 일정한 제한을 받게 되는 점 등을 고려하면, 지목은 토지소유권을 제대로 행사하기 위한 전제요건으로서 토지소유자의 실체적 권리관계에 밀접하게 관련되어 있으므로 지적공부 소관청의 지목변경신청 반려행위는 국민의 권리관계에 영향을 미치는 것으로서 항고소송의 대상이 되는 행정처분에 해당한다."라고 하여 토지대장의 등록사항 중 지목이 토지소유자의 실체적 권리관계와 밀접한 관련성을 지님을 인정하면서 그에 대한 변경거부의 처분성을 인정하고 있다.[46)]

이와 관련하여 당해 판결을 계기로 향후 장부 기재행위에 대한 처분의 범위가 확장될 것으로 기대하거나,[47)] 당해 판결은 지목이 가지는

45) 헌법재판소 1999. 6. 24. 선고 97헌마315 전원재판부.
46) 대법원 2004. 4. 22. 선고 2003두9015 전원합의체 판결.
47) 서울행정법원 실무연구회, 앞의 책, 56면.

현실적인 중요성을 반영하여 비록 지목의 설정과 그 변경은 당해 토지에 대한 소유권의 득실변경이라는 실체법상의 변동을 초래하는 것은 아니지만 토지소유권을 제대로 행사하기 위한 전제요건으로서 토지소유자의 실체적 권리관계에 밀접하게 관련되어 있으므로, 지적공부 소관청의 지목변경신청 반려행위는 국민의 권리관계에 영향을 미치는 것으로 항고소송의 대상이 되는 행정처분에 해당한다고 판단한 것으로서 거부처분의 요건에 대한 완화를 보여주는 판결이라는 평가가 있다.[48] 그리고 보다 적극적으로 당해 판결을 기화로 지적공부상의 등재·말소·변경 등 일련의 행위가 공증으로서 처분성을 갖게 되었다고 평가하는 견해도 있다.[49]

5) 소유자명의변경 및 그에 대한 신청의 거부(「대상판결 2」)

판례가 과거와 달리 지적소관청의 지목변경신청거부에 대한 처분성을 인정한 것을 계기로 토지대장의 기재사항 변경(거부)의 처분성이 보다 일반적으로 인정될 수 있을 것으로 예측되기도 하였으나, 이후 대법원은 토지대장의 소유자명의변경신청을 거부한 행위의 처분성을 부정하면서 다시 과거의 태도로 회귀하였다. 「대상판결 2」에서 대법원은 "토지대장에 기재된 일정한 사항을 변경하는 행위는, 그것이 지목의 변경이나 정정 등과 같이 토지소유권 행사의 전제요건으로서 토지소유자의 실체적 권리관계에 영향을 미치는 사항에 관한 것이 아닌 한 행정사무집행의 편의와 사실증명의 자료로 삼기 위한 것일 뿐이어서, 그 소유자 명의가 변경된다고 하여도 이로 인하여 당해 토지에 대한 실체상의 권리관계에 변동을 가져올 수 없고 토지소유권이 지적공부의 기재만에 의하여 증명되는 것도 아니다. 따라서 소관청이 토지대장상의 소유자명의변경신청을 거부한 행위는 이를 항고소송의 대상이 되는 행정처분이

48) 임영호, "항고소송의 대상이 되는 처분의 범위", 행정소송(Ⅰ)(재판실무연구 4), 한국사법행정학회, 2008, 171면.

49) 김중권, 앞의 책, 190면.

라고 할 수 없다."라고 판시하였다.[50)]

(3) 토지대장의 기재사항 변경(거부)의 처분성에 대한 검토

1) 처분성 일반의 요건의 적용

위의 판례들에서 살펴볼 수 있는 바와 같이, 토지대장의 기재사항의 변경에 대해서 다툴 때 보다 구체적으로 처분성이 문제되는 것은 바로 변경신청에 대한 행정청의 거부행위이다. 그리고 이와 같이 거부행위의 처분성이 문제되는 경우, 현재의 확립된 판례는 "국민의 적극적 신청행위에 대하여 행정청이 그 신청에 따른 행위를 하지 않겠다고 거부한 행위가 항고소송의 대상이 되는 행정처분에 해당하는 것이라고 하려면, ① 그 신청한 행위가 공권력의 행사 또는 이에 준하는 행정작용이어야 하고, ② 그 거부행위가 신청인의 법률관계에 어떤 변동을 일으키는 것이어야 하며, ③ 그 국민에게 그 행위발동을 요구할 법규상 또는 조리상의 신청권이 있어야 한다."라고 판시하고 있다.[51)] 여기서 ①과 ②의 요건은 곧 (앞서 살폈던) 처분성 일반의 요건이라 할 것이므로, 판례는 특히 거부행위와 관련하여 법규상·조리상 신청권(③)을 처분성을 인정하기 위한 추가적인 요소로 요구하고 있는 것이다.

그런데 거부행위의 처분성과 관련하여서는 주로 법규상·조리상 신청권이 인정될 수 있는지 여부가 문제되는 경우가 많기는 하나, 토지대장의 기재사항 변경거부의 처분성이 인정되지 아니하는 것은 신청권이 문제되기 때문이 아니라 그에 앞서 애당초 신청을 구하고 있는 행위가 신청인의 법률관계에 어떤 변동을 일으키는 것이 아니어서 처분에 해당하지 않기 때문이라 할 수 있다.[52)] 그러나 판례의 처분개념과 관련하여

---

50) 대법원 2012. 1. 12. 선고 2010두12354 판결.

51) 대법원 2007. 10. 11. 선고 2007두1316 판결 등.

52) 백윤기, "거부처분의 처분성인정요건으로서의 신청권", 행정법연구 제1호, 행정법이론실무학회, 1997, 229-230면.

앞서 살핀 바와 같이, 판례가 처분의 요소로서 행정소송법이 명확하게 규정하고 있지 아니한 '국민의 법률관계에 대한 직접적인 영향'을 엄격하게 요구하는 것은 적절치 못하다 할 것이므로, 이 부분에 대한 비판적 검토는 「대상판결 2」에 대한 검토에 있어서도 그대로 적용될 수 있다 하겠다.

또한 판례의 처분개념에 따라 처분성을 판단한다 할지라도, 「대상판결 2」와 같이 토지대장의 기재사항 변경(거부)행위가 신청인의 실체상의 권리관계에 직접적인 영향을 미치지 않는다고 단정 짓는 것은 적절치 않다고 본다. 「대상판결 1」과 관련하여 살핀 것처럼 토지대장의 공법적 성격 및 효력을 인정할 수 있는 이상, 토지대장의 기재사항 변경(거부) 역시 보다 일반적으로 신청인의 법률관계에 영향을 미치는 것으로 파악할 수 있을 것이기 때문이다.

그리고 설령 실체적 권리관계를 좁게 보아 사법(私法)상의 권리의 무관계로 파악한다 할지라도 「대상판결 2」와 같은 판례의 판단이 언제나 타당한 것도 아니라고 본다. 이에 대해서는 항을 바꾸어 살펴보기로 한다.

2) 토지대장의 실체적 권리관계에 대한 영향

토지대장과 등기부의 관계를 살펴보면, 우선 미등기토지에 대한 소유권보존등기는 토지대장에 기초하여 이루어진다.[53] 그리고 그 이후의 토지의 권리관계의 변동은 등기부를 중심으로 이루어지며, 변경된 등기부에 기초하여 토지대장상 권리관계의 변동이 이루어지게 된다. 반면에 권리관계 이외의 토지의 사실적 사항, 즉 현황이나 지번, 지목 등의 변경은 토지대장을 중심으로 이루어지고 변경된 토지대장에 기초하여 등기부의 변경이 이루어진다. 따라서 토지대장과 등기부의 표시는 마땅히 일치되어야 할 것이나, 만약 양자가 불일치할 경우에는 권리관계는 등

53) 부동산등기법 제65조 제1호.

기부의 기재가, 그리고 권리관계 이외의 사항은 토지대장의 기재가 우선하게 됨이 원칙이다. 그러므로 소유자명의를 비롯한 토지대장의 기재사항들은 원칙적으로는 토지소유권에 대한 실체적 권리관계에 영향을 미치지 않는다고 볼 수 있다.

그러나 등기부가 멸실된 경우에는 이후 회복으로 인한 소유권보존등기를 마친 자도 적법한 소유자로 추정되나, 제3자가 그 토지를 사정받았거나 또는 멸실 전 등기부상에 소유권보존등기를 한 자가 따로 있고 그가 양도사실을 부인할 경우에는 그 회복으로 인한 소유권보존등기가 임야소유권이전등기등에관한특별조치법이나 부동산소유권이전등기등에관한특별조치법에 의하여 마쳐진 것이 아닌 한 그 추정력은 깨어지고, 등기명의인이 구체적으로 실체관계에 부합한다거나 그 승계취득 사실을 주장·입증하지 못하는 한 그 등기는 원인무효가 되는 것이므로,[54] 이러한 경우 토지대장상의 소유자 명의기재에 권리추정력이 인정되는 경우가 있을 수 있다. 다만 이 경우 6.25 동란으로 인하여 지적공부가 멸실된 후 1975. 12. 31. 지적법 개정 전에 복구된 토지대장은 아무런 법적 근거 없이 과세의 편의상 임의로 복구한 것에 불과하여 그 소유자란에 이름이 기재되어 있다 하더라도 그 기재에 권리추정력을 인정할 수 없다는 것이 확립된 판례이므로,[55][56] 토지대장의 권리추정력은 1975. 12. 31. 이후부터 현재까지 사이에 기재된 경우에 인정된다 할 것이다.[57]

---

54) 대법원 1995. 12. 26. 선고 95다28601,28618 판결.

55) 대법원 1980. 9. 9. 선고 80다1684 판결; 1993. 4. 13. 선고 92다44947 판결; 1995. 12. 26. 선고 95다28601,28618 판결; 1999. 2. 26. 선고 98다17831 판결; 2013. 7. 11. 선고 2013다202878 판결 등; 이성용, "신·구 토지대장상 소유자란 기재의 증명력", 대법원판례해설 제17호, 법원도서관, 1992 참조.

56) 1975. 12. 31. 전부 개정된 지적법(법률 제2801호)이 시행된 이후 비로소 토지대장의 소유자에 관한 사항은 부동산등기부나 확정판결에 의하지 아니하고서는 복구등록할 수 없도록 하는 규정[지적법 시행령(1976. 5. 7. 대통령령 제81110호) 제10조, 부칙 제6조]이 생겼다.

게다가 비록 과거의 판결이기는 하나, 지적법 시행 이후의 사안에서 미등기토지와 관련하여 대법원은 "지적법 제9조, 제15조, 부동산등기법 제130조의 규정취지를 종합하여 보면 토지대장등본에 토지의 소유자로 등재되어 있으면 토지의 소유권의 귀속에 관하여 추정을 받는 자료가 된다고 할 것이므로, 토지대장등본에 토지의 소유자로 등재되어 있는 자는 반증이 없는 한 그의 소유토지로 추정을 받을 수 있다."라고 판시한 바 있고,[58] "토지대장은 비록 행정사무집행의 편의와 사실증명의 자료로 하기 위하여 작성된 것이라 하더라도 그 기재내용의 증거가치는 특별한 사정이 없는 한 존중되어야 한다."라고 설시하기도 하였다.[59] 이러한 판결들을 감안할 때에도 토지대장 기재사항의 실체적 권리관계에 대한 영향을 전혀 무시할 수는 없다 할 것이다.

또한 국가를 상대로 한 토지소유권확인청구는 어느 토지가 미등기이고, 토지대장이나 임야대장상에 등록명의자가 없거나 등록명의자가 누구인지 알 수 없을 때와 그 밖에 국가가 등록명의자인 제3자의 소유를 부인하면서 계속 국가소유를 주장하는 등 특별한 사정이 있는 경우에 한하여 그 확인의 이익이 인정되므로,[60] 이와 관련하여서도 역시 토지대장상의 소유자명의가 토지소유자의 실체적 권리관계에 영향을 미칠 수 있음을 엿볼 수 있다.

따라서 (비록 그 예가 많지는 않을 수 있겠으나) 이와 같이 토지대장의

---

57) 이 외에도 토지대장에 토지대장규칙(조선총독부령 제113호)이 시행된 1914. 4. 25. 이후부터 지적법이 제정된 1950. 12. 1. 사이에 사인으로부터 소유권이 이전되었다고 기재된 경우에는 소유권이전등기 경료사실에 관하여 추정력이 있고, 국(國)으로부터 소유권이 이전되었다고 기재된 경우에는 소유권이전등기 경료사실에 관하여는 추정력이 없고 단지 양여행위가 있었다고만 추정되나, 현재 이 시기에 기재된 토지대장의 권리추정력이 문제되는 경우는 쉽사리 접하기 어려울 것이다.

58) 대법원 1976. 9. 28. 선고 76다1431 판결.

59) 대법원 1980. 5. 27. 선고 80다748 판결.

60) 대법원 1995. 7. 25. 선고 95다14817 판결; 1994. 3. 11. 선고 93다57704 판결 등.

소유자명의에 대한 권리추정력이 인정될 수 있는 경우가 있음을 고려한다면, 일반적으로 실체적 권리관계에 대한 영향이 없음을 이유로 소유자명의 변경신청(거부)의 처분성을 인정하지 아니한 「대상판결 2」는 재고(再考)의 필요성이 있다고 생각된다.

3) 법규상 · 조리상 신청권의 인정 여부

만약 위와 같은 비판적 검토에 따라서 위 ②의 요건을 탄력적으로 적용한다면, 다시 ③의 요건, 즉 신청권이 인정될 수 있는지 여부에 대한 검토가 필요하다.[61]

이와 관련하여 우선 측량·수로조사 및 지적에 관한 법률은 토지의 이동(異動)이 있는 경우의 신청의무(신규등록신청, 등록전환신청, 분할신청 및 합병신청)(제77조 내지 제80조), 지목변경이 있는 경우의 신청의무(제81조), 축척변경에 대한 신청권(제83조) 및 지적공부 등록사항에 대한 정정신청권(제84조)을 규정하고 있다. 그리고 일찍이 헌법재판소와 대법원은 측량 · 수로조사 및 지적에 관한 법률 제81조(구 지적법 제20조)와 제84조(구 지적법 제38조)가 토지소유자에게 각기 지목변경신청권과 지목정정신청권을 부여한 것이라고 파악한 바 있다.[62]

또한 토지대장의 기재사항은 권리관계 이외의 사항에 대해서 등기부 기재의 기초자료가 되고, 토지대장의 기재사항에 대한 분쟁은 국민의 법률상 이익에 영향을 미칠 수 있다. 그리고 토지대장 기재사항의 정정이 거부될 경우 항고소송 이외의 별다른 구제수단이 존재하는 것도 아니다.[63]

---

61) 거부행위의 처분성 요건으로서 법규상 · 조리상 신청권을 요구하고 있는 판례에 대해서는 이미 그 동안 수많은 논의와 검토가 있어 왔다. 따라서 본고는 이 부분에 대해서 까지는 논의를 확장하지 않고, 확립된 판례의 태도를 전제로 그 적용상의 문제만을 살펴보기로 한다.

62) 헌법재판소 1999. 6. 24. 선고 97헌마315 전원재판부; 대법원 2004. 4. 22. 선고 2003두9015 전원합의체 판결.

63) 임영호, 앞의 논문, 170-171면; 박해식, 앞의 논문, 223면; 선정원, 앞의 논문,

따라서 소유자 명의를 비롯한 토지대장의 기재사항 변경에 대한 법규상·조리상 신청권을 인정할 필요성이 충분히 인정된다 할 것이고, 이를 통해서 토지대장의 기재사항 변경(거부)의 처분성 역시 인정할 수 있다 할 것이다.

4) 처분성 확대에 따른 소송상 운용의 문제점에 대한 검토

위와 같이 토지대장의 기재사항 변경(거부)의 처분성을 보다 폭넓게 인정할 필요가 있다는 논의(論意)에 대해서는 이를테면 다음과 같은 소송상 운용의 문제점을 지적하는 견해가 있을 수 있다. 우선 지적소관청은 지적공부의 기재 및 변경에 대해서 형식적 심사권만 지니고 있을 뿐 실질적 심사권이 없는데, 그럼에도 불구하고 행정소송으로써 지적소관청을 상대로 지적공부의 기재사항에 대한 정정 여부를 다툴 수 있도록 허용하는 것이 타당한지 여부에 대한 의문이 제기될 수 있다. 다음으로 지적공부에 국(國)이 소유자로 기재되어 있고 원고와 국(國) 사이에서 문제되는 토지의 소유관계 등에 대한 실질적 다툼이 있는 경우는 별론으로, 지적공부에 제3의 사인이 소유자로 기재되어 있는 등으로 국(國)이 원고의 소유권을 다투지 않는 경우에도 지적소관청을 상대로 지적공부의 정정 여부를 다투도록 하는 것이 적절한지 여부에 대한 의문이 제기될 수 있다.

생각건대, 먼저 지적소관청의 심사권과 관련하여서는 우선 공증행위의 의의, 기능 및 효과 등을 고려할 때, 공적 장부의 관리에 대한 행정청의 권한과 책무를 단순히 혹은 지나치게 형식적인 것으로만 파악하는 것은 바람직하지 않다 할 것이다.[64] 또한 행정청이 관리하는 정보별

291-292면; 이에 반하여 류광해, "판례에 비추어본 지적공부상 경계·면적 정정신청 거부행위의 처분성 검토", 토지공법연구 제37집 제1호, 한국토지공법학회, 2007, 82면은 다른 구제수단의 존부 여부의 고려에 대해서 부정적으로 보고 있다.

64) 행정청은 설령 보유하는 정보에 대해서 실질적 심사권을 지니고 있지 못하다 할지라도, 가능한 한 정확한 정보를 보유하고 관리하도록 노력하여야 할 것이다.

로 인정되는 심사권이 형식적인 것인지 실질적인 것인지 여부, 혹은 그 정도에 대해서 국민들이 정확하게 파악하고 있을 것을 기대하기는 어려울 것임에도, 행정청이 단지 형식적 심사권만을 지니고 있음을 들어 지적공부의 기재사항 정정에 대한 처분성을 부정할 경우, 이는 결국 소송형식의 선택에 대한 책임을 엄격하게 국민에게 부담시키는 결과에 이르게 될 것이어서 권익구제의 측면에서도 적절치 않다 할 것이다. 따라서 행정청의 심사권과 관련된 내용은 소송요건 단계가 아닌 본안의 단계에서 참작하면 족할 것으로 생각된다.

다음으로 국(國)과의 사이에서 실질적 분쟁이 있는지 여부를 문제삼는 내용은 결국 지적공부의 기재사항 변경(거부)에 대해서 행정소송이 본질적인 권리구제수단으로 작용할 것인지 여부의 문제로도 볼 수 있을 것이다.[65] 검토건대 앞서 살펴본 지적공부의 공법적 성격 및 효력과 권익구제의 확대 요청 등에 비추어 볼 때, 「대상판결 2」와 같이 이를 대상적격(처분성)의 단계에서 판단하여 소송요건이 구비되지 않았다고 각하하여서는 아니 된다 할 것이고, 만약 사인 상호 간의 소유권분쟁과 같이 국(國)과의 사이에서 원고의 권익침해가 존재하지 않음이 판명될 경우에는 본안에서 원고의 청구를 기각하는 방식으로 처리하면 될 것으로 생각된다.[66] [67]

---

65) 「대상판결 2」의 원심은 원고에 대하여 대한민국을 상대로 소유권확인을 구하는 민사소송을 제기하여 이 사건 토지에 관한 소유권을 명확히 한 후 소유권을 확인받은 판결문을 첨부하여 소관청에 토지대장상 소유자 명의변경을 신청하는 방법으로 이 사건 토지에 관한 토지대장상 소유자 명의를 변경할 수 있다고 하였던바, 역시 이와 같은 측면에서 접근하고 있음을 확인할 수 있다.

66) 김중권 교수 역시 대상판결은 원고의 신청에 대한 거부처분이 적법하다고 판시하면 되는 것을 소송요건의 차원에서 대상적격 자체를 인정하지 않음으로써, 대법원 2004. 4. 22. 선고 2003두9015 전원합의체 판결의 본지에 반하는 결과를 낳음과 동시에 논의를 혼란하게 만들었다고 평가하고 있다[김중권, "2012년도 주요 행정법(행정)판결의 분석과 비판에 관한 소고", 안암법학 제42권, 안암법학회, 2013, 59면].

67) 다만 이 경우 처분성의 문제가 아니라 협의의 소익을 구비하였는지 여부로 파악

그리고 그와 같은 심리과정에서 이해관계가 있는 제3자가 권익의 침해를 우려할 경우에는 제3자의 소송참가 등의 방법을 통하여 자신의 권익에 대한 보호를 구할 수도 있을 것이다. 다만 이러한 경우 실질적인 분쟁이 사인 간에만 존재한다면 양 당사자 간에 민사소송으로써 이해관계를 해결하면 족할 것임에도 굳이 피고 행정청을 매개로 하여 사실상 원고와 제3의 사인 간의 분쟁을 해결하고자 하는 3각 구도의 행정소송을 허용할 필요성이 있을 것인지 여부가 여전히 문제될 수는 있겠으나, 이는 민사소송과 행정소송 상호 간의 소송형식의 선택에 대한 책임을 어느 정도까지 국민에게 부담시킬 것인지 여부와의 형량의 측면에서 판단하여야 할 것으로 생각된다.

(4) 건축물대장의 기재사항 변경(거부)와의 비교

우선 판례는 "건축물대장에 일정한 사항을 등재하거나 등재된 사항을 변경하는 행위는 행정사무집행의 편의와 사실증명의 자료로 삼기 위한 것일 뿐이고, 그 등재나 변경등재 행위로 인하여 그 건축물에 대한 실체상의 권리관계에 어떤 변동을 가져오는 것이 아니므로, 소관청이 등재사항에 대한 변경신청을 거부하였다고 하여 이를 항고소송의 대상이 되는 행정처분에 해당한다고 할 수 없다."라고 하여 건축물관리대장의 등재사항에 대한 정정신청(거부)에 대해서는 토지대장의 경우와 마찬가지로 처분성을 인정하고 있지 않다.[68]

그러나 건축주명의변경신고수리거부에 대해서는 "건축주명의변경신고수리거부행위는 행정청이 허가대상건축물 양수인의 건축주명의변경신고라는 구체적인 사실에 관한 법집행으로서 그 신고를 수리하여야

할 수도 있을 것이나, 이 또한 소의 이익의 문제로서 소송요건 단계에서 원고의 청구를 제한하는 것이므로, 권익구제의 측면에서는 역시 바람직하지 않다고 평가할 수 있을 것이다.

68) 대법원 1998. 2. 24. 선고 96누5612 판결.

할 법령상의 의무를 지고 있음에도 불구하고 그 신고의 수리를 거부함으로써, 양수인이 건축공사를 계속하기 위하여 또는 건축공사를 완료한 후 자신의 명의로 소유권보존등기를 하기 위하여 가지는 구체적인 법적 이익을 침해하는 결과가 되었다고 할 것이므로, 비록 건축허가가 대물적 허가로서 그 허가의 효과가 허가대상건축물에 대한 권리변동에 수반하여 이전된다고 하더라도, 양수인의 권리·의무에 직접 영향을 미치는 것으로서 취소소송의 대상이 되는 처분이라고 하지 않을 수 없다."라고 하여 그 처분성을 인정하였다.[69)]

그리고 건축물대장 용도변경신청거부에 대해서도 "구 건축법(2005. 11. 8. 법률 제7696호로 개정되기 전의 것) 제14조 제4항의 규정은 건축물의 소유자에게 건축물대장의 용도변경신청권을 부여한 것이고, 한편 건축물의 용도는 토지의 지목에 대응하는 것으로서 건물의 이용에 대한 공법상의 규제, 건축법상의 시정명령, 지방세 등의 과세대상 등 공법상 법률관계에 영향을 미치고, 건물소유자는 용도를 토대로 건물의 사용·수익·처분에 일정한 영향을 받게 된다. 이러한 점 등을 고려해 보면, 건축물대장의 용도는 건축물의 소유권을 제대로 행사하기 위한 전제요건으로서 건축물 소유자의 실체적 권리관계에 밀접하게 관련되어 있으므로, 건축물대장 소관청의 용도변경신청 거부행위는 국민의 권리관계에 영향을 미치는 것으로서 항고소송의 대상이 되는 행정처분에 해당한다."라고 하여 역시 그 처분성을 인정하였다.[70)]

또한 최근 하급심에서는 "건축법 제29조에 의하여 위임된 구 건축물대장의 기재 및 관리 등에 관한 규칙(2007. 1. 16. 건설교통부령 제547호로 전문 개정되기 전의 것) 제7조 및 제8조에서 당해 건축물의 건축주 또는 소유자에게 그 건축물대장의 기재사항 중 명칭 등 건축물의 표시에 관한 사항의 변경에 대한 신청권을 부여하여 그 권리를 절차적으로 보

69) 대법원 1992. 3. 31. 선고 91누4911 판결.
70) 대법원 2009. 1. 30. 선고 2007두7277 판결.

장하고 있고, 건축물의 명칭은 건축물소유권을 제대로 행사하기 위한 전제요건으로서 건축물소유자의 실체적 권리관계에 밀접하게 관련되어 있으므로 건축물대장상의 건축물명칭변경신청 반려행위는 국민의 권리관계에 영향을 미치는 것으로서 항고소송의 대상이 되는 처분에 해당한다."라고 하여 건축물대장 건축물명칭변경신청 반려행위의 처분성을 인정하거나,[71] "구 건축법(2005. 11. 8. 법률 제7696호로 개정되기 전의 것) 제14조 등은 건축물의 용도변경을 하려는 자에게 그 변경에 대한 신청권을 부여하고 있다고 봄이 상당한 점, 건축물대장의 기재 내용은 소유권에 관한 등기 등 실체적 권리관계와 밀접한 관련을 가지는 점, 액화석유가스 판매사업의 허가를 얻기 위해서는 용기보관실 건물의 용도가 위험물저장 및 처리시설이 되어야 하는데 그 변경을 불허하는 것은 그러한 허가의 요건을 갖추는 것을 원천적으로 불가능하게 하는 것인 점 등을 고려하면, 건축물대장상 건축물의 용도를 창고시설에서 위험물저장 및 처리시설로 변경하는 건축물표시 변경신청을 거부하는 것은 항고소송의 대상이 될 뿐만 아니라 그 취소를 소로써 구할 이익도 인정된다."라고 하여 건축물표시변경신청거부행위의 처분성을 인정하기도 하였다.[72]

5. 결론

종래 판례는 행정소송의 대상이 되는 '처분'을 "행정청이 공권력주체로서 행하는 구체적 사실에 관한 법집행으로서 국민의 권리·의무에 직접적으로 영향을 미치는 행위"로 파악하여 왔다. 그런데 이와 같은 판례의 처분개념은 행정소송법상 처분의 정의개념에서 규정하고 있지 아니한 '국민의 권리·의무에 직접적으로 영향을 미치는 행위일 것'이라는

71) 서울행정법원 2007. 3. 16. 선고 2006구합39086 판결; 수원지방법원 2008. 1. 9. 선고 2007구합4522 판결.

72) 부산고등법원 2007. 3. 16. 선고 2006누4578 판결.

요건을 추가하고 있는 것이다. 그리고 이러한 판례의 태도는 무엇보다 행정소송법상의 처분의 정의규정에 부합하지 않고, 행정소송법상의 처분개념을 지나치게 제한적으로 해석·적용하는 것이며, 나아가 국민의 권익구제에도 충분히 기여하지 못한다는 점에서 비판적으로 평가할 수 있다.

따라서 이와 같이 법에서 규정하고 있지 아니한 추가적인 개념요소에 따라서 처분성을 판단하는 것은 적절치 않다 할 것이고, 설령 확립된 판례의 태도로서 인정할 수밖에 없다 할지라도 이와 같은 요소는 보다 탄력적으로 가능한 한 확대하여 적용할 것이 요구된다 하겠다.

「대상판결 1」은 토지대장의 공법적 성격과 효력을 인정하고, 토지대장이 토지소유자의 실체적 권리관계에 밀접하게 관련되어 있음을 이유로 토지대장의 직권말소의 처분성을 인정하였다. 이는 공법적 성격과 효력을 지니고 있는 토지대장과 같은 지적공부와 관련된 처분성의 범위를 확대하였다는 점에서 그 판단의 적정성을 인정할 수 있다. 그렇지만 「대상판결 1」은 여전히 사법(私法)상의 실체적 권리관계에 중점으로 둔, 권리·의무에 대한 영향이라는 판례상 추가적인 처분요소를 처분성 판단의 주된 기준으로 파악하고 있다는 점에서 다소간의 아쉬움이 남는다.

이와 비교할 때, 「대상판결 2」는 토지대장의 기재사항 변경(거부)의 처분성을 인정하지 않았는데, 일단 「대상판결 1」의 판단과는 달리 토지대장의 공법적 성격 및 효력을 간과한 채 그 기재사항의 변경이 단순히 행정사무집행의 편의와 사실증명의 자료로 삼기 위한 것이라고 판단하여 종전의 통례적인 판례의 태도를 답습하였다는 점에서 상당한 아쉬움을 남기고 있다. 그리고 실질적으로 토지대장의 소유자명의변경이 당해 토지에 대한 실체상의 권리관계에 변동을 가져올 수 있는 경우가 있을 수 있다는 점에서도 「대상판결 2」의 판단은 수긍키 어렵다 할 것이다.

현재 우리의 행정소송제도는 사실상 이른바 취소소송 중심주의에 따라서 운영되고 있는 면이 강하다. 따라서 항고소송의 대상이 되는 처분에 해당하는지 여부가 국민의 권익구제 여부를 실질적으로 좌우한다 할 것이므로, 처분성의 확대에 대한 법원의 보다 꾸준한 노력이 요청된다 하겠다.

참고문헌

1. 단행본

곽윤직, 물권법(신정판), 박영사, 1994.
김남진·김연태, 행정법 I (제15판), 법문사, 2011.
김남철, 행정법강론, 박영사, 2014.
김중권, 행정법, 법문사, 2013.
김철용, 행정법(전면개정 제3판), 고시계사, 2014.
김철용·최광률(편집대표), 주석 행정소송법, 박영사, 2004.
류지태·박종수, 행정법신론(제15판), 박영사, 2011.
박균성, 행정법론(상)(제13판), 박영사, 2014.
법원행정처, 법원실무제요(행정)(전정증보), 법원행정처, 1997.
사법연수원, 부동산등기법, 사법연수원 출판부, 2013.
서울행정법원 실무연구회, 행정소송의 이론과 실무(개정판), 사법발전재단, 2014.
정하중, 행정법개론(제8판), 법문사, 2014.
홍정선, 행정법원론(상)(제22판), 박영사, 2014.

2. 논문

김남진, "대법원의 처분개념에 대한 의문", 「법률신문」, 제2844호(1999.12.13.).
김정중, "건축물대장 변경행위 등의 처분성", 재판자료 제120집(행정재판실무연구 Ⅲ), 2010.
김중권, "2012년도 주요 행정법(행정)판결의 분석과 비판에 관한 소고", 안암법학 제42권, 안암법학회, 2013.

박정훈, "항고소송의 대상 및 유형", 행정소송법 개정자료집(Ⅱ), 법원행정처, 2007.

박철, "법률의 문언을 넘은 해석과 법률의 문언에 반하는 해석", 법철학연구 제6권 제1호, 2003.

박해식, "지목변경신청반려행위의 처분성", 대법원판례해설 제50호, 법원도서관, 2004.

백윤기, "거부처분의 처분성인정요건으로서의 신청권", 행정법연구 제1호, 행정법이론실무학회, 1997.

류광해, "판례에 비추어본 지적공부상 경계·면적 정정신청 거부행위의 처분성 검토", 토지공법연구 제37집 제1호, 한국토지공법학회, 2007.

선정원, "공부변경 및 그 거부행위의 처분성", 행정판례연구 Ⅶ, 한국행정판례연구회, 2002.

안동인, 한국마사회의 조교사·기수면허 취소처분에 대한 쟁송방법", 행정법연구 제30호, 행정법이론실무학회, 2011.

이성용, "신·구 토지대장상 소유자란 기재의 증명력", 대법원판례해설 제17호, 법원도서관, 1992.

임영호, "항고소송의 대상이 되는 처분의 범위", 행정소송(Ⅰ)(재판실무연구 4), 한국사법행정학회, 2008.

조헌수, "건축물대장 직권정정행위의 처분성", 행정판례연구 Ⅳ, 한국행정판례연구회, 1999.

국문초록

종래 판례는 행정소송의 대상이 되는 '처분'을 "행정청이 공권력주체로서 행하는 구체적 사실에 관한 법집행으로서 국민의 권리·의무에 직접적으로 영향을 미치는 행위"로 파악하여 왔다. 그런데 이와 같은 판례의 처분개념은 행정소송법상 처분의 정의개념에서 규정하고 있지 아니한 '국민의 권리·의무에 직접적으로 영향을 미치는 행위일 것'이라는 요건을 추가하고 있는 것이다. 그리고 이러한 판례의 태도는 무엇보다 행정소송법상의 처분의 정의규정에 부합하지 않고, 행정소송법상의 처분개념을 지나치게 제한적으로 해석·적용하는 것이며, 나아가 국민의 권익구제에도 충분히 기여하지 못한다는 점에서 비판적으로 평가할 수 있다.

따라서 이와 같이 법에서 규정하고 있지 아니한 추가적인 개념요소에 따라서 처분성을 판단하는 것은 적절치 않다 할 것이고, 설령 확립된 판례의 태도로서 인정할 수밖에 없다 할지라도 이와 같은 요소는 보다 탄력적으로 가능한 한 확대하여 적용할 것이 요구된다 하겠다.

「대상판결 1」(대법원 2013. 10. 24. 선고 2011두13286 판결)은 토지대장의 공법적 성격과 효력을 인정하고, 토지대장이 토지소유자의 실체적 권리관계에 밀접하게 관련되어 있음을 이유로 토지대장의 직권말소의 처분성을 인정하였다. 이는 공법적 성격과 효력을 지니고 있는 토지대장과 같은 지적공부와 관련된 처분성의 범위를 확대하였다는 점에서 그 판단의 적정성을 인정할 수 있다. 그렇지만 「대상판결 1」은 여전히 사법(私法)상의 실체적 권리관계에 중점으로 둔, 권리·의무에 대한 영향이라는 판례상 추가적인 처분요소를 처분성 판단의 주된 기준으로 파악하고 있다는 점에서 다소간의 아쉬움이 남는다.

이와 비교할 때, 「대상판결 2」(대법원 2012. 1. 12. 선고 2010두12354 판결)는 토지대장의 기재사항 변경(거부)의 처분성을 인정하지 않았는데, 일단 「대상판결 1」의 판단과는 달리 토지대장의 공법적 성격 및 효력을 간과한 채 그 기재사항의 변경이 단순히 행정사무집행의 편의와 사실증명의 자료로 삼기 위한 것이라고 판단하여 종전의 통례적인 판례의 태도를 답습하였다는 점에서 상당한 아쉬움을 남기고 있다. 그리고 실질적으로 토지대장의 소유자명의변경이 당해 토지에 대한 실체상의 권리관계에 변동을 가져올 수 있는 경우가 있을 수 있다는 점에서도 「대상판결 2」의 판단은 수긍키 어렵다 할 것이다.

현재 우리의 행정소송제도는 사실상 이른바 취소소송 중심주의에 따라서 운영되고 있는 면이 강하다. 따라서 항고소송의 대상이 되는 처분에 해당하는지 여부가 국민의 권익구제 여부를 실질적으로 좌우한다 할 것이므로, 처분성의 확대에 대한 법원의 보다 꾸준한 노력이 요청된다 하겠다.

주제어: 처분, 처분성, 토지대장, 토지대장의 직권말소, 토지대장의 기재사항변경

Abstract

The Characteristic of Disposition with Regard to the Cancellation ex officio and Refusal of Altering Entered Matter of Cadastre

Ahn, Dong In

Judicial precedents of administrative law have understood disposition that is the object of administrative litigation as "the exercise of an administrative agency as a public authority, which is the execution of laws with respect to specific facts and may directly affect the citizen's rights or obligations." This conceptualization of disposition in the precedents, however, has added a new qualification, 'may directly affect the citizen's rights or obligations,' which is not stated in the Administrative Litigation Act. This conceptualization does not coincide with the regulatory definition of disposition and places excessive restrictions on the interpretation and application of the Act while contributing little to the protection of the rights and interests of people.

Therefore, it would be inappropriate to judge whether or not disposition is recognized according to the additional qualification which is not stated in the Act. Although the precedents are to be respected, the added qualification should be applied with some flexibility.

「Judgment 1」 has recognized the characteristics and effects of the cadastre as public law. Also, 「Judgment 1」 has recognized the cancellation ex officio of the cadastre as a disposition since the cadastre is closely related to the substantive legal relationship of the landowner. It could be seen proper in that it expanded the scope of disposition related to cadastral register such as the cadastre, which has the characteristics and effects as public law. Still, 「Judgment 1」 has limitations since it recognized the additional element of disposition that puts emphasis on the substantive relationship of private law as the main criterion to identify the characteristics of disposition.

In comparison, 「Judgment 2」 has not acknowledged altering the entered matter of cadastre as disposition. Unlike 「Judgment 1」, it has overlooked the characteristics and effects of cadastre as public law. 「Judgment 2」 concluded that altering the entered matter of cadastre is only for the convenience in administrative process and to provide facts. Likewise, 「Judgment 2」 is limited in that it followed the same approach as the conventional precedent. It is difficult to agree with 「Judgment 2」 in respect that altering the owner's name of cadastre may influence on the substantive relationship of private law to the land.

Our current administrative litigation system is operating in accordance with the so-called revocation litigation-centralism. Therefore, the protection of the rights and interests of people would depend on how an administrative agency recognizes disposition that is the object of appeal litigation. Thus, it is called for that Court make unremitting efforts to extend the scope of disposition.

Keywords: disposition, characteristics of disposition, cadastre, cancellation ex officio of cadastre, altering entered matter of cadastre

투 고 일: 2014. 6. 5
심 사 일: 2014. 6. 17
게재확정일: 2014. 6. 20

增額更正處分의 取消를 구하는 抗告訴訟에서 納稅義務者가 다툴 수 있는 不服事由의 範圍

河泰興*

대법원 2013. 4. 18. 선고 2010두11733 전원합의체 판결: 공2013상, 967

* 大法院 裁判研究官

I. 事件의 槪要

1. 관련 법령

◆ 구 국세기본법(2007. 12. 31. 법률 제8830호로 개정되기 전의 것)
제22조의2(경정 등의 효력)
① 세법의 규정에 의하여 당초 확정된 세액을 증가시키는 경정은 당초 확정된 세액에 관한 이 법 또는 세법에서 규정하는 권리·의무관계에 영향을 미치지 아니한다.
제45조의2(경정 등의 청구)
① 과세표준신고서를 법정신고기한 내에 제출한 자는 다음 각 호의 1에 해당하는 때에는 법정신고기한 경과 후 3년 이내에 최초신고 및 수정신고한 국세의 과세표준 및 세액(각 세법의 규정에 의하여 결정 또는 경정이 있는 경우에는 당해 결정 또는 경정 후의 과세표준 및 세액을 말한다)의 결정 또는 경정을 관할 세무서장에게 청구할 수 있다.
1. 과세표준신고서에 기재된 과세표준 및 세액(각 세법의 규정에 의하여 결정 또는 경정이 있는 경우에는 당해 결정 또는 경정 후의 과세표준 및 세액을 말한다)이 세법에 의하여 신고하여야 할 과세표준 및 세액을 초과하는 때
2. 과세표준신고서에 기재된 결손금액 또는 환급세액(각 세법의 규정에 의하여 결정 또는 경정이 있는 경우에는 당해 결정 또는 경정 후의 결손금액 또는 환급세액을 말한다)이 세법에 의하여 신고하여야 할 결손금액 또는 환급세액에 미달하는 때

◆ 구 부가가치세법(2007. 12. 31. 법률 제8826호로 개정되기 전의 것)
제21조(결정 및 경정)
① 사업장 관할세무서장·사업장 관할지방국세청장 또는 국세청장은 사업자가 다음 각 호의 1에 해당하는 경우에 한하여 그 과세기간에 대한 부가가치세의 과세표준과 납부세액 또는 환급세액을 조사에 의하여 결정 또는 경정한다.
2. 확정신고의 내용에 오류 또는 탈루가 있는 때

2. 처분의 경위

원고들은 남대문시장 상인들로서, 실지거래 없이 기장업체와 상호합의 하에 매출·매입세금계산서를 교차 발행하는 이른바 '교차거래'를 하였다.[1] 원고들은 다른 상인들 명의로 발행한 사실과 다른 세금계산서의 매입세액을 매출세액에서 공제하여 부가가치세를 신고하였다.

피고는 2007. 10. 11. 서울지방국세청장의 세무조사 결과를 토대로 매입세액을 불공제하여 원고들에게 부가가치세 부과처분(증액경정처분)을 하였다.[2] 즉, 해당 과세기간에 대하여 매출세액은 원고들이 신고한 대로 인정하되, 이 사건 각 세금계산서에 관한 매입세액만 불공제한 다음, 여기에 가산세를 합하여 고지세액을 산정하였다.

원고들은 가공거래를 이유로 한 매입세액의 불공제는 다투지 아니하나 매출거래도 역시 가공거래로서 매출세액에서 제외되어야 한다고 주장하면서, 증액경정처분에 대한 불복기간 내에 증액된 세액에 관한 취소를 청구하였다.

---

1) A세무회계사무소(대표자 공인회계사 甲)의 실질적 운영자 乙은 원고들을 비롯한 서울 남대문시장 8개 집단상가 약 1,223개 업체의 세무신고 및 기장대리를 해오면서, 기장업체의 매출과세표준과 매입세액 및 납부세액을 일정하게 맞추기 위하여 실지거래 없이 기장업체와 상호합의 하에 공급가액 합계 219,849,000,000원의 매출·매입세금계산서를 교차 발행하는 이른바 '교차거래'를 하였다.

2) 피고는 2007. 5.경 원고들을 비롯한 남대문시장 상인들에게 2007. 6. 15.까지 2005년 제1기, 2005년 제2기 및 2006년 제1기의 부가가치세를 수정신고할 것을 안내하는 「부가가치세 수정신고 안내문」을 발송하면서 이에 응하지 않는 경우 자료발생기간 전부에 대한 재검토 작업이 있을 수 있음을 안내하였다. 수정신고에 응한 상인들에게는 위 3개 과세기간에 대해서만 경정처분을 하였다.

[원고 2의 경우]

분 기	당초신고				피고 경정			
	매출세액	매입세액	가산세	신고세액	매출세액	매입세액	가산세	고지세액
2003년 제2기분	2,125,790	1,626,800	4,080	503,070	0	−1,626,800	1,012,565	2,639,365
2004년 제1기분	3,071,880	2,512,450	3,905	563,335	0	−2,212,300	1,119,301	3,331,601
2004년 제2기분	3,074,030	2,520,700	3,611	556,941	0	−2,121,700	1,071,234	3,192,934
2005년 제1기분	3,525,610	2,891,000	0	634,610	0	−2,692,500	1,183,084	3,875,584
2005년 제2기분	3,696,100	3,020,000	4,736	680,836	0	−2,819,600	1,083,290	3,902,890
2006년 제1기분	3,759,750	3,028,600	0	731,150	0	−3,028,600	999,135	4,027,725
합 계	19,253,160	15,599,550	16,332	3,669,942	0	−14,501,500	6,468,609	20,970,099

3. 원고들의 주장

이 사건 각 세금계산서상의 매입거래는 각 해당 과세기간의 매출세금계산서상 매출거래와 교차거래로서 가공거래이다. 따라서 이 사건 각 매입세금계산서에 상응하는 매출거래의 공급가액 역시 과세표준에서 공제되어야 하고, 매출금액은 추계조사의 방법으로 결정되어야 한다.

4. 원심의 판단[3)]

부가가치세법 제17조의 규정에 의하면, 제16조에 의한 세금계산서를 교부받지 않은 경우 또는 교부받은 세금계산서에 필요한 기재사항

3) 남대문시장 상인들이 제기한 다른 6건에서는 모두 2004두9197 판결이 원용되어 원고패소 판결이 선고되었다. 다만 서울고법 2009누35612 판결은 2001두5989 판결이 원용되어 원고승소 판결이 선고되었다. 위 판결은 대상판결 선고 직후인 대법원 2013. 5. 9. 선고 2010두24449 판결로 상고기각 되었다.

전부 또는 일부가 기재되지 않았거나 사실과 다르게 기재된 경우의 매입세액은 실제로 재화 또는 용역을 공급받았더라도 매출세액에서 공제하지 않도록 규정하고 있는 데 비하여, 매출신고의 경우는 납세의무자가 스스로 매출로 신고한 이상 그러한 매출은 실제 있었던 것으로 봄이 상당하고, 가사 실제 매출이 없었다고 해도 신고납세방식의 조세인 부가가치세에 있어서 납세의무자가 매출로 신고한 부분은 그대로 확정되는 것이어서(매출세액 등이 과다신고된 경우라면 납세의무자는 감액경정청구 등의 절차를 밟아야 할 것이다), 그 매출로 신고한 부분을 형평의 원칙상 전체매출액에서 공제하여야 한다고 볼 것은 아니다(대법원 2005. 11. 10. 선고 2004두9197 판결 참조).

신고에 의해 확정된 과세표준과 세액은 증액경정처분을 다투는 소송에서 더는 다툴 수 없는 것이므로, 원고들이 해당 과세기간의 매출액을 적법하게 신고하여 확정된 이상 이 사건에서 뒤늦게 매출신고 거래가 가공거래로서 과세표준에서 공제되어야 한다고 주장하여도 이를 받아들일 수는 없다. 따라서 추계조사 방법으로 매출액을 다시 결정하여야 한다는 주장 역시 이유 없다.

II. 判決의 要旨

1. 원고들의 상고이유

부가가치세법 제17조가 가공거래에 의한 매입세액은 매출세액에서 공제하지 않는 것과 같이 가공거래에 의한 매출세액도 이에 준하여 이를 제외하여야 한다. 부당한 매입세액과 마찬가지로 부당한 매출세액도 인정하지 않는 것이 형평의 원칙에 부합하나, 원심은 가공거래에 의한 매출세액은 그대로 인정하여야 한다고 판단함으로써 가공거래 매출세액

에 관한 법리를 오해하였다.[4)]

2. 대법원 판결의 요지

납세의무자가 신고한 과세표준과 세액에 관하여 오류 또는 탈루가 있다고 보아 과세관청이 증액경정처분을 한 경우 납세의무자는 국세기본법 제45조의2 제1항에 의하여 증액경정처분에 대한 경정청구를 할 수 있을 뿐만 아니라 경정청구제도가 부과처분 자체에 대한 항고소송의 제기를 막는 것은 아니므로, 납세의무자는 경정청구와 별도로 증액경정처분의 취소를 구하는 항고소송을 제기하는 방법으로도 증액경정처분을 다툴 수 있다.

과세표준과 세액을 증액하는 증액경정처분은 당초 납세의무자가 신고하거나 과세관청이 결정한 과세표준과 세액을 그대로 둔 채 탈루된 부분만을 추가로 확정하는 처분이 아니라 당초신고나 결정에서 확정된 과세표준과 세액을 포함하여 전체로서 하나의 과세표준과 세액을 다시 결정하는 것이므로, 당초신고나 결정에 대한 불복기간의 경과 여부 등에 관계없이 오직 증액경정처분만이 항고소송의 심판대상이 되는 점, 증액경정처분의 취소를 구하는 항고소송에서 증액경정처분의 위법 여부는 그 세액이 정당한 세액을 초과하는지 여부에 의하여 판단하여야 하고 당초신고에 관한 과다신고사유나 과세관청의 증액경정사유는 증액경정처분의 위법성을 뒷받침하는 개개의 위법사유에 불과한 점, 경정청구나 부과처분에 대한 항고소송은 모두 정당한 과세표준과 세액의 존부를 정하고자 하는 동일한 목적을 가진 불복수단으로서 납세의무자로 하여금 과다신고사유에 대하여는 경정청구로써, 과세관청의 증액경정사유에

4) 형평의 원칙상 가공거래 매출세액을 제외하여야 한다는 주장은 가공거래에 의한 매출세액은 부가가치세 과세표준에 포함되지 않는다는 주장도 함께 하는 것으로 볼 수 있다.

대하여는 항고소송으로써 각각 다투게 하는 것은 납세의무자의 권익보호나 소송경제에도 부합하지 않는 점 등에 비추어 보면, 납세의무자는 증액경정처분의 취소를 구하는 항고소송에서 과세관청의 증액경정사유뿐만 아니라 당초신고에 관한 과다신고사유도 함께 주장하여 다툴 수 있다고 할 것이다.

III. 評釋

1. 쟁점 및 검토방향

대상판결의 핵심쟁점은, 가공매입세액을 부인하여 이루어진 증액경정처분의 취소소송에서 가공 매출세액을 제외하여 달라는 경정청구사유를 주장할 수 있는지 아니면 그 부분은 별도로 경정청구를 통해 다투어야 하는지 여부이다. 증액경정처분의 취소를 구하는 항고소송에서 납세의무자가 다툴 수 있는 불복사유의 범위는 조세법의 기본 법리에 관련된 것으로서, 조세소송 전반에 미치는 영향이 매우 크다. 나아가 이 사건 핵심쟁점에 관하여는 서로 상반되는 두 가지 선례(대법원 2004두9197 판결 및 대법원 2001두5989 판결)가 존재하여 그 모순·저촉 여부가 문제된다. 다수의 관련 사건이 대법원에 계속 중이었으며 그 원심들은 이 선례 중 하나를 원용하여 그 결론이 상이하였다. 따라서 판례 폐기의 필요성 문제가 대두된다.

① 먼저, 가공매출과 과세표준이 되는 매출세액의 관계, 신고납세방식의 조세에 대한 불복방법, 그리고 증액경정처분이 있는 경우 불복의 대상과 불복방법에 관한 일반론을 살펴봄으로써 이 사건 핵심쟁점이 조세법상 논의의 어느 부분에 관련된 것인지를 제시한다. ② 다음으로, 증액경정처분이 있는 경우 과다신고라는 경정청구사유를 어떠한 불복방

법으로 다투어야 하는지, 즉 증액경정처분에 대한 취소소송에서 경정청구사유를 주장할 수 있는지에 관하여 가능한 2가지 견해와 그 논거를 제시한다. ③ 끝으로, 대법원 2004두9197 판결과 대법원 2001두5989 판결이 서로 모순·저촉되는지와 위 2가지 견해 중 어느 한 견해를 취할 경우 판례 폐기의 문제가 발생하는지를 검토한다.

2. 가공매입·가공매출과 매입세액·매출세액

가. 가공매입의 매입세액 불공제

사업자가 납부할 부가가치세액은 그가 공급한 재화나 용역에 대한 세액(매출세액)에서 그가 공급받은 재화나 용역에 대한 세액(매입세액)을 공제한 금액으로 하고, 매출세액을 초과하는 매입세액은 환급세액이 된다(부가가치세법 제17조 제1항).

부가가치세법 제16조 제1항 및 제3항의 규정에 의한 세금계산서를 발급받지 아니한 경우 또는 발급받은 세금계산서에 제16조 제1항 제1호 내지 제4호[5]의 규정에 의한 필요적 기재사항의 전부 또는 일부가 기재되지 아니하였거나 사실과 다르게 기재된 경우의 매입세액은 매출세액에서 공제되지 않는다.

따라서 실물거래가 없는 가공매입의 경우 그 매입세액은 당연히 공제받을 수 없고,[6] 세금계산서를 교부한 자와 실제 거래사실이 있었다고 하더라도 세금계산서에 공급하는 자가 사실과 다르게 기재된 경우에는 그 매입세액을 공제받을 수 없다.

---

5) 1. 공급하는 사업자의 등록번호와 성명 또는 명칭, 2. 공급받는 자의 등록번호, 3. 공급가액과 부가가치세액, 4. 작성년월일
6) 대법원 1996. 12. 6. 선고 96누5155 판결

나. 가공매출의 매출세액 불포함

가공의 매출세금계산서상 공급가액에 대하여는 부가가치세의 과세대상인 재화나 용역의 공급이 없는 부분이므로 이에 대한 납세의무가 성립한다고 볼 수 없다.[7] 따라서 사업자가 다른 사업자에게 재화의 공급 없이 세금계산서만을 작성·교부한 가공거래의 경우는 부가가치세 과세대상이 아니므로 그 가공매출액은 과세표준액에서 제외되어야 한다.[8] 가공세금계산서에 의해 부가가치세를 법정신고기한 내에 신고한 경우에는 객관적 과세표준과 세액을 초과하는 과다신고를 이유로 한 통상적 경정청구의 대상이 될 수 있다.

가공매출에 의한 과다신고·납부 이후 가공매출을 부인하는 것이 부가가치세 거래질서의 문란 등 그 폐해가 심각하여 신의칙 등에 의한 제한을 할 수 있는지가 문제될 수 있다. 판례[9]는 부가가치세 사건에서 가공매출을 부인하는 것이 신의칙에 반하는 것으로 볼 수 없다고 판시하였고, 나아가 판례[10]는 원고 회사가 분식회계를 위해 매출을 과다하게 계상하고 이후 증액경정처분이 있자 가공매출의 익금불산입을 주장한 사안에서도 고의로 허위신고를 한 자가 법인세부과처분의 취소소송에서 허위신고한 가공매출을 다툴 수 있다고 보았다.[11] 다만 부가가치

---

7) 대법원 2009. 12. 24. 선고 2007두16974 판결
8) 대법원 1990. 6. 26. 선고 88누4522 판결; 고은경, "조세법상 경정청구제도에 관한 연구", 법학박사학위논문, 중앙대학교(2008), 113. 및 211.; 김두형, "2005년도 부가가치세법 판례회고", 조세법연구 XII-1, 세경사(2006), 440.
9) 대법원 1990. 7. 24. 선고 90누3324 판결, 대법원 2008. 6. 12.자 2008두5674 판결
10) 대법원 2006. 1. 26. 선고 2005두6300 판결, 대법원 2006. 4. 14. 선고 2005두10170 판결
11) 이에 2003. 12. 30. 개정된 법인세법은 분식회계에 따라 초과하여 납부한 법인세에 대하여 법정기한 내에는 경정청구를 인정하지만, 특례규정을 두어 경정일이 속하는 사업연도의 개시일로부터 5년간 각 사업연도마다 납부하여야 할 법인세액에서 순차적으로 공제하도록 하며, 5년이 지나도 돌려받을 금액이 남아 있는 경우 이를 일시에 지급하도록 하는 규정을 신설하였다.

세 매입세액 환급청구와 관련하여 판례[12]는 금지금 사건에서 납세의무자의 심한 배신행위에 기인한 것으로 보아 신의칙 적용을 긍정하였다.

한편 납세의무자가 매출세액에서 매입세액을 공제받으려면 법정의 요건을 갖춘 매입세금계산서를 제출하여야 하나, 과세표준이 되는 매출세액에는 이러한 제한이 없다. 따라서 사업자가 재화나 용역을 공급하면서 공급을 받는 자에게 세금계산서를 교부하지 않았거나 예정신고 또는 확정신고시 매출처별세금계산서합계표를 제출하지 않았다고 하더라도 실제의 매출이 있었다면 부가가치세 납세의무가 성립한다. 마찬가지로 사업자가 A거래처에 매출을 하고서도 B거래처와 사이에 매출이 있었다고 신고하는 경우 부가가치세 납세의무가 성립함에는 변함이 없다.

3. 신고납세방식의 조세와 불복방법

가. 세액의 확정방식에 따른 조세채무의 확정

1) 세법상 '확정'의 의미

세법상 '확정'이라는 개념은 여러 가지로 사용되고 있다. 첫째, 판결의 확정(행정소송법 제29조, 국세기본법 제45조의2 제2항 제1호 등)과 같이 불가쟁력을 의미한다. 둘째, 납세의무의 확정(국세기본법 제22조 등)과 같이 추상적인 조세채무가 구체적인 조세채무로 특정되는 것, 즉 형식적 확정력을 의미한다. 셋째, 권리의무확정주의(소득세법 제24조 제3항, 제39조 제1항 등)와 같이 권리의무의 발생 단계를 넘어 세법상 과세요건이 충족된 것으로 성숙·확정된 단계를 의미한다.

2) 조세채무의 형식적 확정과 불가쟁력

가) 신고납세방식 조세의 신고

조세채무는 세법에 정해진 과세요건이 충족되면 성립하고(추상적 납

---

12) 대법원 2011. 1. 20. 선고 2009두13474 전원합의체 판결

세의무),[13] 세법에 의한 절차에 따라 확정된다.[14] 국세기본법 제22조 제1항, 국세기본법 시행령 제10조의2[15] 제1호 본문 등에 의하면, 신고납세방식의 조세는 과세표준과 세액을 정부에 신고하는 때에 그 세액이 확정된다. 이는 추상적인 조세채무에 관한 세액이 특정되어 구체적인 조세채무가 형식적으로 확정되었음을 의미한다. 이러한 구체적인 조세채무는 기본적으로 국세기본법 제45조의2 제1항에 의하여 3년의 통상적 경정청구기간이 도과하면 불가쟁력이 발생한다.

나) 부과과세방식 조세와 신고납세방식 조세의 무신고의 경우

한편 국세기본법 제22조 제1항, 국세기본법 시행령 제10조의2 제2호 등에 의하면, 부과과세방식의 조세 또는 신고납세방식의 조세에 관하여 신고가 없는 때에는 과세표준과 세액을 정부가 결정하는 때에 그 세액이 특정되어 구체적인 조세채무가 확정된다. 이러한 구체적인 조세

---

13) **국세기본법 제21조(납세의무의 성립시기)** ① 국세를 납부할 의무는 다음 각 호의 시기에 성립한다. 1. 소득세 또는 법인세는 과세기간이 종료하는 때, 2. 상속세는 상속이 개시되는 때, 7. 부가가치세는 과세기간이 종료하는 때 <다른 호 생략> ② 다음 각 호의 국세를 납부할 의무는 제1항의 규정에 불구하고 당해 각 호의 시기에 성립한다. 1. 원천징수하는 소득세 또는 법인세는 소득금액 또는 수입금액을 지급하는 때 <다른 호 생략>

14) **국세기본법 제22조(납세의무의 확정)** ① 국세는 당해 세법에 의한 절차에 따라 그 세액이 확정된다. ② 다음 각 호의 국세는 제1항의 규정에 불구하고 납세의무가 성립하는 때에 특별한 절차 없이 그 세액이 확정된다. 2. 인지세, 3. 원천징수하는 소득세 또는 법인세 <다른 호 생략>

15) **국세기본법 시행령 제10조의2(납세의무의 확정)** 법 제22조 제1항에 규정하는 당해 세법에 의한 절차에 따라 그 세액이 확정되는 때는 다음 각 호와 같다. 1. 소득세, 법인세, 부가가치세, 개별소비세, 주세, 증권거래세, 교육세 또는 교통·에너지·환경세에 있어서는 당해 국세의 과세표준과 세액을 정부에 신고하는 때. 다만 제2호에 해당하는 경우에는 그러하지 아니하다. 2. 제1호의 국세의 과세표준과 세액을 정부가 결정하는 경우에는 그 결정하는 때, 2의2. 종합부동산세에 있어서는 정부가 종합부동산세의 과세표준과 세액을 결정하는 때. 다만 납세의무자가 종합부동산세법 제16조 제3항에 따라 종합부동산세의 과세표준과 세액을 정부에 신고하는 경우에는 그 신고하는 때로 한다. 3. 제1호 및 제2호의2 이외의 국세에 있어서는 당해 국세의 과세표준과 세액을 정부가 결정하는 때

채무는 기본적으로 국세기본법 제56조 제2항, 제61조 제1항, 제68조 제1항에 의하여 해당 처분이 있음을 안 날(처분의 통지를 받은 때에는 그 받은 날)부터 90일 이내에 심사청구나 심판청구를 제기함으로써 불복하지 않으면 불가쟁력이 발생하게 된다.

다) 자동확정방식 조세

인지세, 원천징수하는 소득세·법인세 등은 조세채무의 확정을 위하여 특별한 절차를 필요로 하지 않고 과세요건 충족에 따른 조세채무의 성립과 동시에 확정이 이루어진다. 납세의무자는 징수처분이나 소득금액변동통지에 대한 항고소송을 하거나[16] 부당이득반환청구[17]를 함으로써 불복할 수 있을 것이다. 납세의무자가 그러한 불복방법을 더 이상 취할 수 없을 때에 불가쟁력이 발생할 것이다. 자동확정방식의 조세에 대한 불복방법에는 복잡한 문제가 숨어 있고, 대상판결과는 무관하므로 상론을 하지 않기로 한다.[18]

3) 조세채무의 형식적 확정력 배제를 위한 불복방법

가) 신고납세방식의 조세

(1) 경정청구 및 경정거부처분에 대한 취소소송(경정청구의 배타성)

신고납세방식의 조세에서 그 신고는 항고소송의 대상이 되는 처분이라 할 수 없을 뿐만 아니라, 과세관청의 부과처분이 존재하지 않으므로 신고의 취소를 구하는 소는 부적법하다.[19] 그리고 신고납세방식의

16) 판례는 자동확정방식의 조세에 대하여는 부득이 징수처분을 다투는 것을 허용하고 있는데(대법원 1974. 10. 8. 선고 74다1254 판결), 자동확정방식의 조세인 원천징수 법인세의 경우 대법원 2002두1878 전원합의체 판결이 소득금액변동통지의 처분성을 인정한 이후로는 소득금액변동통지와 징수처분의 관계에서는 세액의 존부와 범위를 다투기 위해서는 소득금액변동통지를 다투어야 하고 징수처분을 다툴 수는 없다고 보았다(대법원 2012. 1. 26. 선고 2009두14439 판결).

17) 대법원 2009. 12. 24. 선고 2007다25377 판결; 소순무, 조세소송, ㈜영화조세통람(2012), 621.(인지세는 자동확정방식의 조세로서 오납액에 해당할 때에는 바로 국가에 대하여 그 환급을 청구할 수 있을 것이다)

18) 상세는 拙稿, “소득금액변동통지의 처분성 인정 이후 징수처분에 관하여 불복이 가능한 사유”, 대법원판례해설 92호(2012 상반기), 56~108.

조세에 있어서 신고행위가 당연무효가 아닌 한[20] 부당이득반환청구도 불가능하다.[21] 과세표준과 세액을 과다신고한 납세의무자는 경정청구를 하여 과세관청으로부터 결정을 받거나 경정청구에 대한 거부처분이 있는 경우 그에 대한 취소소송(항고소송)을 통하여 불복할 수 있고, 국세기본법 제45조의2는 이러한 경정청구의 방법을 규정하고 있다.

신고가 당연무효가 아닌 한 국가가 받은 돈은 부당이득이 되지 않고 경정청구나 경정거부처분에 대한 취소소송에 의하지 않고는 신고행위를 취소할 수도 없으며, 착오 등에 기인한 과다신고에 대하여 그 과다신고를 시정하는 유일한 방법으로서 세법은 오로지 경정청구만을 인정하고 있다는 점에서 이를 '경정청구의 배타성'이라고 부른다.[22] 경정청구의 배타성이란 신고행위가 당연무효가 아닌 한 경정청구기간이 지났거나 경정청구절차를 따르지 않은 채 신고의 효력을 부인하며 부당이득의 반환을 구할 수 없다는 의미이다.[23]

(2) 심사·심판청구 및 부과처분에 대한 취소소송(미신고의 경우)

그러나 신고납세방식의 조세라고 하더라도 납세의무자의 신고가 없는 때에는 과세관청이 과세표준과 세액을 결정하게 된다. 이 경우의 불복방법은 기본적으로 부과과세방식의 조세에 관한 불복방법과 다를 것이 없다.

나) 부과과세방식의 조세

(1) 심사·심판청구 및 부과처분에 대한 취소소송(기본적 불복방법)

부과과세방식의 조세는 부과처분이 존재하고 행정행위의 공정력이

---

19) 대법원 2009. 1. 15.자 2008두19529 판결

20) 신고행위가 당연무효인 경우 부당이득반환청구가 가능하다는 것에, 대법원 2001. 4. 27. 선고 99다11618 판결, 대법원 2006. 1. 13. 선고 2004다64340 판결 등

21) 대법원 1995. 12. 5. 선고 94다60363 판결 등

22) 이창희, 세법강의, 박영사(2011), 210~213.; 소순무, 조세소송, ㈜영화조세통람(2012), 97.

23) 이창희, 세법강의, 박영사(2011), 212.

있기 때문에 세액의 존부와 범위를 다투려면 부과처분의 취소를 먼저 구하여야 하고, 부과처분이 무효이거나 취소되지 않는 한 부당이득반환 청구가 불가능하다.

국세기본법 제55조 제1항은 "이 법 또는 세법에 따른 처분으로서 위법 또는 부당한 처분을 받거나 필요한 처분을 받지 못함으로 인하여 권리나 이익을 침해당한 자는 이 장(제7장 심사와 심판)의 규정에 따라 그 처분의 취소 또는 변경을 청구하거나 필요한 처분을 청구할 수 있다."고 규정하고, 국세기본법 제56조 제2항은 "제55조에 규정된 위법한 처분에 대한 행정소송은 행정소송법 제18조 제1항[24] 본문, 제2항 및 제3항에도 불구하고 이 법에 따른 심사청구 또는 심판청구와 그에 대한 결정을 거치지 아니하면 제기할 수 없다."고 규정함으로써 위법한 조세처분에 관하여 필요적 전치주의를 규정하고 있다. 따라서 위법한 부과처분에 대하여는 심사·심판청구를 거쳐 취소소송을 제기하여 불복할 수 있다.

(2) 경정청구 및 경정거부처분에 대한 취소소송(특수한 경우)

한편 국세기본법 제45조의2 제1항은 "과세표준신고서를 법정신고기한 내에 제출한 자는 제1호, 제2호의 과다신고사유나 과세관청의 증액사유가 있는 경우, 최초신고 및 수정신고한 국세의 과세표준 및 세액의 결정 또는 경정을 청구할 수 있다."고 규정하고 있으므로, 과세표준신고를 한 납세의무자는 부과과세방식의 조세에 관하여 경정청구로도 불복할 수 있다.

예컨대, 상속세나 증여세는 부과과세방식의 조세이지만 상속세 및 증여세법 제67조, 제68조는 납세의무자가 상속세나 증여세의 과세가액 및 과세표준을 관할세무서장에게 신고하도록 규정하고, 제76조 제1항은

---

24) **행정소송법 제18조(행정심판과의 관계)** ① 취소소송은 법령의 규정에 의하여 당해 처분에 대한 행정심판을 제기할 수 있는 경우에도 이를 거치지 아니하고 제기할 수 있다. 다만 다른 법률에 당해 처분에 대한 행정심판의 재결을 거치지 아니하면 취소소송을 제기할 수 없다는 규정이 있는 때에는 그러하지 아니하다.

세무서장 등이 제67조나 제68조에 따른 신고에 의하여 과세표준과 세액을 결정하도록 규정하고 있다. 따라서 상속세나 증여세 신고를 한 자는 국세기본법 제45조의2 제1항에서 규정한 경정청구의 방법에 따라 과세관청에 대하여 정당한 부과처분을 하도록 경정청구를 할 수 있고, 과세관청이 그 경정청구를 거부하면 경정청구 거부처분에 대한 취소소송을 제기할 수 있다. 물론 과세관청의 부과처분 자체에 대하여 항고소송(취소소송)을 제기할 수도 있을 것이다.

4) 증액경정처분이 있는 경우 불복의 대상과 불복방법

당초신고와 증액경정처분에 따른 불복대상과 불복방법

	<불복대상>	<불복방법>
┌ 당초신고 ○, 증액경정처분 × ⇒	최초(수정)신고	/ 경정청구
├ 당초신고 ×, 부과처분 ○ ⇒	부과처분	/ 항고소송
└ 당초신고 ○, 증액경정처분 ○ ⇒	증액경정처분	/ 경정청구 or 항고소송

가) 증액경정처분이 있는 경우 불복의 대상

(1) 국세기본법 제22조의2가 신설되기 전 ⇒ 증액경정처분(흡수설)

(가) 당초처분(당초신고)과 경정처분

과세관청은 과세처분이나 납세의무자의 신고에 오류 또는 탈루가 있는 경우 종선의 처분이나 신고를 시정하기 위한 경정처분을 할 수 있다.[25] 국세기본법 제16조나 개별세법(법인세법 제66조 제3항, 소득세법 제80조 제3항, 부가가치세법 제21조 제2항 본문)은 납세의무자의 과세표준 등 신고가 없거나 신고내용에 오류·탈루가 있는 경우 과세관청이 과세표준과 세액을 결정·경정할 수 있음을 규정하고 있다.

25) 임승순, 조세법, 박영사(2012), 305.

(나) 흡수설과 병존설의 대립

흡수설[26)]과 병존설[27)]은 경정처분이 있는 경우 당초처분과 경정처분의 법률관계를 어떻게 이해하여 무엇을 소의 대상으로 삼아야 하는가에 관한 견해의 대립이다. 흡수설은 소송물을 총액주의[28)]에 의하여 정하는 판례이론의 부산물이다.[29)] 총액주의를 취하려면 소의 대상을 당초처분과 증액경정처분 중 어느 하나로 보아야 하기 때문이다.

(다) 흡수설의 채택

2002. 12. 18. 법률 제6782호로 국세기본법 제22조의2가 신설되기 전 당초처분(당초신고)과 증액경정처분의 관계에 대하여, 판례[30)]는 증액경정처분은 당초신고나 당초처분을 그대로 둔 채 당초처분에서 과세표준과 세액을 초과하는 부분만을 추가로 확정하려는 처분이 아니고 당초신고나 당초처분에서의 과세표준과 세액을 포함시켜 전체로서의 과세표준과 세액을 결정하는 것이므로 증액경정처분이 되면 당초신고나 당초처분은 증액경정처분에 흡수되어 당연히 소멸한다고 보았다(흡수설). 따라서 국세기본법 제22조의2가 신설되기 전의 판례에 의하면 납세의무자는 증액경정처분만을 쟁송의 대상으로 삼을 수 있었다.[31)] 판례는 신고

---

26) **흡수설**은 당초처분은 경정처분에 흡수되어 소멸하고 경정처분의 효력은 처음부터 다시 조사결정한 과세표준 및 세액 전체에 미친다고 보는 견해이다.

27) **병존설**은 당초처분과 경정처분이 서로 독립하여 별개로 존재하고 경정처분의 효력은 그 처분에 의하여 추가로 확정된 과세표준 및 세액 부분에만 미친다는 견해이다.

28) 과세처분 취소소송의 소송물의 범위, 즉 심판의 범위를 어떻게 볼 것인가에 관하여는 총액주의와 쟁점주의가 대립한다. 총액주의는 과세처분에 의하여 확정된 세액이 조세실체법에 의하여 객관적으로 존재하는 세액을 초과하는지의 여부가 심판의 대상 및 범위가 된다는 견해이고, 쟁점주의는 심판의 대상 및 범위를 과세관청의 처분이유와 관계되는 세액의 적법 여부로 한정하는 견해이다.

29) 이창희, 세법강의, 박영사(2011), 214.

30) 대법원 1992. 5. 26. 선고 91누9596 판결 등

31) 대법원 1999. 5. 28. 선고 97누16329 판결(증액경정처분이 되면 먼저 된 당초처분은 증액경정처분에 흡수되어 당연히 소멸하고 오직 경정처분만이 쟁송의 대상이 되는 것이고, 당초처분이 불복기간의 경과나 전심절차의 종결로 확정되었다

납세방식의 조세에서도 흡수설의 입장이 타당하다고 보아 증액경정처분이 되면 증액경정처분만을 쟁송의 대상으로 삼아야 한다고 보았다.[32)]

(라) 흡수설의 예외

예외적으로 납세의무자의 감액경정청구에 대한 거부처분 취소소송이 제기된 후 과세관청의 증액경정처분이 있는 경우에는 당초신고나 감액경정청구, 감액경정청구에 대한 거부처분은 그 후에 이루어진 과세관청의 증액경정처분에 흡수·소멸되지 아니하고[33)], 납세의무자는 감액경정청구거부처분의 취소소송 또는 증액경정처분의 취소소송 중에 어느 하나를 선택할 수 있다.[34)] 다만 납세의무자가 감액경정청구 거부처분에 대한 취소소송을 제기한 후 증액경정처분이 이루어져서 그 증액경정처분에 대하여도 취소소송을 제기한 경우에는 특별한 사정이 없는 한 별도로 감액경정청구 거부처분취소의 소를 유지할 이익이 없게 된다.[35)]

(2) 국세기본법 제22조의2가 신설된 이후 ⇒ 종전의 흡수설 유지 + 취소의 범위만 제한

(가) 규정의 신설

당초신고를 한 납세자가 흡수설을 악용하여 이미 당초신고나 당초

하여도 증액경정처분에 대한 소송절차에서 납세자는 증액경정처분으로 증액된 과세표준과 세액에 관한 부분만이 아니라 당초처분에 의하여 결정된 과세표준과 세액에 대하여도 그 위법 여부를 다툴 수 있다고 판시한 사례) 등

32) 대법원 1987. 3. 10. 선고 86누911 판결(과세관청이 내국법인의 각 사업연도의 과세표준과 세액에 대한 신고내용에 오류, 탈루 등이 있다고 인정하여 이를 경정하는 경우, 그 증액경정처분은 납세자의 신고에 의하여 확정된 과세표준과 세액에다가 증액되는 부분을 포함하여 다시 결정하는 것이므로 증액경정처분이 되면 신고확정의 효력은 소멸되어 납세자는 증액경정처분만을 쟁송의 대상으로 삼을 수 있는 것이며 이 경우 당사자는 신고에 의하여 확정되었던 과세표준과 세액에 대하여도 그 위법을 함께 다툴 수 있다고 판시한 사례) 등

33) 대법원 1987. 1. 20. 선고 83누571 판결

34) 정태학, "신고납세방식의 조세에 있어서 감액경정청구거부처분과 증액경정처분이 있는 경우 소의 대상", 행정재판실무편람(III), 서울행정법원(2002), 197.

35) 대법원 2005. 10. 14. 선고 2004두8972 판결, 대법원 2012. 3. 29. 선고 2011두4855 판결

처분에 대한 불가쟁력이 발생하였음에도 과세관청에 사소한 증액사유를 제공하여 증액경정처분만 이끌어 냄으로써 경정청구기간이나 불복기간이 도과한 당초신고나 당초처분을 포함한 증액경정처분 전체를 다투는 경우가 종종 발생하였다. 이에 2002. 12. 18. 법률 제6782호로 개정된 국세기본법 제22조의2는 제1항에서 "세법에 따라 당초 확정된 세액을 증가시키는 경정은 당초 확정된 세액에 관한 이 법 또는 세법에서 규정하는 권리·의무관계에 영향을 미치지 아니한다."고 규정하게 되었다.

(나) 국세기본법 제22조의2 제1항의 성격에 관한 논쟁

위 규정은 증액경정처분의 경우 흡수설을 취한 종전의 판례와 상충되는 것으로 보여 소송에 있어서 심리의 대상이나 범위가 어떻게 되는가 하는 쟁송법적 문제를 불러일으켰다. 증액경정처분이 있는 경우 이미 불가쟁력이 발생한 부분에 관하여 병존설을 취하려는 것에 그 입법취지가 있음은 어느 정도 분명한 것이었지만, 학설은 위 조문에 규정된 '확정'의 의미를 비롯하여 당초신고나 당초처분에 관하여 확정된 부분을 다툴 수 있는지에 관하여 견해가 분분하게 대립하였다.[36)]

(다) 판례: 흡수설의 기조 유지

이에 대하여 대법원 2009. 5. 14. 선고 2006두17390 판결은 "국세기본법 제22조의2의 시행 이후에도 증액경정처분이 있는 경우, 당초신고나 결정은 증액경정처분에 흡수됨으로써 독립한 존재가치를 잃게 된다고 보아야 하므로, 원칙적으로는 당초신고나 결정에 대한 불복기간의 경과 여부 등에 관계없이 증액경정처분만이 항고소송의 심판대상이 되

---

36) 상세는 황병헌, "경정처분과 행정소송과의 관계", 민사재판의 제문제 제19권, 한국사법행정학회(2010), 768~769.(㉮ 병존설을 취하는 경우 납세의무자는 당초처분(당초신고)을 제외한 증액경정 부분만을 다투고 싶으면 그 부분만을 불복의 대상으로 삼아 다투면 되고 양쪽을 모두 다투고 싶으면 청구의 병합 형태로 다투면 될 것이다, ㉯ 이에 반하여 흡수설을 취하는 경우에는 소송물, 즉 불복의 대상은 당초처분(당초신고)이 증액부분에 흡수된 증액경정처분이며 다만 불복의 범위가 증액된 세액의 범위로 제한될 것인가 아니면 종전처럼 전부를 다툴 수 있을 것인가 문제가 남게 될 것이다)

고, 납세의무자는 그 항고소송에서 당초신고나 결정에 대한 위법사유도 함께 주장할 수 있다고 해석함이 타당하다."고 판시하면서, 증액경정처분이 있으면 당초신고세액에 대한 위법사유를 다툴 수 있지만 당초신고 또는 결정에서의 세액만큼은 그 불복이 제한된다고 보았다.[37)]

나) 당초신고 이후 증액경정처분이 있는 경우의 불복방법

(1) 경정청구 및 경정거부처분에 대한 취소소송(가능한 불복방법)

국세기본법 제45조의2 제1항은 통상적 경정청구의 대상으로 납세의무자의 신고뿐만 아니라 각 세법에 따른 결정 또는 경정이 있는 경우에도 법정신고기한 경과 후 3년 이내에 경정청구를 할 수 있다고 규정하고 있다. 따라서 과세표준신고를 한 납세의무자는 증액경정처분이 있는 경우 증액경정처분을 불복대상으로 삼아 경정청구를 하고 그 거부처분에 대한 취소소송을 제기하는 방법으로 불복할 수 있다.

예컨대, 어떤 법인이 법인세 신고를 하였는데 과세관청이 매출누락을 이유로 증액경정처분을 하고 법인이 이를 다투는 경우, 그 법인은 과세관청에 대해 증액경정처분에 대한 경정청구와 경정거부처분에 대한 취소소송으로 이를 다툴 수 있다. 그러나 아래와 같이 증액경정처분에 대하여 곧바로 항고소송을 제기할 수 있음에도 굳이 경정청구라는 단계를 추가로 거쳐 불복할 실익은 적을 것이나, 증액경정처분에 대한 불복기간 90일 도과한 경우에는 의미가 클 것이다.

국세기본법 제45조의2 제1항의 내용 분석

국세기본법 제45조의2 ① 과세표준신고서를 법정신고기한 내에 제출한 자는 제1호, 제2호의 과다신고사유나 과세관청의 과다증액사유가 있는 경우, 최초신고 및 수정신고한 국세의 과세표준 및 세액[각 세법의 규정에 의하여 결정 또는 경정(**A**)이 있는 경우에는 당해 결정 또는 경정 후의 과세표준 및 세액을 말한다]의 결정 또는 경정(**B**)[38)]을 청구할 수 있다.

---

37) 대법원 2011. 4. 14. 선고 2008두22280 판결, 대법원 2012. 3. 29. 선고 2011두4855 판결도 同旨

┌ 부과과세: 과다신고 ⇒ 과세관청에 결정(B)을 청구할 수 있음[39]
│
└ 신고납세: 과다신고 ⇒ 과세관청에 경정(B)을 청구할 수 있음

┌ 부과과세: 과다신고 + 과세관청의 증액결정(A) ⇒ 경정(B)을 청구할 수 있음
│
└ 신고납세: 과다신고 + 과세관청의 증액경정(A) ⇒ 경정(B)을 청구할 수 있음

(2) 증액경정처분에 대한 취소소송(일반적인 불복방법)

이 경우에도 '경정청구의 배타성' 이론이 적용되어 그 결정 또는 경정에 대하여 따로 불복하는 것이 제한되는가 하는 문제가 있으나, 경정청구 이외에도 과세관청의 처분이 있는 이상 이에 대하여 일반적인 불복수단을 인정하여야 함은 당연하므로 납세의무자는 경정청구를 선택하거나 바로 결정 또는 경정의 당부에 대하여 항고소송을 제기할 수 있다고 보아야 한다.[40] 즉, 신고납세방식의 조세에 관하여 과세관청의 부과처분이 있는 경우 이에 대한 경정청구에 의하지 아니하고 그 부과처분에 대한 취소소송을 제기하는 것도 가능하다. 경정청구의 배타성이란 납세의무자가 신고의 효력을 임의로 부정할 수 없다는 의미로서 부과처분에 하자가 있는 경우에 반드시 경정청구를 통해서만 다투어야 한다는 것으로 이해할 것은 아니다.[41]

예컨대, 어떤 법인이 법인세 신고를 하였는데 과세관청이 매출누락

---

38) 법문에는 '결정 또는 경정'을 청구할 수 있다고 되어 있는데, 원칙적으로 여기서 결정은 부과과세방식의 조세, 경정은 신고납세방식의 조세에 대한 것으로 이해된다. 법문상 경정청구제도를 신고납세에 한정한다는 제한을 두고 있지 않고 상속세나 증여세와 같은 부과과세방식의 조세에 있어서도 법은 납세의무자의 협력의무의 태양으로 신고기한을 규정하고 있기 때문이다.[임승순, 조세법, 박영사(2012), 174.]

39) 부과과세방식의 조세에서는 납세의무자가 신고납부를 하였어도 과세관청은 납세의무를 확정짓기 위한 부과처분을 하여야 한다(상속세 및 증여세법 제76조 참조).

40) 소순무, 조세소송, ㈜영화조세통람(2012), 100.; 임승순, 조세법, 박영사(2012), 173.; 최명근, 세법학총론, 세경사(2007), 401.

41) 이창희, 세법강의, 박영사(2011), 213.

을 이유로 증액경정처분을 하여 법인이 이를 다투는 경우, 그 법인은 앞서 본 경정청구의 방법 이외에 증액경정처분에 대한 취소소송을 제기할 수 있다.

다) 증액경정처분이 있는 경우 불복기간(경정청구기간)

(1) 2007. 12. 31. 개정 전 국세기본법상 불복기한

이와 관련하여 증액경정처분에 대한 불복기간 90일을 도과한 후에도 경정청구가 가능할 것인가 하는 문제가 있다. 최초신고(수정신고)에 대한 경정청구기간은 3년이지만 증액경정처분에 대한 불복기간은 90일이다. 납세의무자가 증액경정처분에 대하여 90일 이내에 다투지 않으면 증액경정처분에 대하여 불가쟁력이 발생하므로, 납세의무자가 90일을 도과하면 증액경정처분에 대한 경정청구의 방법을 택할 수 없는 것이 아닌가 하는 문제이다. 예컨대, 신고납세방식의 조세에 관하여 납세의무자가 20X1년 4. 1. 당초신고를 300원으로 하였고, 과세관청이 20X2. 4. 1. 100원을 증액하여 총 세액 400원으로 증액경정처분을 하였는데, 납세의무자가 증액경정처분에 대한 90일의 불복기간은 도과하였으나 아직 경정청구기간 3년 내에 있는 20X2. 10. 1. 증액경정처분 400원에 대하여 적법하게 경정청구를 할 수 있는가의 문제이다. 대상판결의 사안에서는 증액경정처분에 대한 90일의 불복기간 내에 전심절차를 거쳐 취소소송에 이르렀으므로 이에 관한 문제는 발생하지 않는다.

학실[42]은 경정청구기간의 중간에 과세관청의 처분이 있다고 하여 납세의무자의 경정청구기간이 단축된다고 보는 것은 불합리하다는 이유로 이를 긍정하는 입장이었고 판례[43]도 이를 긍정하였으나, 과세실무[44]

42) 소순무, 조세소송, ㈜영화조세통람(2012), 102.; 이창희, 세법강의, 박영사(2011), 214.; 임승순, 조세법, 박영사(2012), 175~176.

43) 대법원 2009. 10. 29. 선고 2007두10792 판결(과세표준신고서를 법정신고기한 내에 제출한 자는 그 후 이루어진 과세관청의 증액경정처분에 대해서도 경정 후의 과세표준 및 세액이 세법에 의하여 신고하여야 할 과세표준 또는 세액을 초과하는 경우에는 그 증액경정처분에 대한 불복청구기간이 경과하였는지 여부와 상관

는 이를 부정하는 입장이었다.

(2) 개정 국세기본법의 규정 내용과 해석

2005. 7. 13. 법률 제7582호로 개정된 것	2007. 12. 31. 법률 제8830호로 개정된 것[45]	2010. 12. 27. 법률 제10405호로 개정된 것[46]
제45조의2(경정 등의 청구) ① 과세표준신고서를 법정신고기한 내에 제출한 자는 다음 각 호의 1에 해당하는 때에는 법정신고기한 경과 후 3년 이내에 최초신고 및 수정신고한 국세의 과세표준 및 세액(각 세법의 규정에 의하여 결정 또는 경정이 있는 경우에는 당해 결정 또는 경정 후의 과세표준 및 세액을 말한다)의 결정 또는 경정을 관할세무서장에게 청구할 수 있다.	제45조의2(경정 등의 청구) ① 과세표준신고서를 법정신고기한 내에 제출한 자는 다음 각 호의 1에 해당하는 때에는 최초신고 및 수정신고한 국세의 과세표준 및 세액(각 세법에 따른 결정 또는 경정이 있는 경우에는 당해 결정 또는 경정 후의 과세표준 및 세액을 말한다)의 결정 또는 경정을 법정신고기한 경과 후 3년(각 세법에 따른 결정 또는 경정이 있는 경우에는 이의신청·심사청구 또는 심판청구 기간을 말한다) 이내에 관할세무서장에게 청구할 수 있다.	제45조의2(경정 등의 청구) ① 과세표준신고서를 법정신고기한까지 제출한 자는 다음 각 호의 어느 하나에 해당할 때에는 최초신고 및 수정신고한 국세의 과세표준 및 세액의 결정 또는 경정을 법정신고기한이 지난 후 3년 이내에 관할 세무서장에게 청구할 수 있다. 다만, 결정 또는 경정으로 인하여 증가된 과세표준 및 세액에 대하여는 해당 처분이 있음을 안 날(처분의 통지를 받은 때에는 그 받은 날)부터 90일 이내(법정신고기한이 지난 후 3년 이내에 한한다)에 경정을 청구할 수 있다.

(가) 2007년 개정 국세기본법

그런데 2007. 12. 31. 법률 제8830호로 개정된 국세기본법 제45조의2 제1항은 경정청구기간을 3년으로 규정하면서도 괄호규정에서 '각 세법에 따른 결정 또는 경정이 있는 경우에는 이의신청 · 심사청구 또는

없이 법정신고기한 경과 후 2년 이내에는 감액경정청구를 할 수 있다고 봄이 타당하다고 판시하였다)

44) 국심 2006. 9. 14.자 2005서4430 결정

45) 2008. 1. 1. 시행

46) 2011. 1. 1. 시행

심판청구 기간을 말한다'는 부분을 신설하였다.

위 개정규정은 납세의무자의 신고행위가 과세관청의 증액경정처분에 흡수된다는 데에 이론적 근거를 둔 것으로 보인다. 따라서 그 문언대로 해석하면 납세의무자는 당초신고 부분과 증액경정 부분 모두 다투는 경우 90일 이내에 증액경정처분에 대해 불복하지 않으면 증액경정처분에 대하여 불가쟁력이 발생하여 경정청구의 방법으로 다툴 수 없는 것처럼 이해될 소지가 있으나, 이에 대하여는 앞서 본 비판이 그대로 가능하였다.[47] 2007. 12. 31. 개정 국세기본법 제45조의2 제1항 괄호규정의 해석과 관련하여서는 대법원 2012두12822 사건이 계속 중인 것으로 보인다.

(나) 2010년 개정 국세기본법

이에 2010. 12. 27. 법률 제10405호로 개정된 국세기본법은 제45조의2 제1항 단서에서 "다만 결정 또는 경정으로 인하여 증가된 과세표준 및 세액에 대하여는 해당 처분이 있음을 안 날(처분의 통지를 받은 때에는 그 받은 날)부터 90일 이내(법정신고기한이 지난 후 3년 이내에 한한다)에 경정을 청구할 수 있다."라는 규정을 신설하였다.

과세관청은 위 규정은 결정·경정이 있는 경우 결정·경정분뿐만 아니라 최초신고·수정신고분에 대한 경정청구기간도 '법정신고기한 경과 후 3년'이 아니라 '결정·경정 후 90일'로 해석될 소지가 있어 위와 같이 개정하였다고 밝히고 있다.[48] 개정된 국세기본법에 의하면 2011. 1. 1. 부터는 심판청구 등 불복기간(90일) 이내에는 증액경정처분에 대하여 경정청구와 심사청구·심판청구 등의 불복이 모두 허용되나, 증액경정처분에 대한 불복기간이 경과한 경우 결정·경정분에 대하여는 경정청구의 방법으로 불복할 수 없을 것이다. 따라서 앞서 본 사례의 경우 현행법의 태도 아래에서 납세의무자는 증액경정처분을 불복대상으로 삼아 경정청

47) 임승순, 조세법, 박영사(2012), 175.
48) 국세청, 2011년 개정세법해설, 12.

구를 할 수 있으나, 증액부분인 100원의 세액에 대하여는 경정청구가 제한되므로 나머지 300원의 세액만을 다툴 수 있다.

4. 증액경정처분의 취소소송에서 다툴 수 있는 불복사유의 범위

가. 문제의 소재

납세의무자가 당초신고한 이후에 증액경정처분이 있었던 경우, 납세의무자가 경정청구나 취소소송 중 어느 하나의 불복방법을 선택하여 증액경정에 관한 위법사유(증액경정사유)를 다툴 수 있다고 하더라도, 당초신고에 관한 위법사유(과다신고사유 또는 경정청구사유)를 다투고자 하는 경우에는 달리 보아야 하는 것은 아닌지 문제된다. 당초신고에 관한 위법사유(과다신고사유 또는 경정청구사유)는 경정청구에 의하여 다투고, 증액경정에 관한 위법사유(증액경정사유)는 취소소송에 의하여 다투어야 하는 것은 아닌지의 문제이다. 아래에서는 증액경정처분에 대한 취소소송을 제기한 경우를 위주로 하여 거기에서 당초신고에 대한 위법사유를 다툴 수 있는지를 논의하기로 한다.

예컨대, 어떤 법인이 법인세 300원을 신고한 다음 추가적인 매입비용 누락(손금산입)과 관계된 세액 50원의 차감을 주장하면서 경정청구를 하였는데, 과세관청이 손금산입을 부인하면서 오히려 매출누락(익금산입)과 관계된 세액 100원이 증가되어야 함을 이유로 증액경정처분을 함으로써 그 법인이 손금누락과 익금산입 모두를 다투는 경우(과다신고사유와 증액경정사유를 모두 다투는 경우) 또는 그 법인이 증액경정처분에 대한 취소소송에서 익금누락은 다투지 않고 손금산입만 주장하는 경우(과다신고사유만 다투는 경우) 등을 예로 들 수 있다. 당초신고에 관한 경정청구기간이 도과하지 않은 경우는 물론 그 경정청구기간이 도과한 경우가 모두 문제될 수 있다. 대상판결의 사안에서도 증액경정처분 당시 일부

과세기간에 관하여는 경정청구기간이 도과하였고, 일부 과세기간에 관하여는 경정청구기간이 남아 있었다.

나. 가능한 견해의 대립

1) 제1설(가능설): 증액경정처분에 대한 취소소송에서 경정청구사유(과다신고사유)를 다툴 수 있다는 견해

가) 주장의 내용

과세관청의 증액경정처분이 있으면 납세의무자는 증액경정사유를 다투든 다투지 않든 경정청구의 방법으로 과다신고사유를 주장하거나 증액경정처분에 대한 취소소송에서 과다신고사유를 주장하여 불복할 수 있다고 보는 견해이다. 이 견해는 판례가 취하는 흡수설과 총액주의에 입각하여 증액경정처분이 있으면 납세의무자의 당초신고는 증액경정처분에 흡수되고 증액경정처분의 세액이 정당한 세액을 초과하면 그 사유가 증액경정사유이든 과다신고사유이든 불문하고 경정청구나 증액경정처분에 대한 취소소송에서 이를 모두 다툴 수 있다고 본다.[49]

나) 논거

(1) 경정청구의 배타성이 갖는 의미

경정청구의 배타성이란 납세의무자가 신고의 효력을 임의로 부정할 수 없다는 의미이지 반드시 경정청구를 통해서만 다투어야 한다는 것을 의미하지 않으므로 납세의무자는 증액경정처분에 대한 경정청구절차에서는 물론 증액경정처분에 대한 취소소송에서 과다신고사유를 주장하여 다툴 수 있다.

(2) 흡수설(불복의 대상)

증액경정처분이 있으면 당초신고는 증액경정처분에 흡수되고 별도로 존재하지 않는다. 따라서 증액경정처분에 대한 경정청구나 취소소송

49) 소순무, 조세소송, ㈜영화조세통람(2012), 100~102.; 이창희, 세법강의, 박영사(2011), 210~213.; 임승순, 조세법, 박영사(2012), 173.

은 증액경정처분 자체를 불복의 대상으로 삼는 것이지, 당초신고에 관계되는 사유와 증액경정사유를 구분하여 각각을 불복의 대상으로 파악할 것이 아니다. 다만 국세기본법 제22조의2 제1항이 신설된 이후에는 이미 확정된 부분이 있다면 나머지 세액의 범위 내에서만 취소를 구할 수 있을 뿐이다.

(3) 총액주의(심리범위)

과세처분취소소송의 소송물은 부과처분(증액경정처분)의 위법성 일반으로서 부과한 세액이 정당한 세액을 초과하는지가 심리의 범위에 해당한다. 과세관청의 증액경정사유나 납세의무자가 주장하는 과다신고사유는 모두 과세처분의 위법성을 뒷받침하는 개개의 사유에 불과하므로 이를 구분할 것은 아니고, 과세처분취소소송에서는 과세처분이 위법하거나 적법하다는 내용의 어떠한 사유든 주장할 수 있다고 보아야 한다.

(4) 신고로 인한 확정의 효력

경정청구기간 3년이 지날 경우 당초신고로 인하여 확정된다는 것은 불가쟁력이 발생한다는 의미이다. 그러나 이후 증액경정처분이 있으면 흡수설을 취하는 이상 확정의 효력은 소멸된다고 보아야 하고 이러한 의미에서 완전한 의미의 불가쟁력이 발생하였다고 볼 수는 없다. 다만 국세기본법 제22조의2 제1항의 신설 이후에는 취소의 범위가 제한된다는 점에서 확정 효력의 소멸은 제한적인 것이 되었다고 할 수 있다.

(5) 부가가치세의 경우라고 해서 특수성 없음

과다신고사유와 증액경정사유는 모두 정당한 세액의 존부와 관련된 세부적 쟁점에 불과하고, 경정청구나 항고소송은 판례가 취하는 총액주의에 의하여 정당한 세액의 존부를 확정짓는 불복방법으로서 동일한 목적을 가지므로 소득과세(과세표준=수입−비용)와 부가가치세(=공급가액×10%−매입세액)의 경우 과세표준을 산정하는 방법에 차이가 있다고 하여 불복방법에 관하여 양자를 달리 취급할 것은 아니다.

다) 제1설(가능설)의 장단점

(1) 장점

㉮ 이 견해에 따르면 경정청구나 증액경정처분에 대한 취소소송을 가리지 않고 동일한 불복절차에서 과세처분의 적법성에 관계되는 모든 사유를 다툴 수 있으므로 분쟁의 일회적 해결에 부합하고, 판례가 취하는 흡수설이나 총액주의와 일치한다는 장점이 있다. ㉯ 경정청구나 부과처분에 대한 항고소송은 모두 정당한 과세표준과 세액의 존부를 정하고자 하는 동일한 목적을 가지고 있으므로 위와 같이 불복사유에 관하여 각각의 불복방법을 취하게 하는 것보다 일단 제기된 소송절차에서 불복사유를 모두 다툴 수 있게 하는 것이 납세의무자의 권익보호와 소송경제에도 부합한다.

(2) 단점

㉮ 반면 이 견해를 취할 경우 납세의무자가 경정청구기간까지 다투지 않던 과다신고사유를 증액경정처분에 대한 취소소송에서 다투게 함으로써 조세법률관계를 조속히 안정시키지 못한다는 비판이 가능하다. ㉯ 납세의무자가 증액경정사유는 전혀 다투지 않고 이미 경정청구기간이 도과된 과다신고사유만 다툴 경우 증액경정처분의 취소소송에서 이를 굳이 다투게 할 필요성이 없다는 비판도 가능하다.

2) 제2설(불가설): 증액경정처분과 관계없는 경정청구사유(과다신고사유)는 경정청구로만 불복이 가능하다는 견해

가) 주장의 내용

과세관청의 증액경정처분이 있더라도 납세의무자가 증액경정사유를 다투지 않고 과다신고사유만 다투는 경우에는 과다신고사유에 대해 경정청구로만 불복이 가능하다는 견해이다.[50] 납세의무자가 다투고자

---

50) 최명근 교수는 신고확정주의 세목에 있어서 이론상으로는 양자가 별개로 진행되어야 하나 절차의 중복을 피하기 위하여 경정청구를 따로 거침이 없이 바로 행정불복으로 다툴 수 있다고 본다[소순무, 조세소송, ㈜영화조세통람(2012), 102.

하는 사유에 집중하여 그것에 관한 불복방법이 무엇인지를 따져보아야 하고, 만약 그것이 증액경정사유에 관계되면 납세의무자에게 경정청구와 증액경정처분에 대한 취소소송이라는 두 가지 불복방법을 허용하지만, 납세의무자가 다투고자 하는 사유가 증액경정사유와 무관한 경우에는 본래의 불복방법인 경정청구만을 허용하여야 한다는 견해이다.

나) 논거

(1) 경정청구의 배타성

납세의무자는 과다신고사유에 대한 별도의 불복방법인 경정청구를 할 수 있으므로 과세관청의 증액경정처분이 위법하다고 다투는 취소소송에서 증액경정사유를 다투도록 하는 외에 경정청구사유를 다투게 할 필요가 없다.

(2) 흡수설의 예외

판례[51]는 제척기간 도과 후에 증액경정처분이 있었다고 하더라도 당초처분이 제척기간 도과 전에 이루어졌다면 그 증액경정처분이 전부 무효로 되는 것은 아니고 증액된 부분에 한하여서만 무효가 된다고 한다. 또 판례[52]는 당초신고한 세액을 넘는 증액경정처분이 있더라도 이미 경정청구거부처분에 대한 취소의 소가 제기되었다면 당초신고한 부분은 증액경정처분으로 인한 부분에 흡수되지 않고 병존하는 것으로 보고 있다. 즉, 판례도 경우에 따라 흡수설의 예외를 인정하고 있다. 납세의무자가 다투고자 하는 사유가 증액경정사유와 무관한 경우에는 국세기본법 제22조의2 제1항을 도입한 취지를 무색하게 할 정도로 흡수설을 취할 필요가 없다.

(3) 총액주의의 한계

총액주의란 소송과정에서 조세채무의 진정한 금액을 확정하자는

에서 재인용함].

51) 대법원 1995. 9. 23. 선고 94누15189 판결

52) 대법원 1987. 1. 20. 선고 83누571 판결

것에 불과하다. 과세관청이나 법원은 실체법상 납세의무가 있음에도 특정 쟁점만을 따져 과세처분을 취소할 수 있고, 법원이 세액 산정의 곤란을 이유로 부과처분 전체를 취소하였더라도 과세관청은 기판력의 제한을 받지 않고 새로운 부과처분을 할 수 있다. 이런 점에서 총액주의를 취하더라도 현실의 소송에서 심리대상으로 되는 것은 당해 처분의 추상적인 위법성 일반이 아니라 구체적인 개개의 위법사유가 되고, 과세처분 취소소송의 소송물은 "행정처분이 진정한 세액의 범위 안에 있는가"라고 할 것이다. 따라서 납세의무자가 다투고자 하는 사유가 증액경정사유와 무관한 경우 증액경정처분에서 이를 다툴 수 없다고 보는 것이 총액주의와 배치되는 것은 아니다.

(4) 조세채무의 불가쟁력

증액경정처분에 대한 취소소송은 증액경정사유를 다투고자 하는 것이므로, 과세관청의 증액경정처분이 있었다고 하여 이미 경정청구기간이 경과한 경정청구사유를 그 취소소송에서 다투게 하는 것은 불가쟁력의 측면에서도 타당하지 못하다. 경정청구기간 3년 이내로서 조세채무의 형식적 확정력만 발생한 경우라면 몰라도 이미 경정청구기간 3년 이후에 다시 불가쟁력이 발생한 내용을 다툴 수 있도록 하는 것은 조세법률관계를 불안정하게 할 뿐이다.

(5) 부가가치세의 과세표준과 세액의 구조가 갖는 특수성

법인세는 익금에서 손금을 차감한 것이 과세표준으로 되지만, 부가가치세는 공급가액(매출액)만이 과세표준이고 매입세액은 이러한 과세표준에 세액을 곱한 산출세액에서 공제할 항목에 불과하다[납부세액(환급세액)={과세표준(공급가액)×세율 10%−매입세액}]. 따라서 법인세의 경우 납세의무자가 증액경정처분의 취소를 구하면서 과다신고를 다툴 수 있다고 보더라도, 부가가치세의 경우에는 공급가액(매출액)과 매입세액을 반드시 같은 절차에서 다투도록 할 필요가 없다.

다) 장단점

(1) 장점

㉮ 이 견해에 따르면 부과처분이나 증액경정처분이 처분사유로 삼지 않은 것에 대하여는 경정청구라는 단일한 불복방법만을 인정함으로써 조세법률관계의 조속한 안정을 도모할 수 있다는 장점이 있다. ㉯ 고의에 의한 허위신고의 경우 과세관청의 증액경정처분을 기화로 이미 확정된 세액을 다투는 것을 어느 정도 제한함으로써 국세기본법 제22조의2 제1항의 취지를 살리고, 일반적인 법감정에 부합하는 장점이 있다.

(2) 단점

㉮ 반면 흡수설을 취하는 판례의 입장에서 볼 때 불복의 대상은 증액경정처분 하나인데, 납세의무자는 각각 관계되는 일부 세액을 소송목적물로 삼아야 하는 난점이 발생한다. ㉯ 총액주의를 취하는 판례의 입장에서 볼 때 매입세액에 관한 증액경정사유와 가공매출액에 관한 경정청구사유를 각각 구분하여 이해할 것은 아니므로 이 견해가 취하는 입장은 결국 쟁점주의를 취한 것이라는 비판이 가능하다.

다. 판례의 태도

1) 국세기본법 제22조의2 제1항 신설 전

흡수설을 취하는 종래의 판례는, "당초신고나 당초처분에 의한 확정의 효력은 소멸되어 납세자는 증액경정처분만을 쟁송의 대상으로 삼아 당초신고에 의하여 확정되었던 과세표준과 세액에 대하여도 그 위법을 함께 다툴 수 있고, 당초신고나 당초처분에 의하여 발생된 불가쟁력이나 불가변력을 인정할 수 없다."고 하였다.[53]

판례가 당초신고에 의하여 확정된 부분까지 다툴 수 있다고 본 것은 당초신고에 대한 불복기간이 도과한 후에 이루어진 과세처분에 대한

53) 대법원 1987. 3. 10. 선고 86누911 판결, 대법원 1988. 2. 9. 선고 86누617 판결 등

불복과의 균형 때문이라고 설명된다.[54] 즉, 아무런 신고를 하지 않은 납세자는 과세관청의 처분 전체를 다툴 수 있는데, 일부라도 신고를 한 납세자의 경우 경정청구기간의 제한으로 인하여 증액된 부분만 다툴 수 있다고 보는 것은 형평에 맞지 않다고 본 것으로 이해된다.

2) 국세기본법 제22조의2 제1항 신설 이후

대법원 2009. 5. 14. 선고 2006두17390 판결은 "국세기본법 제22조의2의 시행 이후에도 증액경정처분이 있는 경우, 당초신고나 결정은 증액경정처분에 흡수됨으로써 독립한 존재가치를 잃게 된다고 보아야 하므로, 원칙적으로는 당초신고나 결정에 대한 불복기간의 경과 여부 등에 관계없이 증액경정처분만이 항고소송의 심판대상이 되고, 납세의무자는 그 항고소송에서 당초신고나 결정에 대한 위법사유도 함께 주장할 수 있다고 해석함이 타당하다."고 판시하면서, 증액경정처분이 있으면 당초신고세액에 대한 위법사유를 다툴 수 있지만 당초신고 또는 결정에서의 세액만큼은 그 불복이 제한된다고 보았다.[55]

국세기본법 제22조의2 제1항이 규정한 '확정'의 개념을 불가쟁력으로 보아 당초신고나 처분을 다투지 못하게 할 것인지 아니면 납세의무의 특정으로 보아 다투게 할 것인지에 관하여 모두 각각의 장단점이 주장될 수 있으나, 판례는 조세법 체계 전반에 가장 문제가 적은 해석방법(제한적 불가쟁력설)을 선택한 것으로 볼 수 있다.[56]

---

54) 이창희, 세법강의, 박영사(2011), 213.

55) 대법원 2011. 4. 14. 선고 2008두22280 판결, 대법원 2012. 3. 29. 선고 2011두4855 판결도 同旨

56) 손병준, "국세기본법 제22조의2의 시행 이후 당초처분에 대하여 증액경정처분이 있는 경우 항고소송의 심판대상 및 그 항고소송에서 주장할 수 있는 위법사유의 범위", 대법원판례해설 80호(2009 상반기), 173.

라. 각 견해에 대한 검토

1) 경정청구의 배타성이 갖는 의미와 소송경제

가) 세법이 정한 불복방법으로서의 경정청구

신고납세방식의 조세에 관하여 과세관청의 부과처분이 있는 경우 납세의무자는 경정청구를 선택하거나 바로 결정 또는 경정의 당부에 대하여 항고소송을 제기할 수 있음은 앞서 본 바와 같다. 경정청구의 배타성이란 납세의무자가 신고의 효력을 임의로 부정할 수 없다는 의미로서 부과처분에 하자가 있는 경우에 반드시 경정청구로만 다투어야 한다는 의미가 아니고,[57] 세법이 정한 불복방법을 취하지 않고는 부당이득반환청구를 할 수 없다는 의미라고 보아야 한다. 따라서 과다신고사유에 관하여 경정청구를 할 수 있다고 하여 부과처분 자체에 대한 항고소송의 제기를 막는 것은 아니라고 봄이 타당하다.[58]

제2설이 과다신고사유라는 데에 초점을 맞춘 결과 과다신고사유는 경정청구로만 다투어야 한다고 본 것은 판례가 취하는 총액주의와 흡수설에 대한 고려 없이 경정청구사유는 당초에 신고된 세액에만 관계되고 증액경정사유는 증액된 세액에만 관계되어 각각의 불복방법을 취하여야 한다고 오해한 데에서 비롯된 것으로 보인다. 그러나 증액경정사유로 인하여 세액을 증액하는 증액경정처분이 이루어졌지만, 하나의 세액 중 특정한 일부가 각각 그 사유에 대응하는 것은 아니다.

나) 동일한 절차에서 일회적 분쟁해결의 필요성

제2설의 태도를 이 사건에 적용하여 보면, 납세의무자는 가공매출액이라는 과다신고사유에 관하여 경정청구를 하고 경정거부처분이 있으면 그에 관한 항고소송을 제기하여야 하며, 이와 별도로 매입세액 불공제라는 증액경정사유에 관하여 취소소송을 제기하여야 한다. 병존설을

57) 이창희, 세법강의, 박영사(2011), 213.

58) 대법원 2002. 9. 27. 선고 2001두5989 판결

취하지 않는 한 경정거부처분에 대한 소송의 대상도 증액경정처분이고, 증액경정사유에 관한 취소소송의 대상도 증액경정처분으로서 동일한데, 납세의무자는 각각 관계되는 일부 세액을 소송목적물로 삼아야 하는 난점도 발생한다. 즉, 제2설을 취하면 소송의 분리를 가져온다.

그뿐 아니라 경정청구나 부과처분에 대한 항고소송은 모두 정당한 과세표준과 세액의 존부를 정하고자 하는 동일한 목적을 가지고 있으므로 위와 같이 불복사유에 관하여 각각의 불복방법을 취하게 하는 것보다 일단 제기된 소송절차에서 불복사유를 모두 다툴 수 있게 하는 것이 납세의무자의 권익보호와 소송경제에도 부합한다.

2) 총액주의가 갖는 의미와 한계

가) 총액주의와 쟁점주의

과세처분 취소소송의 소송물의 범위, 즉 심판의 범위를 어떻게 볼 것인가에 관하여는 총액주의와 쟁점주의가 대립한다. 총액주의는 과세처분에 의하여 확정된 세액이 조세실체법에 의하여 객관적으로 존재하는 세액을 초과하는지의 여부가 심판의 대상 및 범위가 된다는 견해이고, 쟁점주의는 심판의 대상 및 범위를 과세관청의 처분이유와 관계되는 세액의 적법 여부로 한정하는 견해이다.

총액주의를 취하면 과세관청은 처분사유의 변경을 통해 당초 과세처분의 적법성을 유지할 수 있고, 납세자는 애초에 다투던 사유 이외의 다른 사유를 들어 과세처분의 위법성을 주장할 수 있다. 총액주의와 쟁점주의의 대립은 증액경정처분이 있는 경우나 없는 경우에 모두 문제될 수 있다.

나) 총액주의의 한계

총액주의란 소송과정에서 조세채무의 진정한 금액을 확정하자는 것이므로, 총액주의의 논리를 끝까지 밀어붙인다면 납세자가 과세처분의 위법을 주장하면서 제기한 소송과정에서 실체법상의 세액이 부과된 세액보다 더 큰 경우 법원은 납세자에게 더 많은 세액의 납부를 명할 수 있어야 할 것이다. 실제로 미국의 조세법원에서는 판결로 세액을 증액하고 있다.[59] 그러나 우리 과세실무나 법원실무, 소송물 개념과 행정처분의 관계, 재판제도의 속성과 변론주의 때문에 조세소송에서 소송물을 이른바 '한판주의'에 의하여 정하기는 곤란할 것이다.[60]

한편 과세관청이나 법원은 실체법상 납세의무가 있음에도 특정 쟁점만을 따져 과세처분을 취소할 수 있고, 법원이 세액 산정의 곤란을 이유로 부과처분 전체를 취소하였더라도 과세관청은 기판력의 제한을 받지 않고 새로운 부과처분을 할 수 있다.[61] 이런 점에서 총액주의를 취하더라도 현실의 소송에서 심리대상으로 되는 것은 당해 처분의 추상적인 위법성 일반이 아니라 구체적인 개개의 위법사유가 되고, 과세처분 취소소송의 소송물은 "행정처분이 진정한 세액의 범위 안에 있는가"이며, 진정한 세액이란 법원에 제출된 자료에 따라 판단한 세액을 뜻한다고 말할 수 있다.[62]

다) 일반 행정처분 취소소송과 과세처분 취소소송의 소송물 관계

우리나라의 통설은 일반 행정처분 취소소송의 소송물을 '처분의 위법성 일반'으로 이해하고 있다. 과세처분 취소소송의 경우 소송물을 '정당한 세액의 객관적 존부'로 보는 것은 과세처분에서 부과된 세액의 정당성이 곧 그 과세처분의 위법성 일반의 문제가 된다고 이해하는 것이므로, 일반 행정처분 취소소송의 소송물과 동일하게 보는 것으로 이해

---

59) Ferguson v. CIR. 47 TC 11(1966); 미국세법 제6214조(26 USC 6214) (a) Jurisdiction as to increase of deficiency, additional amounts, or additions to the tax Except as provided by section 7463, the Tax Court shall have jurisdiction to redetermine the correct amount of the deficiency even if the amount so redetermined is greater than the amount of the deficiency, notice of which has been mailed to the taxpayer, and to determine whether any additional amount, or any addition to the tax should be assessed, if claim therefor is asserted by the Secretary at or before the hearing or a rehearing.

60) 이창희, 세법강의, 박영사(2011), 225~231.

61) 임승순, 조세법, 박영사(2012), 299.

62) 이창희, 세법강의, 박영사(2011), 233.

할 수 있다.[63]

소송물의 범위, 즉 심판의 범위 문제는 처분사유의 추가·변경 문제와 크게 다르지 않다.[64] 일반 행정처분 취소소송의 경우 처분사유의 추가·변경은 기본적 사실관계가 동일한 범위 내에서만 허용된다.[65] 그런데 과세처분 취소소송의 경우에는 납세자, 과세기간, 세목 등으로 구성되는 과세단위를 같이 한다면 과세관청은 기본적 사실관계가 같지 않더라도 객관적인 과세표준과 세액을 뒷받침하는 모든 주장과 자료를 제출할 수 있다. 예컨대, 과세관청은 매출누락을 이유로 한 과세처분 취소소송 과정에서 매출누락이 인정되지 않더라도 이와 기본적 사실관계를 달리하는 허위매입이 있음을 이유로 과세처분이 정당함을 주장할 수 있다. 이처럼 과세처분 취소소송에서 객관적인 과세표준과 세액을 뒷받침하는 사유들은 각각 하나의 공격방어방법에 불과하다는 점에서, 일반 행정처분의 처분사유와는 사뭇 다른 의미를 갖는다.

라) 총액주의 입장에서 본 사안의 해결

쟁점주의를 취한다면 이미 당초신고에 의하여 확정된 세액은 과세관청의 처분이유와 관계되는 세액이 아니므로 납세자는 당초신고에 의한 부분을 증액경정처분의 취소소송에서 다툴 수 없을 것이다.

앞서 본 바와 같이 총액주의의 한계를 고려할 때, 총액주의를 취한다고 해서 납세자가 당초신고에 의하여 확정된 세액을 항상 다툴 수 있다고 볼 논리필연적인 이유는 없다. 총액주의를 취하더라도 신고로 확정된 부분 이외에 증액사유로 인한 부분에 관하여만 총액주의가 적용된

63) 박정훈, "취소소송의 소송물에 관한 연구－취소소송의 관통개념으로서의 소송물 개념의 모색", 법조 49권 7호(통권 526호), 법조협회(2000), 103.

64) 박정훈, 행정소송의 구조와 기능, 박영사(2008), 404.; 윤지현, "조세소송의 기본구조－심리와 판결의 효력 범위를 중심으로", 특별법연구 10권, 사법발전재단(2012), 153.

65) 박정훈, 전게 논문 107.은, 일반 행정처분 취소소송의 소송물을 '계쟁처분 및 계쟁처분과 규율내용에 있어 기본적 사실관계가 동일한 처분의 위법성 일반'으로 보고 있다.

다는 이론 구성이 전혀 불가능한 것은 아니기 때문이다. 그러나 판례는 기본적으로 같은 세목과 같은 과세기간을 단위로 하나의 소송물을 구성하는 것으로 보므로, 이러한 의미의 총액주의에 따르면 납세자는 당초신고에 의하여 확정된 부분까지 다툴 여지가 생긴다.

증액경정처분이 없다면 납세자는 경정청구기간이 지나 당초신고에 의해 확정된 세액을 다툴 수 없으므로 총액주의와 쟁점주의의 논의는 큰 실익이 없다. 당초신고에 의하여 확정되는 것이 무엇인지의 문제는 총액주의보다 흡수설과 병존설 중 어떤 견해를 취하고 그 내용을 어떻게 파악하느냐에 따라 결정되는 측면이 더욱 크다.

3) 흡수설이 갖는 의미와 불복사유와의 관계

가) 흡수설과 병존설

흡수설과 병존설은 경정처분이 있는 경우 소의 대상에 관한 견해의 대립이다. 판례는 증액경정처분의 경우 기본적으로 흡수설을 취하여 당초 처분은 증액경정처분에 흡수되어 소멸한다는 견해를 취하고 있으므로, 소의 대상은 당초 처분이 아니라 증액경정처분이 되고, 이러한 관계는 당초신고와 증액경정처분에 있어서도 마찬가지라고 한다.[66]

흡수설은 소송물을 총액주의에 의하여 정하는 판례이론의 부산물이다.[67] 총액주의를 취하려면 소의 대상을 당초 처분과 증액경정처분 중 어느 하나로 보아야 하기 때문이다.

나) 흡수설의 원칙과 예외

흡수설의 논리를 일관하면 증액경정처분이 그 자신의 하자를 이유로 전면적으로 무효로 되거나 취소되면 당초 처분의 효력은 부활하지 않고 함께 소멸한다고 보는 것이 옳을 것이다.[68] 이에 판례는 증액경정

---

66) 대법원 1987. 3. 10. 선고 86누911 판결 등

67) 이창희, 세법강의, 박영사(2011), 214.

68) 정해남, "당초의 과세처분과 경정처분의 법률관계", 재판자료 제60집, 법원도서관(1993), 129~130.

처분이 있으면 당초 처분에서 정한 납부기한을 기준으로 발생한 가산금의 부과징수처분은 그 효력이 소멸된다고 보았다.[69]

그러나 판례[70]는 부과제척기간 도과 후에 증액경정처분이 있었다고 하더라도 당초 처분이 부과제척기간 도과 전에 이루어졌다면 그 증액경정처분이 전부 무효로 되는 것은 아니고 증액된 부분에 한하여서만 무효가 된다고 한다. 그 이유는 당초 처분이 증액경정처분에 흡수되어 당연히 소멸되는 것으로 보더라도 그것은 단지 소송대상으로서의 당초 처분이 소멸한다는 취지이고 이미 당초처분에 기하여 이루어진 절차 자체가 없는 것으로 되는 것은 아니기 때문이라고 한다.[71] 또 판례[72]는 당초신고한 세액을 넘는 증액경정처분이 있더라도 이미 경정청구거부처분에 대한 취소의 소가 제기되었다면 당초신고한 부분은 증액경정처분으로 인한 부분에 흡수되지 않고 병존하는 것으로 보고 있다.

이러한 판례[73]의 태도를 종합적으로 살펴보면, 흡수설과 병존설 중 어느 것을 취하는가는 소송의 대상을 무엇으로 볼 것인가의 절차법적 문제에 불과하고 논리필연적으로 그렇게 되어야 하는 것은 아님을 알 수 있다.

다) 흡수설의 입장에서 본 사안의 해결

병존설을 취한다면 당초신고에 의하여 확정된 부분은 경정청구기간의 도과로 인하여 더 이상 다툴 수 없다. 그러나 흡수설에 의하면 납세의무자의 당초신고는 과세관청의 증액경정처분에 흡수되어 더 이상 존재하지 않으므로 증액경정처분에 대한 불복방법으로 어떤 것이 허용

69) 대법원 1999. 5. 11. 선고 97누13139 판결

70) 대법원 1995. 9. 23. 선고 94누15189 판결

71) 정해남, "당초의 과세처분과 경정처분의 법률관계", 재판자료 제60집, 법원도서관(1993), 130.

72) 대법원 1987. 1. 20. 선고 83누571 판결

73) 대법원 2005. 10. 14. 선고 2004두8972 판결, 대법원 2012. 3. 29. 선고 2011두4855 판결

되는가를 따져야 할 뿐이다.

당초신고는 이미 증액경정처분에 흡수되어 버려 과다신고사유나 증액경정사유 모두 증액경정처분의 위법성에 관하여 동등한 가치를 갖는 사유에 불과하고, 이를 구분할 것은 아니다. 하나의 정당한 세액이 무엇인지를 찾는 과정에서 하나의 세액이 형성된 역사적 경위에 불과한 당초신고사유나 증액사유를 따져 그 사유에 해당 세액 부분이 각각 대응한다고 보는 것은 흡수설의 입장과 맞지 않다. 물론 흡수설을 취할 것인가 병존설을 취할 것인가는 논리의 문제라기보다 선택과 결단의 문제일 것이지만, 이미 판례는 흡수설의 장점이 크다고 보아 이를 취한 이상 이를 쉽게 내칠 수는 없을 것이다.

나아가 이러한 흡수설의 태도에다가 총액주의의 입장을 보태어 보면, 증액경정처분을 다투는 항고소송에서는 하나의 증액경정처분에 대한 모든 위법사유를 주장할 수 있다고 보아야 한다. 과세관청은 총액주의의 입장에서 본래 증액경정사유로 삼지 않았던 처분사유를 변경함으로써 처분의 적법성을 유지할 수 있는 길을 갖고 있음에도, 납세의무자에 대하여만 증액경정처분을 위법하게 하는 과다신고사유를 주장할 수 없게 하는 것은 균형에도 맞지 않는다.

국세기본법 제22조의2 신설 이후에도 판례가 종전 흡수설의 기조를 유지한 것은 총액주의를 택하는 이상 소송물은 하나일 수밖에 없고 흡수관계는 필연적이기 때문으로 이해할 수 있다.[74] 따라서 국세기본법 제22조의2가 신설로 인하여 취소될 수 있는 세액의 범위에 제한은 있을지언정 불복할 수 있는 사유가 제한된다고 볼 것은 아니다.

4) 확정의 효력과 불가쟁력

가) 증액경정처분이 없는 경우

증액경정처분이 없는 경우 당초신고는 경정청구기간이 지나면 확

74) 이창희, 세법강의, 박영사(2011), 229.

정되고, 그것은 불가쟁력을 의미하며, 확정의 대상은 과세표준과 세액이 될 것이다.

나) 당초신고의 경정청구기간 내에 증액경정처분이 있고 쟁송으로 다투는 경우

총액주의와 흡수설에 관한 판례의 태도에 의하면, 증액경정처분이 있으면 당초신고에 의한 확정의 효력은 소멸되고 증액경정처분만이 쟁송의 대상이 되며, 납세자는 경정청구사유는 물론 당초신고에 의한 사유를 다툴 수 있다.

예컨대, 앞서 본 사례에서 당초신고로 세액이 300원으로 확정된다는 의미는 구체적 조세채무로 일단 특정되었다는 의미일 뿐이다. 이러한 확정의 효력은 세법이 정한 불복방법에 의하여 번복될 수 있다. 납세의무자는 증액경정처분의 총 세액 400원을 불복대상으로 삼아 경정청구기간 내에 경정청구나 증액경정처분의 불복기간 내에 항고소송을 제기하여 이를 다툴 수 있다. 경정청구기간 내라면 설령 증액경정처분의 불복기간이 도과하였더라도 아직 불가쟁력이 발생한 부분이 없으므로 국세기본법 제22조의2에 따른 취소범위의 제한도 없으며, 정당한 세액이 아니라는 사유, 즉 당초신고에 관한 과다신고사유나 증액경정사유 어떠한 것이든지 주장할 수 있다.

다만 증액경정처분의 불복기간이 도과하였다면 항고소송을 제기하여 다툴 수는 없고 경정청구만 가능할 것인데, 2010. 12. 27. 국세기본법 제45조의2 제1항의 개정 이후에는 증액된 세액 100원 부분에 관하여 경정청구가 불가능하므로 이 부분은 다툴 수 없고, 나머지 300원 부분만을 다툴 수 있되, 위법사유는 당초신고에 관한 과다신고사유나 증액경정사유 어떠한 것이든지 주장할 수 있을 것이다.

다) 경정청구기간이 지난 후 당초신고로 인한 확정의 의미

경정청구기간이 지난 경우에도 당초신고로 인한 확정의 의미는 여전히 구체적 조세채무의 특정을 의미한다. 다만 경정청구기간이 도과하

였기 때문에 쟁송법상 불가쟁력이 발생하는데, 이를 확정의 효력이 발생하였다고 표현하기도 한다. 그러나 이러한 불가쟁력은 절대로 번복할 수 없는 것이 아니라 국세기본법 제45조의2 제2항에 따른 후발적 경정청구사유가 발생하거나 증액경정처분이 있으면 확정의 효력이 소멸될 수 있다는 점에서 완전한 의미에서 불가쟁력이 발생하였다고 볼 수는 없다. 그러나 취소의 범위가 제한된다는 점에서 확정 효력의 소멸은 제한적이라고 할 수 있다.

앞서 본 사례에서 당초신고에 관한 경정청구기간이 지나면 세액 300원 부분에 관하여 불가쟁력이 발생한다. 그런데 증액경정처분이 있으면 총 세액 400원 중 당초신고로 확정된 300원은 불가쟁력이 발생하여 국세기본법 제22조의2 제1항에 의해 더 이상 다툴 수 없고, 새롭게 증액된 100원의 세액만을 다툴 수 있다. 그러나 100원의 세액을 다투는 사유는 당초신고에 관한 과다신고사유인지 아니면 증액경정사유인지를 가릴 것 없이 허용된다.

라) 불복방법, 취소의 범위, 불가쟁력 및 불복사유의 관계

납세의무자가 당초신고로 300원의 세액을 신고하였고 이에 대하여는 전액 과다신고사유 A가 존재하였는데, 그로부터 3년 내에 증액경정사유 B가 있어 1차 증액경정처분으로 세액 100원이 추가되어 총 세액 400원이 되었다가, 3년 후에 증액경정사유 C가 있어 2차 증액경정처분으로 세액 100원이 다시 추가됨으로써 총 세액 500원이 되었다고 가정해 본다. 납세의무자가 다툴 수 있는 불복방법, 취소가 가능한 세액의 범위, 불복을 주장할 수 있는 사유는 다음 표와 같이 정리할 수 있을 것이다.

	3년 내 1차 증액 100원		3년 후 2차 증액 100원	
	Ⓐ 90일 내 불복	Ⓑ 90일 경과	Ⓒ 90일 내 불복	Ⓓ 90일 경과
불복방법	항고소송/경정청구	경정청구	항고소송	×
취소범위	400원	400원(300원)	100원	×
불복사유	A+B 사유	A+B 사유	A+B+C 사유	×
관계조문		제45조의2 ①	제22조의2	

Ⓐ국면의 경우 총 세액 400원에 대하여 아직 불가쟁력이 발생한 부분도 없고 경정청구 제한의 문제도 없으므로 국세기본법 제22조의2나 제45조의2 제1항의 제한 없이 모두 다툴 수 있음은 의문이 없다.

당초신고로 인한 세액 300원 부분은 경정청구기간 3년의 경과로 불가쟁력이 발생하고 그 이전에는 불가쟁력이 발생하지 않는다. 1차 증액경정처분으로 인한 세액 100원은 불복기간 90일의 경과로 일단 불가쟁력이 발생하지만, 경정청구가 없을 것을 전제로 한 제한적 불가쟁력만 발생할 뿐이다. 그리고 국세기본법 제22조의2는 증액경정이 당초신고로 인한 세액에 미치는 영향을 규정할 뿐, 증액된 세액 자체에 대한 불가쟁력을 정하는 규정이 아니다. 따라서 Ⓑ국면의 경우 90일의 불복기간 경과로 인하여 항고소송은 불가능하지만, 총 세액 400원에 대하여 경정청구를 하면 불가쟁력이 발생한 부분이 없으므로 국세기본법 제22조의2에 따른 제한 없이 모든 세액을 다툴 수 있다. 다만 2010. 12. 27. 국세기본법 제45조의2 제1항의 개정 이후에는 증액된 세액 100원에 대한 경정청구가 불가능하므로 나머지 300원의 세액에 대하여만 다툴 수 있을 것이다.

Ⓒ국면의 경우 1차 증액경정처분의 세액 400원에 대하여 경정청구기간이 도과하였으므로 이후 2차 증액경정처분이 있으면 항고소송만 가능하다. 여전히 2차 증액경정처분에 따른 하나의 세액에 대해 다툴 수 있다는 점에서 일단 발생한 불가쟁력은 소멸할 수 있다. 이에 국세기본법 제22조의2가 신설되기 전에는 이때에도 총 세액 500원을 모두 다툴

수 있다고 보았다. 그러나 위 규정의 신설 이후에는 일단 불가쟁력이 발생한 세액 400원 부분은 취소가 제한되므로, 나머지 100원에 대하여만 90일의 불복기간 내에 항고소송을 제기함으로써 다툴 수 있을 것이다.

D국면의 경우 2차 증액경정처분의 세액 500원 전부에 대하여 불가쟁력이 발생하고, 항고소송을 제기하기 위한 불복기간이나 경정청구기간이 모두 도과하여 다툴 수 없다고 보는 데에도 이견이 없을 것이다.

국세기본법 제22조의2에 의하여 불가쟁력이 발생한 세액 부분이 있어 취소가 제한되거나 국세기본법 제45조의2 제1항에 따라 경정청구가 제한되는 세액이 있다고 하더라도, 다툴 수 없는 것은 그 세액에 국한될 뿐이지 하나의 세액에 대한 적법성이나 위법성을 뒷받침하는 불복사유와는 아무런 관련이 없다. 따라서 A, B, B 각 국면의 경우 그때까지 다툴 수 있는 세액의 범위 내에서는 불가쟁력이 발생하거나 경정청구의 제한을 받는 세액에 관련된 위법사유는 어떠한 것이든 주장할 수 있다.

제2설은 C국면에서 이미 3년의 경정청구기간이 경과한 당초신고 부분에 관한 불복사유를 주장하도록 허용하는 것은 조세법률관계의 안정을 해친다고 주장하나, B국면에서도 이미 90일의 불복기간이 경과한 증액부분에 관한 불복사유를 주장할 수 있도록 하는 것과 구조상 아무런 차이가 없다. 조세법률관계의 안정은 C국면에서 국세기본법 제22조의2에 따라 불가쟁력이 발생한 세액 부분에 대한 취소를 제한하는 것과, D국면과 같이 당초신고에 관한 3년의 경정청구기간과 증액경정처분에 대한 불복기간 90일의 경과 후에 어떠한 세액에 대하여도 더 이상 다툴 수 없도록 함으로써 충분히 달성할 수 있을 것이다.

대상판결의 사안에서는 경정청구기간이 남아 있는 과세기간에 관한 A국면 또는 경정청구기간이 도과한 과세기간에 관한 C국면에 관하여 항고소송의 방법으로 증액된 세액 부분의 취소만을 구하고 있으므로, 취소의 범위나 주장할 수 있는 불복사유에 관하여 아무런 제한을 받지 않는다.

5) 소득과세와 부가가치세를 달리 볼 필요 없음

앞서 본 논의는 익금에서 손금을 차감하여 과세표준이 산정되는 소득과세 제도에서만 타당하고, 부가가치세 제도에서 과세표준이 매출신고 내용 그 자체로 확정되고 매입세액은 공제항목에 불과하므로 부가가치세의 경우 이미 신고한 과세표준은 경정청구에 의하지 않고서는 다툴 수 없다는 주장은 쟁점주의에 입각한 주장으로 볼 수밖에 없다.

그러나 과다신고사유와 증액경정사유는 모두 정당한 세액의 존부와 관련된 세부적 쟁점에 불과하고, 경정청구나 항고소송은 판례가 취하는 총액주의에 의하여 정당한 세액의 존부를 확정짓는 불복방법으로서 동일한 목적을 가지므로 소득과세와 부가가치세의 경우 과세표준을 산정하는 방법에 차이가 있다고 하여 불복방법에 관하여 양자를 달리 취급할 것은 아니라고 생각된다.

마. 대상판결의 사안에 대한 검토(원심판단의 당부)

원고들은 당초신고에 관한 경정청구기간 3년 이내 또는 이후에 이루어진 증액경정처분에 대하여 그 증액된 세액만의 취소를 구하면서 당초신고에 가공매출이라는 과다신고사유가 존재한다고 주장한다. 이 경우 원고들은 항고소송의 방법에 의하여 증액경정처분을 불복대상으로 삼아 증액된 세액의 범위 내에서 과다신고사유를 다툴 수 있다.

따라서 원심으로서는 원고들의 해당 과세기간별 매출액 중 가공매출액을 심리·확정한 다음 그 부분은 원고들이 신고한 부가가치세의 과세표준에서 제외하고 정당한 세액을 산정하여 이 사건 각 부과처분의 위법 여부를 판단하였어야 했다. 그런데도 원심은 이와 달리 신고납세방식의 조세인 부가가치세에 관하여 납세의무자가 스스로 매출로 신고한 부분은 신고에 의하여 그대로 확정되고 매출액 등이 과다신고된 경우라도 납세의무자는 감액경정청구 등의 절차에 의하여 불복할 수 있을 뿐 증액경정처분을 다투는 소송에서는 신고에 의해 확정된 과세표준과 세액을 다툴 수 없다고 보아 해당 과세기간별 매출액 중 가공매출액이 제외되어야 한다는 원고들의 주장을 배척하고 이 사건 각 부과처분이 적법하다고 판단하였다.

이러한 원심판단에는 신고납세방식의 조세에서 부과처분이 있는 경우 증액경정처분에 대한 항고소송에서 다툴 수 있는 불복사유의 범위에 관한 법리를 오해함으로써 원고들이 주장하는 과다신고 사유인 가공매출이 있었는지를 나아가 심리하지 아니한 잘못이 있다고 할 것이다. 따라서 원심을 파기한 대상판결은 정당하다고 생각된다.

5. 상반되는 두 가지 판례와 폐기의 필요성 여부

가. 두 가지 판례의 태도

1) 대법원 2002. 9. 27. 선고 2001두5989 판결[부가가치세부과처분취소][75]: 상고기각

건물에 대한 매매계약의 해제 전에 부과처분이 이루어졌다 하더라도 해제의 소급효로 인하여 이 사건 매매계약의 효력이 소급하여 상실되는 이상 부가가치세의 부과대상이 되는 이 사건 건물의 공급은 처음부터 없었던 셈이 되므로, 그 부가가치세 부과처분은 위법하다 할 것이며, 납세의무자가 과세표준신고를 하지 아니하여 과세관청이 부과처분을 한 경우 그 후에 발생한 계약의 해제 등 후발적 사유를 원인으로 한 경정청구 제도가 있다 하여 그 처분 자체에 대한 쟁송의 제기를 방해하는 것은 아니므로 경정청구와 별도로 위 부가가치세 부과처분을 다툴 수 있다.

75) 대법원 2002. 9. 27. 선고 2001두5972 판결[미간행, 2001두5989 사건과 같은 원고임]도 同旨

2) 대법원 2005. 11. 10. 선고 2004두9197 판결[부가가치세부과처분취소] : 파기환송

부가가치세법 제17조의 규정에 의하면, 제16조의 규정에 의한 세금계산서에 필요적 기재사항의 전부 또는 일부가 기재되지 아니하였거나 사실과 다르게 기재된 경우의 매입세액은 실제로 재화 또는 용역을 공급받았더라도 매출세액에서 공제하지 아니하도록 규정하고 있는 데 비하여, 매출신고의 경우는 납세의무자가 매출로 신고한 이상 그러한 매출은 실제 있었던 것으로 봄이 상당하고, 가사 실제 매출이 없었다고 하더라도 신고납세방식의 조세인 부가가치세에 있어서 납세의무자가 매출로 신고한 부분은 그대로 확정되는 것이어서(매출세액 등이 과다신고된 경우라면 납세의무자가 감액경정청구 등의 절차를 밟아야 할 것이다) 그 매출로 신고한 부분을 형평의 원칙상 전체 매출액에서 공제하여야 한다고 볼 것도 아니다.

나. 대법원 2001두5989 판결에 대한 기존 검토

2001두5989 판결에 대한 판례평석[76]에는 "국세기본법 제45조의2 제2항[77]은 후발적 경정청구 제도를 규정하고 있다. 위 규정은 부과처분

---

76) 성열우, "부동산 매매계약이 매수인의 채무불이행을 이유로 해제된 경우 부가가치세법상 재화의 공급에 해당하는지 여부 등", 조세판례백선, 박영사(2005), 461~468.

77) **국세기본법 제45조의2(경정 등의 청구)** ② 과세표준신고서를 법정신고기한 내에 제출한 자 또는 국세의 과세표준 및 세액의 결정을 받은 자는 다음 각 호의 1에 해당하는 사유가 발생한 때에는 제1항에서 규정하는 기간에 불구하고 그 사유가 발생한 날부터 2월 이내에 결정 또는 경정을 청구할 수 있다. 국세기본법 시행령 제25조의2(후발적 사유) 제2호는 후발적 경정청구사유의 하나로 "최초의 신고·결정 또는 경정에 있어서 과세표준 및 세액의 계산근거가 된 거래 또는 행위 등의 효력에 관계되는 계약의 해제권의 행사에 의하여 해제되거나 당해 계약의 성립 후 발생한 부득이한 사유로 인하여 해제되거나 또는 취소된 때"를 규정하고 있다.

이 확정되었으나 후에 해제권 행사에 의하여 해제가 되는 등 후발적인 하자가 발생하였을 때 그 구제의 필요성이 있다고 보아 납세의무 확정 후에도 일정기간 납세의무를 소멸시킬 수 있도록 한 것이므로, 확정 전에는 당연히 조세채권에 영향을 미치는 것이라 할 수 있고 따라서 경정청구와는 별도로 부과처분의 취소를 주장할 수 있다."는 내용이 있다.

세법 교과서들[78]은 "경정청구제도가 법에 별도로 마련되어 있는 이상 다른 구제수단과의 관계에 있어, 별도의 부과처분이 있다든가 신고행위가 당연무효의 경우가 아닌 한 과다신고에 대한 구제는 원칙적으로 경정청구의 절차를 통하여서만 가능하다고 보아야 할 것이나, 다만 동일한 사항에 관하여 과세관청의 별도의 부과처분이 있는 경우 경정청구에 의하지 아니하고 그 부과처분에 대한 쟁송을 제기하는 것은 가능하다."는 취지로 기술하면서, 대법원 2001두5989 판결을 각주로 들고 있다.

다. 대법원 2004두9197 판결과 이에 대한 기존 검토

판례회고[79] 중에는 "납세의무자가 매출가액과 그 세액을 신고하였다고 하여 그 신고 내용을 다툴 수 없다고 할 수 없고(대법원 2001두5989 판결 참조), 부과처분 취소소송에 있어서 소송물에 관한 총액주의에 의하여 판단할 때도 소송 과정에서 가공거래임이 밝혀져 실제 매출이 없었다고 인정된 부분은 전체 매출액에서 공제하여야 타당할 것이며, 이렇게 해석하는 것이 납세의무자나 과세관청 모두에게 시간과 비용을 절약하게 하고 분쟁을 효율적으로 해결하는 길이 될 것이라는 이유로 대법원 2004두9197 판결의 판시 부분에 동의할 수 없다"고 비판한 것이 있다.

78) 소순무, 조세소송, ㈜영화조세통람(2012), 103.; 이창희, 세법강의, 박영사(2011), 213.; 임승순, 조세법, 박영사(2012), 173.

79) 김두형, "2005년도 부가가치세법 판례회고", 조세법연구 XII-1, 세경사(2006), 440~441.

대법원 2009. 12. 24. 선고 2007두16974 판결은 "상고이유에서 내세우는 대법원 2005. 11. 10. 선고 2004두9197 판결은 사안이 달라서 이 사건에 원용하기에 적절한 것이 아니다."라고 설시하였다. 대법원 2007두16974 판결에 대한 판례해설[80]은 "신고납세방식의 조세인 부가가치세에 있어서 납세의무자가 매출로 신고한 부분은 그대로 확정되는 것이어서"라는 부분(A)은 신고납세방식의 조세에서 그 확정은 납세의무자의 신고에 의하여 확정되는 것이므로 A 부분 판시는 별다른 문제가 없으나, 과세관청의 처분이 있는 이상 납세의무자는 경정청구를 선택하거나 바로 결정 또는 경정의 당부에 관하여 행정소송을 제기할 수 있으므로 경정청구에 의하지 아니하고 그 부과처분의 취소소송을 통하여 다툴 수 있다고 할 것이므로(대법원 2001두5989 판결 참조), "(매출세액 등이 과다신고된 경우라면 납세의무자가 감액경정청구 등의 절차를 밟아야 할 것이다) 그 매출로 신고한 부분을 형평의 원칙상 전체 매출액에서 공제하여야 한다고 볼 것은 아니다"라고 판시한 부분(B)은 다소 오해의 소지가 있으며, 납세의무자가 신고한 어느 거래처와의 매입거래를 부인한다고 하여 반드시 그 거래처와의 매출거래도 부인하여야 하는 것은 아니라는 점을 강조하는 의미에서 B부분 판시를 한 것으로 이해하여야 한다고 보았다.

라. 판례 폐기 요부에 대한 검토

1) 대법원 2004두9197 판결의 타당성 여부

A부분 판시는 신고납세방식의 조세인 부가가치세에 있어서 납세의무자가 매출로 신고한 부분은 그대로 확정된다는 것이다. 그 의미는

80) 홍용건, "사업자가 가공의 매출세금계산서와 함께 가공의 매입세금계산서를 기초로 부가가치세의 과세표준과 납부세액 또는 환급세액을 신고한 경우, 그 가공거래와 관련하여 부가가치세의 포탈이나 부정환급·공제가 있었다고 볼 수 있는 범위 등", 대법원판례해설 82호(2009년 하반기), 187~188.

납세의무자의 신고로 구체적인 조세채무가 확정되고 그 형식적 확정력을 깨뜨리려면 경정청구에 의하여야 하고 납세의무자가 마음대로 취소할 수는 없다는 뜻으로 보아야 함은 이미 검토한 바와 같다. 가공의 매출에 관하여는 납세의무가 성립하지 않으므로 납세의무자는 과다신고를 이유로 경정청구를 할 수 있을 것이다. 이 부분 판시에는 큰 문제가 없다고 할 수 있다.

B부분 판시는 경정청구로 다툴 수 있다고 본 점에서 납세의무자의 신고로 인한 확정의 의미를 불가쟁력으로 본 것은 아니나, 부과처분이 있는 경우에도 과다신고사유에 대하여 경정청구로만 다툴 수 있는 것처럼 판시한 점에서는 타당하지 않다.

2) 판례 폐기의 필요성 여부

대법원 2004두9197 판결의 B부분 판시를 이 사건에 그대로 적용할 경우 원고들은 경정청구에 의하여 부가가치세 신고에 따른 매출액에 관한 형식적 확정력을 배제하지 않는 이상 이 사건에서 가공매출이라는 사실을 주장하여 다툴 여지가 없게 된다. 따라서 대법원 2004두9197 판결은 대상판결의 법리와 모순·저촉되어 폐기할 필요가 있다.

다만 대법원 2007두16974 판결에 대한 판례해설에서 검토한 바와 같이 B부분 판시를 선해한다거나 대법원 2007두16974 판결이 이미 이를 사실상 폐기한 것으로 이해할 여지는 있을 것이다. 그러나 대법원 2004두9197 판결의 B부분 판시는 명백히 오류가 있는 판시인데다가, 다수의 관련 사건에서 보듯이 하급심에 많은 혼선을 불러일으키고 있는 만큼 폐기절차를 거친 대상판결은 정당하다고 생각된다.

IV. 結論

대상판결은 "납세의무자가 증액경정처분의 취소를 구하는 항고소송에서 과세관청의 증액경정사유뿐만 아니라 당초신고에 관한 과다신고사유도 함께 주장하여 다툴 수 있다."고 판단하였다. 종래 다수의 대법원 판결은 이와 같은 취지로 판시하여 왔으나, 대법원 2004두9197 판결이 이와 배치되는 취지로 판시한 적이 있어 상당수의 하급심이 후자의 판결을 따르는 등 혼선을 빚어왔다. 그러나 대법원 2004두9197 판결은 판례가 오랜 기간 취해 온 총액주의와 흡수설의 입장과 배치되는 것으로서 그대로 유지되기 어려운 입장에 있었다.

이에 대상판결은, 그와 배치되는 대법원 2004두9197 판결의 견해를 변경하고 납세의무자가 증액경정처분의 취소를 구하는 항고소송에서 두 가지 사유를 모두 다툴 수 있다는 종래의 법리를 재확인함으로써, 실무상의 혼란을 해소함과 아울러 납세의무자의 권익보호를 도모하고 통일된 법리를 제시하였다는 점에 그 의의가 있다고 하겠다.[81]

81) 조윤희·하태흥, "2013년 조세 분야 판례의 동향", 특별법연구 제11권, 사법발전재단(2014), 693~696.

참고문헌

고은경, "조세법상 경정청구제도에 관한 연구", 법학박사학위논문, 중앙대학교(2008)

국세청, 2011년 개정세법해설

김두형, "2005년도 부가가치세법 판례회고", 조세법연구 XII-1, 세경사(2006)

박정훈, "취소소송의 소송물에 관한 연구-취소소송의 관통개념으로서의 소송물 개념의 모색-",법조 49권 7호(통권 526호), 법조협회(2000)

______, 행정소송의 구조와 기능, 박영사(2008)

성열우, "부동산 매매계약이 매수인의 채무불이행을 이유로 해제된 경우 부가가치세법상 재화의 공급에 해당하는지 여부 등", 조세판례백선, 박영사(2005)

소순무, 조세소송, ㈜영화조세통람(2012)

손병준, "국세기본법 제22조의2의 시행 이후 당초처분에 대하여 증액경정처분이 있는 경우 항고소송의 심판대상 및 그 항고소송에서 주장할 수 있는 위법사유의 범위", 대법원판례해설 80호(2009 상반기)

윤지현, "조세소송의 기본 구조-심리와 판결의 효력 범위를 중심으로", 특별법연구 10권, 사법발전재단(2012)

이창희, 세법강의, 박영사(2011)

임승순, 조세법, 박영사(2012)

정태학, "신고납세방식의 조세에 있어서 감액경정청구거부처분과 증액경정처분이 있는 경우 소의 대상", 행정재판실무편람(III), 서울행정법원(2002)

정해남, "당초의 과세처분과 경정처분의 법률관계", 재판자료 제60집, 법원도서관(1993)

조윤희·하태흥, "2013년 조세 분야 판례의 동향", 특별법연구 제11권, 사

법발전재단(2014)

최명근, 세법학총론, 세경사(2007)

하태흥, "소득금액변동통지의 처분성 인정 이후 징수처분에 관하여 불복이 가능한 사유", 대법원판례해설 92호(2012 상반기)

홍용건, "사업자가 가공의 매출세금계산서와 함께 가공의 매입세금계산서를 기초로 부가가치세의 과세표준과 납부세액 또는 환급세액을 신고한 경우, 그 가공거래와 관련하여 부가가치세의 포탈이나 부정환급·공제가 있었다고 볼 수 있는 범위 등", 대법원판례해설 82호(2009년 하반기)

황병현, "경정처분과 행정소송과의 관계", 민사재판의 제문제 제19권, 한국사법행정학회(2010)

국문초록

대상판결은 남대문시장 상인들인 원고들이 세무 브로커를 통하여 부가가치세 신고를 하면서 납부할 적정세액에 맞추어 가공매입세액과 가공매출세액을 신고한 것에 대하여, 과세관청이 가공매입세액을 불공제하여 부가가치세 부과처분을 하자 원고들이 가공매출세액도 제외되어야 한다고 주장한 사안에 관한 것이다. 즉, 이 사건에서는 가공매입세액을 부인하여 이루어진 증액경정처분의 취소소송에서 가공매출세액을 제외하여 달라는 경정청구사유를 주장할 수 있는지, 아니면 그 부분은 별도로 경정청구를 통하여 다투어야 하고 증액경정처분의 취소소송에서는 이를 주장할 수 없는지가 문제되었다.

대법원 판결 중에는 "실제 매출이 없었다고 해도 신고납세방식의 조세인 부가가치세에 있어서 납세의무자가 매출로 신고한 부분은 그대로 확정되는 것이어서 매출세액 등이 과다신고된 경우라면 납세의무자가 감액경정청구 등의 절차를 밟아야 한다."고 판시한 것(2014두9197)과 "경정청구 제도가 있다 하여 그 처분 자체에 대한 쟁송의 제기를 방해하는 것은 아니므로 경정청구와 별도로 부가가치세 부과처분을 다툴 수 있다."고 판시한 것(2001두5989)이 있어 상반되는 입장을 보이고 있었다.

그런데 확립된 판례는 조세소송의 소송물, 즉 심판의 범위에 관하여 총액주의를, 당초처분과 증액경정처분의 관계에 관하여 흡수설을 취하고 있다. 총액주의를 취할 경우 과세관청은 처분사유의 변경을 통해 당초 과세처분의 적법성을 유지할 수 있고, 납세의무자로서도 당초에 다투던 사유 이외의 다른 사유를 들어 과세처분의 위법성을 주장할 수 있다. 2002. 12. 18. 국세기본법 제22조의2 제1항의 신설 이후에도, 판례는 "증액경정처분이 있는 경우 당초신고나 결정은 증액경정처분에 흡수됨으로써 독립한 존재가치를 잃고, 원칙적으로 당초신고나 불복기간의 경과 여부 등에 관계없이 증액경정처분만이 항고소송의 심판대상이 되며, 납세의무자는 그 항고소송에서 당초신고나 결정에 대한 위법사유도 함께 주장할 수 있되, 다만 취소의 범위는 증액된 세액에 한정된다."고 판시함으로써 총액주의와 흡수설의 기본적인 태도를 유지하였다.

증액경정처분이 없는 경우 당초신고에 의하여 조세채무가 확정되고(구체적 조세채무의 특정), 경정청구기간이 지나면 그대로 확정된다(불가쟁력의 발생). 그러나 당초신고나 결정에 관한 불가쟁력은 경정청구기간이나 불복기간이 경과함으로써 일단 발생하면 더 이상 번복이 불가능한 것으로 확정되는 것은 아니고, 과세관청의 증액경정처분이나 후발적 경정청구사유 등이 없을 것을 전제로 하여 제한적인 확정력을 갖는 것에 불과하다. 또한, 경정청구의 배타성이란 신고행위가 당연무효가 아닌 한 경정청구기간이 지났거나 경정청구절차를 따르지 않은 채 납세의무자가 신고의 효력을 임의로 부인하며 부당이득의 반환을 구할 수 없다는 의미이지 반드시 경정청구를 통해서만 신고의 효력을 다투어야 한다는 것을 의미하지는 않는다. 경정청구제도가 부과처분 자체에 대한 항고소송의 제기를 막는 것도 아니므로 납세의무자는 경정청구와 별도로 증액경정처분의 취소를 구하는 항고소송을 제기하는 방법으로 불복할 수도 있을 것이다.

대법원 2004두9197 판결은 판례가 오랜 기간 취해 온 총액주의와 흡수설의 입장과 배치되는 것으로서 그대로 유지되기 어려운 입장에 있었다. 대상판결은 납세의무자가 증액경정처분의 취소소송에서 증액경정사유와 과다신고사유를 모두 다툴 수 있다는 법리를 명확히 함으로써 실무상의 혼란을 해소한 것으로 풀이할 수 있다.

주제어: 증액경정처분, 총액주의, 흡수설, 경정청구, 항고소송, 불가쟁력

Abstract

The Scope of Appealing Reasons Taxpayer Can Argue in Tax Litigation where the Tax Authority Increased its First Tax Assessment

[Commented Case: the Supreme Court Full Bench Decision 2010Du11733 delivered on April 18, 2013]

TAEHEUNG HA*

This article reviews a decision delivered on April, 2013 by the Supreme Court of Korea. The decision deals with VAT case where the plaintiffs initially filed VAT based on the purchase which is not true, and the tax authority later increased VAT on the reason that such VAT deduction should be denied. The plaintiffs argued that VAT must be decreased because they reported VAT based on the supply that is not true either.

One precedent decision declared that the taxpayer can argue those appealing reasons in the claim of reassessment procedure, not in the tax litigation, whereas the other precedent decision declared that the taxpayer can also claim in the tax litigation. The supreme court full bench discarded the former decision, and concluded that the latter decision should be sustained. The supreme court held two reasons. Firstly, the increased corrective disposition cannot be divided into the initial tax return and the increased part. Secondly, tax litigation and the claim of reassessment procedure have the same purpose to protect the

* Research Judge at the Supreme Court of Korea

taxpayer's right to argue.

The article analyzes the relevant tax theories and precedent decisions, and explains why the supreme court reaches such a conclusion.

Key words: corrective disposition, claim of reassessment procedure, tax litigation, value added tax, binding effect

투 고 일: 2014. 6. 5
심 사 일: 2014. 6. 17
게재확정일: 2014. 6. 20

行政訴訟의 類型

公法上 當事者訴訟의 發展과 課題 / 鄭南哲

公法上 當事者訴訟의 發展과 課題*
- 行政訴訟法 改正論議와 判例의 動向에 대한 批判的 考察을 中心으로 -

鄭南哲*

Ⅰ. 行政訴訟法의 改正 經緯와 當事者訴訟의 活性化

지난 2013년 3월 20일 정부는 행정소송법 전부개정 법률안에 대하여 입법예고를 하였다. 1951년 8월 24일에 제정된 한국의 행정소송법은 1984년 전면개정이 있은 후 약 30년 만에 다시 전부개정 법률안이 만들어진 것이다. 그 동안 행정소송법이 변화하는 시대적 요구와 행정현실

* 本稿는 지난 2014년 5월 22일 中國의 北京에서 개최된「2014년 한·중 행정법 포럼: 행정소송과 행정심판」(한국법제연구원/중국행정법학연구회 공동 주최)에서 "韓國의 當事者訴訟制度의 發展方向: 行政訴訟法 改正論議의 展開와 當事者訴訟의 活性化方案을 中心으로"라는 주제로 발표한 것을 수정·보완한 것이다.

** 淑明女子大學校 法科大學 敎授/法學博士

등을 충분히 반영하지 못하였다는 지적이 계속되자 국민의 권익확대와 실효성 있는 권리구제수단을 보장하기 위해 보다 선진화된 행정소송제도를 마련한 것이다. 당시에 정부의 제안이유에서도 알 수 있는 바와 같이 이번 개정안은 국민의 권익구제 확대와 국민이 쉽고 편리하게 이용할 수 있는 행정소송제도를 마련하는 것을 목적으로 하고 있다. 그 주요 내용으로는 ① 국민의 권익구제 확대를 위한 소송제도 개선(의무이행소송의 도입, 원고적격의 확대), ② 사전권리구제절차의 정비(집행정지요건의 완화 및 담보부 집행정지제도의 신설, 가처분제도의 도입), ③ 이용하기 쉬운 행정소송제도의 마련(소의 변경·이송의 허용범위 확대, 관할지정제도 도입, 결과제거의무 규정 신설 등), ④ 행정소송의 전문성 강화(당사자소송의 활성화) 등이 있다. 이러한 행정소송법 개정안에 대한 各界의 反響은 다양할 수 있으나, 지금까지의 한국의 행정법학계의 연구 성과와 판례이론의 축적이 반영된 것으로서 적어도 의무이행소송 및 가처분제도의 도입은 대체로 긍정적인 평가를 받고 있다. 다만, 이러한 입법예고안은 법무부의 행정소송법 개정위원회에서 만든 개정시안과도 차이가 있고, 일부 쟁점에 대해서는 법리적인 문제점이 제기되고 있는 것도 사실이다.[1] 물론 이번 개정안 이전에도 수차례 행정소송법의 개정시도가 있었으나 우여곡절 끝에 좌절된 바 있다. 특히 2002년 4월 대법원은 행정소송법 개정위원회를 구성하여 행정소송법의 개정을 적극적으로 추진하여 2004년 10월 개정안을 마련하였고, 2006년 9월 8일 입법의견의 형식으로 국회에 제출하였다. 2006년 대법원의 행정소송법 개정안에는 매우 진취적인 내용들이 포함되어 있었으나, 항고소송 대상적격의 범위 및 예방적금지소송

1) 이에 대해서는 拙稿, "行政訴訟法 改正案의 內容 및 問題點: 특히 行政訴訟의 改革과 發展을 위한 批判的 考察을 中心으로", 法制硏究 제44호, 2013. 6, 283면 이하 참조. 한편, 행정소송법 개정안에 대하여 "아쉽게도 그간 개정이 필요하다고 인정되어 온 다수의 내용이 이번 개정안에 반영되지 못하였다"고 평가하면서, 개정안에 누락된 쟁점에 대하여 책임 있는 해명이 없다고 지적하는 견해도 있다(金光洙, "行政訴訟法 改正案의 明暗", 行政法硏究 제37호, 2013. 11, 20면).

의 도입 여부 등에 대하여 학계와 실무계의 異見이 있었다.[2] 이와 별도로 법무부도 2006년 4월 26일에 행정소송법 개정특별분과위원회를 구성하여 2007년 4월에 행정소송법 개정안을 마련하여 같은 해 7월에 개정안을 국회에 제출하였으나, 제17대 국회의 임기가 종료함에 따라 자동폐기가 되었다. 2007년 법무부의 개정안은 대법원 개정의견에서 논란이 되었던 부분을 대폭 삭제하였기 때문에, 그 내용이 상대적으로 빈약한 점도 없지 않았다. 그 후 법무부는 사회사정의 변화와 높아진 국민의식 등을 반영하여 2011년 11월 15일 崔松和 委員長을 포함한 학계 및 실무계의 14명 위원으로 구성된 행정소송법 개정위원회를 출범하였고, 그 이듬해인 2012년 5월 24일에 공청회를 개최하여 개정시안을 발표한 바 있다.[3]

한편, 2013년 법무부의 행정소송법 개정안에는 행정소송의 성질을 가짐에도 실무상으로 민사소송으로 다루어져왔던 행정상 손실보상, 손해배상(국가배상) 및 부당이득반환소송 등을 명시적으로 당사자소송에 포함하고 있다. 즉 2013년 법무부의 개정안 제3조 제2호에서는 당사자소송을 “행정상 손실보상 · 손해배상 · 부당이득반환이나 그 밖의 공법상 원인으로 발생하는 법률관계에 관한 소송으로서 그 법률관계의 한쪽 당사자를 피고로 하는 소송”으로 정의하고 있다. 이러한 개정안은 당사자소송의 활성화를 목적으로 하고 있는데, 종래의 학계에서 주장한 바를 어느 정도 반영하고 있다고 볼 수 있다. 그러나 개정안에 규정된 당사자소송의 개념정의가 현행 행정소송법의 규정과 어떠한 관계를 가지고, 여기에 무엇을 포함시킬 수 있는지에 대해서는 논의가 필요하다. 따라서 本稿에서는 당사자소송의 기능제고 및 활성화를 위한 학계의 논의와 대법원 판례의 변화, 그리고 행정소송법의 개정논의와 개선방안 등을

2) 당시 大法院의 행정소송법 개정안에는 항고소송의 대상으로 광의의 처분개념을 채택하여, 국가기관의 명령·규칙 및 지방자치단체의 조례·규칙을 포함하고 있었다.
3) 이에 대해서는 법무부, 행정소송법 개정 공청회 자료, 2012. 참조.

검토하고자 한다. 이하에서는 한국의 당사자소송의 연혁과 발전(Ⅱ), 행정소송법의 특징 및 내용(Ⅲ), 그리고 대법원 판례의 현황 및 최근동향(Ⅳ) 등을 살펴보기로 한다.

Ⅱ. 當事者訴訟制度의 發展

1. 當事者訴訟의 沿革

당사자소송은 1951년 9월 14일 제정된 舊 행정소송법에 처음 도입되었다. 舊 행정소송법은 14개조로 구성된 간단한 법률로서 비록 행정소송의 유형을 명시적으로 규정하지는 않았지만, 대체로 취소소송과 당사자소송을 규정하고 있다고 볼 수 있다. 즉 舊 행정소송법 제1조에서는 "행정청 또는 그 소속기관의 위법에 대한 그 처분의 취소 또는 변경에 관한 소송 기타 공법상의 권리관계에 관한 소송절차는 본법에 의한다"라고 규정하고 있었다. 여기에서 후단부에 규정된 "기타 공법상의 권리관계에 관한 소송절차"는 공법상 당사자소송을 의미하고,[4] 전단부에 규정된 "행정청 또는 그 소속기관의 위법한 처분의 취소 또는 변경"은 취소소송을 규정한 것으로 볼 수 있다. 그러나 舊 행정소송법에는 당사자소송의 구체적인 요건이나 절차 등에 대하여 아무런 규정을 두고 있지 않았기 때문에 그 활용도가 매우 낮았고, 당사자소송은 사실상 유명무실한 것이었다.[5]

한편, 1984년 12월 15일에 행정소송법의 전면개정이 이루어졌고,

---

4) 朴鈗炘, 最新行政法講義(上), 2004, 1036면. 한편, 日本의 학설도 行政事件訴訟特例法 제1조에 규정된 "그 밖에 공법상의 권리관계에 관한 소송"을 강학상 당사자소송에 해당한다고 보고 있다(塩野宏, 行政法 II, 第五版補訂版, 254면; 小早川光郎, 行政法講義 下Ⅲ, 弘文堂, 2007, 325면).

5) 이에 대해서는 金道昶, 一般行政法論(上), 第4全訂版, 740-741면.

동법은 1985년 10월 1일부터 시행되었다. 당시 개정된 행정소송법에는 행정소송의 유형을 보다 명확히 규정하고 다양화하였다. 즉 행정소송의 유형으로 항고소송·당사자소송·민중소송 및 기관소송으로 대별하였고, 항고소송을 다시 취소소송·무효확인소송·부작위위법확인소송으로 세분하였다. 이 가운데에서 당사자소송은 항고소송과 더불어 주관소송의 하나로 다루었다. 여기에서 당사자소송을 "행정청의 처분 등을 원인으로 하는 법률관계에 관한 소송 그 밖에 공법상의 법률관계에 관한 소송으로서 그 법률관계의 한쪽 당사자를 피고로 하는 소송"으로 정의하고 있었는데(행정소송법 제3조 제2호), 이러한 개념 정의는 현행 행정소송법에도 그대로 유지되고 있다.

舊 행정소송법은 1948년에 제정된 일본의 行政事件訴訟特例法의 영향을 크게 받았다.[6] 그러나 일본의 당사자소송제도는 이미 明治時代의 行政裁判法 시절부터 알려진 것으로서 독일의 입법례를 모델로 한 것이다.[7] 따라서 한국 당사자소송의 本鄕은 독일의 당사자소송(Parteistreitigkeit)이라고 볼 수 있다. 독일의 행정소송제도는 19세기 초부터 행정재판권의 독립을 위한 노력이 경주되었는데, 그 이전에 행정에 대한 통제는 주로 영주의 行政司法(Administrativjustiz)에 의해 이루어졌다.[8] 이에 비해 프랑스의 國參事院(Conseil d'Etat)은 司法이 행정으로부터 완전히 독립되지 못한 고전적인 형태로서 프랑스의 역사적 경험에서 연유하고 있지만, 19세기 행정사법의 모델이 그대로 남아 있는 것이라고 볼 수 있다. 이에 반해 독일에서는 행정사법의 독립이 괄목할 정도로 진행되고 있었다. 특히 1900년

6) 金道昶, 전게서, 740면.
7) 이에 대한 상세한 일본 행정소송의 연혁에 대해서는 塩野宏, 前揭書, 59면 이하 참조. 한편, 2004년에 일본의 행정사건소송법이 개정되었는데, 당사자소송 활용론에 힘이 많이 실린 것으로 보인다. 예컨대 당사자소송의 경우 '확인소송'으로서의 성격이 보다 부각된 점은 주목할 만하다. 이에 대해서는 拙著, 行政救濟의 基本原理, 法文社, 2013, 311－312면 참조.
8) Hufen, Verwaltungsprozessrecht, 7. Aufl., § 2 Rdn. 2 ff.

7월 19일 제정된 작센왕국의 행정소송법(Sächsisches Gesetz über die Verwaltungsrechtspflege) 제21조에서 당사자소송을 규정하고 있었다.[9] 작센왕국의 행정소송법은 행정재판의 초석을 마련한 것으로 평가를 받고 있는데, 작센에서는 이미 1835년에 행정으로부터 사법이 분리·독립하였다.[10] 1863년에는 바덴 大公國(Großherzogtum Baden)에서 행정으로부터 독립된 행정재판소가 처음으로 설치되었고, 1871년에 독일제국(Deutsches Kaiserreich)이 세워진 이후부터는 각 支邦에 본격적으로 행정재판소가 설치되기 시작하였다. 특히 1875년에는 프로이센 고등행정법원이, 그리고 1901년에는 작센 고등행정법원이 차례로 세워졌다. 그 후 1919년에 제정된 바이마르(Weimar)헌법에서도 행정법원을 설치할 수 있는 근거를 마련하였지만, 이는 명목상에 그칠 뿐 실질적인 권리구제와는 거리가 먼 것이었다. 당시의 행정소송은 주로 침해적 행정행위에 대한 구제에 제한되었고, 당사자소송은 거의 활용되지 못하고 있었다. 다만, 발터 옐리네크(Walter Jellinek)는 본래적 행정구제와 추가적 권리구제를 구별하면서, 당사자소송이 전자에 해당하는 것으로 파악하였다.[11] 당시의 당사자소송은 아직 확고한 행정소송 유형의 하나로 정착되지는 못하였으나, 제2차 세계대전 이전부터 계속해서 일본의 학설에 영향을 주었던 것으로 보인다.[12] 독일에서는 제2차 세계대전 후 연합군의 점령기에 항고소송과 당사자소송의 이원적 체계가 확립되었다. 1958년 5월 12일 改正 行政訴訟法(Gesetz über die Neuordnung der Verwaltungsgerichtsbarkeit) 제85조 이하에서는 당사자소송을 매우 상세히 규정하고 있었다. 여기에서 당사자

---

9) Fritz Fleiner, Institutionen des Deutschen Verwaltungsrechts, 8. Aufl., 1928, S. 265.

10) 작센 州의 행정재판의 역사적 발전에 대해서는 Claus Meissner, Verwaltungsgerichtsbarkeit in Sachsen, LKV 1993, S. 105.

11) 이에 대해서는 Walter Jellinek, Verwaltungsrecht, 3. Aufl., 1931, S. 315(Nachdruck der 3. Aufl. mit Nachtrag 1950 und Vorwort von Bachof, 1966). 당사자소송은 주로 사회복지단체와 같은 공공단체가 대여금상환청구를 하는 경우에 활용되었다고 한다.

12) 이에 대해서는 小早川光郎, 前揭書, 325면.

소송은 "同等한 權利主體 사이의 公法上 爭訟"이라고 규정하고 있었는데, 이행이나 금지를 요구하거나 법률관계의 존부 확인을 구하는 경우에 주로 제기되었다(동법 제88조). 그러나 1960년 1월 21일 行政法院法(Verwaltungsgerichtsordnung)이 제정되면서, 당사자소송은 폐지되었다. 이를 두고 독일에서 당사자소송이 衰滅한 것으로 酷評하는 견해도 있을 수 있으나, 당사자소송은 일반이행소송이나 확인소송 등으로 전환하여 더욱 계승·발전하고 있다고 볼 수 있다.[13]

2. 當事者訴訟의 變化

당사자소송은 이미 오래 전에 행정소송법에 도입되었으나, 그 활용은 미진하였다. 그 이유를 실무상 민사소송 위주의 운영과 항고소송 중심주의 등에서 찾는 것이 보통이다. 예컨대 "일면 민사소송위주의 실무적 고려와 타면 행정소송법의 취소소송중심주의에 의하여 협공을 받아 거의 死文化되었다"[14], "(당사자소송이) 冷待를 받아 온 것 같다"[15] 등의 견해가 당사자소송의 현주소를 적절히 표현해 주고 있다. 특히 독립된 전문법원으로서 서울행정법원은 1998년 3월 2일에 비로소 처음으로 개원하였고, 당시에는 당사자소송의 독자성이나 제도적 기능 등이 충분히 인식되지 못하였다.[16] 그러나 학계에서는 오래전부터 當事者訴訟의 擴

13) 한편, 독일의 일반이행소송이나 확인소송이 당사자소송에서 발전한 것은 당사자소송의 시원적 소송유형임을 보여주는 단면이라고 보는 견해도 대체로 동일한 입장으로 볼 수 있다(朴鈗炘, 前揭書, 1039면).

14) 洪準亨, 行政救濟法, 제4판, 한울아카데미, 728면.

15) 朴鍾局, "當事者訴訟과 訴의 利益", 司法行政 31권(1992. 1), 31면.

16) 1984년 법개정시까지 실무상 당사자소송이 활용되지 못한 이유로서 민사소송과의 구별 및 그 실익이 명확하지 않고, 2심제로 고등법원 소재지가 제한적이었으며, 행정사건과 민사사건의 구별이 쉽지 않다고 지적하는 견해도 있다(白潤基, "行政訴訟制度의 改善". 行政法院의 座標와 進路(서울행정법원 개원 1주년 기념백서), 1999, 199면).

大論을 주장하였고, 최근 행정소송법 개정과 관련하여 이러한 주장은 계속 제기되고 있다.[17] 당사자소송을 하나의 包括的인 개념으로 이해하여, "항고소송을 제외한 모든 소송을 가리키는 일종의 殘餘槪念"으로 파악하는 견해[18]도 동일한 입장으로 볼 수 있다. 이에 반하여 2003년 대법원의 행정소송법 개정안은 항고소송 중심주의에 기반을 둔 것이었다.

한편, 종래 판례는 국가배상청구권, 손실보상청구권 및 부당이득반환청구소송 등의 경우에 당사자소송의 활용에 대하여 소극적인 입장을 보였으나, 최근에는 새로운 변화의 조짐을 보이고 있다. 즉 공법적 성격을 가짐에도 민사소송으로 다루었던 사안에 대하여 당사자소송을 인정하는 사례가 늘고 있다. 예컨대 대법원은 광주민주화운동관련자보상등에관한법률의 보상금지급청구소송에 대해 당사자소송으로 판단하였다.[19] 이는 종래 보상금청구소송을 민사소송으로 처리하던 것을 행정소송(당사자소송)으로 판시한 것이다. 이 판례는 당사자소송의 活路를 개척한 판례로 평가할 수 있는데, 그 이후 당사자소송을 인정한 사건이 증가하였다. 즉 대법원은 공무원의 신분·지위 등의 확인에 관한 소송[20], 군인연금법상 급여청구권에 관한 소송,[21] 석탄산업법 시행령 제41조 제4항 제5호 소정의 재해위로금 지급청구소송,[22] 납세의무부존재확인의

17) 金南辰, "處分性擴大論과 當事者訴訟活用論", 考試硏究, 2005. 3, 15면; 金重權, "법무부 행정소송법개정시안의 주요 내용에 관한 소고: 잠정적 권리구제와 당사자소송과 관련해서", 公法學硏究 제14권 제1호, 393면 이하; 白潤基, 전게논문, 199면 이하.

18) 朴鈗炘, 전게서, 1039면.

19) 즉 "관련자 및 유족들이 갖게 되는 보상 등에 관한 권리는 헌법 제23조 제3항에 따른 재산권침해에 대한 손실보상청구나 국가배상법에 따른 손해배상청구와는 그 성질을 달리하는 것으로서 법률이 특별히 인정하고 있는 공법상의 권리라고 하여야 할 것이므로 그에 관한 소송은 행정소송법 제3조 제2호 소정의 당사자소송에 의하여야 할 것이며 보상금 등의 지급에 관한 법률관계의 주체는 대한민국이다."(대법원 1992. 12. 24. 선고 92누3335 판결).

20) 대법원 1993. 9. 14. 선고 92누4611 판결; 대법원 1995. 12. 22. 선고 95누4636 판결.

21) 대법원 1995. 9. 15. 선고 93누18532 판결.

22) 대법원 1999. 1. 26. 선고 98두12598 판결.

소[23] 등에서 당사자소송을 인정하였다. 이를 두고 “1990년대에 이르러 假死狀態에 있던 당사자소송이 화려하게 復活하였다”고 평가하기도 한다.[24] 또한 대법원은 전원합의체 판결에 의해 개정 하천법 부칙 제2조와 하천구역 편입토지 보상에 관한 특별조치법 제2조에 의한 손실보상청구권을 종전에는 私權으로 보던 것을 공법상의 권리로 판단한 바 있다.[25] 나아가 최근에 대법원은 국가에 대한 납세의무자의 부가가치세 환급세액지급 청구사건에서 민사소송으로 다루던 종전의 입장을 변경하여 당사자소송으로 제기해야 한다고 판시하였다.[26]

이와 같이 학계의 다수, 그리고 실무계의 일각에서는 당사자소송의 활성화를 계속해서 주장하였는데, 최근 행정소송법 개정을 두고 이러한 논의는 더욱 활기를 띠고 있다고 볼 수 있다. 이와 관련하여 항고소송 중심의 사고에 기초하여 당사자소송에 대해 소극적으로 평가하는 견해도 있으나, 당사자소송도 행정소송법에 규정된 행정소송의 하나이므로 국민의 권리구제에 기여할 수 있도록 이를 최대한 활용할 필요가 있다. 행정소송은 국민의 기본권보호와 법치주의를 실현하는 데에 기여해야 한다.[27] 특히 헌법에서 보장하고 있는 실질적 법치주의의 관점에서도 국민의 권익구제의 흠결이 없도록 소위 완결된 권리구제수단이 정비될 필요가 있다. 이하에서는 당사자소송의 특징과 유형, 그리고 다른 소송과의 차이점에 대해 살펴보기로 한다.

---

23) 대법원 2000. 9. 8. 선고 99ㄷ2765 판결.

24) 朴正勳, “抗告訴訟과 當事者訴訟의 關係: 比較法的 沿革과 우리法의 解釋을 中心으로, 特別法硏究 제9권, 128면.

25) 대법원 2006. 5. 18. 선고 2004다6207 판결.

26) 대법원 2013. 3. 21. 선고 2011다95564 전원합의체 판결. 이 전원합의체 판결에서 부가가치세 환급세액지급청구를 민법상 부당이득반환청구로 구성해야 한다는 반대의견(대법관 박보영)도 있었다.

27) 李尙圭, 行政爭訟法, 第5版, 4면.

Ⅲ. 當事者訴訟의 特徵 및 內容

1. 當事者訴訟의 類型

(1) 한국의 행정소송법 제3조 제2호에서는 당사자소송을 "행정청의 처분 등을 원인으로 하는 법률관계에 관한 소송 그 밖에 공법상의 법률관계에 관한 소송으로서 그 법률관계의 한쪽 당사자를 피고로 하는 소송"이라고 정의하고 있다. 여기에서 다수설은 후단부에 규정된 "그 밖에 공법상의 법률관계에 관한 소송"을 實質的 當事者訴訟으로 보고, 전단부에 규정된 "행정청이 처분 등을 원인으로 하는 법률관계에 관한 소송"을 形式的 當事者訴訟을 이해하고 있다. 형식적 당사자소송은 본래 처분 또는 재결을 원인으로 하여 형성 또는 변경된 법률관계를 다투는 소송으로서 그 법률관계의 일방당사자를 피고로 하는 소송을 말한다. 소위 형식적 당사자소송에 해당하는 것으로는 공익사업을 위한 토지 등의 취득 및 보상에 관한 법률(이하 "공익사업법"이라 한다) 제85조 제2항에 의한 보상금증감청구소송, 특허법 제187조 단서에 의한 특허무효 및 권리범위확인 등에 관한 特許審判院의 심결의 효력을 다투는 소송 등이 있다. 반면, 실질적 당사자소송에 해당하는 것으로는 공중보건의 채용계약해지[28], 서울특별시립무용단원의 해촉[29] 등 공법상 신분이나 지위의 확인에 관한 소송, 공법상 금전지급청구권[30] 등이 있다.

한편, 행정소송법 제3조 제2호 전단부에 규정된 "행정청이 처분 등을 원인으로 하는 법률관계에 관한 소송"이라는 부분은 形式的 當事者訴訟으로 이해하는 것이 다수설이지만, 형식적 당사자소송의 분류는 불필요하며 잘못된 것으로 보는 견해[31]도 있다. 당사자소송 중에는 처분

---

28) 대법원 1996. 5. 31. 선고 95누10617 판결.

29) 대법원 1995. 12. 22. 선고 95누4636 판결.

30) 대법원 1997. 5. 30. 선고 95다28960 판결.

31) 韓堅愚, "우리나라 現行 行政訴訟法上 當事者訴訟의 問題點과 改善方案(上)", 法曹

이나 재결 그 자체가 아니라 이에 의해 형성된 법률관계를 다투어야 하는 특별한 경우가 존재하므로 이러한 분류 자체가 전혀 무의미한 것은 아니다. 다만, 당사자소송의 대상과 범위를 보다 확대하기 위해서는 "처분 등을 원인으로 하는 법률관계에 관한 소송"을 당사자소송의 예시로 해석하는 것이 타당하다. 학계의 일반적 견해와 달리 서울행정법원의 실무지침서에는 "행정청이 처분 등을 원인으로 하는 법률관계에 관한 소송"이라는 부분에 대해 형식적 당사자소송에 해당하는 것을 제외하고는 실질적 당사자소송에 속하는 것으로 보고 있다.[32] 즉 "처분 등을 원인으로 하는 법률관계"를 처분으로 인하여 형성된 법률관계로 이해하면서, 이를 실질적 당사자소송에 포함하고 있다. 이러한 해석은 실질적 당사자소송의 범위를 넓게 파악할 수 있는 장점이 있다. 본래 형식적 당사자소송과 실질적 당사자소송의 구분은 일본의 학설로부터 유래한 것이다. 2004년에 개정된 일본의 행정사건소송법 제4조에서는 "이 법률에서 당사자소송이란 당사자 사이의 법률관계를 확인하거나 형성하는 처분 또는 재결에 관한 소송으로 법령의 규정에 의해 그 법률관계의 당사자의 일방을 피고로 하거나 공법상 법률관계에 관한 확인을 구하는 기타 공법상 법률관계에 관한 소송을 말한다"고 규정하고 있다. 이 가운데에서 전단부에 규정된 부분을 형식적 당사자소송이라고 보고 있다.[33] 다만, 근래에는 일본에서도 당사자소송의 유형을 4가지로 구분하는 견해가 유력하다. 즉 ① 처분이 아닌 활동에 대한 행정소송(행정계획·通達·행정지도 등에 대한 공법상 확인소송), ② 공법상의 권리·의무를 다투는 소송(예컨대 공무원의 지위나 봉급의 지불청구권, 손실보상청구권, 국적 등을 다투는 소송), ③ 처분의 무효를 전제로 공법상의 권리·의무를 다투는 소송(예컨대 과세처분의 무효를 전제로 한 과오납금의 부당이득반환청구소송), ④ 소위

제41권 1호(1992), 10면.

32) 서울행정법원 실무연구회, 행정소송의 이론과 실무, 사법발전재단, 2013, 10면.

33) 이에 대한 상세는 拙著, 行政救濟의 基本原理, 493면.

형식적 당사자소송(보상금증감소송)으로 분류하고 있다.[34] 그러나 이러한 유형구분은 다소 중첩적일 수 있다. ②의 유형은 전형적인 실질적 당사자소송에 해당하며, ④의 유형은 형식적 당사자소송에 속한다. 예컨대 공립학교 학생의 퇴학처분 무효를 전제로 한 학생의 지위확인을 구하는 소송의 경우에는 ①과 ③의 경우에 모두 해당할 수 있다.

생각건대 日本 行政事件訴訟法의 규정은 한국의 행정소송법과 서로 차이가 있다. 즉 일본의 행정사건소송법에서는 개별법에 규정된 경우에 한하여 형식적 당사자소송을 인정하고 있으나, 한국의 행정소송법에는 그러한 제한규정이 없다.[35] 후술하는 보상금증감청구소송과 같이 당사자소송의 특수한 형태가 존재하는 것이 사실이며, 그러한 이유에서 형식적 당사자소송의 분류가 전혀 의미 없는 것은 아니다. 또한 형식적 당사자소송을 개별법의 규정이 있는 경우에만 허용하는 것은 당사자소송의 기능을 위축시킬 수 있다. 참고로 개정 행정소송법의 입법예고안에는 "행정상 손실보상·손해배상·부당이득반환이나 그 밖의 공법상 원인으로 발생하는 법률관계에 관한 소송으로서 그 법률관계의 한쪽 당사자를 피고로 하는 소송"이라고 규정하고 있는데, 형식적 당사자소송과 실질적 당사자소송의 구별을 전제로 하고 있지 않다.

(2) 한편, 형식적 당사자소송과 실질적 당사자소송의 구별이 현실에 있어서 항상 명확한 것은 아니다. 실제 실질적 당사자소송의 경우에도 처분 등을 원인으로 하여 직·간접적인 영향을 받아 형성된 공법상 법률관계를 다투는 경우가 적지 않다. 예컨대 파면처분의 무효를 전제로 공무원의 신분관계 내지 지위의 확인을 다투는 소송, 해임처분에 따른 봉급지급청구권을 다투는 소송, 또는 과세처분의 무효를 원인으로 하는 조세환급청구소송 등이 그러하다. 앞의 두 사례는 실무상 실질적 당사자소송으로 다루어지고 있다. 다만, 과세처분의 무효를 원인으로 하는 조세

34) 大橋洋一, 行政法 Ⅱ(現代行政救濟論), 229-231면.
35) 李尙圭, 行政爭訟法, 제5판, 306면.

과오납금환급청구는 종전부터 민사소송으로 다루고 있다. 이에 대하여 유력설은 소송물도 공법상 부당이득반환청구권 자체가 공권일 뿐만 아니라 과세처분을 원인으로 한 공법상 법률관계라는 점에서 (실질적) 당사자소송으로 다루는 것이 타당하다고 지적한다.[36] 형식적 당사자소송을 인정하는 이유 내지 실익은 소송경제적 측면에서 찾고 있다.[37] 형식적 당사자소송의 대표적 사례는 공익사업법 제85조 제2항에 규정된 보상금증감청구소송이다. 보상금증감청구소송은 재결을 원인으로 한 보상금증감을 다투는 소송인데, 중앙토지수용위원회의 이의재결의 보상금액에 불복하여 그 이의재결의 취소를 다투고, 또 다시 보상금의 증감을 다투는 당사자소송을 제기하는 것은 소송경제에 반할 수 있다. 보상금증감소송의 법적 성질에 대해서는 구 토지수용법 제75조의2 제2항에 '재결청'도 소송당사자로 규정하고 있었기 때문에 더욱 논란이 되고 있었다. 그 법적 성질에 대하여 학설로는 특수한 형태의 항고소송설, 변형된 형식적 당사자소송설, 당사자소송과 항고소송이 절충된 형태의 소송설 등이 있었다.[38] 또한 종전의 판례는 이를 필요적 공동소송으로 파악하였다.[39] 생각건대 보상금증감소송의 본질은 재결의 위법성을 다투는 것이 아니라 재결에 포함된 보상금의 증액 내지 감액에 있다. 외관상으로는 토지수용위원회의 재결 그 자체를 다투는 것으로 보이지만, 실제로는 재결의 내용에 포함된 보상금증감을 다투고 있는 점이 특징이다.

(3) 행정처분에 해당하는 재결의 효력(특히 공정력)을 그대로 두고 보상금을 다투기 위해서 개별법에 별도의 근거가 있어야 하는지가 문제되고 있다. 다수설은 개별법의 규정이 없는 경우 원·피고의 당사자적격의 판단, 소송제기기간 등 소송요건이 불명확하다는 점을 지적하고 있다.[40] 이에 대해 형식적 당사자소송에는 법적 근거를 별도로 요하지 않

---

36) 安哲相, "行政訴訟과 民事訴訟의 關係", 法曹 제616호(2008. 1), 337-338면.
37) 李尙圭, 行政爭訟法, 제5판, 305면.
38) 이에 대해서는 拙著, 行政救濟의 基本原理, 289-290면.
39) 대법원 1991. 5. 28. 선고 90누8787 판결.

는다는 견해도 유력하다.[41] 생각건대 지나치게 포괄적인 공정력개념 그 자체가 비판을 받고 있고[42], 설사 해당 처분이나 재결 등에 구성요건적 효력이나 불가변력 등이 인정된다고 하더라도 모두 행정사건이므로 수소법원은 이에 대한 심사권을 가진다. 또한 이러한 사건은 처분이나 재결의 위법을 전제로 하여 실질적으로는 공법상 법률관계를 다투고 있으므로 형식적 당사자소송을 제한적으로 파악할 필요는 없다. 나아가 '당사자소송'에 관한 명시적 규정이 없더라도 개별법의 내용이나 체계 등에 비추어 당사자적격(특히 피고적격)이나 제소기간 등을 충분히 판단할 수 있는 경우도 있다.[43] 이와 관련하여 형식적 당사자소송을 "실질적으로는 행정청의 처분을 다투는 소송"이라고 이해하여, 취소소송과 동일한 것으로 보는 견해[44]도 있다. 형식적 당사자소송을 실질적으로 취소소송과 동일하게 이해하는 것은 일본 학설의 영향을 받은 점도 있다.[45] 특히 일본의 행정사건소송법은 형식적 당사자소송을 "처분 또는 재결에 관한 소송"이라고 규정하고 있어, 항고소송처럼 규정하고 있다. 이에 대하여 형식적 당사자소송을 항고소송으로 보는 것을 비판하면서, "행정청의 처분 등에 의해 직접 형성된 법률관계에 관한 다툼으로서 형식적으로는(소송형태상) 당사자소송이지만, 그 전제로서 행정청의 처분을 다투는 것을 포함하는 소송"이라고 보는 견해[46]도 있다. 형식적 당사자소송은 행정청의 처분이나 재결에 불복하여 제기한다는 점에서 이를 '항고소송'으로 보는 견해도 있으나, 행정청의 처분이나 재결을 원인으로 형

40) 金南辰, 行政法 I, 제6판 修正版, 857면.
41) 李尙圭, 行政爭訟法, 306면; 朴鈗炘, 前揭書, 1045면; 朴均省, 行政法論(上), 제11판, 997면.
42) 拙稿, "國家賠償訴訟과 先決問題: 특히 構成要件的 效力, 旣判力 그리고 違法槪念을 중심으로", 저스티스 제116호(2010. 4), 103면 이하.
43) 拙著, 行政救濟의 基本原理, 319면.
44) 朴鈗炘, 前揭書, 1043면.
45) 田中二郎, 新版行政法上卷 全訂第二版, 358면.
46) 朴均省, 前揭書, 994-995면

성된 공법상 법률관계를 다투는 소송으로 보는 것이 타당하다. 예컨대 보상금증감청구소송의 경우 사업시행자(起業者) 토지소유자 또는 관계인이 소송당사자이며, 행정청(토지수용위원회)은 여기에 포함되지 않는다. 또한 쟁송의 대상도 처분이나 재결에 의해 결정된 보상금의 적정 여부라는 점을 고려하면, 형식적 당사자소송의 본질을 항고소송으로 보기는 어렵다.

한편, 일본에서도 토지수용법 133조 제2항에 규정된 보상금증감청구소송을 형식적 당사자소송으로 이해하고 있다. 즉 이러한 소송이 형식적으로는 당사자 사이의 다툼이지만 실질적으로는 수용위원회의 재결을 다툰다는 의미로 강학상 '형식적' 당사자소송이라고 부르고 있는 것이다.[47] 그리고 보상금증감청구소송의 법적 성질에 대하여 형성소송설, 확인·급부소송설 및 절충설 등이 대립하고 있다. 이에 대해 일본의 최고재판소는 명확한 입장을 밝히고 있지 않지만, 하급심은 대체로 確認·給付訴訟說을 따르고 있다.[48] 특히 보상금증액청구소송은 토지소유권자 및 관계인이 사업시행자를 상대로 보상금산정을 잘못한 재결의 위법(확인)을 전제로 하여 이를 별도로 다투지 아니하면서도, 보상금 증액의 이행을 다투는 것이다. 생각건대 형식적 당사자소송에 대하여 법률에 명문의 규정이 있는 한 허용된다고 보는 것이 통설이나, 이는 효과적인 권리구제수단의 사용을 제한하는 것으로서 국민의 권익구제를 좁히는 결과를 가져올 수 있다. 따라서 행정소송법 제3조 제2호의 규정만으로 충분하며, 당사자소송의 활성화를 위해서도 형식적 당사자소송의 근거를 요할 필요는 없다. 당사자적격의 문제나 제소기간 등은 실질적 당사자소송에서도 문제가 될 수 있다.

---

47) 塩野宏, 前揭書, 255면. 한편, 일본에서는 실질적 당사자소송을 "公法上 當事者訴訟"이라고 부르기도 한다(塩野宏, 前揭書, 254면).

48) 이에 대한 詳細는 拙稿, 殘餘地收用請求의 訴訟法的 爭點, 特別法硏究 제9권, 大法院 特別訴訟實務硏究會(編), 200면 참조.

2. 當事者訴訟과 民事訴訟의 區分

당사자소송이 활성화되지 못한 주요한 이유는 당사자소송에 해당하는 사안을 실무상 민사소송으로 운영한 것에서 찾을 수 있다. 당사자소송을 도입하면서 이에 관한 구체적인 요건을 규정하지 아니하고 대부분 민사소송의 규정을 준용하고 있다는 점도 당사자소송이 위축된 원인의 하나였다. 이러한 사정은 일본의 경우에도 비슷하다. 당시 일본의 대표적인 행정법학자였던 田中二郎 교수도 항고소송과 민사소송은 서로 완전히 다른 종류로 인식하면서도 당사자소송을 민사소송과 동일한 소송유형으로 보았다.[49] 그러나 일본에서는 전술한 바와 같이 공·사법 이원론에 대하여 의문을 제기하는 견해가 유력하여 당사자소송이 항고소송에 비해 더욱 忽待를 받고 있다고 한다.[50] 따라서 당사자소송의 독자적 영역을 인정하고 이를 확대하기 위해서는 민사소송과의 구별이 선행되어야 한다.

당사자소송과 민사소송의 구별은 공법과 사법의 구별을 전제로 한다. 일본에서는 공법과 사법의 일원론이 우세하나, 한국에서는 공법과 사법을 서로 구별하는 견해가 지배적이다. 다만, 공법과 사법의 구별 기준에 대하여는 견해가 대립하고 있다. 즉 소송물을 기준으로 공법과 사법을 구별하는 견해와 소송물의 전제가 되는 법률관계를 기준으로 양자를 구분하는 견해가 있다. 판례는 前說에 따르고 있으나, 학설은 後說을 따르는 견해가 압도적이다. 예컨대 '소송물'을 기준으로 하는 경우에 공무원의 지위나 신분을 다투는 것은 행정사건이고, 부당이득반환청구소송은 민사사건으로 본다. 반면 소송물의 전제가 되는 '법률관계'를 기준으로 할 경우에는 부당이득반환청구소송도 그 전제가 되는 법률관계가 공법적 성격을 가지는 행정사건이라고 볼 수 있다. 나아가 소송물을 기

49) 田中二郎, 前揭書, 358면.
50) 塩野宏, 前揭書(II), 197면.

준으로 구별하는 견해에 따르면 공법상 원인에 의해 발생하는 국가배상청구권이나 손실보상청구권 등도 모두 민사사건으로 다루게 된다. 따라서 소송물을 기준으로 행정소송(당사자소송)과 민사소송을 구별하는 것은 타당하지 않다. 그러한 이유에서 행정소송법 개정의 입법예고안에는 행정상 손실보상·손해배상·부당이득반환을 예시하여 당사자소송에 포함시키고 있는데, 이러한 문제를 입법적으로 해결하기 위함이다. 그러나 소송물의 법률관계를 전제로 하는 경우에도 그 법률관계가 공법관계인지 사법관계인지를 규명해야 한다. 결국 당사자소송과 민사소송의 구별은 근본적으로 공법과 사법의 구별에 귀착하게 된다. 독일에서는 공법과 사법의 구별기준으로 종래 利益說, 主體說(종속설, 상하관계설), 歸屬說(新主體說) 등이 있다. 이 중에서 법규를 통한 권리·의무가 단지 高權力의 主體인 경우에 공법으로 보는 귀속설(新主體說)이 유력하며, 또한 독일의 통설이다.[51] 이러한 이론만으로 개별 사례에서 공법과 사법을 완전히 구별하기는 어렵겠지만, 이러한 이론에 바탕을 두고 공권적 작용의 근거 법규에 대한 해석, 법규의 귀속주체 등을 종합적으로 고려하여 판단해야 할 것이다. 공법과 사법의 구별 실익은 적용 법리의 차이뿐만 아니라 소송상의 이유 등에서 찾을 수 있다.[52] 앞으로 公法의 私化(Privatisierung)가 가속화될 경우 공법과 사법의 구별은 더욱 어려워질 것이다.[53] 이와 관련하여 행정사건과 민사사건의 구별 필요성은 여전히 존재하지만, 이는 이론적인 문제가 아니라 "행정사건의 특수성·전문성"이라는 관점에서 접근해야 한다는 견해도 있다.[54]

---

51) Wolff/Bachof/Stober, Verwaltungsrecht I, § 22 Rdn. 27; Maurer, Allgemeines Verwaltungsrecht, § 3 Rdn. 18; Hendler, Allgemeines Verwaltungsrecht, 2. Aufl. S. 10 f.

52) Battis, Allgemeines Verwaltungsrecht, 2. Aufl., S. 48f.

53) 이에 대해서는 Walter Leisner, „Privatisierung" des Öffentlichen Rechts, Berlin 2007.

54) 安哲相, "公法上 當事者訴訟의 意義·性格과 活性化方案", 特別法硏究 제7권, 219면.

당사자소송과 민사소송은 '관할' 이외에도 심리절차에 있어서 서로 차이점이 있다. 첫째, 민사소송에는 변론주의가 지배하지만, 당사자소송에는 직권심리주의가 적용된다(행정소송법 제44조 제1항 및 제26조). 둘째, 당사자소송에는 현재 민사소송으로 다루어지는 손해배상·부당이득반환·원상회복 등의 관련 청구를 병합할 수 있으나(행정소송법 제44조 제2항 및 제10조), 민사소송에는 당사자소송을 병합할 수 없다. 셋째, 당사자소송은 민사소송과 달리 항고소송과의 소변경이 인정될 뿐만 아니라, 소변경이나 처분변경 등으로 인한 제소기간의 소급적용이 가능하다(행정소송법 제44조 제1항, 제14조 및 제21조 등). 넷째, 민사소송은 판결의 효력이 당사자에게만 미치지만, 당사자소송에서는 취소판결의 기속력과 같이 당사자뿐만 아니라, 그 소속 행정청과 관계 행정청에게도 미친다(행정소송법 제44조 제1항 및 제30조 제1항). 그 밖에 민사소송과 달리 당사자소송에서는 행정심판기록의 제출명령을 할 수 있다(행정소송법 제44조 제1항 및 제25조).

3. 當事者訴訟과 抗告訴訟의 區分

당사자소송과 민사소송의 구별에 있어서 당사자소송의 활성화는 행정법학계에서 대부분 환영할 만한 일이지만, 당사자소송과 항고소송의 구별은 행정소송 내의 문제로서 소송형식의 선택과 관련하여 또 다른 어려운 문제를 던져 주고 있다. 이와 관련하여 當事者訴訟 擴大論과 抗告訴訟 中心主義가 서로 대립하고 있다. 당사자소송과 항고소송은 모두 원고의 권리나 이익이 침해된 경우를 전제로 한다는 점에서 주관소송으로 보는 것이 통설이다. 그러나 항고소송은 고권적 행정작용으로서 행정처분을 대상으로 하여 수직적 법률관계를 다투는 것이지만, 당사자소송은 본래 대등한 권리주체 사이의 공법상 법률관계를 대상으로 하고 있다. 또한 최근에 항고소송의 대상인 행정처분의 범위가 확대되는 경향을 넘어서 종래 비권력적 사실행위로 취급되던 것을 항고소송의 대상으로 보고 있다. 예컨대 대법원은 구 남녀차별금지 및 구제에 관한 법률에 따른 국가인권위원회의 성희롱결정 및 시정조치권고가 행정소송의 대상이 되는 행정처분에 해당한다고 판시하였다(대법원 2005. 7. 8. 선고 2005두487 판결). 또한 지적공부의 지목변경(대법원 2004. 4. 22. 선고 2003두9015 전원합의체 판결), 불문경고(대법원 2002. 7. 26. 선고 2001두3532 판결) 등에 대해서도 처분성을 인정하였다. 나아가 판례는 예외적으로 행정입법을 항고소송의 대상에 포함하고 있다. 즉 대법원은 예외적으로 법령이 그 자체로서 직접 개인의 권리 또는 이익을 침해하는 이른바 '處分的 命令'을 행정소송의 대상으로 인정하고 있다.[55] 또한 경기도 두밀분교 통폐합에 관한 조례에 대하여 그 처분성을 인정한 바 있다(소위 "處分的 條例").[56] 이러한 항고소송 대상의 전면적 확대는 일면 국민의 권익구제를 위해 기여하는 점도 있으나, 항고소송 중심주의로 편중되어 운영될 가능성도 있다.

한편, 실무상 당사자소송과 항고소송 사이에서 적합한 소송형식을 선택하는 것은 현실적으로 쉽지 않다. 앞에서 언급한 바와 같이 대법원은 광주민주화운동관련자보상등에관한법률상의 보상금지급청구소송에 대해 당사자소송으로 판단하였는데,[57] 전체적인 체계가 유사한 민주화운동관련자명예불인정처분취소소송에서는 '민주화운동관련자 명예회복 및 보상 심의위원회'의 결정을 국민의 권리의무에 직접 영향을 미치는 행정처분으로 보아 취소소송을 제기할 수 있다고 판시하였다.[58] 이러한 대법원의 판례는 당사자소송과 항고소송의 구별이 어렵다는 점을 보여주지만, 국민들에게는 소송형식의 선택에 있어서 다소 混線을 주고 있는 것도 사실이다. 그리고 사회보장급부와 관련된 소송 등과 같이 항고

55) 대법원 1954. 8. 19. 선고 4286행상37 판결.
56) 대법원 1996. 9. 20. 선고 95누8003 판결.
57) 대법원 1992. 12. 24. 선고 92누3335 판결.
58) 대법원 2008. 4. 17. 선고 2005두16185 판결.

소송과 당사자소송이 교착할 수 있는 영역이 존재하고 있어 앞으로 논란이 될 수 있다.

항고소송과 당사자소송으로 구분하는 이원적 구조는 독일의 입법례에서 유래하는 것이지만, 프랑스의 행정소송에서도 越權訴訟(recours pour excès de pouvoir)과 完全審理訴訟(contentieux de pleine juridiction)의 구분이 있다. 다만, 프랑스의 완전심리소송은 주관소송으로서 원고의 주관적 권리의 판단을 통해 손해배상금의 지급결정을 하거나 행정청의 결정을 변경할 수도 있다.[59] 독일의 당사자소송이 프랑스의 입법례에서 연유하는 것이라 주장하는 견해도 있으나, 독일의 당사자소송과 프랑스의 완전심리소송이 서로 일치한다고 단정하기 어렵다. 독일의 당사자소송은 이미 일반이행소송이나 확인소송의 형태로 진취적인 발전을 거듭하고 있다. 따라서 한국의 행정소송법에서 당사자소송의 독자적인 좌표설정을 어떻게 해야 하는지가 더욱 중요하며, 이를 바탕으로 그 기능제고 및 활성화 방안을 모색해야 한다. 당사자소송과 항고소송의 구별을 '대상'과 '본질' 등을 기준으로 하는 것이 일반적이지만, 항고소송의 대상확대로 인해 당사자소송의 기능이 상대적으로 위축하는 결과를 초래한 것이 사실이다. 이와 관련하여 프랑스의 입법례를 바탕으로 '기능'의 관점에서 양자를 구별하고, 양자 선택이 아니라 일부중복의 가능성을 주장하는 견해도 있다.[60] 소송형식의 선택을 유연하게 하여 국민의 권익구제의 가능성을 확대해야 한다는 점에서 이러한 소송선택의 중복가능성은 충분히 경청할 만한 가치가 있다.

일반적으로 행정소송법상 항고소송과 당사자소송은 전술한 '대상' 이외에도 몇 가지 점에 있어서 주요한 차이점을 가지고 있다. 첫째, 항고소송에는 원고적격(법률상 이익)의 제한이 있으나 당사자소송에는 공

59) 이에 대해서는 田勳, "抗告訴訟의 對象에 관한 比較法的 檢討: 프랑스 행정소송을 중심으로", 公法學硏究 제13권 제2호, 325-328면 참조.

60) 朴正勳, 前揭論文, 136면.

법상 권리의 주장을 할 수 있을 뿐이다(제12조). 둘째, 항고소송의 피고는 행정청이나, 당사자소송의 피고는 국가·공공단체 등 행정주체이다(제39조). 셋째, 항고소송에는 제소기간의 제한이 있으나, 당사자소송에는 특별한 규정이 없는 한 제한이 없고, 이러한 규정이 있는 경우에는 불변기간으로 하고 있다(제20조, 제41조). 생각건대 행정소송의 목적과 기능, 본질 및 대상 등을 종합적으로 고려하여 당사자소송과 항고소송을 구별할 필요가 있다. 당사자소송을 활성화하고 소송유형의 선택을 유연하게 운영하기 위해서는 항고소송과 당사자소송의 交錯領域에 대한 검토가 필요하다. 당사자소송과 항고소송의 양자택일을 요구하는 구조로 가는 것보다 소송형식의 선택가능성을 열어두도록 하는 탄력적인 운영이 필요하다. 나아가 형식적 당사자소송에 대하여 법률에 명문의 규정이 있는 한 허용된다고 보는 것이 통설이나, 이는 효과적인 권리구제수단의 사용을 제한하는 것으로서 국민의 권익구제를 좁히는 결과를 가져온다.

Ⅳ. 大法院 判例의 現況과 最近 動向

1. 大法院 判例의 現況 分析

(1) 現況 및 問題點

앞에서 살펴본 바와 같이 전문직 또는 계약직 공무원의 신분이나 지위 등에 관한 확인소송이나 공법상 계약에 관한 소송 등은 대체로 당사자소송으로 보고 있다. 또한 공무원의 금전지급청구소송도 대체로 당사자소송으로 보고 있다. 최근 대법원은 지방자치단체와 그 소속 경력직 공무원인 지방소방공무원 사이의 관계를 사법상의 근로계약관계가 아닌 공법상의 근무관계에 해당한다고 보고, 지방자치단체를 상대로 초과근무수당의 지급을 구하는 소송을 당사자소송으로 제기해야 한다고 판시한 바 있다.[61] 종래 손실보상청구권을 私權으로 다루기도 하였으나, 근래에는 행정소송으로 제기해야 한다는 견해가 보다 유력하다. 그러나 보상금청구소송에 대하여 항고소송을 제기해야 하는지, 실질적 당사자소송을 제기할 수 있는지, 또는 보상금증감소송을 제기할 수 있는지 등이 다투어지고 있다. 대법원은 잔여지감가보상에 대해 재결을 거치지 아니하고 곧바로 당사자소송을 제기할 수 없다고 판시하면서도,[62] 법령에 의해 보상이 확정되는 주거이전비보상에 관한 소송에서는 당사자소송을 제기할 수 있다고 판시하였다.[63] 또한 잔여지수용청구를 받아들이지 않은 토지수용위원회의 재결에 대하여 다투는 경우에는 사업시행자를 피고로 한 보상금증감소송을 제기할 수 있다고 보았다.[64] 그 밖에 대법원은 화훼소매업을 영위하는 원고들의 비닐하우스가 택지개발사업에 편입되어 영업손실을 입었다고 하여 보상을 청구한 사건에서, 재결을 거치지 아니하고 사업시행자를 상대로 당사자소송을 제기할 수 없다고 판시하였다.[65] 그러나 당해 사안에서는 법령에 영업손실보상의 구체적인 산정 및 평가의 방법과 기준 등이 규정되어 있다는 점에서 당사자소송을 제기할 수 있다고 생각한다.[66]

한편, 판례는 공법상 부당이득반환청구소송이나 국가배상청구소송을 여전히 민사사건으로 다루고 있다. 특히 공무원의 위법한 직무행위로 인해 발생한 손해에 대한 배상청구권은 민사소송으로 다루고 있는데, 이에 대해 국가배상을 행정소송으로 다루어야 한다는 비판이 계속

61) 대법원 2013. 3. 28. 선고 2012다102629 판결.
62) 대법원 2008. 7. 10. 선고 2006두19495 판결.
63) 대법원 2008. 5. 29. 선고 2007다8129 판결.
64) 대법원 2010. 8. 19. 선고 2008두822 판결.
65) 대법원 2011. 9. 29. 선고 2009두10963 판결. 다만, 이 사건의 원심판결인 서울고등법원은 재결을 거치지 아니하고 당사자소송을 제기할 수 있다고 보고 있다(서울고등법원 2009. 6. 4. 선고 2008누20934 판결).
66) 이에 대해 비판적인 입장으로는 拙稿, "殘餘地補償과 訴訟形式: 殘餘地減價補償의 問題를 中心으로", 土地補償法研究 제10집(2010. 2), 211-212면.

제기되었다.[67] 이와 관련하여 서울행정법원의 실무지침서에는 국가배상소송을 민사소송으로 다루어 왔고, 행정소송과 민사소송의 구별이 쉽지 않으며, 손해배상사건의 처리를 위한 전담부서가 필요한 점 등을 이유로 종래와 같이 민사소송으로 다루어야 한다고 주장하고 있다.[68] 그 밖에 산업재해보상보험금, 군인연금법 등에 의한 사회보장급부와 관련된 청구소송에서는 항고소송인지 당사자소송인지가 다투어지고 있다. 이하에서는 이에 대해 살펴보기로 한다.

(2) 社會保障給付와 관련된 訴訟

사회보장수급권과 관련된 소송에서 소송형식의 선택이 문제되고 있다. 우선 광주민주화운동관련자보상등에관한법률상의 보상금지급청구소송에 대해 당사자소송으로 판단하였는데,[69] 보상심의위원회의 결정을 처분이 아닌 전치요건에 불과한 것으로 본 것에 대해 비판이 제기된 바 있다.[70] 특히 이 판결에 대해 보상심의위원회의 결정은 실체법적 처분으로 보아 항고소송을 제기해야 한다는 주장이 있었다.[71] 이에 반하여 유사한 구조와 체계를 가진 민주화운동관련자명예불인정처분취소소송에서는 '민주화운동관련자 명예회복 및 보상 심의위원회'의 결정은 국민의 권리의무에 직접 영향을 미치는 행정처분으로 보아 취소소송을 제기할 수 있다고 판시하였다.[72] 광주민주화운동관련자보상등에관한법률은 「5·18민주화운동 관련자 보상 등에 관한 법률」로 題名이 변경되

---

67) 拙稿, "國家賠償訴訟과 先決問題", 127면; 金重權, "國家賠償法上 過失責任主義의 理解轉換을 위한 小考", 法曹 제635권(2009. 8), 84면 이하 등.

68) 서울행정법원 실무연구회, 행정소송의 이론과 실무, 104면.

69) 대법원 1992. 12. 24. 선고 92누3335 판결.

70) 이에 대해서는 서울행정법원 실무연구회, 행정소송의 이론과 실무, 94면 참조.

71) 특히 해당 심의위원회의 결정은 사회국가적 보상으로서 특수한 입법목적에 의해 제정된 법률에 의거한 보상결정으로서 실체법적 처분으로 판단되어야 한다는 것이다(朴正勳, 前揭論文, 148면).

72) 대법원 2008. 4. 17. 선고 2005두16185 판결.

었다. 이러한 법률에 따라 관련자와 유족이 보상금지급신청을 하는 경우에 보상심의위원회는 심의를 거쳐 그 지급여부와 금액을 결정한다. 이러한 보상심의위원회의 결정은 단순히 전치요건에 불과한 것이 아니라, 위원회(합의제 행정기관)가 내린 구체적 사실에 관한 공권력의 행사로서 신청자의 권리·의무에 직접 영향을 미치는 행정처분에 해당한다. 따라서 이를 단순히 전치요건에 불과하다고 본 대법원의 입장은 타당하지 않다. 다만, 이러한 보상심의위원회의 결정에 대해 항고소송만 제기할 수 있는지, 아니면 곧바로 보상금액을 다투는 당사자소송을 제기할 수 있는지 여부에 대하여 검토할 필요가 있다. 나아가 「5·18민주화운동 관련자 보상 등에 관한 법률」 제15조에는 결정전치주의를 규정하고 있는데, 이에 의하면 보상심의위원회의 지급결정 또는 기각결정을 거친 후에 행정소송을 제기할 수 있다. 이에 대해 항고소송만 허용될 수 있다는 견해도 있으나, 보상심의위원회의 지급결정에는 보상금이 산정되어 있으므로 보상금에 누락된 내용을 다툴 경우에는 '당사자소송'을 제기할 수도 있다. 또한 기각결정에 대해서는 거부처분 취소소송을 제기하여 승소 후 다시 행정청의 再處分을 기다려 보상금액을 다투기보다, 바로 국가를 피고로 하여 당사자소송을 제기하는 것이 소송경제에 유리할 수 있다. 보상금액의 산정은 대부분 법령에서 비교적 자세히 규정하고 있다.

한편, 민주화운동관련자명예불인정처분취소소송(2005두16185)에서는 재결전치주의와 관련하여 소송형식이 문제되었다. 즉 민주화운동관련자명예회복및보상에관한법률 제17조는 "보상금등의 지급에 관한 소송은 위원회의 보상금등의 지급 또는 기각의 결정을 거친 후에 한하여 이를 제기할 수 있다"라고 규정하고 있다. 이러한 재결전치주의의 해석을 두고 대법원에서 다수의견과 소수의견이 대립하였다. 다수의견은 보상금 등의 지급신청에 대한 기각결정을 취소소송으로 다투어야 한다고 이해하였고, 이에 대해 반대의견은 당사자소송으로 제기해야 한다고 보았다. 또한 보상심의위원회의 결정에 대하여 다수의견은 보상금 등의 지급 대상자를 확정하는 것으로서 국민의 권리의무에 영향을 미치는 행정처분으로 보았으나, 반대의견은 사전심사에 해당하는 것으로서 처분이 아니라고 보았다. 민주화운동관련자명예회복및보상에관한법률 제17조에는 소송형식을 명확히 규정하고 있지는 않지만, 보상심의위원회의 결정은 처분으로 보는 다수의견이 타당하다. 다만, 보상심의위원회의 결정을 처분으로 보는 경우에도 재결전치주의에 관한 규정을 근거로 반드시 취소소송만 제기할 수 있다고 해석할 필요는 없다. 보상금신청에 대하여 보상심의위원회의 응답이 없고 소정의 기간이 경과한 경우에 부작위위법확인소송을 제기하거나 이를 거부처분으로 보아 취소소송을 제기할 수 있다. 그러나 의무이행소송이 허용되지 않는 상황에서 부작위위법확인소송이나 취소소송을 제기하여 얻는 실익은 크지 않다. 왜냐하면 취소판결의 기속력에 의해 해당 위원회는 다시 보상금을 결정해야 하고, 이러한 경우에 원고는 다시 보상금을 다투기 위해 당사자소송을 제기해야 하기 때문이다. 따라서 보상심의위원회의 결정을 처분으로 보는 경우에도 불가쟁력이 발생하지 않는 한, 보상금지급의 이행을 구하는 당사자소송을 허용할 필요가 있다. 형식적 당사자소송을 법률이 명시한 경우에만 허용된다고 보는 견해는 부정적으로 해석하겠지만, 법률의 규정이 없는 경우에도 처분 등을 원인으로 한 공법상 법률관계에 관한 소송을 당사자소송으로 보는 견해는 당사자소송이 가능하다고 볼 수 있다. 나아가 다수의견의 보충의견에서 보는 바와 같이 행정청의 제1차적 판단권의 존중을 강조하는 견해도 있으나, 보상금신청에 대한 무응답은 이미 거부의 의사를 표시한 것으로서 제1차적 판단권의 행사가 있는 것으로 볼 수 있다. 이 경우 법원은 당사자소송을 통해 보상심의위원회의 거부결정의 위법확인을 전제로 보상금지급의 이행을 명하는 판결을 내릴 수 있다. 이와 관련하여 筆者는 광주민주화운동 관련자의 보상청구사건에서 보상심의

위원회의 결정을 행정처분으로 보아 항고소송을 제기할 수 있으며, 민주화운동관련자명예불인정처분취소소송은 이론적으로 (형식적) 당사자소송에 해당할 수 있음을 간과하고 성급히 항고소송으로 판단하였다고 주장한 바 있다.[73]

그 밖에 군인연금법, 공무원연금법 등에 규정된 보상금지급청구나 연금지급청구권 등의 결정도 문제가 되고 있다. 통상적으로 행정청의 심의와 결정이 있고, 법령 등이 정한 바에 따라 보상금이나 퇴직급여 등이 지급된다. 판례는 퇴역연금 등의 급여청구권은 국방부장관의 결정(처분)이 있고 이를 대상으로 항고소송을 제기하는 경우에 구체적 권리를 인정받는 것이므로 곧바로 국가를 상대로 당사자소송을 제기할 수 없다고 보고 있다.[74] 그러나 판례는 국방부장관의 인정에 의하여 퇴역연금을 지급받아 오던 중 군인보수법 및 공무원보수규정에 의한 호봉이나 봉급액의 개정 등으로 퇴역연금액이 변경된 경우에 법령의 개정에 따른 국방부장관의 퇴역연금액 감액조치에 대하여 이의가 있는 퇴역연금수급권자는 직접 국가를 상대로 공법상 당사자소송을 제기할 수 있다고 한다. 즉 제1단계의 거부결정에 대하여 취소소송을 제기할 수 있고, 권리가 구체화되지 않은 상태에서는 곧바로 급여청구나 연금지급청구 등을 당사자소송으로 제기할 수 없다는 것이 판례의 확고한 입장이다. 제1단계의 확정·결정이 없으면 제2단계의 급부가 확정될 수 없는 경우에 제1단계의 결정에 대한 항고소송만 가능하다는 견해도 동일한 입장이다.[75]

이에 대하여 제1단계와 제2단계의 결정주체가 동일한지 여부를 기준으로 구분해서 고찰할 필요가 있다. 우선 제1단계의 자격확인 및

---

73) 이에 대해서는 拙稿, "行政立法不作爲에 대한 司法的 統制: 當事者訴訟에 의한 規範制定要求訴訟의 實現可能性을 中心으로", 저스티스 제110호(2009. 4), 207-208면.

74) 대법원 2003. 9. 5. 선고 2002두3522 판결.

75) 朴正勳, 前揭論文, 147면 이하.

결정과 제2단계의 급부가 각각 다른 기관에 의해 이루어지는 경우에는 위에서 언급한 판례의 입장과 동일한 결론에 이를 수 있다. 예컨대 공무원연금법의 경우에 급여사유의 확인 및 급여의 결정은 안전행정부장관이 하나, 지급은 공무원연금공단이 한다(공무원연금법 제26조 제1항). 이러한 경우에 제2단계의 급부(또는 지급거부) 결정의 법적 성질이 문제된다. 공무원연금관리공단이 퇴직연금 중 일부 금액에 대하여 지급거부의 의사표시를 한 경우 그 의사표시가 항고소송의 대상인 행정처분에 해당하는지가 문제되었다. 이 사건에서 대법원은 "법령에서 정한 사유의 발생으로 퇴직연금 중 일부 금액의 지급이 정지된다는 점을 알려주는 관념의 통지에 불과하고, 그로 인하여 비로소 지급이 정지되는 것은 아니므로 항고소송의 대상이 되는 행정처분으로 볼 수 없다"고 보았다.[76] 이 판례에 따르면 공무원연금관리공단의 퇴직연금 지급거부에 대하여 취소소송을 제기할 수는 없고, 제1단계의 거부결정에 대하여 취소소송을 제기할 수 있을 뿐이다. 다만, 이러한 경우에 거부처분 취소소송과 당사자소송을 병합하여 제기하는 것을 고려할 수도 있다. 이러한 방식은 거부처분의 효력을 제거할 수 있는 장점을 가지며, 취소판결과 동시에 급부청구의 이행을 요구하는 방식이라고 볼 수 있다.

한편, 제1단계의 자격확인 및 결정과 제2단계의 급부를 동일한 주체가 하는 경우에 제1단계의 거부결정에 대하여 항고소송만 제기하도록 하는 것은 소송경제에 비추어 再考의 여지가 있다. 예컨대 군인연금법에 의하면 급여신청에 대해 원칙적으로 국방부장관이 결정하고 지급하며, 상이연금·유족연금 등의 경우에는 군인연금급여심의회의 심의를 거친다(제10조). 이러한 경우에 연금지급청구에 대해 거부결정을 내리는 경우 이를 취소소송으로 다투어야 하는지, 아니면 당사자소송으로 다투

76) 대법원 2004. 7. 8. 선고 2004두244 판결.

어야 하는지가 문제된다. 이에 대해 제1단계의 '결정'만을 처분으로 보아야 하고, 제2단계의 '지급'은 별도의 요건과 절차 등에 따른 결정절차가 규정되어 있지 않는 한 그 이행 내지 집행에 불과하다고 볼 수 있다. 이 경우 국방부장관의 거부결정에 대해 취소소송을 제기할 수 있음은 물론이다. 그러나 신청자가 취소소송에 승소한 후 행정청이 다시 연금지급결정을 하면서 감액조치가 수반된 경우, 신청자는 다시 이를 다투는 당사자소송을 제기해야 한다. 이러한 경우에 신청자는 곧바로 당사자소송을 제기하면, 법원은 사회보장수급권과 관련된 원고의 공권을 확인하고 법령이 정하는 바에 따라 사회보장급부의 지급을 명할 수 있도록 해야 한다.

2. 大法院 判例의 變化와 最近 動向

종래 민사사건으로 다루던 손실보상청구소송은 점차 행정사건으로 다루어지고 있다. 그러나 국가배상청구소송 및 부당이득반환청구소송은 여전히 민사사건으로 취급되고 있다. 다만, 대법원은 종전의 판례를 변경하여 국가에 대한 납세의무자의 부가가치세 환급세액청구가 민사소송이 아니라 당사자소송에 의해야 한다고 판시하였다(2011다95564 전원합의체 판결).[77] 다만, 이 판결은 부가가치세 환급세액청구의 법적 성질을 부당이득반환의무가 아니라, 부가가치세법령에 의하여 그 존부나 범위가 구체적으로 확정되고 조세정책적 관점에서 특별히 인정되는 공법상 의무라고 판단하였다. 그러나 이 판례에 의해 공법상 부당이득반환청구소

77) 한편, 이 사건의 반대의견은 "그 권리의 법적 성질에 공법적 요소가 있다고 하여 그 지급청구의 법적 성질을 당사자소송의 대상으로 삼아야 할 필연적인 이유가 없으며, 이를 민법상 부당이득반환청구로 구성하는 것도 가능하다"고 보고 있다. 그러나 반대의견은 공법상 원인에 의해 발생하고 그 권리가 공법적 요소가 있음에도 불구하고 왜 이를 민사소송으로 다루어야 하는지에 대해 명확한 논거를 제시하고 있지 않다.

송이 모두 당사자소송으로 변경된 것은 아니라는 점을 주의해야 한다. 하지만 적어도 부가가치세 법령의 내용, 형식 및 입법 취지 등을 근거로 공법상 법률관계라는 특징을 도출하여 당사자소송을 인정했다는 사실은 긍정적으로 평가할 만하다. 종래 판례는 처분 등의 무효를 전제로 하는 공법상 부당이득반환청구소송(특히 租稅過誤納金返還請求訴訟)을 민사사건으로 다루었으나, 학설은 공법상 당사자소송으로 다루어야 한다고 주장하고 있다. 이러한 사정을 반영하여 개정 행정소송법의 입법예고안은 부당이득반환청구소송과 국가배상청구소송을 당사자소송의 대상이 된다는 점을 분명히 하고 있다.

V. 評價와 課題

2013년 법무부의 행정소송법 개정안은 실질적 당사자소송과 형식적 당사자소송을 구분하지 않고, 당사자소송을 "행정상 손실보상·손해배상·부당이득반환이나 그 밖의 공법상 원인으로 발생하는 법률관계에 관한 소송으로서 그 법률관계의 한쪽 당사자를 피고로 하는 소송"이라고 정의하고 있다(입법예고안 제3조 제2호). 국가배상청구권이나 손실보상청구권 그리고 부당이득반환청구권 등은 '공법상 원인에 의해 발생하는 법률관계에 관한 소송'이므로 당연히 공법상 당사자소송에 해당한다. 그러나 이를 구체적으로 명시한 것은 학설상 논란을 배제하고 입법적으로 해결하겠다는 의지가 반영된 것으로 볼 수 있다. 다만, "공법상 원인으로 발생하는 법률관계에 관한 소송"에 종래 실질적 당사자소송뿐만 아니라 형식적 당사자소송을 모두 포괄할 수 있는지는 의문이다. 또한 공법상 원인으로 발생하는 '공법상' 법률관계뿐만 아니라 '私法上' 법률관계에 대해서도 모두 당사자소송에 포함시킬 수 있는데, 이 경우 공법상 당사자소송의 범위가 지나치게 확대될 수도 있다. 이에 대하여 법무부

행정소송법 개정위원회의 개정시안에는 당사자소송을 현행 행정소송법과 마찬가지로 정의하면서, 당사자소송의 유형을 보다 더 구체적이고 포괄적으로 열거하고 있다. 이에 의하면, 공법상 당사자소송의 대상에는 ① 공법상 신분·지위 등 그 법률관계의 존부에 관한 확인소송, ② 행정상 손해배상청구소송(단, 자동차 손해배상보장법의 적용을 받는 것은 제외함), ③ 행정상 손실보상·부당이득반환·원상회복 등 청구소송, ④ 기타 행정상 급부이행청구소송을 명시하고 있다. 여기에서는 법률관계의 존부에 관한 '확인소송'과 행정상 급부이행청구소송을 포함하고 있음이 주목할 만한데, 지금까지의 당사자소송의 활성화 논의를 매우 적극적으로 반영한 것으로 보인다. 그러나 이러한 개정시안의 많은 내용들이 입법예고안에 포함되지 못한 점은 매우 아쉽다. 이러한 영역의 변화는 결국 해석을 통한 '판례'의 몫이다. 그 동안 학계에서 지적해 왔던 문제점을 면밀히 분석하고, 새로운 기준을 통해 민사소송과 당사자소송을 구별하도록 노력해야 한다. 무릇 행정소송은 국민의 기본권을 보호하고 법치주의를 실현할 수 있는 제도적 장치이다. 따라서 당사자소송의 기능이 제고되고 그 활로를 모색하는 것은 국민의 권리구제에 도움이 될 수 있다. 당사자소송은 '이행소송'과 '확인소송'의 기능을 모두 할 수 있는데, 이에 주안점을 두고 당사자소송이 적용될 수 있는 새로운 영역을 개척해야 한다. 예컨대 사실행위에 대한 당사자소송의 허용, 행정입법부작위에 대한 규범제정요구소송의 실현, 기관소송법정주의의 한계를 극복하기 위한 기관 사이의 소송 등을 이행소송이나 확인소송의 형식으로 실현하는 방안 등이 그러하다. 또한 의무이행소송과 같은 새로운 소송유형이 도입될 경우 당사자소송과의 관계 설정도 고려되어야 한다. 행정소송법의 개정 논의와 학계의 反響은 장차 한국의 당사자소송이 더욱 발전할 수 있는 계기가 된다. 당사자소송의 활성화는 행정소송법의 도약을 위한 動力이자 그 自畵像이기도 하다. 앞으로 당사자소송의 변화는 한국 행정소송법의 발전에 대한 중요한 尺度가 될 것이다.

참고문헌

[국내문헌]

김광수, "행정소송법 개정안의 명암", 행정법연구 제37호, 2013. 11, 1－24면.

김남진, 처분성확대론과 당사자소송활용론, 고시연구 2005. 3. 15면 이하.

김도창, 일반행정법론(상), 제4전정판, 청운사, 1992.

김중권, "법무부 행정소송법개정시안의 주요 내용에 관한 소고: 잠정적 권리구제와 당사자소송과 관련해서", 공법학연구 제14권 제1호, 393면 이하.

김중권, "국가배상법상 과실책임주의의 이해전환을 위한 소고", 법조 제635권, 2009. 8, 45－90면.

金鐵容·崔光律(편집대표), 註釋 行政訴訟法, 박영사, 2004.

박균성, 행정법론(상), 제11판, 박영사, 2012.

박윤흔, 최신행정법강의(하), 박영사, 2004.

朴正勳, "행정소송법 개정의 주요쟁점", 공법연구 제31집 제3호, 2003. 3, 41－102면.

박정훈, "항고소송과 당사자소송의 관계: 비교법적 연혁과 우리법의 해석을 중심으로", 특별법연구 제9권, 특별소송실무연구회 편, 2011. 128－153면.

박종국, "당사자소송과 소의 이익", 사법행정 제31권, 1992. 1, 31－43면.

백윤기, "행정소송제도의 개선", 행정법원의 좌표와 진로(서울행정법원 개원1주년 기념백서), 199면 이하.

안철상, 공법상 당사자소송에 관한 연구, 건국대학교 대학원 박사학위논문, 2004.

안철상, "공법상 당사자소송의 의의·성격과 활성화방안", 특별법연구 제7권, 2005, 193면 이하.

안철상, “행정소송과 민사소송의 관계”, 법조 제616호, 2008. 1, 319-365면.

이상규, 행정쟁송법, 제5판, 법문사, 2000.

이시윤, 신민사소송법, 제5판, 박영사, 2009.

전 훈, 항고소송의 대상에 관한 비교법적 검토: 프랑스 행정소송을 중심으로, 공법학연구 제13권 제2호, 2012, 319-344면.

정남철, 행정구제의 기본원리, 법문사, 2013.

정남철, “행정입법부작위에 대한 사법적 통제: 당사자소송에 의한 규범제정요구소송의 실현가능성을 중심으로”, 저스티스 통권 제110호, 2009. 4, 194면 이하.

정남철, “잔여지수용청구의 소송법적 쟁점”, 인권과 정의 제397호(2009. 9), 33면 이하 참조.

정남철, “잔여지보상과 소송형식: 잔여지감가보상의 문제를 중심으로”, 토지보상법연구 제10집, 2010. 2, 191-218면.

정남철, “국가배상소송과 선결문제: 특히 구성요건적 효력, 기판력 그리고 위법개념을 중심으로”, 저스티스 통권 제116호(2010. 4), 102면 이하.

정하중, 행정법의 이론과 실제, 법문사, 2012.

최송화, “한국의 행정소송법 개정과 향후 과제”, 한일 행정소송법제의 개정과 향후 방향(한국법제연구원·한국행정판례연구회 공동주최 국제학술회의), 85-108면.

한견우, “우리나라 현행 행정소송법상 당사자소송의 문제점과 개선방안(상)”, 법조 제41권 1호(1992), 3-19면.

홍준형, 행정구제법, 제4판, 한울아카데미, 2001.

대법원, 2004「행정소송법 개정안」공청회 자료, 2004. 10.

대법원, 행정소송법 개정자료집 I, 법원행정처, 2007. 3.

법무부, 행정소송법 개정 공청회 자료, 2012. 5.

서울행정법원 실무연구회, 행정소송의 이론과 실무, 사법발전재단, 2013.

[일본문헌]

田中二郎, 新版行政法上卷, 全訂第二版, 弘文堂, 1974.

塩野宏, 行政法 II (行政救濟法), 有斐閣, 2013.

小早川光郎, 行政法講義 下 III, 弘文堂, 2007.

宇賀克也, 改正行政事件訴訟法, 補正版, 青林書院, 2006.

芝池義一, 行政救濟法講義 第3版, 有斐閣, 2006.

大橋洋一, 行政法 II (現代行政救濟論), 有斐閣, 2013.

[독일문헌]

Battis, Allgemeines Verwaltungsrecht, 3. Aufl., 2002.

Fleiner, Fritz, Institutionen des Deutschen Verwaltungsrechts, 8. Aufl., Tübingen 1928.

Jarass/Pieroth, Grundgesetz, Kommentar, 10. Aufl., München 2009.

Hufen, Friedhelm, Verwaltungsprozessrecht, 7. Aufl., München 2008.

Jellinek, Walter, Verwaltungsrecht, 3. Aufl., 1931 (Nachdruck der 3. Aufl. mit Nachtrag 1950 und Vorwort von Bachof, 1966).

Maurer, Hartmut, Allgemeines Verwaltungsrecht, 16. Aufl., München 2008.

Meissner, Claus, Verwaltungsgerichtsbarkeit in Sachsen, LKV 1993, S. 105ff.

Schmitt Glaeser/Horn, Verwaltungsprozeßrecht, 15. Aufl., 2000.

Wolff/Bachof/Stober, Verwaltungsrecht I, 10. Aufl., München 1994.

Würtenberger, Thomas, Verwaltungsprozessrecht, 2. Aufl., München 2006.

국문초록

공법상 당사자소송은 행정소송법의 개정에 있어서도 주요한 쟁점의 하나인데, 2013년 행정소송법 개정안에는 당사자소송과 관련하여 중요한 변화를 포함하고 있다. 특히 개정안에는 당사자소송의 개념이 변경되었을 뿐만 아니라, 당사자소송의 대상으로 손실보상·손해배상·부당이득반환 등이 구체화적으로 열거되어 있다. 그러나 이러한 당사자소송의 개정안은 개정위원회의 시안과 차이가 있다. 행정소송은 국민의 권리를 보장하고 법치주의를 실현하는 데에 기여해야 한다. 항고소송과 당사자소송은 대상·당사자·제소기간의 제한 등에서 서로 구별되나, 사회보장급부와 관련된 영역에서 양 소송이 교착하는 영역도 존재한다. 이러한 영역에서 소송형식의 선택에 대하여 학설 및 판례가 대립하고 있다. 따라서 행정소송의 선택을 유연하게 할 수 있도록 보장해야 하고, 당사자소송의 활용을 위한 방안을 적극적으로 모색해야 한다. 이러한 변화는 법률의 개정뿐만 판례를 통해서도 이루어져야 한다. 당사자소송은 이행소송과 확인소송으로서의 성질을 모두 가진다. 사실행위에 대한 당사자소송의 허용, 행정입법부작위에 대한 규범제정요구소송의 실현, 이행소송의 형식에 의한 기관 사이의 쟁송 등 당사자소송의 실험영역은 매우 넓다. 이와 같이 당사자소송의 발전과 활성화는 행정소송법의 발전에 대한 중요한 척도가 될 것이다.

주제어: 당사자소송, 이행소송, 확인소송, 항고소송, 형식적 당사자소송, 소송물

Zusammenfassung

Entwicklung und Aufgaben von Parteistreitigkeit in Korea

- Zugleich eine kritische Betrachtung zu Revisionsdiskussion des koreanischen Verwaltungsprozessgesetzes und Entwicklungstendenzen der Rechtsprechung -

Prof. Dr. Nam-Chul Chung*

Die Parteistreitigkeit ist ein der wichtigen Streitpunkte in der Revisionsdiskussion des koreanischen Verwaltungsprozessgesetzes(KVwPG), wobei der Regierungsentwurf des KVwPG-Änderungsgesetzes vom 30. 3. 2013 bezüglich der Parteistreitigkeit wesentliche Änderungen enthält. Vor allem ist der Begriff der Parteistreitigkeit nicht nur geändert, sondern auch Gegenstand der Parteistreitigkeit wird detailliert konkretisiert. Der Entwurf des KVwPG-Änderungsgesetzes sieht also Entschädigungs-, Erstattungs- und Schadenersatzanspruch usw. als Gegenstand der Parteistreitigkeit vor. Dennoch unterscheidet sich er von dem Kommissionsentwurf. Der Verwaltungsprozess muss aus meiner Sicht dem Rechtsschutz der Bürger und der Verwirklichung des Rechtsstaatsprinzips dienen. Die Anfechtungsklage und Parteistreitigkeit unterscheiden sich zwar voneinander, wie z.B. Gegenstand, Partei und Klagefrist usw., aber sie treffen manchmal im bestimmten Bereich wie Angelegenheit der Sozialversicherung miteinader zusammen. In diesem Bereich sind Klageformen in Literatur und Rechtsprechung sehr umstritten. Die Auswahl der Klageformen muss m. E. elastisch

* Sookmyung Women's University College of Law

gewährleistet werden, und man muss berücksichtigen, die Parteistreitigkeit positiv zu verwenden. Dies muss sowohl durch das Änderungsgesetz als auch durch die Rechtsprechung durchgesetzt werden. Die Parteistreitigkeit hat auch beide Eigenschaften als Leistungsklage und Feststellungsklage. Sie kann auf Vornahme oder auf Unterlassen eines schlichten Verwaltungshandelns, also eines Realaktes, gerichtet werden. Denkbar ist auch die Statthaftigkeit der Parteistreitigkeit im Falle der sog. Normerlaßklage, die auf den Erlaß untergesetzlicher Rechtsnormen gerichtet ist. Die Organklage ist des weiteren durch die öffentlich-rechtliche Parteistreitigkeit, die auch als die Leistungsklage erfasst wird, zu verwirklichen. Die Mobilisierung der Parteistreitigkeit sind ein wesentlicher Maßstab für Fortschritt des koreanischen Verwaltungsprozessrechts.

Schlüsselwörter: Parteistreitigkeit, Leistungsklage, Feststellungsklage, Anfechtungsklage, formelle Parteistreitigkeit, Streitgegenstand

투 고 일: 2014. 6. 5
심 사 일: 2014. 6. 17
게재확정일: 2014. 6. 20

憲法裁判

事實行爲에 대한 司法的 統制 傾向 및 그 改善方案
/ 成重卓

事實行爲에 대한 司法的 統制 傾向 및 그 改善方案

- 權力的 事實行爲와 非權力的 事實行爲에 대한 憲法裁判所 判例檢討를 中心으로-

(Trends in the Judicial control and Improvement about act in fact)

成重卓*

I. 서설

법원과 헌법재판소를 통한 사법심사는 국민들의 권리구제의 양대 축이라 할 수 있다. 다만 사실행위[1)]와 같은 행정작용에 의한 권리침해

---

* 경북대학교 법학전문대학원 조교수, 법학박사, 변호사

1) 행정상 사실행위는 행정행위라든가 의사표시와는 달리 종국적으로 특정의 법적 효과를 지향하지 않고 직접적으로 단지 사실상의 결과만을 가져오는 공행정주체의 활동형식을 말한다. 즉 행정상 사실행위는 법적효과를 지향하지 않고 사실적 결과를 지향하는 사실적 행위중에서 공법적 사실행위에 한한다. 법적 효과를 결

의 경우 법원이나 헌법재판소의 판단을 받지 못하는 경우가 발생하기도 하는데, 이는 국민들의 권리구제 수단이 부존재 한다는 점에서 문제가 됨은 물론, 행정관청이 국민들에 대한 기본권 제한 내지 의무부과를 하면서도 그에 대한 사법심사를 우회하는 수단으로 악용할 소지가 있다는 점에서 더욱 문제가 된다. 또한 가사 사법심사가 가능하다고 하더라도 이러한 경우 법원과 헌법재판소의 관할의 경계가 불분명한 지점도 있는데, 이 지점에서는 헌법재판의 보충성의 원칙에 균열이 발견되기도 한다. 이에 대해 지금까지 적지 않은 연구와 법 개정에 대한 논의가 있었지만 이러한 문제점을 해결할 수 있을 정도의 뚜렷한 성과를 이야기하기는 어려운 실정이다. 본고에서는 사실행위에 대한 헌법재판소와 법원의 통제 경향과 문제점을 권력적 사실행위와 비권력적 사실행위에 대한 판례 검토를 중심으로 살펴보고자 한다. 또한 이와 유사한 사안에 대한 외국의 입법례 또는 판례의 태도를 알아보고 이를 토대로 현재 우리 실정에 맞추어 국민의 재판청구권이 보다 실질적으로 보장될 수 있는 현실적 개선방안을 검토해 보기로 한다.

Ⅱ. 사실행위에 대한 헌법재판소의 통제 경향 및 문제점

넓은 의미에서 행정청의 행정행위나 작용으로 인해 국민의 권리가 제한되고 의무를 부담하게 되는 경우임에도 불구하고 행정심판이나 행

한다는 점에서 행정행위나 행정법상의 계약, 공법상 의사표시와는 다른 개념이다. 사실행위는 금전의 지불, 관용차의 운행 등 물리적 작용뿐만 아니라 권고, 경고 등 정신적 작용도 포함된다. 행정상 사실행위는 다양한 형태로 존재하기 때문에 집합개념으로 파악된다.(Vgl. H. Maurer, Allgemeines Verwaltungsrecht, 1997, S. 392 ff.: H.-U. Erichsen (Hrsg.), a.a.O., S. 403 ff. 김용섭, 「행정소송과 권력적 사실행위」, 고시연구, 2001, 200면에서 재인용)

정소송에 의한 권리구제가 불가능한 경우에는 헌법재판소법 제68조 소정의 헌법소원에 의한 구제 문제가 대두된다. 헌법재판소법 제68조 제1항은 "공권력의 행사 또는 불행사로 인하여 헌법상 보장된 기본권을 침해받은 자는 법원의 재판을 제외하고는 헌법재판소에 헌법소원심판을 청구할 수 있다. 다만, 다른 법률에 구제절차가 있는 경우에는 그 절차를 모두 거친 후에 청구할 수 있다"라고 규정하고 있다. 여기서는 사실행위에 대한 헌법재판소의 통제 경향과 그 문제점을 권리구제형 헌법소원심판의 적법요건 중 ① 공권력의 행사, ② 보충성의 원칙, ③ 권리보호의 이익과 관련하여 각 요건별로 살펴보기로 한다.

1. 공권력의 행사

가. 사실행위에 대한 항고소송 및 헌법소원심판의 적격 판단

먼저, 항고소송의 허용과 관련하여 행정상 사실행위는 원칙적으로 처분성이 인정되지 않으므로 항고쟁송은 허용되지 않는다고 본다. 그러나, 불법건축물의 철거행위와 같은 권력적 사실행위에 대해 이원설의 입장에서 보면 이러한 권력적 사실행위에 대해서는 항고쟁송을 제기할 수 있게 된다.[2] 처분성이 없는 비권력적 사실행위는 그 동안 행정소송과 헌법소원의 대상에서 제외되어 왔기에 사실행위로 인한 기본권 침해가 특별히 자주 문제되어 온 구치소나 교도소 수감자들은 청원이나 인권위 진정 등 비사법적 권리구제수단을 통해 고충사항을 해소하여 왔다.[3] 헌법재판소는 수용자에게 행한 경고, 권고와 같은 정보제공이나 단순한 지식표시로서의 행정지도와 같은 대외적 구속력이 없는 비권력

2) 종래 일반 행정법 교과서에서는 이를 주로 행정상 사실행위의 처분성(항고쟁송의 대상적격)이라는 주제로 논하고 있다.(박균성, 행정법강의, 박영사, 2014, 343면 이하)

3) 이세형, 「수용자 권리구제 분석을 통한 소송업무의 문제점과 개선 방안」, 「경북대학교 행정대학원 석사학위 논문」, 2013, 35면

적 사실행위는 헌법소원의 대상이 되는 공권력의 행사에 해당하지 아니하다고 판시[4]한바 있으며 대법원 판례 또한 구청장이 사회복지법인에 특별감사를 하고 지적사항에 대하여 시정지시를 하면서 그 결과를 관계서류와 함께 보고하도록 지시한 경우, 그 시정지시는 비권력적 사실행위가 아니라 항고소송의 대상이 되는 행정처분에 해당한다고 판결[5]하여 비권력적 사실행위의 처분성을 부정하고 있다.

다음으로, 헌법재판소 역시 권력적 사실행위는 헌법재판소의 심판대상이 되나, 비권력적 사실행위는 헌법재판소의 심판대상이 아니라는 입장으로 보여진다. 예컨대, 재무부장관의 국제그룹해체지시의 위헌성이 문제된 헌법소원심판[6]에서 "재무부장관이 제일은행장에 대하여 한 국제그룹의 해체준비착수지시와 언론발표 지시는 상급관청의 하급관청에 대한 지시가 아님은 물론 동 은행에 대한 임의적 협력을 기대하여 행하는 비권력적 권고·조언 등의 단순한 행정지도로서의 한계를 넘어선 것이고, 이와 같은 공권력의 개입은 주거래 은행으로 하여금 공권력에 순응하여 제3자 인수식의 국제그룹 해체라는 결과를 사실상 실현시키는 행위라고 할 것으로, 이와 같은 유형의 행위는 형식적으로는 사법인인 주거래 은행의 행위였다는 점에서 행정행위는 될 수 없더라도 그 실질이 공권력의 힘으로 재벌기업의 해체라는 사태변동을 일으키는 경우인 점에서 일종의 권력적 사실행위로서 헌법소원의 대상이 되는 공권력의 행사에 해당한다."라고 판시한 바 있다.

또한, 헌법재판소는 폐기물사업장의 과다감사를 이유로 한 헌법소원심판[7]에서도 "행정상의 사실행위는 경고, 권고, 시사와 같은 정보제

4) 헌법재판소 2012. 12. 26. 선고 2012헌마935 결정
5) 대법원2008.4.24. 선고 2008두3500 판결
6) 헌법재판소 1993. 7. 29. 선고 89헌마31 결정
7) 헌법재판소 2003. 12. 18. 선고 2001헌마754 결정. 문제가 되는 사실행위를 권력적 사실행위로 보아 헌법소원심판의 대상성을 인정한 사안으로 교도소장의 계구사용행위(헌법재판소 2003. 12. 18. 선고 2001헌마163 결정), 검사 조사실에서의

공행위나 단순한 지식표시행위인 행정지도와 같이 대외적 구속력이 없는 비권력적 사실행위와 행정청이 우월적 지위에서 일방적으로 강제하는 권력적 사실행위로 나눌 수 있고, 이 중에서 권력적 사실행위는 헌법소원의 대상이 되는 공권력의 행사에 해당한다는 것이 우리 재판소의 판례이다."라고 확인한 바, 행정상의 사실행위를 권력적 사실행위와 비권력적 사실행위로 구분하고 비권력적 사실행위는 헌법재판소의 심판대상에서 제외된다는 입장은 비교적 확립된 헌법재판소의 태도라 하겠다.

나. 권력적 사실행위와 비권력적 사실행위의 판단기준[8]

헌법재판소는 대한선주주식회사사건[9]에서 다수의견을 통해 "일반적으로 어떤 행정상 사실행위가 권력적 사실행위에 해당하는지 여부는, 당해 행정주체와 상대방과의 관계, 그 사실행위에 대한 상대방의 의사관여정도·태도, 그 사실행위의 목적·경위, 법령에 의한 명령·강제수단의 발동 가부 등 그 행위가 행하여질 당시의 구체적 사정을 종합적으로 고려하여 개별적으로 판단하여야 할 것이다."라고 하여 권력적 사실행위를 판단하는 일응의 기준을 제시한 바 있다. 다만 이 사건에서는 "부실기업인 대한선주주식회사의 제3자 인수는 위 회사에 대한 부실기업정

계구사용행위(헌법재판소 2005. 5. 26. 선고 2004헌마49 결정), 주중대사관의 결혼경위 기재요구행위(헌법재판소 2005. 3. 31. 선고 2003헌마87 결정)등이 있고, 비권력적 사실행위로 보아 헌법소원심판의 대상성을 부정한 사안으로는 대한선주주식회사의 제3자 인수에 대한 재무부장관의 행위(헌법재판소 1994. 5. 6. 선고 89헌마35 결정), 졸업증을 교부하지 않겠다는 통고(헌법재판소 2001. 10. 25. 선고 2001헌마113 결정), 선거법위반행위에 대한 중지촉구(헌법재판소 2003. 2. 27. 선고 2002헌마106 결정)등이 있다.

8) 이동식·전훈·김성배·권세훈, 「행정법총론」, 준커뮤니케이션즈, 2012, 404 면이하. 권력적 사실행위는 행정처분이라고 보지만 비권력적 사실행위는 그것이 설혹 국민들의 법익에 사실상 영향력을 행사한다고 하더라도 행정처분에 해당하는 것은 아니라는 입장이다. 이 경우에는 처분성을 인정받아 항고쟁송을 제기하는 방법이 아니라 다른 방법으로 권리구제를 도모하여야 할 것이다.

9) 헌법재판소 1994. 5. 6. 선고 89헌마35 결정

리의 불가피성, 주거래은행인 한국외환은행의 자율성 및 주도성, 금융에 관한 사무를 관장하는 중앙행정관청인 피청구인의 지위와 관여의 필요성, 피청구인의 관여정도와 비권력성 등 당시의 구체적 사정을 고려하면 권력적 사실행위에 해당한다고 보기는 어렵고, 오히려 정부가 경제정책적 관점에서 국민경제에 미치는 영향이 큰 부실기업의 정리에 관하여 주거래은행의 자율적 판단을 존중하면서 적극적이지만 비권력적으로 지원·독려한 사실행위라고 보아야 하고, 이와 같은 비권력적 사실행위는 공권력의 행사에 해당하지 아니하므로 이를 대상으로 한 헌법소원심판 청구는 부적법하다."라고 하여 정부가 한 당해 지시 등을 비권력적 사실행위로 보아 헌법소원의 대상성을 부정하였다.

한편, 대법원의 경우 행정상 사실행위의 처분성 인정문제와 관련하여 "항고소송의 대상이 되는 행정처분이라 함은 행정청의 공법상의 행위로서 특정 사항에 대하여 법규에 의한 권리의 설정 또는 의무의 부담을 명하며 기타 법률상의 효과를 발생케 하는 등 국민의 구체적인 권리의무에 직접적 변동을 초래하는 행위를 말하는 것이고, 행정권 내부에서의 행위나 알선, 권유, 사실상의 통지 등과 같이 상대방 또는 기타 관계자들의 법률상 지위에 직접적인 법률적 변동을 일으키지 아니하는 행위는 항고소송의 대상이 될 수 없다고 해석하여야 할 것이다"라고 판시하고 있음에 비추어 볼 때, 행정상 사실행위의 처분성을 소극적으로 이해하고 있는 것으로 보여진다.[10)]

다. 문제점

1) 판단 기준의 모호성

헌법재판소와 법원이 제시하는 권력적 사실행위와 비권력적 사실행위의 구별기준은 누구나 쉽게 예측할 수 있을 정도로 명확하고 뚜렷

10) 대법원 1993.10.26. 선고, 93누 6331판결 등

하지 않은 문제점이 있다. 언급한 바와 같이 헌법재판소는 대한선주주식회사와 관련된 결정에서 일정한 기준을 제시한 바 있으나, 같은 사실관계에 대해 다수의견은 이를 권력적 사실행위라고 판단한 반면 소수의견은 이를 비권력적 사실행위로 판단하였다. 헌재는 위 사건에서 국제그룹해체사건과의 차이로서 "제3자 인수 방식에 의한 부실기업의 정리가 이루어진 과정에서, 국제그룹의 경우에는 정부가 주거래은행이 스스로 수립한 정상화 방안을 무시한 채 단독으로 기업의 전면해체를 정하여 이를 주거래은행에게 일방적으로 강요하였음에 반하여, 대한선주의 경우에는 어디까지나 주거래은행에 의한 실태조사 및 제3자 인수에 의한 정상화 방안이 먼저 수립되고, 정부가 뒤에 이를 받아들여 적극적으로 지원·독려하였다는 점에서 결정적인 차이점이 있다."라고 판시한 점이 주목된다.

그러나, 두 경우 모두 사실관계 차이가 명확하다고 보기 어렵다. 같은 사건에서 반대의견도 "국제그룹해체사건과 이 사건의 차이는 국제그룹 경우 주거래은행이 전면해체안과 더불어 일부회사는 존속시키는 두 개의 안을 보고하였다는 것이고 이 사건의 경우 제3자 인수방안만을 건의하여 그것이 그대로 채택되었다는 정도로 정리과정에서의 피청구인의 조치나 역할은 두 사건 사이에 차이가 없다. 그런데 헌재가 국제그룹해체사건의 경우 공권력의 행사가 있다고 보았음에도 이 사건 경우는 공권력의 행사가 없다고 보는 것은 결국 주거래은행의 건의내용의 여하에 따라 피청구인을 비롯한 정부에서 행한 조치의 성질이 달라진다는 것을 의미하는 결과가 되어 이는 다수의견이 공권력 개념을 잘못 인식하고 있거나 아니면 의도적으로 본안판단을 회피하기 위하여 공권력의 개념을 축소하고 있는 것으로 보여질 수 있다."고 지적하였다. 결국, 사실관계만을 기준으로 보자면 사소한 차이가 있을 뿐인 행정상 사실행위를 국제그룹사건에서는 권력적 사실행위로, 대한선주주식회사사건에서는 비권력적 사실행위로 보고 있어 권력적 사실행위와 비권력적 사실행위의 판단기준은 사법부 내부에서도 모호하다고 볼 수밖에 없다.

2) 비권력적 사실행위에 대한 항고소송 및 헌법소원심판 청구 배제

헌법재판소는 행정상의 사실행위를 경고·권고·시사와 같이 대외적 구속력이 없는 비권력적 사실행위와 행정청이 우월적 지위에서 일방적으로 강제하는 권력적 사실행위로 나누고, 이 중에서 권력적 사실행위만을 헌법소원의 대상으로 하고 있다. 이에 따라 비권력적 사실행위라고 판단되는 사안에 대해서는 일률적으로 헌법소원의 심판의 대상에서 제외하고 있다. 이는 위에서 살펴본 권력적 사실행위와 비권력적 사실행위의 구별기준이 모호하다는 문제점과 결합하여 행정상 사실행위를 법적 규율로부터 자유롭게 할 공백이 생긴다는 문제점이 있다. 즉 비권력적 사실행위에 의해 국민의 권리가 침해되었을 때 구제수단이 없음은 물론이 행정부에 대한 사법통제 공백이라는 문제로 이어지는 것이다.

대한선주주식회사사건에서 헌법재판소 소수 의견은, “오늘날 행정영역이 방대해지고 있는바, 공법영역에서 다양한 행정작용(사실행위, 행정지도, 공법상 계약, 행정계획 등)개념들을 논의하고 있는 중요한 이유는, 실질적 법치주의 관점에서 법률유보·법치행정의 원칙을 각 행정작용에 가능한 한 관철시켜 행정작용에 대한 법적 구속과 통제를 강화함으로써 국민의 자유와 권리가 실질적으로 보장되도록 도모하기 위해서이며, 광범위한 대상영역과 정보를 가지고 있는 행정기관이 행정편의를 위해서 법적 구속에서 벗어날 수 있는 “비권력적 행정작용으로의 도피”를 가능한 한 막는데 있는 것이다. 그렇다면 청구인들의 매우 중대한 기본권 침해문제가 관련된 행정권력의 사실행위에 대해서는 단순히 형식논리적 관점에서만 판단이 이루어져서는 안 될 것”이라 하여 다수의견에 따를 경우 사법부의 심판대상이 지나치게 좁아진다는 점에 대해 제대로 지적한 바 있다.

2. 보충성의 원칙

가. 보충성의 원칙의 기능

보충성의 원칙에 따르면 헌법소원심판을 청구하기 위해 다른 권리구제절차를 모두 거쳐야 한다. 사실행위의 경우 "다른 구제절차"는 법원의 재판이 되며, 법원에 재판을 청구한 이상 재판소원이 허용되지 않으므로 헌법소원심판을 청구할 수 없다. 법원의 재판에 대한 헌법소원심판 청구가 허용되는 독일에서는, 보충성의 원칙은 일반법원의 사실적·법률적 견해를 헌법재판소에 전달해주고 헌법재판소의 업무를 경감해주는 기능을 한다. 그러나 우리나라에서 보충성의 원칙은 재판소원의 금지와 맞물려 독일의 그것과는 전혀 다른 역할을 하고 있다. 법원과 헌법재판소의 관할을 상호배타적으로 배분하는 기능을 하고 있는 것이다.[11) 보충성 원칙이 헌법재판소와 대법원 간의 관할 배분 기능을 보여주는 대표적인 사례가 지목변경신청에 대한 반려행위를 들 수 있다. 즉 헌법재판소는 대법원이 처분성을 인정하지 않던 시기에는 헌법소원의 대상성을 인정하였으나,[12) 대법원이 입장을 바꾸자[13) 유사한 헌법소원 청구에 있어 보충성 요건의 불비를 근거로 각하한 바 있다.[14)

나. 헌법소원심판의 대상: 보충성의 원칙의 예외

행정청의 행위에 대해 처분성이 인정되는 경우에는 행정소송을 통해 다툴 수 있기 때문에 헌법소원심판을 청구할 수 없다. 그러나 처분성

11) 보충성의 원칙이 독일과 우리나라에서 수행하는 기능이 각각 어떻게 다른지에 관한 상세한 비교는 박종보, "헌법소원심판에 있어서 보충성의 원칙", 「공법연구 제24집 제3호」, 1996, 251면 이하

12) 헌법재판소 1999. 6. 24. 선고 97헌마315 결정, 헌법재판소 2001. 1. 18. 선고 99헌마703 결정 등

13) 대법원 2004. 4. 22. 선고 2003두9015 전원합의체 판결

14) 헌법재판소 2005. 9. 13. 선고 2005헌마829 결정

이 인정되지 않는 사실행위의 경우 행정소송이 허용되지 않기 때문에 헌법소원으로 다툴 수밖에 없다. 즉, 헌법소원심판 청구의 대상이 되는 행정청의 행위는 행정소송에 의해 권리구제를 받을 수 없거나 또는 행정소송을 거친다고 하여도 구제받을 기대가능성이 없는 경우, 즉 보충성의 원칙의 예외가 인정되는 경우로 제한된다. 헌법재판소는 교도소장의 미결수용자의 서신에 대한 검열·지연발송·지연교부행위,[15] 구속된 피의자가 검사조사실에서 수갑 및 포승을 시용한 상태로 피의자신문을 받도록 한 행위,[16] 구치소장이 미결수용자의 수용시는 물론 수사 또는 재판을 받을 때 재소자용 의류를 입게 하는 행위[17] 등에 대한 헌법소원심판에서 이들이 이른바 권력적 사실행위로서 행정심판이나 행정소송의 대상이 된다고 단정하기도 어려울 뿐 아니라, 설사 그 대상이 된다 하더라도 이미 종료된 행위로서 소의 이익이 부정될 가능성이 많아 보충성의 원칙의 예외에 해당한다고 판시한 바 있다.

다. 대법원의 처분성 인정 확대 경향과 헌법재판소의 적법요건 확대 경향

한편, 대법원은 권력적 사실행위가 행정소송의 대상이 될 수 있는지에 대해 명확히 언급한 바가 없다. 하지만 근래에 이르러서는 비권력적 사실행위로 간주되어 온 행정지도에 대해서도 "사실상 강제력"을 근거로 처분성을 긍정하는 취지의 판시를 하여 주목되고 있다. 즉, 대법원은 구청장이 사회복지법인에 대해 특별감사를 실시하고 지적사항에 대한 시정지시를 한 후 결과를 관계서류와 함께 보고하도록 지시한 사건,[18] 교육감이 학교법인에 대한 감사를 실시한 후 처리지시를 하고 그 시정 조치 결과에 대해 증빙서를 첨부한 문서로 보고하도록 한 사건[19]

---

15) 헌법재판소 1995. 7. 21. 선고 92헌마144 결정
16) 헌법재판소 2005. 5. 26. 선고 2001헌마728 결정
17) 헌법재판소 1999. 5. 27. 선고 97헌마137 결정
18) 대법원 2008. 4. 24. 선고 2008두3500 판결

등에서 문제가 된 지시를 행정지도로 보고 그 처분성을 인정한 바 있다.

이와 관련하여 대법원은 구체적으로 행정상 사실행위의 처분성 인정여부와 관련하여 "항고소송의 대상이 되는 행정처분이라 함은 행정청의 공법상의 행위로서 특정 사항에 대하여 법규에 의한 권리의 설정 또는 의무의 부담을 명하며 기타 법률상의 효과를 발생케 하는 등 국민의 구체적인 권리의무에 직접적 변동을 초래하는 행위를 말하는 것이고, 행정권 내부에서의 행위나 알선, 권유, 사실상의 통지 등과 같이 상대방 또는 기타 관계자들의 법률상 지위에 직접적인 법률적 변동을 일으키지 아니하는 행위는 항고소송의 대상이 될 수 없다고 해석하여야 할 것이다"라고 판시하고 있음에 비추어 볼 때,[20] 행정상 사실행위의 처분성을 소극적으로 이해하고 있다. 물론 위 판결이 비권력적 사실행위에 속하는 점은 있으나, 권력적 사실행위이든 비권력적 사실행위이든 법적 행위가 아닌 것은 동일하므로 권력적 사실행위에 한정하여 처분성을 인정하는 것은 적절하지 않다고 본다.

그렇다면 행정청의 사실행위에 대한 헌법소원이 제기된 경우, 그 사실행위가 항고소송의 대상이 되는지 여부가 객관적으로 불명확하다고 할 수 있는지, 그리고 그에 따라 보충성의 원칙에 대한 예외로서 헌법소원의 대상성을 인정할 수 있는지가 문제된다.

헌법재판소는 대법원이 확립된 판례로서 처분성을 인정하는 특정한 행정작용이 아닌 이상, 권리구제절차가 마련되어 있는지 불확실하다는 이유로 보충성의 원칙에 대한 예외를 넓게 인정하고 있으며, 이에 더하여 권력적 사실행위는 대개 단기간에 종료되어 행정소송의 (협의의) 소의 이익이 인정되기 어렵다는 점도 함께 고려하고 있다.[21] 즉, 대

19) 대법원 2008. 9. 11. 선고 2006두18362 판결

20) 대법원 1993.10.26. 선고, 93누6331판결.

21) 헌법재판소 2007. 11. 29. 선고 2004헌마290 결정, 헌법재판소 2012. 3. 29. 선고 2010헌마475 결정 등

상적격 뿐만 아니라 소의 이익의 문제도 보충성 단계에서 함께 고려하는 것이다. 이로써 계속적인 성격의 권력적 사실행위가 아닌 이상, 종료된 권력적 사실행위이기 때문에 행정소송의 소의 이익이 인정되기 어렵다는 근거로써 보충성의 원칙에 대한 예외를 인정하는 근거를 보강하고 있다.[22]

라. 문제점(한계)

위와 같이 헌법재판소는 개원 이래 시간이 지날수록 국민의 재판청구권 보장과 헌법재판소의 존재가치를 각인시킬 요량으로 헌법소원심판의 적법요건을 비교적 폭넓게 해석함으로써 헌법소원으로 통제할 수 있는 행정작용의 범위를 지속적으로 넓혀 왔다. 그런데 이에 발맞추어 대법원 역시 점진적으로 처분성의 인정범위를 넓혀 왔다. 그런 이유로, 헌법재판소 창설 초기와는 달리 행정법원과의 관할권 배분 기능을 하여온 보충성의 원칙이 그 기능을 제대로 수행하지 못하게 되는 문제가 발생하고 있다.[23]

3. 권리보호의 이익

가. 권리보호의 이익이 없는 경우: 종료된 사실행위

헌법소원제도는 국민의 기본권 침해를 구제해 주는 제도이므로 그 제도의 목적상 권리보호의 이익이 있는 경우에 비로소 이를 제기할 수 있다. 즉 권리보호의 이익이 없는 헌법소원심판청구는 부적법하여 각하를 면할 수 없다.[24] 그러나 권력적 사실행위로 인한 침해를 구제할 주

22) 최계영, 「헌법소원에 의한 행정작용의 통제－기능과 한계」, 「공법연구 제37집 제2호」, 2008, 217－219면
23) 최계영, 전게논문, 220면
24) 헌법재판소 1997. 1. 16. 선고 90헌마110 결정 등

관적인 권리보호이익이 소멸되었으나, 그러한 기본권 침해행위가 반복될 위험이 있고 그 해명이 헌법질서의 수호·유지를 위하여 긴요한 사항으로서 중대한 의미를 지니고 있다면 예외적으로 심판청구의 이익이 인정된다. 이러한 객관적인 심판청구 이익의 법리가 폭넓게 활용되는 영역이 바로 “종료한 사실행위”의 영역이다. 헌법재판소는 이미 종료한 사실행위에 대해 행정소송의 소의 이익이 인정될 수 없어 보충성 요건을 충족하며, 헌법소원의 객관적 기능을 근거로 심판청구의 이익을 인정하는 경향을 보인다. 이와 같은 경향은 대법원이 항고소송을 주관적 권리구제절차로 이해하여 소의 이익을 좁게 이해하는 반면, 헌법재판소는 헌법소원의 객관적 헌법질서 보장기능을 강조하여 심판청구의 이익을 넓게 이해한다는 점에서 비롯된 것으로 볼 수 있다.

나. 헌법재판소의 태도

헌법재판소는 미결수용자에 대하여 재소자용 의류를 입게 한 행위에 대한 헌법소원심판 계속 중 청구인이 석방된 경우, 주관적인 권리보호이익이 소멸되었으나 그러한 기본권 침해행위가 반복될 위험이 있고 그 해명이 헌법질서의 수호·유지를 위하여 긴요한 사항으로서 중대한 의미를 지니고 있다 하여 심판청구의 이익을 인정하고 있다.[25] 또한 헌법재판소는 미결수용자가 구치소 내에서 실시하는 종교행사 등에의 참석을 금지당한 것에 대한 헌법소원심판 청구 사건[26]에서 청구인에 대한 이 사건 종교행사 등 참석불허 처우로 인한 기본권 침해상황은 청구인의 신분이 미결수용자에서 수형자로 변동된 2009. 10. 9. 이미 소멸하였으므로 이 사건 심판을 구할 청구인의 주관적인 권리보호이익은 더 이상 존재하지 않으나, 현재에도 피청구인은 과실범을 제외한 대다수 미결수용자에 대하여 종교행사 등에의 참석을 금지하고 있어 이 사건 종

25) 헌법재판소 1999. 5. 27. 선고 97헌마137 결정
26) 헌법재판소 2011. 12. 29. 선고 2009헌마527 결정

교행사 등 참석불허 처우와 동종 또는 유사한 처우로 인한 기본권 침해행위가 미결수용자들에 대하여, 그리고 상당기간 반복적으로 행하여질 것이 예상되고, 이에 대한 헌법적 해명이 이루어진 바도 없어 그 헌법적 해명이 헌법질서의 수호·유지를 위해 중대한 의미를 가지므로 심판의 이익을 인정하였다.

다. 문제점

종료한 권력적 사실행위에 있어서 헌법소원이 가능한지를 결정하는 것은 결정적 요소인 헌법적 해명의 필요성을 어떻게 이해할 것인가가 문제된다. 헌재는 헌법적 해명의 필요성을 대체로 두 가지로 구성하고 있는데, 첫째가 동일한 유형의 침해행위가 반복될 위험성이 있는 경우이고, 둘째가 헌법질서의 수호·유지를 위하여 중요한 사항이다. 침해행위의 반복의 위험성에 대해 헌법재판소는 추상적이거나 이론적인 위험성이어서는 안 되고 구체적인 것이어야 한다고 판시하고 있다.[27] 과거의 판시들을 종합해 보면 기본권 침해행위가 반복될 위험이 있는 경우에는 대체로 헌법적 해명의 필요성이 긍정되고, 헌법질서의 수호·유지를 위하여 중요한 사항이어야 한다는 요소가 독자적인 구성요건으로서 기능하지는 않았던 것으로 보인다. 그러나 2000년대 중반 이후에는 기본권 침해행위가 반복될 위험성이 있다 하더라도 헌법적 해명의 필요성이 없다고 하여 각하되는 사건들이 속속 등장하고 있다.[28] 즉, 헌법재판소는 헌법문제와 법률문제를 구별하여, 헌법문제의 경우에만 헌법적 해명의 필요성이 있고 심판청구의 이익이 긍정될 수 있다는 태도를 보이고 있는바, 이는 헌법소원의 대상이 되는 사실행위를 축소시키는 결과를 낳는다.

---

27) 헌법재판소 1996. 11. 28. 선고 92헌마108 결정

28) 헌법재판소 2003. 2. 27. 선고 2002헌마106 결정, 헌법재판소 2005. 10. 27. 선고 2005헌마126 결정.

Ⅲ. 비교법적 검토

이상에서 검토한 바와 같이 사실행위에 대한 현행 법원과 헌법재판소의 통제 경향에는 권력적 사실행위와 비권력적 사실행위의 구별기준의 모호성, 비권력적 사실행위에 대한 사법심사의 배제, 보충성의 원칙에 의한 관할 배분의 균형 훼손, 종료된 사실행위로서 헌법적 해명의 필요성은 없지만 기본권 침해가 반복될 위험성이 있는 사안에 대한 사법심사의 배제 등의 문제점이 노출되고 있다. 이 같은 문제는 비단 우리나라에서만 발생하는 것은 아닐 것이다. 권력분립원칙에 따라 사법부가 행정부를 통제하는 외형을 갖춘 나라에서는 다소간의 차이는 있을지언정 모두 같은 문제를 안고 있을 수 있다. 이에 따라, 이하에서는 사실행위에 대한 통제수단에 관해 대륙법계 국가 중 독일, 프랑스, 일본의 사례를 살펴보고, 영미법계 국가에서의 입법례 또는 판례의 태도를 살펴볼 것이다. 또한 법치주의로의 이행이 진행 중인 것으로 평가되고 있는 중국과 북한의 사례도 참고로 살펴보기로 한다.

1. 대륙법계 국가의 사례

가. 독일의 경우[29)]

독일 행정법원법 제40조는 "연방법에 의해 다른 법원의 관할로 되지 않은, 헌법재판을 제외한 모든 공법적 분쟁(alle öffentlich-rechtlichen Streitigkeiten)에 대해 행정소송을 제기할 수 있다"라고 규정하고 있다. 헌법재판이 보충성을 요구하며 재판소원이 허용되는 독일 사법체계의 특성에 비추어 볼 때, 행정작용에 의한 헌법상의 기본권침해 역시 일차

29) 이하의 내용은 별도의 표시가 없는 한, 정호경, 「독일 행정소송의 체계와 유형-대상적격과 원고적격을 중심으로」, 「법학논총 제23집 제2호(특별호)」, 2006, 205-241면의 내용을 기초로 작성하였다.

적으로는 사실상 행정소송에 의하게 된다.

1) 행정소송의 체계 및 유형

독일의 행정소송은 소송상의 청구에 따라 형성소송, 확인소송, 이행소송으로 분류된다. 형성소송은 판결을 통해 법률관계의 발생·변경·소멸을 목적으로 하는 소송으로, 취소소송(행정법원법 제42조[30])이 이에 해당한다. 확인소송은 법률관계의 존부 또는 행정행위의 무효확인을 구하는 소송이다. 이행소송은 원고가 주장하는 청구권의 실현을 목적으로 하는 소송이다. 행정법원법 제42조는 "행정행위의 발급"을 요구하는 의무이행소송에 대해 규정하고 있으나, 이행소송이 이에 한정되지 않는다는 것이 독일의 통설·판례이다. 행정행위의 발급 이외의 사항이 목적이 되는 이행소송에 대해 행정법원법상의 명시적 규정은 없지만 여타의 조문에서 암시되며,[31] 따라서 일반적 이행소송(allgemeine leistungsklage)이 전면적으로 인정된다. 단순행정작용(사실행위)의 금지를 구하는 금지소송도 소극적 이행소송으로서 일반적 이행소송의 한 유형에 해당한다.

2) 사실행위에 대한 구제: 일반적 이행소송과 (예방적) 금지소송

행정행위에 해당하지 않는 모든 행정작용은 원칙적으로 일반적 이행소송을 통해 다툴 수 있다고 본다.[32] 일반적 이행소송의 대표적인 예

---

30) 독일 행정법원법 §42

(1) 행정행위의 취소(취소소송) 및 거부되거나 방치된 행정행위의 발급을 구하는 소송(의무이행소송)을 제기할 수 있다.

(2) 법률상 별도의 규정이 없는 한, 원고가 행정행위 또는 행정행위의 거부나 부작위로 인하여 자기의 권리가 침해되었음을 주장하는 경우에 한하여 소를 제기할 수 있다.

31) 가장 대표적인 예로, 행정법원법 §43 (2)항은 "원고가 형성소송 또는 이행소송에 의하여 자기 권리의 구제를 구할 수 있거나 또는 구할 수 있었던 경우에는 확인을 구할 수 없다. 다만, 행정행위의 무효의 확인을 구하는 경우에는 예외로 한다."고 규정하고 있다.

32) 일반적 이행소송(allgemeine leistungsklage)은 행정행위 이외의 행위(사실행위나 행정내부행위)에 대한 중지나 금지를 구하는 소송으로 독일에서는 당사자소송에서 발전된 소송입니다. 우리나라도 이런 소송을 당사자소송의 일종으로 인정해

로는 정보제공, 생존배려적 급부, 금전지급 등을 요구하는 것이며, 위법한 행정작용의 결과 제거를 요구하는 소송도 일반적 이행소송에 해당한다. 한편 개인은 금지소송을 통하여 자신에게 부담이 되는 행정행위에 해당하지 않는 공행정작용의 금지 또는 중지를 요구할 수도 있다. 정보제공이나 경고, 생활방해(immission) 등의 사실행위가 그 대표적인 예가 된다.

나. 프랑스의 경우

1) 2008년 개헌에 따른 헌법재판소의 권한 강화

프랑스에서는 2007. 7. 16. 사르코지 대통령의 헌법개정 제안에 따라 2008. 7. 21. 제5공화국 헌법 개정안이 통과되었다. 이에 따라 사전적 위헌심사제의 운영으로 널리 알려진 프랑스에도 사후적 위헌심사제가 추가적으로 도입되어 헌법재판소의 권한이 크게 강화되었다. 헌법 제61-1조 제1항에서 "법원은 재판 중에 법률규정이 헌법이 보장하는 권리와 자유들을 침해한다는 주장이 제기될 때 헌법재판소는 일정한 내에 결정하는 최고행정법원 또는 최고사법법원의 회부에 의해 이 문제에 대해 제청을 받을 수 있다"라고 규정하여 우리나라의 위헌심사와 비슷한 내용의 사후적 규범통제를 할 수 있게 되었다. 그러나 우리나라와 같은 권리구제형 헌법소원은 여전히 인정하고 있지 않아 헌법재판을 통한 사실행위에 대한 직접적 권리구제제도는 마련되어 있지 않다.[33]

2) 행정법원

프랑스 행정법원은 행정청의 월권에 대하여 단순한 취소만을 구하는 취소(월권)소송을 인정함과 더불어 민사소송과 같이 원고에 대한 권리의 존재를 확인하고 피고 행정청에 대해 금전 배상명령까지 할 수 있는

야 한다는 견해가 있다. 대표적으로 정하중, '行政訴訟法의改正方向', 「公法研究」 제31집제3호, 한국공법학회, 2003, 11면 이하.

33) 정재황, "프랑스 사후적·구체적 위헌법률심사제 도입", 법률신문 연구논단, 2010.

완전소송을 인정하고 있다. 월권소송은 당사자 적격 요건이 완화되어 경제적 이익[34]만 있으면 소제기가 가능하며, 소송 효과면에서도 대세효를 인정하여 객관소송, 공익 소송의 성격을 띄고 있다. 월권소송의 대상이 되는 행위는 일방적 행정행위(acte administartif unilateral)인데, 판례에 따르면 특정한 행태를 취하거나, 자제하거나, 포기할 것을 명하는 경고는 준비조치에 해당하는 경우를 제외하고는 월권소송의 대상이 된다. 그러나 이 경우에도 소송의 대상이 되기 위해서는 결정(une decision)에 해당하여야 하는 바, 민원회신, 의견, 제안 등과 같이 행정결정에 이르지 아니한 채 단순히 행정기관의 발의나 의사행동에 지나지 않는 것은 월권소송의 대상이 되지 못한다.[35]

완전심리소송은 보통완전심리소송(le recours ordinaire de plein contentieux)과 객관적 완전심리소송(le recours objectifs de plein contentieux)으로 구분된다. 보통완전심리소송은 주관적 권리침해의 문제를 대상으로 하는 소송으로서, 계약소송, 계약배상청구소송, 손해배상청구소송이 포함된다. 보통완전소송은 우리나라의 실질적 당사자소송의 개념과 유사하다고 보는데 객관적 완전심리소송은 위법한 행정결정의 취소를 구한다는 점에서 취소소송과 유사하나 주관적 소송에 해당하는 소송이다. 객관적 완전심리소송에는 우리나라의 형식적 당사자소송과 유사한 경우, 객관적 성격의 소송이고 월권소송이 제기될 수 있는 경우인데 법령상 완전심리소송만으로 제기되도록 규정된 경우, 법령이나 판례가 월권소송에서의 재판관의 권한보다 넓은 또는 다른 권한을 부여하고 있는 경우 등이 있다.[36]

---

34) 여기서 이익은 매우 제한적으로 인정되는 반사적 이익이 아닌 한 모든 정당한 이익을 의미하여 단순한 정신적이거나 도덕적인 것이나 공익까지도 포괄하는 개념이다.

35) 김도승, 「행정지도에 관한 고찰」, 「가천법학 제5권 제1호」, 2012, 249-250면

36) 박균성, 「프랑스 행정소송제도와 그 시사점」, 「경희법학 제38권 제1호」, 2003, 57-59면

3) 사실행위에 대한 구제: 월권소송의 원고적격 및 대상적격 확대

결론적으로, 프랑스에서는 우리나라의 취소소송에 해당하는 월권소송에서 당사자 적격과 대상적격의 요건을 매우 완화함으로써 사실행위로 인정될 수 있는 행정행위도 취소소송의 대상으로 삼고 있으며, 완전소송에서는 행정청과의 계약 등 공법관계로 보기 어려운 행위에 대해서도 행정소송을 인정하고 행정청에 대하여 직접 명령, 계약 변경 등의 권한까지 인정하여 신속하고 종국적인 권리구제가 널리 행해지도록 하고 있다.

다. 일본의 경우[37)]

1) 사실행위에 대한 불복절차

일본은 우리나라와 마찬가지로 처분성을 행정소송(항고소송)의 대상이 되는 요건으로 제시하고 있다(행정사건소송법 제3조). 따라서 처분에 해당하지 않는 사실행위는 행정소송의 방법으로는 다툴 수 없다. 한편, 행정불복심사법에 따르면 행정불복심사 절차에서의 '처분'은 원칙적으로 사실행위를 포함한다(제2조 제1항). 이에 따라 행정소송으로 다툴 수 없는 사실행위에 대한 불복은 행정불복심사 절차에 의하게 된다.

2) 행정불복심사 절차와 대상

행정불복심사는 처분을 한 상급 행정청에 제기하는 심사청구, 상급 행정청이 없는 경우 당해 처분청에 직접 제기하는 이의신청, 심사청구의 재결에 불복하는 경우로서 일정한 조건을 충족하는 경우 제기할 수 있는 재심사청구 등의 절차에 따라 이루어지게 된다(제3조). 행정불복심사는 원칙적으로 모든 처분에 대해 신청할 수 있지만, 재판의 집행으로서 이루어진 처분, 조세 관련 법령에 의한 처분, 교정시설 수용자에 대

37) 이하의 내용은 별도의 표시가 없는 한, 정종휴, 「일본법」, 신조사, 2011, 215-219면의 내용을 기초로 작성하였다.

해 행하여진 처분, 외국인의 출입국 또는 귀화에 관한 처분 등 이 법이 특별히 정한 경우에는 그 신청이 제한된다. 물론 행정불복심사법은 이와 같이 불복이 제한되는 경우에도 개별 법령에 따라 불복제도를 운영할 수 있음을 별도로 명시하고 있다(제4조).

2. 영미법계 국가의 사례: 사법심사의 대상(Judicial Review ability)의 문제

우리나라를 포함하여 독일, 일본 등의 대륙법계 국가에서 행정구제와 관련하여 행정행위의 처분성을 중시하는 것과는 달리, 영미법계 국가에서는 이를 사법심사의 대상이라는 논점으로 다루고 있다. 영미법계와 대륙법계의 가장 큰 차이점은 ① 사실행위인지 여부를 가리지 않고 원칙적으로 행정청의 모든 행정행위가 사법심사의 대상이 된다는 점, 그리고 ② 개별 법률에서 특정한 행정행위에 대해 행정심판 등 별도의 불복절차를 규정하고 있는 경우가 많다는 점이다.

가. 영국의 경우[38)]

앞에서 언급한 바와 같이 영국에서는 모든 행정행위가 원칙적으로 사법심사의 대상이 된다. 다만 행정구제의 여러 유형 중 선언적 판결(declaration), 정지명령(injunction), 사건이송명령장(certiorari),[39)] 금지명령(prohobition), 직무집행명령(mandamus) 등은 법원의 재량에 속하는 것이어서, 이에 대해서는 법원의 판단에 따라 사법심사를 거부할 수도 있다.[40)] 이 외에도 법률이 특정한 행정행위에 대해 사법심사를 배제하려

38) 이하의 내용은 별도의 표시가 없는 한, 이상규, 「영미행정법」, 법문사, 2001, 246-261면의 내용을 기초로 작성하였다.

39) 사건이송명령장이란 상급법원이 하급법원이나 재결위원회, 행정청 등에게 사법심사를 위한 사건기록을 보낼 것을 명령하기 위해 발부하는 영장을 말한다.

40) Wade, Administrative Law, 6th ed., 1988, p709.를 이상규, 「영미행정법」, 법문사,

는 경우가 있는데, 아래에서는 그 주요 유형과 이에 대한 판례의 태도에 관하여 살펴보기로 한다.

1) 법률에 사법심사의 제한 또는 배제를 명시하는 경우

영국에서는 의회가 법률에 사법심사를 배제 또는 제한하는 규정을 두는 경우가 있다. 그럼에도 불구하고 판례는 "사건이송명령장에 의한 구제는 명백하고 분명한 명문의 규정 없이는 제한될 수 없다는 것(the remedy by certiorari is never to be taken away by any statute except by the most clear and explicit words)이 확립된 판례의 태도이다."[41]라고 하여 법률에 의한 사법심사의 배제를 인정하지 않음을 명확히 하고 있다.

2) 법률이 사법심사를 묵시적으로 배제하려는 경우

의회는 특정 행정행위에 대한 불복절차를 (행정심판과 같은 절차를 통해) 행정청이 처리하도록 규정하는 경우가 있으며, 오직 '행정청만이' 처리하도록 규정하여 법원에 의한 사법심사를 묵시적으로 배제하려는 경우도 있다. 그러나 이러한 경우에도 판례는 "명시적 규정 없이는 어떤 경우에도 개인의 소권을 박탈할 수 없다(the subject's recourse to Her Majesty's courts for the determination of his rights in not to be excluded except by clear words)."[42]라고 하여 묵시적 배제 역시 인정하지 않고 있다.

3) 법률이 불복절차 없음(종국적 처분, final and conclusive)을 규정하고 있는 경우

의회가 법률을 제정하며 특정한 처분에 대해 "종국적"이라고 규정하는 경우가 있다. 즉, 법률로써 불복할 수 없음을 명시하고 있는 것이다. 이에 대해 판례는 "법률의 규정이 '종국적'이라는 표현을 하고 있더라도 이로써 정의의 실현을 위한 우리의 권리·의무에 영향을 미치지 않

2001, 247면에서 재인용

41) Regina v. Medical Appeal Tribunal [1957] 1 QB 574

42) Pyx Granite Estates Co. Ltd. v. Ministry of Housing and Local Government [1960] AC 260

으므로(The statute cannot affect our right and duty to see justice executed), 이 경우에도 사건이송명령장을 발부할 것"이라고 하여 의회가 자의적으로 사법심사의 대상을 축소시키는 것을 인정하지 않고 있다.[43]

나. 미국의 경우[44]

사법심사의 대상에 대해 명문의 법률 규정이 없는 영국과는 달리, 미국에서는 행정절차법(5 USC §§701−706)을 통해 사법심사의 대상을 법률에 규정하고 있다. 이는 과거부터 판례에 의해 확립되어 온 법리를 성문화한 것으로, 그 내용을 살펴보기에 앞서 판례의 연혁을 살펴보기로 한다.

1) 판례 연혁

19세기 말까지 법원은 행정행위에 대한 사법심사에 매우 소극적인 자세를 취하였다. 법원은 특별한 규정이 없는 한 사법심사를 거부하였다.[45] 이 시기 법원이 행정행위에 대한 사법심사에 소극적이었던 것은 사법심사에 관한 이론이 미비하였기 때문인 것으로 평가된다. 20세기 들어 법원은 사법심사의 대상을 점차 확장하여 명문의 규정이 없더라도 행정행위에 대한 사법심사가 가능하다는 태도를 취하게 된다.[46] 이는 사법권의 우월을 존중하는 미국의 문화와도 관련이 있는 것으로 보인다.

---

43) Regina v. Medical Appeal Tribunal [1957] 1 QB 574

44) 이하의 내용은 별도의 표시가 없는 한, 김광수, "미국 행정절차법 연구", 『行政法研究 第12號』, 2004.10, 278면 이하 내용을 기초로 작성하였다.

45) 대표적인 판결로는 Martin v. Mott, 25 U.S. 19 (1827) 사건; Decatur v. Paulding, 39 U.S. 497 (1840) 사건; Hadden v. Merritt, 115 U.S. 25 (1885) 사건 등이 있다.

46) 대표적인 판결로는 American School of Magnetic Healing v. McAnnulty, 187 U.S. 94 (1902) 사건이 있다. 이 사건에서 연방대법원은 개인의 권익을 침해하는 위법한 행정처분을 방치할 수 없다는 이유로 행정처분에 대한 사법심사의 당위를 논한 바 있다.

2) 행정행위의 사법심사 대상성과 관련한 성문법령의 내용과 판례의 태도

미국 행정절차법은 법률이 사법심사를 배제하는 경우 또는 자유재량행위에 따른 처분인 경우 사법심사가 배제된다고 규정하고 있다[5 USC §701(a)(1)]. 이와 관련, 미국에서는 법률이 사법심사를 명문으로 배제하지 않으며 단지 아무런 언급이 없는 경우에도 행정행위에 대한 사법심사를 자제하여야 하는지에 대한 논의가 있다. 미연방대법원은 Stark v. Wickard, 321 U.S. 288 (1944) 사건 판결 이후 원칙적으로 사법심사를 배제한다는 명문의 규정이 없는 한 사법심사권을 인정하고 있다. 한편, 특정 행정행위에 대한 불복절차로서 행정심판이 규정된 경우가 있다. 이 경우 행정심판과는 별도로 법원에 사법심사를 청구할 수 있는지에 대해, 법률에 의해 사법심사가 명시적 또는 묵시적으로 배제된 것이라고 보아야 하므로 사법심사를 청구할 수 없다는 견해가 있으나 법원은 Bowen v. Academy of Family Physicians, 476 US 667 (1986) 사건 판결을 통해 이러한 경우라 하더라도 사법심사에 대한 법적 판단을 전적으로 배제한 것으로 볼 수 없다하여 사법심사가 가능한 것으로 보고 있다. 법률이 사법심사를 명문으로 배제한 경우에는 헌법상의 문제로 발전되는 경우가 많다. Johnson v. Robison, 415 U.S. 361 (1974) 사건에서는 양심적 병역거부로 대체복무를 한 Robison에게 재향군인보훈처(Veteran's Administration)가 교육급부를 거부하자 Robison이 헌법상 종교의 자유와 평등권을 침해하는 위헌적 처분이라 하여 연방법원에 제소하였는데, 당시 보훈법에 보훈처의 결정에 대해 불복할 수 없다는 규정[38 U.S.C.A. §211(a)]이 있었음에도 불구하고 원고가 보훈처의 결정에 대한 사법심사를 청구하는 것이 아니라 보훈법 자체의 합헌 여부의 심사를 구한 것으로 보아 사법심사를 진행하였다.

3. 중국과 북한의 사례

가. 중국의 경우[47]

행정청의 어떤 행위를 심판의 대상으로 할 것인지에 대한 문제는 중국 공법학에서도 주된 관심사 중 하나이다. 이하에서는 중국 행정소송법에 명시된 사항을 중심으로 소송사건의 수리범위와 배제범위를 검토하기로 한다.

1) 관련 규정

행정소송법 제2조는 공민, 법인 또는 기타 조직이 행정기관과 행정기관 업무인원의 구체적 행정행위가 그 합법권익을 침해하였다고 인정하는 경우에는 인민법원에 소송을 제기할 권리가 있다고 규정하고 있다. 같은 법 제11조는 인민법원의 소송사건 수리범위를, 제12조는 사법심사의 배제범위를 규정하고 있다.

2) 행정소송을 제기할 수 있는 경우

행정소송법 제11조는 인민법원이 공민, 법인 및 기타 조직이 구체적 행정행위에 불복하는 소송(具体行政行为不服提起的诉讼)을 제기할 수 있음을 명시하며 그 범위를 열거하고 있다. 여기에는 행정처벌·행정강제·경영자주권[48] 침해·부작위 위법·무휼금[49] 지급 거부·위법한 의무이행 요구·기타 신체권 및 재산권 침해에 대한 불복 및 그 밖에 행정소송을 할 수 있다고 법률에 규정된 경우가 포함된다. 주목할 만한 사항으

47) 이하의 내용은 별도의 표시가 없는 한 정이근, 「중국공법학연구」, 도서출판 오름, 2007, 201-235면의 내용을 기초로 작성하였다.

48) 경영자주권이란 경영주체가 법률의 범위 안에서 자신의 인력, 물자, 재산 및 자체조직을 이용하여 생산경영을 하는 권리를 말한다.

49) 무휼금이란 군인, 국가기관 업무인원, 전투에 참가한 민병이나 민공 등이 공무로 인하여 희생하거나 장애나 상해를 입은 경우에 법률이나 법규에 의하여 민정부문 또는 기타 부문이 사망자의 가족 또는 상해를 입은 자에게 지급하는 비용을 말한다.

로는 경영자주권 침해 및 기타 신체 및 재산권 침해에 대한 불복이 있다. 경영자주권 침해의 유형으로는 명령성 계획의 하달이나 세금의 선납 요구, 기업의 강제 분리·합병, 강제 계약체결, 법률에 규정된 절차를 무시하고 국유기업의 법정대표를 교체 하는 경우 등이 있으며, 기타 신체권 및 재산권 침해에 대한 불복에는 증명, 감정, 공고, 통지 등이 포함된다. 중국 행정소송법은 행정소송의 대상이 되는 행위에 대해 처분성이 인정되는지 등의 요건으로 판단하는 것이 아니라 권리가 침해되었는지 여부를 기준으로 그 대상성을 인정하고 있어 문언상 행정소송의 대상으로 사실행위가 포함되는 것으로 해석할 여지가 있다.

3) 행정소송을 제기할 수 없는 경우

행정소송법 제12조는 인민법원은 공민, 법인 또는 기타 조직이 소송을 제기하더라도 수리하지 않는 범위에 대해 규정하고 있다. 여기에는 ① 국방, 외교 등 국가행위, ② 행정법규 등 일반적 구속력을 가지는 결정이나 명령을 제정하는 행위[이 경우의 심사권은 국가권력기관(주로 인민대표회의)과 상급 행정기관에 속한다], ③ 행정기관의 업무인원에 대한 상벌, 임면 등의 결정, ④ 법률이 행정기관을 최종 재결기관으로 규정한 행위 등이 포함된다.

나. 북한의 경우[50)]

북한에는 행정쟁송제도가 없다. 행정작용의 행위형식으로서의 행정행위 개념도 인정되지 않는 것으로 이해되고 있다. 그럼에도 불구하고 북한 내에서도 최소한 개인과 행정청 간 권한의 상하관계는 분명히 존재하는 것으로 보인다. 그렇다면 개인이나 행정청의 관계에서 특정한 행정행위에 불복하는 절차가 있을 것을 예상하기란 어려운 일이 아니

50) 이하, 김상헌, 「조선민주주의인민공화국 국가행정행위에 관한 몇 가지 문제」, 「법학연구 제2호」, 1956, 137면을 강원대학교비교법학연구소, 「남북한법제비교」, 강원대학교출판부, 2003, 330면에서 재인용.

다. 북한 헌법 제69조는 공민이 신소와 청원을 할 수 있으며, 국가는 신소와 청원을 법이 정한데 따라 공정하게 심의 처리하도록 한다고 규정하고 있으며, 이에 따라 북한에서는 공민의 권리와 이익을 보호하며 국가관리사업을 개선하기 위한 목적(신소청원법 제1조)으로 1998년 6월 17일 최고인민회의 상설회의 결정 120호로 신소청원법을 채택한 이래 신소청원제도를 운영해 오고 있다. 이하에서는 신소청원법의 내용과 운영 현황에 대해 살펴보기로 한다.

1) 신소청원법의 내용과 처리 절차

신소란 자기의 권리와 이익에 대한 침해를 미리 막거나 침해된 권리와 이익을 회복시켜 줄 것을 요구하는 행위이며, 청원이란 기관, 기업소, 단체와 개별적 일꾼의 사업을 개선시키기 위하여 의견을 제기하는 행위이다(제2조). 신소청원의 주체는 공민, 기관, 기업소, 단체가 되며, 상대방은 기관, 기업소, 단체 및 개별적 일꾼이 된다. 공민 등은 정당한 이유와 근거가 있는 한 최고주권기관(즉, 최고인민회의)에 이르기까지 신소청원을 제기할 수 있다(제8조, 제16조). 신소청원의 처리는 제기, 접수·등록, 요해처리[51] 및 그 결과의 집행 순으로 진행된다. 처리절차에서는 각 기관별로 신소청원 담당을 지정해야 한다는 점(제15조), 처리기간의 제한이 있다는 점(제23조), 대장의 관리가 이루어진다는 점(제3조, 제17조, 제37조) 및 신소청원자의 요구에 따라 그의 이름, 직장·직위, 사는 곳 등을 등록하지 않을 수도 있다는 점(제19조), 처리결과가 신소청원자에게 통지된다는 점(제36조) 등이 주목할 만하다. 신소청원사업에 대한 통제는 하급기관이 상급기관에 신소청원 관련 사항을 보고하는 방식으로 내각과 해당 중앙기관이 담당하고 있다(제38조, 제39조). 기관, 기업소, 단체는 신소청원자에게 압력을 가하는 행위, 신소청원을 묵살하거나 되는대로 처리하는 것 같은 행위를 하지 말아야 하며(제42조), 신소청원사업의

51) 사실관계를 확인하고 청구의 당부를 판단함을 의미한다.

운영과 관련하여 이 법을 위반하여 공민의 권리와 이익을 침해하였거나 국가관리사업에 지장을 준 경우에는 행정적·형사적 책임을 지운다고 규정하고 있다(제43조).

2) 신소청원의 유형

제20조는 각 기관의 관할에 대해 규정하고 있다. 이를 통해 신소청원의 대상이 사실행위인지 아닌지를 가리지 않고 광범위하게 규정되어 있음을 확인할 수 있다. 그 세부내용은 아래 표와 같다.

담당 기관	관할
최고인민회의 상임위원회	최고주권기관 사업, 최고주권기관 일꾼의 사업방법, 작풍 관련 신소청원 재판 또는 법적제재를 받은 것과 관련하여 제기된 신소청원 인민생활이나 위법행위, 인권유린행위와 관련하여 제기된 신소청원
내각과 지방정권기관, 해당 기관, 기업소, 단체	인민생활, 행정경제사업, 행정경제일꾼의 사업방법, 작풍 관련 신소청원
검찰기관	검찰사업, 검찰일꾼의 사업방법, 작풍과 관련한 신소청원
재판기관	재판, 중재, 공증과 관련한 신소청원, 재판, 중재, 공증일꾼의 사업방법, 작풍 관련 신소청원
인민무력부, 인민보안부, 국가안전보위부	인민무력(국방), 인민보안(치안), 국가안전보위사업과 관련한 신소청원
기타 해당 기관	대외사업과 관련한 신소청원

3) 신소청원제도의 운영

신소청원법이 제정된 것은 1998년에 이르러서이지만, 신소제도는 과거부터 북한에서 일반인의 권리구제수단으로 기능해 왔다. 김일성은 관료주의를 척결하기 위한 수단으로 신소제도의 중요성을 과거부터 강조해 왔으며, 「김일성 저작집」에는 김일성이 신소의 내용을 구체적으로 언급한 사례도 쉽게 발견할 수 있다. 사람들이 억울해서 신소를 하는데 군, 도에서 해결되지 않아 중앙당, 총비서, 수상에게까지 신소편지를 보냈다는 기록도 있다. 이러한 사정에 비추어 볼 때 신소청원법의 제정은 북한 사회에 관행적으로 존재하던 제도를 명문화한 것으로 봄이 타당하다 할 것이다.[52)]

Ⅳ. 개선 방안

지금까지 제기된 문제점과 외국의 사례를 종합해 볼 때, 그 개선방안에 대한 논의는 크게 두 부분으로 나누어 볼 수 있다. 하나는 사법심사의 대상을 이른바 비권력적 사실행위에까지 확대할 필요가 있다는 점이고, 다른 하나는 그러한 사법심사를 누가 처리할 것인지를 명확히 해야 한다는 점이다.

1. 사법심사의 대상 확대

가. 사법심사 대상 확대의 필요성

우선, 법원이나 헌법재판소의 사법심사 대상을 비권력적 사실행위에 이르기까지 확대해야 할 필요가 있을 것이다. 사법심사의 대상이 되는지 아닌지에 대한 기준의 모호함으로 인해 발생하는 모든 문제들은 사법심사의 대상을 확장함으로써 일거에 해결할 수 있기 때문이다. 따라서 공권력의 행사나 행정소송법상의 처분성이 일반적으로 인정되지

52) 권영태, 「남도 북도 모르는 북한법 이야기」, 이매진, 2011, 129-136면

않는 사실행위 또는 비권력적 사실행위의 경우에 대해서도 일단 사법심사의 대상으로 인정하여야 한다. 이로써 행정지도 등과 같은 경계 영역에서 이루어지는 권리침해 행위에 대한 사법심사의 공백[53]을 불식시킬 수 있으며, 국민의 권리구제수단을 다양한 각도에서 확충함으로써 기본권 보호에 더욱 충실할 수 있게 될 것이다.

과거 대법원이 제안한 행정소송법 개정안이 실제로 통과되어 사실행위를 포함하는 행정행위를 항고소송의 대상으로 하기 이전에는 현행법상 처분개념을 아무리 확대 해석한다고 하더라도 행정기관의 각종 개선권고, 문책요구 등을 항고소송의 대상으로 삼기에는 무리가 있다. 물론 행정소송법이 개정되기 이전에도 위 행정법원이 이 문제에 대하여 보다 적극적인 입장을 보여주는 경우에는 문제해결의 실마리가 마련될 가능성은 항상 존재하고 있다.

다만, 이에 대해 사실행위에 대한 취소소송의 불인정이 비록 국민의 권익구제를 제한하는 측면이 있으나 이를 새로운 형태의 행정소송을 제도화하여 해결하는 것이 바람직하다는 전제에서 일응 대법원의 현행 판시태도가 적절하다고 보는 견해가 있다.[54] 위 견해는 이론적으로나 실제적으로 사실행위는 법적행위가 아니므로 항고소송의 대상인 처분이 되려면 관념적으로 법률효과의 발생을 취소할 수 있어야 하는데, 사실행위의 경우에는 그것이 불가능하기 때문인바, 취소란 국민의 의사적 행위에 부착된 법률효과를 소멸시키는 행위로서 사람의 거동에 의해 사실상태에 변동을 생기게 하는 것에는 취소의 관념을 인정할 여지가 없다는 것이다.

53) 사실상 우리나라에서 행하여지는 권고나 지도 등은 순수한 비권력적 사실행위로서 행정지도라고 보기 어렵고 오히려 하명에 가까운 행정처분의 성격을 가지는 경우가 많은 것도 사실이다.

54) 김용섭, 「행정소송과 권력적 사실행위」, 고시연구, 2001, 207면

나. 외국 사례와의 비교

이러한 사법심사의 대상 확대의 필요성은 앞에서 살펴본 외국의 사례에 비추어보면 더욱 명확하다. 대부분 국가에서 사실행위에 대해서도 전면적으로 사법심사의 대상으로 인정하고 있다. 일본의 경우 행정불복심사의 요건이 되는 '처분'의 범위를 사실행위에까지 확장하여 위법 부당한 사실행위에 대한 불복수단을 마련하고 있다. 북한의 경우도 적어도 제도상으로는 신소청원제도를 통해 그 대상성을 가리지 않고 기관, 기업소, 단체 및 개별적 일꾼의 부당한 행위에 대한 불복수단을 마련하고 있다. 일본의 행정불복심사와 북한의 신소청원제도는 모두 그 청구의 당부에 대해 법원이 아닌 행정청이 판단한다는 점에서 우리 행정심판 절차와 유사하다. 독일의 경우 이행소송의 범위를 확대하여 일반적 이행소송과 (예방적) 금지소송을 인정함으로써 행정청의 위법 부당한 사실행위에 대한 구제의 길을 열어놓고 있으며, 프랑스의 경우 월권소송에서 당사자적격과 대상적격의 요건을 완화함으로써 사실행위로 인정될 수 있는 행정행위도 취소소송의 대상으로 삼고 있다. 중국의 경우 행정소송법에 행정소송의 대상이 되는 행위를 광범위하게 규정하고 있어 문언상 행정소송의 대상으로 사실행위가 포함되는 것으로 해석할 여지가 충분하다. 영국과 미국의 경우 원칙적으로 사실행위인지 여부를 가리지 않고 행정청의 모든 행위가 사법심사의 대상이 되고 있다. 개별 법률에서 특정 행정작용에 대해 사법심사를 배제하려는 규정을 두는 경우에도, 법원은 해석에 따라 의회가 사법심사의 범위를 자의적으로 축소시키는 것을 인정하지 않고 있다. 특히 법치의 강조와 달리 자유민주주의가 도입되지 않고 있는 중국과 북한의 경우에도 일정한 불복제도를 확보하고 있다는 점에 주목할 필요가 있다.[55] 다만 이들 국가에서

55) 물론 행정청의 사실행위가 부당함에도 별도의 불복수단이 없다면 우리나라에서도 국민권익위원회(부패방지 및 국민권익위원회의 설치와 운영에 관한 법률 제

이러한 제도가 실질적인 불복수단으로 기능하고 있는지에 대해서는 의문이 있다.

2. 사법심사 주체에 대한 검토

사법심사의 대상 확대 문제는 결국 그러한 심사를 누구에게 맡길 것인가의 문제로 귀착된다. 소위 "공법전문법원"과 같은 제3의 기관을 설립하지 않는 한, 이러한 경우 사법심사의 주체는 헌법재판소 또는 법원이 될 것이다. 이하에서는 헌법재판소가 담당하는 방안, 법원이 담당하는 방안, 행정심판 전치주의를 채택하고 법원이 통제하도록 하는 방안, 재판소원을 허용하는 방안 등에 대해 검토해 보기로 한다.

가. 제1안: 헌법재판소가 담당하는 방안

먼저, 헌법재판소가 사실행위에 대한 통제를 권력적 사실행위와 비권력적 사실행위를 선별적으로 구제하는 현행의 태도에서 벗어나, 헌법소원심판 청구적격 판단을 기본권 침해가 있는지 여부를 기준으로 판단하는 방안이 있다. 이 방안은 헌법소원심판 청구의 적격여부를 현행보다 비교적 명확한 기준을 가지고 판단하게 함으로써 예측가능성을 제고할 수 있다는 장점을 가진다. 다만 헌법재판소의 설립 취지와 현재 조직규모, 헌법소원심판의 보충적인 성격에 비추어 헌법재판소와 헌법재판제도에 대한 확대 개편이 전제되어야 할 것이다. 전국에 1개가 설치되어 있고, 원칙적으로 1개의 전원재판부에서 심리하는 헌법재판소로서는 현재의 조건 하에서는 이를 전면적으로 확대하기란 부담이 될 수 있기

39조 제1항), 감사원(감사원법 제43조 제1항) 등과 같은 법정 절차를 이용하거나, 청와대 신문고 또는 해당 행정청에 민원을 제기하는 등의 방식으로 불복할 수 있는 수단이 마련되어 있다. 다만 이는 사법 통제가 아니라는 점에서 외국과 본질적인 차이가 있다.

때문이다. 이를 위해 하급 재판소(예컨대, 고등법원 권역별로)를 별도로 설치하는 방안을 고려할 수 있다. 나아가 근본적으로, 헌법재판관의 수가 9인으로 헌법에 명시되어 있으므로(헌법 제11조 제2항), 조직을 확대하기 위해서는 헌법재판관의 수를 늘리는 개헌을 해야 한다는 제한이 있기도 하다.

나. 제2안: 법원이 담당하는 방안

두 번째 방안으로, 독일·프랑스의 경우를 참조하여 법원에서 항고소송의 대상적격, 즉 '처분'의 범위를 넓게 해석하거나, 행정소송법 제2조 제1항 제1호를 개정함으로써 법원이 이를 담당하도록 하는 방안이 있다. 이 방안은 행정작용에 대한 통제 권한을 일원화할 수 있다는 장점을 가진다. 다만 이로 인한 남소의 우려, 법원의 업무량 폭주와 같은 문제를 간과할 수는 없다. 이를 위해 통계적·기술적 접근을 통한 법원의 조직 정비가 필요하다 할 것이나, 이 역시 법원의 조직체계 전반에 적지 않은 충격을 가져다 줄 수 있다는 문제점을 가진다.[56)]

다. 제3안: 행정심판 전치주의를 채택하여 법원이 통제하도록 하는 경우

세 번째 방안으로, 일본의 경우처럼 행정심판법 제2조 제1호의 '처분'의 범위를 확장하고, 행정소송법 제2조 제1항 제1호의 '처분'에 해당하지 않는 사실행위에 대해서는 행정심판을 거쳐 행정소송을 제기도록 하는 방안이 있다.[57)] 이 방안은 행정심판이라는 절차를 통해 제2안에 비해 남소 및 법원의 업무량 증가를 완충하는 역할을 기대할 수 있다는 장점이 있으나, 현행 행정심판실무에 비추어 볼 때 그 인용률이 높지 않은 점에 비추어 권리구제에 소요되는 시간과 비용의 증대로 국민의 조

56) 최계영, 전게논문, 230면

57) 김청규. "행정심판법상의 처분성 확대에 관한 고찰", 「중앙법학」, 2006, 126면 이하

속한 권리구제 측면에서는 일응 한계가 있다.

라. 제4안: 재판소원을 허용하는 방안

마지막으로, 헌법재판소법 제68조 제1항의 "법원의 재판을 제외하고는" 부분을 삭제하여 재판소원제도를 도입하는 방안이 있다.[58] 이 경우 사실행위에 대해 1차적으로 행정소송 등의 법원에 의한 재판을 통해 구제받을 수 있고, 2차적으로 그 재판에 불복이 있다면 재판에 대한 헌법소원심판을 통해 구제받을 수 있게 된다. 만약 처분성이 인정되지 않아 행정소송의 대상이 되지 못한다면, 기존의 헌법재판소의 해석대로 헌법소원심판을 청구하는 외에 달리 효과적인 구제방법이 없는 경우에 해당한다고 보아 보충성의 원칙의 예외로서 헌법소원심판 청구를 인정하면 된다. 이처럼 재판소원을 인정하게 된다면, 비권력적 사실행위에 해당하여 처분성 결여로 각하판결을 받은 청구인 입장에서는 기존 절차보다 더욱 더 강화된 권리 구제를 받을 수 있게 된다.[59] 다만 이는 법원과 헌법재판소 간의 권한배분 문제에 대한 사회적 공감대가 형성됨을 전제로 실현할 수 있을 것이다.

마. 검토

이상의 방안들 중 어느 방안도 단시간 내에 쉽게 달성될 수 있는 것은 없다. 헌법의 개정이 필요한 경우도 있고, 법률의 개정 또는 판례의 변경을 필요로 하는 것이기 때문이다. 행정작용에 대한 재판통제가 그동안 지속적으로 국민의 재판청구권 보장을 확장하는 방향으로 발전

58) 헌법소원제도를 두고 있는 나라 중 독일, 러시아, 스페인에서는 법원의 재판에 대한 헌법소원을 인정한다. 독일의 경우 실제 헌법소원의 대부분이 법원의 재판에 대한 소원이다. 오스트리아 헌법이나 1818년과 1919년의 독일 바이에른州헌법, 체코헌법처럼 재판을 헌법소원의 대상에서 제외하고 있는 예도 있다.

59) 황치연, "재판소원금지의 위헌성," 「한국헌법학의 현황과 과제 [금랑 김철수 교수 정년 기념논문집]」, 박영사, 1998, 1010면 이하

해 온 것을 감안한다면 사회적 합의를 통하여 위와 같은 방안 중 어느 하나라도 조기에 도입이 가능할 것으로 생각된다.

Ⅴ. 결론-현실적 개선방향

2000년대 이후 현행 행정쟁송법이 복잡, 다양해진 행정청의 행위를 반영하지 못하고, 국민의 권리구제에도 부족하다는 학계와 실무의 의견에 따라 행정소송을 통한 실질적 권리구제 방안이 다양하게 논의되었으며, 그 과정에서 소송의 대상적격 확대에 관한 논의가 활발히 이루어졌다.[60][61] 그에 맞물려 공권력의 행사를 대상으로 하는 헌법소원 역시 대상적격을 꾸준히 확장하여 왔다.[62] 그러나, 행정소송과 헌법재판이 국민의 권리구제를 위하여 원고적격 및 대상적격을 확대하는 경향으로 흐르고 있으나 아직까지는 행정소송과 헌법소원의 대상이 되는 범위를 "처분"과 "공권력의 행사"에 한정하고 있고 소위 비권력적 사실행위에까지는 그 범위를 확장하지는 못하고 있는 것으로 파악된다. 사회변화

60) 정하중, "행정소송법의 개정방향", 「공법연구 제31집 제3호」, 2003

61) 2006. 9.에는 취소소송의 대상을 확대하는 것을 주요 내용으로 하는 대법원 개정안이 국회에 제출되었으며, 2011. 6. 20.에는 자유선진당 정책위 주관, 박영선 의원, 대한변협이 주최한 「행정소송법 이대로 좋은가?」라는 제목의 토론회에서는 소송형식의 다양화를 통한 사실행위에 대한 구제방안 확대가 주장되기도 하였다. 법무부는 2007년 원고적격과 대상적격에 관하여 현행 행정소송법을 그대로 유지하는 내용의 전부개정안을 국회에 제출하였으나 2008. 5. 제17대 국회의 임기만료로 폐기되었고, 그 후 2014. 5. 8. 또다시 의무이행소송의 도입 등을 주요 골자로 하는 행정소송법 전면개정안을 제출하여 현재 국회 계류 중이다.

62) 물론 처분성이 인정되는 행정작용에 대해서는 보충성 원칙으로 인하여 헌법소원이 불가능하므로 헌법소원은 주로 대법원이 처분성을 인정하는 데 소극적인 분야에서 행정작용에 대한 통제기능을 발휘하여 왔는바 행정입법과 본고에서 논의된 사실행위가 대표적이다. 따라서 이러한 대상 적격의 확장은 재판 관할 측면에서 상호 배타적 결과를 초래한다고 볼 여지는 있으므로 추후 보다 정치한 연구가 요구된다.

와 국민의 권리의식의 향상에도 불구하고 입법이 제자리에 머무는 동안, 법원과 헌법재판소가 그동안 행정행위로서 사실행위에 관하여 다양한 해석과 적용을 통해 국민의 권리구제의 범위를 확장하고 있다는 점은 괄목할 만한 발전이지만 그럼에도 국민의 권리구제에 보다 쉽게 다가가기 위해서는 사법절차의 예측가능성이 확보되어야 할 것인바, 이를 위해 사법체계의 구성 및 운영이 입법작업을 통해 제도화되어야 할 필요성이 있다.

다시 말해 사실행위의 현실적 존재에도 불구하고 행정쟁송법상의 구제는 입법이 제대로 마련되지 않아 생긴 문제인 바, 독일이나 일본의 경우처럼 명문의 규정을 두어 해결하는 것이 보다 근본적인 해결방안임에는 틀림없다.[63] 앞서 언급한 바와 같이 현행법상 해석론을 통하여 사실행위에 대한 취소나 무효확인을 구하는 항고소송이 불가능하며, 다만 향후 행정소송법이 개정되어 '처분' 대신 사실행위를 포함하는 '행정행위'가 도입되는 경우에는 자연스럽게 문제해결의 실마리가 마련될 수는 있을 것이다.

나아가 이러한 입법개선이 이루어지기 전까지는 우선적으로 앞에서 언급한 개선안 중 제1안과 제2안과 같이 법원이나 헌법재판소가 사법심사 대상을 비권력적 사실행위에 이르기까지 순차적으로 더욱 확대해야 할 필요가 있다.[64] 사법심사의 대상이 되는지 아닌지에 대한 기준의 모호함으로 인해 발생하는 모든 문제들은 사법심사의 대상을 확장함

63) 김용섭, 전게논문, 207면

64) 다만, 이에 대해 사실행위에 대한 항고소송 불인정이 국민의 권익구제를 제한하는 측면이 있으나 이를 새로운 형태의 행정소송을 제도화하여 해결하는 것이 바람직하다는 전제에서 계속적 사실행위에 한정하여 처분성을 인정하는 것은 일본의 행정불복심사법에서와 같이 명문의 규정을 두는 경우에는 모르되, 우리의 경우 계속적 사실행위에 한정하여 처분성을 인정하기가 곤란하며 엄밀히 사실행위의 계속성 여부는 권리보호의 필요성의 문제이고 처분성의 문제는 아니라는 비판적 견해가 있다.(서울고등법원 재판실무개선위원회, 「행정소송실무편람」, 1997, 76면.)

으로써 해결할 수 있고, 이로써 국민의 권리구제수단을 다양한 각도에서 확충함으로써 기본권 보호에도 더욱 충실할 수 있게 될 것이다.[65]

65) 다만, 사실행위로서 취소소송의 대상이 된다고 할지라도 행정청의 행위효과로서 행정청의 사실이 취소될 수 없고, 단지 사실행위의 위법확인을 구하는 정도에 그친다는 한계와 비판이 있을 수 있음은 별론으로 한다.

참고문헌

1. 단행본
강원대학교비교법학연구소, 「남북한법제비교」, 강원대학교출판부, 2003
권영태, 「남도 북도 모르는 북한법 이야기」, 이매진, 2011
김남진·김연태, 「행정법 I」, 법문사, 2010
박균성, 「행정법강의」, 박영사, 2014
서울고등법원 재판실무개선위원회, 「행정소송실무편람」, 1997
이동식·전훈·김성배·권세훈, 「행정법총론」, 준커뮤니케이션즈, 2012,
이상규, 「영미행정법」, 법문사, 2001
정이근, 「중국공법학연구」, 도서출판 오름, 2007
정종휴, 「일본법」, 신조사, 2011
헌법재판소, 「憲法裁判節次의 改善을 위한 立法論的 研究」, 1993
Berner, Georg/Kohler, Gerd Michael: Polizeiaufgabengesetz, Kommentar, 16. Auflage, München, Berlin 2000
Dreier, GG, Bd. I, 2 Aufl., Tubingen 2004

2. 논문
김광수, "미국 행정절차법 연구", 「行政法研究 第12號」, 2004.10
김도승, 「행정지도에 관한 고찰」, 「가천법학 제5권 제1호」, 2012
김시철, "헌법적 쟁점에 관한 법원의 심리 및 판단", 「공법연구 제35집 제4호」, 2007
김용섭, 「행정소송과 권력적 사실행위」, 「고시연구」, 2001
김청규. "행정심판법상의 처분성 확대에 관한 고찰", 「중앙법학」, 2006
남복현, "헌법재판소와 대법원의 관할문제", 「공법연구 제32집 제1호」, 2003
박균성, 「프랑스 행정소송제도와 그 시사점」, 「경희법학 제38권 제1호」,

2003
박종보, "헌법소원심판에 있어서 보충성의 원칙", 「공법연구 제24집 제3호」, 1996
선정원, "항고소송의 대상: 권력적 사실행위", 「특별법연구 7권」, 2005
이노홍, 「헌법소원의 대상으로서 공권력의 행사와 행정청의 행위－헌재 결정을 중심으로」, 「세계헌법연구 제17권 제2호」, 2011
이세형, 「수용자 권리구제 분석을 통한 소송업무의 문제점과 개선 방안」, 「경북대학교 행정대학원 석사학위 논문」, 2013
이승식, 「헌법소원제도의 문제점과 개선방안에 관한 연구」, 「인하대학교 교육대학원 석사학위 논문」, 2001
정재황, "프랑스 사후적·구체적 위헌법률심사제 도입", 법률신문, 2010
정태호, 자유권적 기본권의 "제한"에 관한 고찰－이른바 사실상의 기본권 제약(faktischeGrundrechtsbeeintrachtung)을 중심으로－, 헌법논총 제13집, 헌법재판소, 2002
정호경, 「독일 행정소송의 체계와 유형－대상적격과 원고적격을 중심으로」, 「법학논총 제23집 제2호(특별호)」, 2006
정하중, "행정소송법의 개정방향", 「공법연구 제31집 제3호」, 2003
최계영, 「헌법소원에 의한 행정작용의 통제－기능과 한계」, 「공법연구 제37집 제2호」, 2008
최완주, 「헌법재판제도의 재구성 : 사법분열 방지를 위한 방안을 중심으로」, 「법조 55권 3호」, 2006
황치연, "재판소원금지의 위헌성," 한국헌법학의 현황과 과제 [금랑 김철수 교수 정년 기념논문집], 박영사, 1998

3. 웹사이트

법제처 국가법령정보센터 http://www.law.go.kr
법제처 북한법제정보센터 http://world.moleg.go.kr/KP
일본 전자정부 법령검색 http://law.e-gov.go.jp
중화인민공화국인민정부 http://www.gov.cn

Legal Information Institute, Cornell University Law School http://www.law.cornell.edu

LexisNexis® Academic http://ww.lexisnexis.com/ap/academic

국문초록

헌법재판소는 사실행위를 권력적 사실행위와 비권력적 사실행위로 구분하고 그 중 권력적 사실행위만을 그 심판대상으로 한다. 또한, 보충성 원칙의 예외에 해당해야 하며, 이미 종료된 사실행위의 경우 객관적 보호이익이 있어야 한다. 이와 같은 통제 경향에 대해서는 권력적 사실행위와 비권력적 사실행위의 구별기준의 모호성, 비권력적 사실행위에 대한 사법심사의 배제, 보충성의 원칙에 의한 관할 배분의 균형 훼손, 종료된 사실행위로서 헌법적 해명의 필요성은 없지만 기본권 침해가 반복될 위험성이 있는 사안에 대한 사법심사 배제 등의 문제점이 노출된다. 본고에서는 이와 관련하여 사실행위에 대한 각국의 불복수단에 대해 살펴보고, 그 개선방안으로서 사법심사 대상을 확대하고 관할권의 배분을 명확히 하는 방안에 대해 검토하였는바 향후 행정소송법이 개정되어 '처분' 대신 사실행위를 포함하는 '행정행위'가 도입되는 경우에는 자연스럽게 해결의 실마리가 마련될 것이나, 이러한 입법개선이 이루어지기 전까지는 우선 법원이나 헌법재판소가 사법심사 대상을 비권력적 사실행위에 이르기까지 순차적으로 확대할 필요가 있다. 사법심사의 대상이 되는지 아닌지에 대한 기준의 모호함으로 인해 발생하는 모든 문제들은 사법심사의 대상을 확장함으로써 해결할 수 있고, 이로써 국민의 권리구제수단을 다양한 각도에서 확충함으로써 기본권 보호에도 충실할 수 있게 되는 것이다.

주제어: 권력적 사실행위, 비권력적 사실행위, 처분성, 헌법소원의 보충성, 권리보호의 이익, 재판소원

Abstract

Trends in the Judicial control and Improvement about act in fact

Sung, Joong Tak*

The fact that the Constitutional Court acts ever true power and non- power ever in fact act as an act of power, ever sensitive and the fact that only the referee who shall act. In addition, with respect to the legitimate requirements of the exception to that principle must be supplemented and in fact already been shut down if the objective of the Act shall be protected interest. In fact, the Constitutional Court for such action for the control of power tend to act ever in fact the distinction between action and non- power based on the fact of ambiguity ever, ever true act of power for non- exclusion of judicial review, supplemented by the principle of a balanced allocation of jurisdiction damage , the end acts as a true explanation of the need for constitutional violations of fundamental rights to be repeated , but on issues of risk , such as the exclusion of judicial review of the issues exposed. In this paper, with respect to the fact that these issues around the act of looking at a means of protest, and the improvement of judicial review as a target to expand the scheme to clarify the allocation of jurisdiction was investigated

* Professor of Law School Kyungpook National University · Attorney at law · JD

Key words: In fact, the power act ever, In fact, non-power act ever, Disposability, principle that no one may file a constitutional complaint without having exhausted all other processes, legal interest of constitutional claim on the protection of rights, constitutional complaint against ordinary courts' judgements

투 고 일: 2014. 6. 4
심 사 일: 2014. 6. 24
게재확정일: 2014. 6. 25

地方自治法

地方自治團體의 區域管轄決定의 諸問題에 關한 小考

/ 金重權

地方自治團體의 區域管轄決定의 諸問題에 關한 小考

金重權*

대상판결: 대법원 2013.11.14. 선고 2010추73판결
〈새만금 방조제 행정구역 사건〉

Ⅰ. 사건의 경과[1)]

농림수산식품부장관은 2009. 12.경 새만금개발사업 중 제1, 2호 방조제를 비롯하여 제3호 방조제(신시도와 야미도를 연결하는 2.7km 구간), 제

* 중앙대학교 법학전문대학원, 교수

1) 이 글은 행정판례연구회 제293차 월례발표회(2014.3.21.)에서 발표한 것을 수정·보완한 것이다.

4호 방조제(야미도와 비응도항을 연결하는 11.4km 구간)의 공사를 모두 완료하고 2010. 3. 23. 피고에게 위 공사가 완료된 지역에 대하여 방조제 준공처리, 지적 등록, 시설물 등록 및 이관, 도로관리구역의 결정 및 고시 등 각종 행정 처리를 위하여 매립지가 속할 지방자치단체의 결정을 신청하였다. 신청 시 새만금지역 매립지가 속할 지방자치단체 결정 방안으로는, 주위적으로 새만금 전체 매립 대상 지역에 대하여 행정구역을 결정하는 방안이 제1안으로 제시되었고, 제1안에 따른 결정이 어려울 경우 예비적으로 매립사업이 완료된 방조제에 대하여만 결정하는 제2안과 관계 지방자치단체 사이에 이견이 없는 방조제 구간에 대하여만 우선 결정하는 제3안이 함께 제시되었다.

안전행정부장관(피고)은 농림수산식품부장관의 위와 같은 신청사실을 2010. 3. 29. 안전행정부 홈페이지에 게시하고, 2010. 3. 31.자 관보에도 게시하였다. 안전행정부 소속「지방자치단체 중앙분쟁조정위원회」(이하 '위원회'라 한다)는 2010. 9. 9. 및 2010. 10. 27. 농림수산식품부장관의 위 신청을 심의하기 위하여 회의를 개최하였고, 국무총리실, 농림수산식품부, 새만금사업추진기획단, 관계 지방자치단체인 전라북도, 군산시, 김제시, 부안군의 관계 공무원이 출석하여 위원회에 자료를 제출하고 의견을 진술하였다. 위원회는 2010. 10. 27. 위 제3안에 따라 매립이 완료된 방조제 구간 중 제3호 방조제(다기능부지 포함) 및 제4호 방조제 구간(이하 '이 사건 매립지'라 한다)에 대하여만 귀속 지방자치단체를 우선 결정하기로 하되, 다음의 사정들을 종합하여 이 사건 매립지가 속할 지방자치단체를 군산시로 정하는 내용의 의결을 하였다: ① 이 사건 매립지는 군산시 비응도항에서 군산시 야미도와 군산시 신시도를 연결하여 축조된 구간이고, 야미도에는 100세대 266명의 주민이, 신시도에는 135세대 378명의 주민이 거주하고 있으며, 주민의 각종 생활권은 군산시로 형성되어 있다(주민 편의 측면). ② 메가리조트 개발사업 대상지역인 제3호 방조제의 다기능부지는 신시도와 야미도를 연결하여 조성된 토지이므로 신시도와 야미도의 행정구역을 다른 지방자치단체로 변경하지 않는 한, 군산시와 연계하여 토지이용계획 및 도시계획을 수립하는 것이 토지이용의 효율성을 높일 수 있다(국토의 효율적 이용 측면). ③ 야미도와 신시도 주민에 대해서는 군산시가 행정서비스를 제공하고 있으므로 그 주변의 매립지도 특별한 사정이 없는 한, 야미도와 신시도의 관할 지방자치단체인 군산시에 귀속하는 것이 행정의 효율성을 도모할 수 있다(행정의 효율성 측면). ④ 국립지리원이 간행한 지형도상 해상경계선에 의하더라도 이 사건 매립지는 군산시 관할구역 내에 위치하고 있다(역사성 측면). ⑤ 이 사건 매립지에 대하여 군산시는 자신의 관할로 결정되어야 한다는 의견인 반면, 김제시와 부안군은 자신들의 관할로 결정되어야 한다고 주장하는 것이 아니라 이 사건 매립지에 관한 결정이 새만금 전체지역에 대한 지방자치단체 결정과 연계될 것을 우려하여 이 사건 매립지에 대하여만 우선 결정하는 것에 반대하고 있을 뿐이다(관계기관 의견 측면).

안전행정부장관은 위원회의 위 의결에 따라 2010. 11. 17. 새만금 방조제 구간 중 '제3호 방조제(신시도~야미도) 및 제4호 방조제(야미도~비응도) 구간'의 별지 1, 2 도면 표시 1, 5, 7 내지 15, 6, 4, 3, 2, 1의 각 점을 차례로 연결한 선내 부분에 해당하는 매립지가 속할 지방자치단체를 전라북도 군산시로 결정(이하 '이 사건 결정'이라 한다)을 하고, 같은 날 원고 김제시장, 부안군수에게 이를 통보하였다.

Ⅱ. 판결요지

[1] 지방자치단체의 구역에 관하여 지방자치법은, 공유수면 관리 및 매립에 관한 법률에 따른 매립지가 속할 지방자치단체는 안전행정부장관이 결정한다고 규정하면서(제4조 제3항), 관계 지방자치단체의 장은 그

결정에 이의가 있으면 결과를 통보받은 날로부터 15일 이내에 대법원에 소송을 제기할 수 있다고 규정하고 있다(제4조 제8항). 따라서 매립지가 속할 지방자치단체를 정하는 결정에 대하여 대법원에 소송을 제기할 수 있는 주체는 관계 지방자치단체의 장일 뿐 지방자치단체가 아니다.

[2] 지방자치법 제4조 제2항 , 제3항 , 제7항 에 따르면, 안전행정부장관은 공유수면 관리 및 매립에 관한 법률에 따른 매립지가 속할 지방자치단체를 지방자치법 제4조 제4항 부터 제7항 까지의 규정 및 절차에 따라 결정하면 되고, 관계 지방의회의 의견청취 절차를 반드시 거칠 필요는 없다.

[3] 지방자치법 제4조 제4항, 공유수면 관리 및 매립에 관한 법률 제45조 에 따르면 안전행정부장관은 매립공사가 완료된 토지에 대해서만 준공검사 전에 그 귀속 지방자치단체를 결정할 수 있고, 매립이 예정되어 있기는 하지만 매립공사가 완료되지 않은 토지에 대해서는 귀속 지방자치단체를 결정할 수 없다고 보아야 한다.

[4] 하나의 계획으로 전체적인 매립사업계획이 수립되고 그 구도하에서 사업내용이나 지구별로 단계적, 순차적으로 진행되는 매립 사업에서 매립이 완료된 부분에 대한 행정적 지원의 필요 등 때문에 전체 매립 대상 지역이 아니라 매립이 완료된 일부 지역에 대한 관할귀속 결정을 먼저 할 수밖에 없는 경우에도 그 부분의 관할 결정은 나머지 매립 예정 지역의 관할 결정에도 상당한 영향을 미칠 수 있다. 따라서 일부 구역에 대해서만 관할 결정을 할 경우에도 당해 매립사업의 총체적 추진계획, 매립지의 구역별 토지이용계획 및 용도, 항만의 조성과 이용계획 등을 종합적으로 고려하여 매립 예정 지역의 전체적인 관할 구도의 틀을 감안한 관할 결정이 이루어지도록 하는 것이 합리적이다. 만일 전체적인 관할 구도에 비추어 부적절한 관할 결정이 부분적으로 이루어지게 되면, 당해 매립사업의 총체적 추진계획 및 매립지의 세부 토지이용계획 등이 반영되지 못하게 될 위험이 있을 뿐만 아니라, 관할 결정이

이루어질 때마다 지방자치단체 사이에 분쟁이 생길 수 있고, 이로 말미암아 국가 및 그 지역사회 차원에서 사회적, 경제적 비용이 늘어나게 되며, 사회통합에도 장애가 되어 바람직하지 못하다. 게다가 특정 매립 완료 지역에 대하여 일단 분리 결정이 되면 그 부분의 관할권을 가지게 된 지방자치단체의 기득권처럼 치부되어 각 단계마다 새로이 이해관계 조정이 이루어지게 됨으로써 전체적인 이익형량을 그르치거나 불필요한 소모적 다툼이 연장될 우려도 배제할 수 없다. 이와 같은 제반 사정에 비추어 매립 대상 지역 중 완공이 된 일부 지역에 대하여 관할 결정을 할 경우에도 전체 매립 대상 지역의 관할 구분 구도에 어긋나지 아니하는 관할 결정이 이루어져야 한다.

[5] 지방자치법 제4조 제3항, 제5항, 제6항, 제7항, 제8항, 제9항 등 관계 법령의 내용, 형식, 취지 및 개정 경과 등에 비추어 보면, 2009. 4. 1. 법률 제9577호로 지방자치법이 개정되기 전까지 종래 매립지 등 관할 결정의 준칙으로 적용되어 온 지형도상 해상경계선 기준이 가지던 관습법적 효력은 위 지방자치법의 개정에 의하여 변경 내지 제한되었다고 보는 것이 타당하고, 안전행정부장관은 매립지가 속할 지방자치단체를 정할 때에 상당한 형성의 자유를 가지게 되었다. 다만 그 관할 결정은 계획재량적 성격을 지니는 점에 비추어 위와 같은 형성의 자유는 무제한의 재량이 허용되는 것이 아니라 여러 가지 공익과 사익 및 관련 지방자치단체의 이익을 종합적으로 고려하여 비교·교량해야 하는 제한이 있다. 따라서 안전행정부장관이 위와 같은 이익형량을 전혀 행하지 않거나 이익형량의 고려 대상에 마땅히 포함시켜야 할 사항을 누락한 경우 또는 이익형량을 하였으나 정당성·객관성이 결여된 경우에는 그 매립지가 속할 지방자치단체 결정은 재량권을 일탈·남용한 것으로서 위법하다고 보아야 한다.

[6] 매립지가 속할 지방자치단체를 정할 때 고려해야 할 관련 이익의 범위 등은 2009. 4. 1. 법률 제9577호 지방자치법 개정의 취지 등에

비추어 일반적으로 다음과 같은 사항이 포함되어야 한다. ① 매립지 내 각 지역의 세부 토지이용계획 및 인접 지역과의 유기적 이용관계 등을 고려하여 관할구역을 결정함으로써 효율적인 신규토지의 이용이 가능하도록 해야 한다. ② 공유수면이 매립에 의하여 육지화된 이상 더는 해상경계선만을 기준으로 관할 결정을 할 것은 아니고, 매립지와 인근 지방자치단체 관할구역의 연결 형상, 연접관계 및 거리, 관할의 경계로 쉽게 인식될 수 있는 도로, 하천, 운하 등 자연지형 및 인공구조물의 위치 등을 고려하여 매립지가 토지로 이용되는 상황을 전제로 합리적인 관할구역 경계를 설정하여야 한다. ③ 매립지와 인근 지방자치단체의 연접관계 및 거리, 도로, 항만, 전기, 수도, 통신 등 기반시설의 설치·관리, 행정서비스의 신속한 제공, 긴급상황 시 대처능력 등 여러 요소를 고려하여 행정의 효율성이 현저히 저해되지 않아야 한다. ④ 매립지와 인근 지방자치단체의 교통관계, 외부로부터의 접근성 등을 고려하여 매립지 거주 주민들의 입장에서 어느 지방자치단체의 관할구역에 편입되는 것이 주거생활 및 생업에 편리할 것인지를 고려해야 한다. ⑤ 매립으로 인근 지방자치단체들 및 그 주민들은 그 인접 공유수면을 상실하게 되므로 이로 말미암아 잃게 되는 지방자치단체들의 해양 접근성에 대한 연혁적·현실적 이익 및 그 주민들의 생활기반 내지 경제적 이익을 감안해야 한다.

Ⅲ. 원고(김제시장, 부안군수)의 위법 주장의 제 논거

1. 절차상 위법의 논거

i) 관계 지방의회의 의견을 청취하지 않았다: 매립지가 속할 지방자치단체를 결정하는 경우에도 지방자치법 제4조 제2항이 적용되므로

피고는 이 사건 결정에 앞서 관계 지방의회인 군산시, 김제시, 부안군의 각 지방의회의 의견청취 절차를 거쳐야 함에도 이 사건 결정은 그러한 절차를 거치지 아니하였으니 위법하다

ii) 신청을 초과하여 이루어진 결정이다: 농림수산식품부장관의 결정신청 대상에 이 사건 다기능부지가 포함되어 있지 아니함에도 피고의 이 사건 결정은 이 사건 다기능부지에 대해서까지 귀속 지방자치단체를 정하였으므로 위법하다.

iii) 결정 이유가 제시되지 않았다: 행정절차법 제23조 제1항에 의하면 행정청이 처분을 하는 때에는 당사자에게 그 근거와 이유를 제시하여야 함에도, 피고가 이 사건 결정을 통보하면서 단지 이 사건 매립지가 속할 지방자치단체를 군산시로 결정한다는 취지의 결정사항만 고지하였을 뿐 그와 같은 결정의 이유에 관해서는 고지하지 아니하였으므로 위법하다.

2. 실체적 위법의 논거

i) 이 사건 결정이 새만금 전체 매립 대상 지역에 대한 일괄 결정이 아니다: 새만금 전체 매립 대상 지역에 대하여 귀속 지방자치단체를 일괄하여 결정하여야 함에도 피고는 이 사건 결정으로 제3호 방조제(다기능부지 포함) 및 제4호 방조제 구간에 대해서만 귀속 지방자치단체를 결정하였으니 위법하다. 매립공사가 완료된 제1 내지 4호 방조제 구간 중 제3, 4호 방조제 구간이 속할 지방자치단체만을 결정하였으므로 이 사건 결정이 위법하다.

ii) 공정과 형평에 반하는 결정이어서 위법하다: 이 사건 결정이 기존의 해상경계선을 근간으로 한 것이어서 불합리할 뿐만 아니라 그 결정 과정 및 내용이 형평에 반할 정도로 군산시에 유리하여 위법하다.

Ⅳ. 문제의 제기-대상판결의 의의

대상판결은 새만금방조제공사의 마무리에 따른 법적 청산을 담고 있다. 새만금방조제와 관련해서는 비단 환경법의 차원이 아니라 공법적 측면에서 많은 화두가 제기되었다.[2] 2009년 4월에 신설된 지방자치법 제4조 제8항에 의하면, 공유수면 매립지의 관할이 어느 지자체에 속할 것인지에 대한 안전행정부장관의 결정에 이의가 있는 경우 해당 지자체의 장은 대법원에 이의의 소(공유수면 매립지 관할 결정에 대한 이의의 소)를 제기할 수 있다.[3] 대상판결은 신설된 지방자치법 제4조 제8항과 관련하여 처음으로 나타난 효시적 판결이다. 여기서 대법원은 지방자치법상의 지방자치단체의 관할구역 결정의 법적 성질에 관해 상론을 전개하여 행정법도그마틱에 새로운 화두를 던졌다.[4] 따라서 이하에서는 해상경계설

---

2) 특히 대법원 2006.3.16. 선고 2006두330전원합의체판결 및 관련 하급심판결을 두고서 당초결정이후의 사정변경에 대해서 어떤 법적 평가를 할 것인지의 물음만이 아니라, 가령 행정개입청구권이나 절차재개의 법리에서 매우 의미심장한 이슈를 남겼다. 그러나 후속판결을 통해 대법원 2006.03.16 선고 2006두330전원합의체판결 등을 통해 제기된 새로운 물음은 기왕의 판례의 틀을 타파하는 데까지 가지 못하고 일회적 일탈에 그쳤다. 이런 지적으로 김중권, 행정법기본연구 I (2008). 87면 이하; 행정법기본연구 Ⅲ(2010), 315면 이하.

3) 이 규정에 대해서 남복현 교수는 "지자체장이 대법원에 이의의 소를 제기하도록 한 이 조항은 헌법이 규정하고 있는 권한쟁의심판에 어긋나는 것으로 헌법상 권한법질서에 위반한 위헌"이라고 주장했다. 아울러 "공유수면 매립지 소속결정으로 유리한 입장에 놓인 지자체장은 피고측의 제3자로 소송참가를 할 것이므로 사실상 이의의 소는 원고와 소송참가한 제3자간의 다툼이 될 것"이고, "대법원의 결정에 의해 다시 불리한 입장에 놓인 지자체장은 또다시 헌법재판소에 권한쟁의심판을 청구할 것"이라고 지적하면서, 공유수면 매립지 관할 결정에 대한 이의의 소가 사실상 제 역할도 하지 못할 것이라고 진단하였다. 동인, '공유수면 매립지 관할결정을 둘러싼 소송법적 검토', 한국국가법학회 제31회 학술대회(2010.8.20), 발표문.

4) 대상판결에 관한 상론은 김해룡, 공유수면매립지행정구역(귀속)결정에 관한 법제소고, 토지공법연구 제64집(2014.2.), 1면 이하; 김희곤, 새만금 방조제의 행정관할 관련 대법원판결의 의의와 과제, 공법연구 제42집 제3호(2014.2.), 259면 이하 참조.

정에 관한 입법론적 접근은 차후에 강구하고, 바뀐 법률에 의거한 판례의 논증상의 문제점에 관해서 논의를 전개한다.

V. 해양경계분쟁에 관한 쟁송체계 및 그 가늠잣대

1. 기왕의 체계

영해구역이나 어장에 대한 지방자치단체 간의 해상경계 분쟁은 오래 전부터 헌법재판소의 권한쟁의심판이었다.[5] 기본적으로 헌법재판소는 해상경계를 가늠하는 데 있어서 다음의 기조를 견지하고 있다: 특별한 사정이 없다면 조선총독부 육지측량부가 제작한 지형도상의 해상경계선이 그 기준이 될 것이나, 위 지형도가 현재 존재하지 않거나 위 지형도상에 해상경계선이 제대로 표시되어 있지 않더라도, 주민, 구역과 자치권을 구성요소로 하는 지방자치단체의 관할구역에 경계가 없는 부분이 있다는 것은 상정할 수 없고, 조선총독부 육지측량부가 제작한 지형도는 해방 이후 국토지리정보원이 발행한 국가기본도에 대부분 그대로 표시되었으므로, 국토지리정보원이 발행한 국가기본도(지형도) 중

5) 효시적인 것으로 헌재 2004.9.23. 2000헌라2. 참고문헌: 남복현, 공유수면 매립지의 경계획정을 둘러싼 법적 분쟁 : 절차법적 사항을 중심으로, 헌법학연구 제16권 제3호(2010.9.), 739면 이하; 공유수면 매립지의 경계획정을 둘러싼 법적 분쟁에 있어 실체법적 사항: 당진군과 평택시 간의 권한쟁의를 중심으로, 공법연구 제38집 제1호 제2권(2009), 207면 이하; 최우용, 지방자치단체의 구역 및 경계에 관한 법적 과제, 헌법실무연구 제12권(2011), 457면 이하; 김상태, 공유수면 매립지의 관할구역 결정과 사법적(사법적) 분쟁해결제도, 행정법연구 제30호(2011.8.), 133면 이하; 김수진, 송도매립지의 관할구역결정에 관한 공법적 고찰 : 공유수면 매립지관련 헌법재판소 결정들을 중심으로, 행정법연구 제23호(2009.4.), 67면 이하; 김희곤, 새만금지역의 해상경계에 대한 공법학적 고찰, 토지공법연구 제56집 별책부록(제79회 학술대회) 49면 이하.

1948. 8. 15.에 가장 근접한 것을 기준으로 하여 종전에 의한 해상경계선을 확인하여야 하고, 지형도상의 해상경계선이 명시적으로 표시되어 있지 않은 경우에는 행정관습법이 존재한다면 이에 의하고, 행정관습법이 성립하지 아니한 경우에는 지형도에 표시된 해상경계선에서 합리적으로 추단할 수 있는 해상경계선에 의하여야 할 것이다.[6] 헌법재판소는 해상경계선을 주된 기준점으로서 가능한 견지하기 위해서, 법령에 의하여 육상경계선이 변경되더라도 그에 따라 해상경계선도 당연히 변경되는 것으로 보지 않는다.[7]

2. 개정 지방자치법에 따른 체계

2009.4.1.에 신설된 지방자치법 제4조 제8항에 의하면, 공유수면 매립지의 관할이 어느 지자체에 속할 것인지에 대한 안전행정부장관의 결정에 이의가 있는 경우 해당 지자체의 장은 대법원에 이의의 소를 제기할 수 있다. 여기서의 이의제기의 소의 법적 성격을 두고서 논란이 될 수 있지만, 지방자치단체의 구역상의 자치권에 관한 것이어서 지방자치단체의 주관적 지위에 의거해서 지방자치법 제169조 제2항과 마찬가지로 특별한 항고소송에 해당한다.[8] 한편 대법원 단심제와 관련해서 사실심리가 필요한 사안을 법률심인 대법원이 관장하는 것이 법체계에 부합

6) 헌재 2011. 9.29. 2009헌라5 등.

7) 헌재 2010. 6.24. 2005헌라9: '서울특별시 광진구 등 9개 자치구 설치 및 특별시·광역시·도간 관할구역 변경 등에 관한 법률'(1994.12.22. 법률 제4802호로 제정된 것) 제8조에 의하여 이 사건 계쟁지역의 북동부에 인접하고 있는 녹산국가산업단지 부지가 부산광역시 강서구의 관할구역으로 편입되었으나, 이와 같이 육상경계선이 변경되었다 하여 별도의 법령상의 근거도 없이 당연히 그 연안의 해상경계선까지 육상경계의 연장선으로 변경되는 것으로 볼 수는 없다 할 것이고, 다만 육지경계선의 변경에 기초한 새로운 해상경계선에 관하여 새로운 행정관습법이 성립될 여지가 있을 뿐이다.

8) 홍정선, 신지방자치법, 2013, 121면; 문상덕, 지방자치쟁송과 민주주의, 지방자치법연구 제10권 제2호(통권26호), 2010, 34면.

하지 않는다고 비판이 가해질 수 있는데, 일반적인 행정사건과 다른 특성 및 관계 지방자치단체간의 불필요한 소모적인 논란을 감안할 때 비용편익의 견지에서 보면 단심제가 오히려 합리적이라 할 수 있다.

대상판결은 2009.4.1. 지방자치법개정으로 매립지나 지적공부 미등록지의 경우 새로운 메커니즘이 적용되기에 종전의 해상경계선은 고려대상은 되나 전적으로 결정짓는 잣대는 되지 못하며, 우선적으로 효율적인 신규토지의 이용가능성이 주안점이 됨을 강조하였다.[9] 그런데 현행법상 결정기준이 무엇이 될 것인지를 두고서 논란이 있다.[10] 크게 보면, 헌법재판소가 견지해온 전통적인 해상경계선기준설과 그것을 전면 배격하고 육지의 구역결정기준(가령 효율적인 신규토지의 이용가능성)에 전적으로 의거해야 한다는 입장(공공복지적합설)으로 나뉜다. 그리고 이들 입장을 절충하여 해상경계선과 육지의 구역결정기준을 공히 고려해야 한다고 주장된다. 절충적 입장을 취할 때 어떤 기준을 우선할 것인지를 두고서 다투어질 수 있는데, 대상판결에 의하면 효율적인 신규토지의 이용가능성이 우선 고려된다. 한편 다행히 헌법재판소가 권한쟁의심판으로 다룬 사건들은 헌법재판소 판례검색 사이트에 의하면, 2009.4.1. 지방자치법개정 이전에 제기된 사건들이다.

---

9) 개정안에 따를 경우 매립지 등 신규토지에 대한 관할구역을 해상경계선이 아닌 위원회의 심의와 대법원의 판단을 통해 결정함으로써 매립지의 토지이용계획에 맞는 구역 결정을 통한 효율적인 신규토지의 이용이 가능할 것이라고 밝히고 있다. 이는 간척사업 등으로 하상이나 해저로 있던 부분이 육지화되는 경우 기존의 공유수면 상태를 전제로 한 지형도상 해상경계선은 더는 매립지가 귀속될 지방자치단체 결정에 있어 절대적인 기준이 되어서는 아니 되고, 매립지의 토지이용계획에 맞는 구역 결정을 통한 효율적인 신규토지의 이용이 우선적으로 고려되어야 한다는 점을 분명히 한 것으로 볼 수 있다.

10) 논의현황은, 홍정선, 앞의 책, 120면 이하; 정하중, 행정법개론, 694면 이하; 박균성, 행정법론(하), 80면 이하; 최우용, 지방자치단체의 구역 및 경계에 관한 법적 과제, 헌법실무연구 제12권(2011), 467면 이하 참조.

3. 개정 지방자치법에 따른 관할의 일원화

2009.4.1. 지방자치법개정에 따라 '매립지'와 '지적공부 누락 토지'의 에 대한 지방자치단체 간의 해상경계 분쟁은 대법원의 관할로, 이들을 제외한 영해구역이나 어장에 대한 지방자치단체 간의 해상경계 분쟁은 헌법재판소의 관할로 나뉜다. 이제 적어도 법률상으로 이원화되어 있다. 그렇다면 2009.4.1. 지방자치법개정 이전에 제기된 사건은 헌법재판소가 관장하는 것이 당연하지만, 그 이후에 제기된 사건은 대법원의 관할사항이다. 그런데 '매립지'와 '지적공부 누락토지'를 제외한 영해구역이나 어장에 대한 지방자치단체 간에 해상경계 분쟁이 현실적으로 있을 수 있을지 의문이 든다. 결국 이제 해상경계분쟁은 대법원의 관할에 전적으로 속한다.

한편 아직 계류중인 사건에서 헌법재판소가－대상판결이 지적한－2009.4.1. 지방자치법개정의 취지 및 해상경계선을 뒤로 물리는 식의 대상판결의 접근을 어느 정도로 수용할지가 문제될 수 있다. 개폐적 관습법의 인정은 극히 억제되어야 한다는 점에서 의회법률과 성문헌법의 경우 당연히 관습법으로 이들을 배척할 수가 없다. 대상판결이 법개정으로 해상경계선의 관습법적 효력이 변경 제한되었다고 판시한 이상, 그 취지를 도외시하기는 어렵다.[11] 실현되고 있는 법의 妥當根據는 과거에 있는 것이 아니라, 현재에 있다.[12] 여기서 헌재 2010. 6.24. 2005헌라9 등의 반대의견은 시사적이다.[13]

---

11) 특히 육상경계선을 무색하게 해상경계선을 앞세운 헌재 2010. 6.24. 2005헌라9는 대상판결과 정면으로 배치된다.

12) 김형배, 법학방법론, 1981, 41면.

13) 지방자치단체의 관할구역에 관한 법령은 대한민국 건국 이후 현재까지 지방자치단체의 관할구역을 "단기 4281년 8월 15일 현재" 또는 "종전"에 의하는 것으로만 규정해 오고 있는데, 육지와 섬에 대해서는 1948. 8. 15. 현재 지방자치단체의 관할구역이 정해져 있었지만, 영해구역의 해역에 대해서는 1948. 8. 15. 현재나 그 전후로도 법령의 정비가 이루어지지 않고 있고, 그동안의 행정관습에 의

Ⅵ. 사안에서의 구역관할결정의 법적 성질

1. 부분허가로서의 성격

이 사건 결정은 새만금 제3, 제4호 방조제에 대하여만 귀속 지방자치단체를 결정하였다. 매립지에 대한 관할구역결정은 일단 매립을 전제로 하여 행해질 수 있다. 원고의 주장대로 반드시 매립지 전체를 대상으로 하여야 하는지 아니면 부분만이라도 관할결정을 할 수 있는지가 문제된다. 대상판결이 법규정에 비추어 안전행정부장관이 나머지 매립공사가 완료되지 않은 전체 매립 대상 지역에 대하여 일괄하여 귀속 지방자치단체를 결정하지 않았다고 하여 이 사건 결정이 위법하다고 볼 수는 없다고 정당하게 판시하였다.

그런데 여기서의 새만금 제3, 4호 방조제에 대해서만 내린 귀속결정의 법적 성격을 상론할 필요가 있다. 요컨대 그것은 부분허가와 같은 부분적 구역결정이다. 부분허가에 관한 일반론을 살펴보면, 부분적 행정행위이자 단계적 행정행위에 속하는 것이 사전결정(예비결정)과 부분허

하여 영해구역 내에 지방자치단체의 관할구 역과 경계가 명확하게 형성되었다고 보기도 어렵다. 바다를 매립하여 육지를 조성하는 경우에는 매립지를 조성한 주체와 목적, 비용부담관계, 매립지의 이용상황, 인접지와의 연결관계, 행정관할의 효율성 기타 모든 사정을 종합하여 매립지에 대한 행정관할구역을 법령으로 정하는 것이 타당하다. 다수의견은 영해구역에 대한 지방자치단체의 관할구역이 정해져 있다고 주장하면서 국가기본도나 지형도를 근거로 내세우지만, 국가기본도상의 해상경계선은 섬의 소속을 표시하는 것에 불과하고 지방자치단체 관할권의 범위를 확정하는 법적 기준이 될 수는 없다. 지방자치단체 사이에 현실적으로 존재하는 관할분쟁을 해결할 필요가 있다고 하더라도, 그러한 분쟁을 해결할 기준은 헌법과 법령에 의하여 정해져야 하고, 헌법재판소가 권한쟁의의 심판기준을 입법할 수는 없다 할 것인데, 이 사건 계쟁지역과 관련하여 매립 전의 바다에 대해서나 매립 후의 육지에 대해서나 지방자치단체의 관할구역을 정하는 법령이 제정된 바 없어, 이 사건 청구인 또는 피청구인 부산광역시 등의 어느 일방도 이 사건 계쟁지역에 대한 관할권을 주장할 법적 근거가 없다 할 것이므로, 이 사건 심판청구는 모두 기각되어야 할 것이다.

가이다.[14] 이는 전체행위인 다단계적 행정행위와는 완전히 구별된다. 사전결정제도가 가분적(可分的)인 개개의 허가요건, 가령 전체구상이나 부지선정에 관한 것(예: 폐기물관리법상의 적정(적합)통보제)이라면, 부분허가제도는 사실적(실체적)으로 구분지울 수 있는 설비부분의 설립과 운영에 관한 것이다. 부분허가에서는 전체 사업안 즉, 전체설비와 관련한 잠정적, 긍정적 전체판단이 그 요건일 뿐만 아니라, 부분허가에 의해서 조성된 규율의 실체적(사실적) 부분이기도 하다. 그리하여 후속 허가부분과 관련하여 행정청에 대해서 어느 정도의 사전효과와 구속을 발생시킨다. 다만 판단의 잠정성으로 인해 구속효상의 한정은 필연적이다. 그 결과 허가될 설비부분을 추후에 상세히 심사한 즉, 설비부분이 애초에 계획한 대로 시행될 수 없다는 것이 드러난 경우 또는 미허가설비부분상의 사실·법상황의 변화로 말미암아 새로운 요구가 성립한 경우에는 구속효가 소멸한다.[15]

부분허가인 이상, 대상판결이 새만금 제3, 4호 방조제에 대한 귀속결정이 전체 새만금 귀속결정의 허용성에 관한 긍정적 판단을 전제로 한 것은 바람직하다. 그러나 유의할 점은 새만금 제3, 4호 방조제에 대한 귀속결정은 종국적 성격이 아니라 잠정적 성격을 갖는다는 점이다. 즉, 금번 구역관할결정이 차후의 다른 방조제에 관한 구역관할결정을 미리 종국적으로 확정한 것은 아니다.

부분허가를 인정하는 데 있어서 특별한 법률적 근거가 필요한지 여부가 다투어질 수 있다. 개개의 부분허가가 전체허가에 대해서 나름 독립적으로 존재한다 하더라도, 그것이 전체허가의 부분집합인 이상, 특별한 법률적 근거가 없더라도 무방하다. 다만 전체허가를 신청하였음에도 불구하고, 부분허가가 발급된 경우에는 문제가 될 수 있다. 왜냐하면 이는 마치 일부 취소와 같은 의미에서 부담적 효과를 갖기 때문이다.

---

14) 김중권, 행정법, 194면 이하.

15) Kloepfer, Umweltrecht, 3.Aufl. 2004, §5 Rn.115.

2. 계획재량으로서의 성격

(1) 판례의 접근

지방자치법은 공유수면관리법에 의한 매립지에 대하여 그 귀속 지방자치단체를 안전행정부장관이 결정하도록 규정하고 있지만(제4조 제3항), 그 결정기준에 관하여는 아무런 규정을 두고 있지 아니하다. 이 점에 착안하여 대상판결은 피고는 매립지가 속할 지방자치단체를 정함에 있어 상당한 형성의 자유를 가지게 된다고 전제하면서, 다음과 같이 형량명령에서의 논증구조를[16] 대입한다: "그 관할결정은 계획재량적 성격을 지니는 점에 비추어 위와 같은 형성의 자유는 무제한의 재량이 허용되는 것이 아니라 아래와 같이 여러 가지 공익과 사익 및 관련 지방자치단체의 이익을 종합적으로 고려하여 비교·교량하여야 하는 제한이 있다. 따라서 피고가 위와 같은 이익형량을 전혀 행하지 아니하거나 이익형량의 고려 대상에 마땅히 포함시켜야 할 사항을 누락한 경우 또는 이익형량을 하였으나 정당성·객관성이 결여된 경우에는 그 매립지가 속할 지방자치단체 결정은 재량권을 일탈·남용한 것으로서 위법하다고 보아야 한다."

(2) 유사한 사례

그런데 판례는 이전부터 사안이 계획수립확정이 아님에도 불구하고 기왕의 형량명령의 논증구조를 대입하였다.[17] 토지수용법, 도시계획

---

16) 대법원 2007.1.25. 선고 2004두12063판결 등.

17) 독일의 경우 명문의 규정(연방건설법전 제1조 제7항)을 두고 있지만, 우리는 실정법적 근거가 없다. 그럼에도 불구하고, 판례는 오래 전부터 계획법제의 이상의 구조적 특수성에 바탕을 두고서 행정의 광범한 계획형성의 자유를 인정하였으며, 또한 이를 전제로 형량명령의 법리를 인정하여 왔다. 사실 모든 중요사항을 남김없이 고려해야 한다는 형량명령은 계획형성의 자유를 정당화시키거니와 계획결정이 지닌 법률상의 축소된 결정인자의 결핍을 법치국가원리의 차원에서 메우기도 한다. 이 점에서 형량명령은 법치국가원리의 표현인 동시에 헌법적으로 주어

법 등 관계 법령의 규정에 의한 사업인정은 건설부장관이 공익사업의 시행자에게 그 후 일정한 절차를 거칠 것을 조건으로 하여 일정한 내용의 수용권을 설정해 주는 행정처분의 성격을 띠는 것으로서, 그 사업인정을 받음으로써 수용할 목적물의 범위가 확정되고 수용권자로 하여금 목적물에 대한 현재 및 장래의 권리자에게 대항할 수 있는 일종의 공법상의 권리로서의 효력을 발생시키는 것이다.[18] 즉, 설권적 형성처분이다. 사업인정이 수용권과 사용권을 설정해 주는 것임에도 불구하고 법률은 특별한 요건이나 행사기준을 규정하고 있지 않다. 그럼에도 판례는 "당해 사업이 외형상 토지 등을 수용 또는 사용할 수 있는 사업에 해당된다 하더라도 행정주체로서는 그 사업이 공용수용을 할 만한 공익성이 있는지의 여부와 공익성이 있는 경우에도 그 사업의 내용과 방법에 대하여 사업인정처분에 관련된 자들의 이익을 공익과 사익 간에서는 물론, 공익 상호간 및 사익 상호간에도 정당하게 비교·교량하여야 하고, 그 비교·교량은 비례의 원칙에 적합하도록 하여야 한다."고 판시하였다.[19] 계획형성의 자유(이른바 계획재량)와 관련한 기왕의 형량명령의 논증[20]을 그대로 대입한 것이다.[21]

(3) 구역관할결정의 계획재량적 인식의 문제점

한편 관할결정을 곧바로 계획재량으로 접근하는 것은 문제가 있다. 계획행위는 목표설정은 물론 수단선택과 관련해서 어느 정도의 자율성을 지닌다. "형성의 자유가 없는 계획은 그 자체가 모순이다."[22] 따라서

진 것으로 볼 수 있다. Oldiges, in: Steiner(Hrsg.), Besonderes Verwaltungsrecht, 8.Aufl., 2006, Ⅲ B, Rn.42. 참고로 독일 연방행정법원은 법치국가원리로부터 형량명령을 도출하기도 한다((BVerwGE 41, 67ff.).

18) 리딩판결: 대법원 1987.9.8. 선고 87누395판결.

19) 대법원 2005.4.29. 선고 2004두14670판결; 2011.1.27. 선고 2009두1051판결.

20) 대법원 2007.1.25. 선고 2004두12063판결 등.

21) 이에 관한 상세는 졸고, 2011년도 主要 行政法(行政)判決의 分析과 批判에 관한 小考, 안암법학 제38호(2012.5.31.), 77면 이하.

계획결정주체가 자기책임껏 계획을 확정할 수 있는 것이 불가결하다. 입법형성의 자유처럼 행정은 계획행위를 함에 있어서 목표를 실현하는 수단의 선택에서 보통의 재량과는 다르게 매우 광범한 형성의 자유를 누린다(계획형성의 자유 또는 계획재량). 그런데 계획행위의 본질 그 자체로부터 이런 형성권능이 도출되지 않는 한, 계획법규범의 구조로부터 도출되는 규범적 수권이 필요하다. 보통의 행정법제는 조건명제적(가언명제적) 프로그램을 갖는다. 반면 계획법제는 성립요건(구성요건)과 법효과의 구성을 갖지 않고, 일반적인 계획목적(목표)을 설정할 뿐이고, 행정은 그 목표를 실현하기 위한 여러 수단을 종합적으로 동원한다. 즉, 목표(목적)와 수단의 틀 또는 목적프로그램의 구성이 그 특징이다. 이처럼 조건명제적 프로그램과 목적프로그램을 대비시키는 것은 행정재량과 계획형성의 자유(계획재량)를 구분하기 위함이다. 즉, 비록 계획재량과 통상의 재량 간에 질적 차이점은 없어서,[23] 계획결정은 보통의 행정재량보다 더한 고강도의 형량결정이라 하더라도, 계획형성의 자유 또는 계획재량의 존재근거는 이상과 같은 계획법제의 구조적 특수성에 있다.

따라서 매립지관할결정을 계획재량으로 설정하기 위해서는 먼저 계획법제와 지방자치법 제4조간의 구조상의 유사성이 인정되어야 하는데, 대상판결은 그렇게 논증하지 않았다. 일정한 법효과에 관한 개별수권에 터 잡은 재량과 비교해서, '자유로운 행위'는 법률이 선택대상인 법효과를 전혀 언급하지 않거나 특정하지 않은 경우에 행정이 자유롭게 활동에 나서는 것을 말한다.[24] 구역관할결정을 위한 아무런 기준을 요건으로 설정하지 않은 지방자치법 제4조의 특수성을 감안하면, 구역관할결정은 '자유로운 행위'의 일종으로 봄직하다. 그런데 전통적인 특별

22) BVerwGE 34, 301(304);48, 56(59).

23) KöcK, Pläne, in: Hoffmann-Riem/Schmidt-Aßman/Voßkuhle(Hrsg.), Grundlagen des Verwaltungsrechts Bd. Ⅱ(2008), §37 Rn93.

24) 김남진/김연태, 행정법Ⅰ, 210면.

권력관계를 전제로 하여 '법률로부터 자유로운 행위'를 상정하지 않는 한, '자유로운 행위'와 재량을 구별하기란 쉽지 않다. 왜냐하면 재량 자체가 자유로운 행위의 일종이기 때문이다. 이 점에서 양자의 차이는 양적 차이로 이해된다.

수단선택의 자유의 정도의 측면에서, 보통의 재량은 '자유로운 행위'와 계획형성의 자유 또는 계획재량과 비교해서 양적 차이에 불과하기에, '자유로운 행위'의 일종인 계획형성의 자유 또는 계획재량에서의 논증구조를 사안에 적용하는 것 그 자체가 불허된다고는 할 수 없다. 하지만 계획법제에 의거하지 않은 결정을 곧바로 계획결정으로 치환하는 것은 오해를 낳는다. 구역관할결정과 관련하여 아무런 요건을 정하지 않은 현행 입법상황이 정당화될 수 있기 때문이다.

Ⅶ. 개정 지방자치법에 따른 구역관할결정의 구체적인 가늠잣대

개정 지방자치법하에서 대상판결은 종전의 가늠잣대인 해양경계선에서 벗어나 효율적인 신규토지의 이용가능성에 초점을 맞춘다. 그리하여 형량명령을 구체적으로 적용함에 있어서 매립지가 속할 지방자치단체를 정함에 있어 고려하여야 할 관련 이익의 범위 등은 위 지방자치법 개정의 취지 등에 비추어 일반적으로 다음과 같은 사항이 포함되어야 한다고 판시하였다: ① 매립지 내 각 지역의 세부 토지이용계획 및 인접지역과의 유기적 이용관계 등을 고려하여 관할구역을 결정함으로써 효율적인 신규토지의 이용이 가능하도록 하여야 한다. ② 공유수면이 매립에 의하여 육지화된 이상 더는 해상경계선만을 기준으로 관할 결정을 할 것은 아니고, 매립지와 인근 지방자치단체 관할구역의 연결 형상, 연접관계 및 거리, 관할의 경계로 쉽게 인식될 수 있는 도로, 하천, 운하 등 자연지형 및 인공구조물의 위치 등을 고려하여 매립지가 토지로 이용되는 상황을 전제로 합리적인 관할구역 경계를 설정하여야 한다. ③ 매립지와 인근 지방자치단체의 연접관계 및 거리, 도로, 항만, 전기, 수도, 통신 등 기반시설의 설치·관리, 행정서비스의 신속한 제공, 긴급상황 시 대처능력 등 여러 요소를 고려하여 행정의 효율성이 현저히 저해되지 않아야 한다. ④ 매립지와 인근 지방자치단체의 교통관계, 외부로부터의 접근성 등을 고려하여 매립지 거주 주민들의 입장에서 어느 지방자치단체의 관할구역에 편입되는 것이 주거생활 및 생업에 편리할 것인지를 고려하여야 한다. ⑤ 매립으로 인하여 인근 지방자치단체들 및 그 주민들은 그 인접 공유수면을 상실하게 되므로 이로 인하여 잃게 되는 지방자치단체들의 해양 접근성에 대한 연혁적·현실적 이익 및 그 주민들의 생활기반 내지 경제적 이익을 감안하여야 한다.

여기서 판례의 접근이 형량통제의 차원에서 적절한지 검토되어야 한다. 형량결정에 관한 사법심사는 제한적일 수밖에 없다. 사법통제의 중점은 형량의 과정과 이유제시에 모아지는데, 그러나 형량결과는 법에서 설정된 중요사항이 객관적인 비중에 걸맞지 않게 다루어졌는지 여부에만 좌우된다.[25] 종래에 형량명령을 적용한 제 사례와 비교해서 보면, 대상사안에서 법원이 매우 구체적으로 형량명령의 이행을 검토하였다. 자칫 막연한 구두선에 불과할 수 있는 형량명령이 생생히 기능할 수 있게 하였다. 적극적인 사법심사의 모습으로 매우 호평할 만하다. 그런데 계획결정의 경우에는 그 구조상 개별법규정에 수단을 설정하는 것이 어려워서 그에 대한 통제메커니즘의 일환인 형량명령의 존재만으로 만족하여야 하지만, 사안과 같은 자유로운 행위의 경우 아무런 요건기준을 설정하지 않고 내버려 두는 것이 바람직한지 매우 의문스럽다. 사실 판례가 제시한 고려사항과 이익은 충분히 입법차원에서 비록 대강일 망정

25) 형량심사에 관해서는 Jestaedt, in: Erichsen/Ehlers(Hrsg.), Allg. VerwR, 14.Aufl., 2010,, §11 Rn.42.

마련할 수 있다. 지방자치법 및 동법 시행령에서 그런 사항을 찾을 수가 없다.[26)]

법치국가에서 행정활동은 사전예측할 수 있어야 하고, 가늠할 수 있어야 하고, 심사할 수 있어야 한다(명확성의 원칙, 사전예측가능성의 원칙, 가측성(可測性)의 원칙). "법치국가원리에서 도출되는 명확성 원칙은 기본적으로 모든 기본권제한입법에 대하여 요구된다. 이에 따라 법률은 명확한 용어로 규정함으로써 적용대상자에게 그 규제내용을 미리 알 수 있도록 공정한 고지를 하여 장래의 행동지침을 제공하고, 동시에 법집행자에게 객관적 판단지침을 주어 차별적이거나 자의적인 법해석을 예방할 수 있어야 한다. 그러므로 법규범의 규정내용으로부터 무엇이 금지되는 행위이고 무엇이 허용되는 행위인지를 수범자가 알 수 없다면 법적 안정성과 예측가능성은 확보될 수 없게 될 것이고, 또한 법집행 당국에 의한 자의적 집행을 가능하게 할 것이다."[27)] 요컨대 불명확 무효의 법리(uni jus incertum, ibi jus nullum)에 바탕은 둔 명확성의 원칙 등에서 보면, 관할결정의 근거규정은 치명적인 문제점을 안고 있다.

Ⅷ. 절차하자의 문제

결정이유가 제시되지 않았다는 주장에 관하여, 대상판결은 "을 제8호증의 1, 2의 각 기재에 의하면, 피고는 전라북도를 통하여 2010. 11. 23. 이 사건 결정의 근거가 된 이유가 구체적으로 제시된 위원회의 의결문을 위 원고들에게 송부한 사실이 인정되므로, 위 원고들의 이 부분 주장 역시 이유 없다."고 판시하였다. 원고들은 행정절차법상의 이유제

26) 다른 분쟁조정위원회와는 달리 지방자치단체 중앙분쟁조정위원회에 관한 공식적인 정보를 찾을 수가 없다.

27) 헌재 1992. 4. 28. 90헌바27등.

시상의 하자를 주장한 것인데, 이에 대한 법원의 판단은 자칫 기왕의 태도에 비추어 오해를 살 수 있다. 지방자치법 제4조 제4항에 의하면 「공유수면 관리 및 매립에 관한 법률」 제28조에 따른 면허관청 또는 관련 지방자치단체의 장이 관할결정을 신청하는데, 사안에서는 농림수산식품부장관이 신청하였다. 농림수산식품부장관만이 관할결정의 상대방(수범자)이고, 여기서의 원고는 제3자이다. 자칫 대상판결을 계기로 이해관계인인 제3자에게도 이유제시가 행해져야 한다는 식으로 오해를 낳을 수 있다.

제3자는 당사자로 당연히 되지 못하지만, 이해관계인은 될 수 있기에, 그에 대해 사전통지는 물론 이유제시가 있어야 하는지 여부가 다투어진다. 사전통지의 경우를 보면 부정설은 명문으로 사전통지는 당사자를 대상으로 한다는 점을 내세우는 반면, 긍정설은 사전통지의 인적대상에 이해관계인에게 포함시키는 것이 행정절차법의 이념에 부합된다고 주장한다.[28] 긍정설의 취지는 충분히 공감할 만하나, 현행의 법문에서 그것의 실현은 쉽지 않다.[29] 해석을 통해 이해관계인에게까지 사전통지(의무)를 확대할 순 없다.[30] 이유제시 역시 마찬가지이다. 요컨대 법원으로서는 현행법의 구조를 감안하면, 이유제시상의 하자주장은 처음부터

28) 논의현황은 김철용, 행정법, 2014, 335면.

29) 한편 행정절차법 제21조 제1항, 제4항, 제22조에 의하면, 행정청이 당사자에게 의무를 과하거나 권익을 제한하는 처분을 하는 경우에는 미리 처분하고자 하는 원인이 되는 사실과 처분의 내용 및 법적 근거, 이에 대하여 의견을 제출할 수 있다는 뜻과 의견을 제출하지 아니하는 경우의 처리방법 등의 사항을 당사자 등에게 통지하여야 하고, 또한 다른 법령 등에서 필수적으로 청문을 실시하거나 공청회를 개최하도록 규정하고 있지 아니한 경우에도 당사자 등에게 의견제출의 기회를 주어야 한다. 여기서 당사자등의 표현을 사용하기에 이해관계자에게도 당연히 사전통지를 하여야 할지 논란이 될 수 있는데, 행정절차법 제2조 4호에 의하면 이해관계인은 행정청이 직권으로 또는 신청에 따라 －참여허용결정이 내려져서－ 행정절차에 참여하게 된다.

30) 입법정책적 차원(de lege ferenda)에서 정보공개법에서의 청구사실의 제3자에 대한 통지(제21조 제1항)와 같은 제도가 마련되어야 한다.

근거가 없다고 판시하는 것이 타당하다.31)

IX. 맺으면서-새만금판결의 含意를 새로운 학문적 자산으로

새만금방조제가 낳은 대상판결과 대법원 2006.3.16 선고 2006두330전원합의체판결은 그 이슈의 사회적 파장과 함께 우리 공법학에 간단치 않은 화두를 제기하였다. 이를 계기로 이제까지의 틀과 함께 앞으로의 전개에 대해 깊은 성찰이 필요하다. 사안에서 구역관할결정의 핵심은 사실상 지방자치단체중앙분쟁조정위원회가 심의하고 의결하고 주무장관은 이를 따른다. 판례법은 법률적 규정이 전혀 없는 경우와 입법자가 개괄조항을 설정하거나 불확정법개념을 사용하여 규정한 경우에 한하여 주효할 수 있다. 즉, 여기서 법관은 현행법을 토대로 삼아야 하고, 흠결과 의문이 있을 때 그 현행법을 보충하고 구체화하여야 한다. '창조적 법발견'을 통해 법률흠결을 메우는 것이 법관에게 맡겨지더라도, 법관의 법창조를 법정립과 동일하게 여겨선 곤란하다.32)

법치국가는 법과 합리성을 통해서, 자신의 활동을 사전에는 예상가능하게, 사후에는 통제가능하게 만든다. 따라서 무엇보다도 구역관할결

---

31) 한편 판례는 행정청이 신규영업자에 대해 영업자지위승계신고를 수리하면, 종전의 영업자에 대한 영업허가 등이 그 효력을 잃는다는 점에서, 식품위생법 규정에 의해 영업자지위승계신고를 수리하는 처분은 종전의 영업자의 권익을 제한하는 처분이고 당연히 그를 상대로 사전통지 등의 절차를 밟아야 한다고 판시하였다(대법원 2003. 2. 14. 선고 2001두7015판결). 판례의 이런 태도는 법문이 당사자를 처분에 대해 직접 그 상대가 되는 자로 규정한 것에 반한다. 영업자지위승계신고의 수리와 관련해서 종전 영업자는 이해관계인일 뿐이다.

32) 일찍이 독일 연방헌법재판소는 법의 후속적 형성이란 법원의 임무와 권능을 인정하긴 하나, 그들 기본법 제20조 제3항의 법관의 법·법률의 구속에 의해 도출된 한계 역시 동시에 강조하였다. Vgl. BVerfGE 34, 269(286ff.).

정의 판단기준이 법령상으로 전혀 제시되지 않고 있는 현행법상황은 조속하게 개정되어야 한다. 미네르바의 부엉이가 하루를 성찰로 보낸 다음에 황혼에 비상하듯이, 대상판결을 기점으로 삼아 '자유로운 행위'나 '형량명령의 대입' 등에 대한 숙고가 필요하다. "법학은 변혁에 대항하기보다는 반대로 이를 즐거이 환영하여야 한다. 왜냐하면 법학은 그에 의하여 새로운 개념형성 활동의 기회를 가지게 되기 때문이다."[33)]

---

33) 양창수(역), 예링, "다시 지상에서－어떻게 개선할 것인가?", 서울대 법학 제39권 제3호, 1998, 77면.

참고문헌

김남진·김연태, 행정법 I, 2014.

김동희, 행정법 I, 2014.

김중권, 행정법, 2013.

______, 행정법기본연구 I (2008), Ⅱ(2009), Ⅲ(2010), Ⅳ(2013).

김철용, 행정법, 2014.

김형배, 법학방법론, 1981

박균성, 행정법론(상)(하), 2014.

석종현·송동수, 일반행정법(상), 2011.

유지태·박종수, 행정법신론, 2012.

정하중, 행정법개론, 2014.

홍정선, 행정법원론(상)(하), 2014.

______, 신지방자치법, 2013,

홍준형, 행정법, 2012.

김상태, 공유수면 매립지의 관할구역 결정과 사법적(사법적) 분쟁해결제도, 행정법연구 제30호(2011.8.), 133면 이하

김수진, 송도매립지의 관할구역결정에 관한 공법적 고찰: 공유수면매립지 관련 헌법재판소 결정들을 중심으로, 행정법연구 제23호(2009.4.), 67면 이하.

김중권, 2012년도 主要 行政法(行政)判決의 分析과 批判에 관한 小考. 안암법학 제42호, 2013.9.30., 55면 이하.

김해룡, 공유수면매립지행정구역(귀속)결정에 관한 법제소고, 토지공법연구 제64집(2014.2.), 1면 이하.

김희곤, 새만금지역의 해상경계에 대한 공법학적 고찰, 토지공법연구 제56집 별책부록(제79회 학술대회) 49면 이하.

______, 새만금 방조제의 행정관할 관련 대법원판결의 의의와 과제, 공법연구 제42집 제3호(2014.2.), 259면 이하.

남복현, '공유수면 매립지 관할결정을 둘러싼 소송법적 검토', 한국국가법학회 제31회 학술대회(2010.8.20), 발표문.

______, 공유수면 매립지의 경계획정을 둘러싼 법적 분쟁 : 절차법적 사항을 중심으로, 헌법학연구 제16권 제3호(2010.9.), 739면 이하.

______, 공유수면 매립지의 경계획정을 둘러싼 법적 분쟁에 있어 실체법적 사항: 당진군과 평택시 간의 권한쟁의를 중심으로, 공법연구 제38집 제1호 제2권(2009), 207면 이하.

문상덕, 지방자치쟁송과 민주주의, 지방자치법연구 제10권 제2호(통권26호), 2010, 23면 이하.

양창수(역), 예링, "다시 지상에서－어떻게 개선할 것인가?", 서울대 법학 제39권 제3호, 1998

최우용, 지방자치단체의 구역 및 경계에 관한 법적 과제, 헌법실무연구 제12권(2011), 457면 이하.

Erichsen/Ehlers(Hrsg.), Allg. VerwR, 14.Aufl., 2010.

Hoffmann－Riem/Schmidt－Aßman/Voßkuhle(Hrsg.), Grundlagen des Verwaltungsrechts Bd. Ⅱ, 2008.

Kloepfer, Umweltrecht, 3.Aufl. 2004,

Steiner(Hrsg.), Besonderes Verwaltungsrecht, 8.Aufl., 2006.

국문초록

대상판결은 새만금방조제공사의 마무리에 따른 법적 청산을 담고 있다. 새만금방조제와 관련해서는 비단 환경법의 차원이 아니라 공법적 측면에서 많은 화두가 제기되었다. 2009년 4월에 신설된 지방자치법 제4조 제8항에 의하면, 공유수면 매립지의 관할이 어느 지자체에 속할 것인지에 대한 안전행정부장관의 결정에 이의가 있는 경우 해당 지자체의 장은 대법원에 이의의 소(공유수면 매립지 관할 결정에 대한 이의의 소)를 제기할 수 있다. 대상판결은 신설된 지방자치법 제4조 제8항과 관련하여 처음으로 나타난 효시적 판결이다. 대상판결은 피고(안전행정부장관)는 매립지가 속할 지방자치단체를 정함에 있어 상당한 형성의 자유를 가지게 된다고 전제하면서, 다음과 같이 형량명령에서의 논증구조를 대입한다. 그러나 관할결정을 곧바로 계획재량으로 접근하는 것은 문제가 있다. 관할구역결정과 관련하여 아무런 요건을 규정하지 않은 현행 입법상황이 정당화될 수 있기 때문이다. 법치국가는 법과 합리성을 통해서, 자신의 활동을 사전에는 예상가능하게, 사후에는 통제가능하게 만든다. 따라서 무엇보다도 구역관할결정의 판단기준이 법령상으로 전혀 제시되지 않고 있는 현행법상항은 조속하게 개정되어야 한다.

주제어: 매립지 관할결정, 형량명령, 계획재량, 자유로운 행위, 형량명령

Zusammenfassung

Rechtsfragen der Zurechnungsentscheidung nach der Landgewinnung

Kim, Jung−Kwon*

Die Landgewinnung verursacht umstrittene Zurechnungsfrage. Früher hat das Verfassungsgericht über die Zurechnungsfrage der Landgewinnung entschieden. Gemeindeordnung ist im Jahr 2009 geändert. Gemäß. §4 Ⅲ Gemeindeordnung soll Gemeindegrenze nach der Landegewinnung durch Minister entschieden werden. Gemäß. §4 Ⅷ entscheidet Höchtsgerichtshof(HGH) Streitigkeit über Gemeindegrenze. Höchtsgerichtshof(HGH) versucht zu Recht die neue Lösung aufgrund der änderten Rechtslage in Gemeideordnung zu finden. Bei der Gemeindegrenze−Entscheidung hat Behörde deshalb mehr Hand−lungsspielraum als das Ermessen, weil es keine Voraussetzungen für Zurechnungsentscheidung gibt. HGH entdeckt zu Unrecht den Lösungsansatz in Abwägungsgebot bei Planermessen.

Schüsselwörter: Landgewinnung, Zurechnungsfrage, Gemeindeordnung, Gemeindegrenze−Entscheidung Planermessen, Abwägungsgebot

* Chung−Ang University Law School

투 고 일: 2014. 5. 31
심 사 일: 2014. 6. 17
게재확정일: 2014. 6. 20

附　　錄

研究倫理委員會 規程

研究論集 刊行 및 編輯規則

「行政判例研究」原稿作成要領

歷代 任員 名單

月例 集會 記錄

研究倫理委員會 規程

제1장 총　칙

제 1 조 (목적)

이 규정은 사단법인 한국행정판례연구회(이하 "학회"라 한다) 정관 제26조에 의하여 연구의 진실성을 확보하기 위하여 설치하는 연구윤리위원회(이하 "위원회"라 한다)의 구성 및 운영에 관한 기본적인 사항을 정함을 목적으로 한다.

제 2 조 (적용대상)

이 규정은 학회의 정회원·준회원 및 특별회원(이하 "회원"이라 한다)에 대하여 적용한다.

제 3 조 (적용범위)

연구윤리의 확립 및 연구진실성의 검증과 관련하여 다른 특별한 규정이 없는 한 이 규정에 따른다.

제 4 조 (용어의 정의)

이 규정에서 사용하는 용어의 정의는 다음과 같다.

1. "연구부정행위"는 연구를 제안, 수행, 발표하는 과정에서 연구목적과 무관하게 고의 또는 중대한 과실로 행하여진 위조·변조·표절·부당한 저자표시 등 연구의 진실성을 심각하게 해치는 행위를 말한다.
2. "위조"는 존재하지 않는 자료나 연구결과를 허위로 만들고 이를 기록하거나 보고하는 행위를 말한다.
3. "변조"는 연구와 관련된 자료, 과정, 결과를 사실과 다르게

변경하거나 누락시켜 연구가 진실에 부합하지 않도록 하는 행위를 말한다.

4. “표절”은 타인의 아이디어, 연구 과정 및 연구결과 등을 정당한 승인 또는 적절한 인용표시 없이 연구에 사용하는 행위를 말한다.
5. “부당한 저자 표시”는 연구내용 또는 결과에 대하여 학술적 공헌 또는 기여를 한 자에게 정당한 이유 없이 저자 자격을 부여하지 않거나, 학술적 공헌 또는 기여를 하지 않은 자에게 감사의 표시 또는 예우 등을 이유로 저자 자격을 부여하는 행위를 말한다.

제2장 연구윤리위원회의 구성 및 운영

제5조 (기능)

위원회는 학회 회원의 연구윤리와 관련된 다음 각 호의 사항을 심의 · 의결한다.

1. 연구윤리 · 진실성 관련 제도의 수립 및 운영 등 연구윤리확립에 관한 사항
2. 연구윤리 · 진실성 관련 규정의 제·개정에 관한 사항
3. 연구부정행위의 예방 · 조사에 관한 사항
4. 제보자 및 피조사자 보호에 관한 사항
5. 연구진실성의 검증·결과처리 및 후속조치에 관한 사항
6. 기타 위원장이 부의하는 사항

제6조 (구성)

① 위원회는 위원장과 부위원장 각 1인을 포함하여 7인 이내의 위원으로 구성한다.

② 위원장은 부회장 중에서, 부위원장은 위원 중에서 회장이 지명

한다.

③ 부위원장은 위원장을 보좌하고 위원장의 유고시에 위원장의 직무를 대행한다.

④ 위원은 정회원 중에서 회장이 위촉한다.

⑤ 위원장과 부위원장 및 위원의 임기는 1년으로 하되 연임할 수 있다.

⑥ 위원회의 제반업무를 처리하기 위해 위원장이 위원 중에서 지명하는 간사 1인을 둘 수 있다.

⑦ 위원장은 위원회의 의견을 들어 전문위원을 위촉할 수 있다.

제 7 조 (회의)

① 위원장은 필요한 경우 위원회의 회의를 소집하고 그 의장이 된다.

② 회의는 재적위원 과반수 출석과 출석위원 과반수 찬성으로 의결한다. 단 위임장은 위원회의 성립에 있어 출석으로 인정하되 의결권은 부여하지 않는다.

③ 회의는 비공개를 원칙으로 하되, 필요한 경우에는 위원이 아닌 자를 참석시켜 의견을 진술하게 할 수 있다.

제 3 장 연구진실성의 검증

제 8 조 (연구부정행위의 조사)

① 위원회는 구체적인 제보가 있거나 상당한 의혹이 있는 경우에는 연구부정행위의 존재 여부를 조사하여야 한다.

② 위원회는 조사과정에서 제보자 · 피조사자 · 증인 및 참고인에 대하여 진술을 위한 출석과 자료의 제출을 요구할 수 있다.

③ 위원회는 연구기록이나 증거의 멸실, 파손, 은닉 또는 변조 등을 방지하기 위하여 상당한 조치를 취할 수 있다.

제 9 조 (제보자와 피조사자의 권리 보호)

① 위원회는 어떠한 경우에도 제보자의 신원을 직·간접적으로 노출시켜서는 안 된다. 다만, 제보 내용이 허위인 줄 알았거나 알 수 있었음에도 불구하고 이를 신고한 경우에는 보호 대상에 포함되지 않는다.

② 위원회는 연구부정행위 여부에 대한 검증과정이 종료될 때까지 피조사자의 명예나 권리가 침해되지 않도록 노력하여야 한다.

제10조 (비밀엄수)

① 위원회의 위원은 연구부정행위의 조사, 판정 및 제재조치의 건의 등과 관련한 일체의 사항을 비밀로 하며, 검증과정에 직·간접적으로 참여한 자는 검증과정에서 취득한 정보를 누설하여서는 아니 된다.

② 위원장은 제 1 항에 규정된 사항으로서 합당한 공개의 필요성이 있는 때에는 위원회의 의결을 거쳐 공개할 수 있다. 다만, 제보자 · 조사위원 · 증인 · 참고인 · 자문에 참여한 자의 명단 등 신원과 관련된 정보가 당사자에게 부당한 불이익을 줄 가능성이 있는 때에는 공개하지 아니한다.

제11조 (제척 · 기피 · 회피)

① 위원은 검증사건과 직접적인 이해관계가 있는 때에는 당해 사건의 조사 · 심의 및 의결에 관여하지 못한다. ② 제보자 또는 피조사자는 위원에게 공정성을 기대하기 어려운 사정이 있는 때에는 그 이유를 밝혀 당해 위원의 기피를 신청할 수 있다. 위원회에서 기피신청이 인용된 때에는 기피 신청된 위원은 당해 사건의 조사 · 심의 및 의결에 관여하지 못한다.

③ 위원은 제 1 항 또는 제 2 항의 사유가 있다고 판단하는 때에는 회피하여야 한다.

④ 위원장은 위원이 검증사건과 직접적인 이해관계가 있다고 인정하는 때에는 당해 검증사건과 관련하여 위원의 자격을 정지할 수 있다.

제12조 (의견진술, 이의제기 및 변론기회의 보장)

위원회는 제보자와 피조사자에게 관련 절차를 사전에 알려주어야 하며, 의견진술, 이의제기 및 변론의 기회를 동등하게 보장하여야 한다.

제13조 (판정)

① 위원회는 위원들의 조사와 심의 결과, 제보자와 피조사자의 의견진술, 이의제기 및 변론의 내용을 토대로 검증대상행위의 연구부정행위 해당 여부를 판정한다.

② 위원회가 검증대상행위의 연구부정행위 해당을 확인하는 판정을 하는 경우에는 재적위원 과반수 출석과 출석위원 3분의 2 이상의 찬성으로 한다.

제4장 검증에 따른 조치

제14조 (판정에 따른 조치)

① 위원장은 제13조 제1항의 규정에 의한 판정결과를 회장에게 통보하고, 검증대상행위가 연구부정행위에 해당한다고 판정된 경우에는 위원회의 심의를 거쳐 그 판정결과에 따라 필요한 조치를 건의할 수 있다.

② 회장은 제1항의 건의가 있는 경우에는 다음 각 호 중 어느 하나의 제재조치를 하거나 이를 병과할 수 있다.

1. 연구부정논문의 게재취소
2. 연구부정논문의 게재취소사실의 공지
3. 회원의 제명절차에의 회부

4. 관계 기관에의 통보

5. 기타 적절한 조치

③ 전항 제 2 호의 공지는 저자명, 논문명, 논문의 수록 권·호수, 취소일자, 취소이유 등이 포함되어야 한다.

④ 회장은 학회의 연구윤리와 관련하여 고의 또는 중대한 과실로 진실과 다른 제보를 하거나 허위의 사실을 유포한 자가 회원인 경우 이를 제명절차에 회부할 수 있다.

제15조 (조사결과 및 제재조치의 통지)

회장은 위원회의 조사결과 및 제재조치에 대하여 제보자 및 피조사자 등에게 지체없이 서면으로 통지한다.

제16조 (재심의)

피조사자 또는 제보자가 판정결과 및 제재조치에 대해 불복할 경우 제15조의 통지를 받은 날부터 20일 이내에 이유를 기재한 서면으로 재심의를 요청할 수 있다.

제17조 (명예회복 등 후속조치)

검증대상행위가 연구부정행위에 해당하지 아니한다고 판정된 경우에는 학회 및 위원회는 피조사자의 명예회복을 위해 노력하여야 하며 적절한 후속조치를 취하여야한다.

제18조 (기록의 보관) ① 학회는 조사와 관련된 기록은 조사 종료 시점을 기준으로 5년간 보관하여야 한다.

부 칙

제 1 조 (시행일) 이 규정은 2007년 11월 29일부터 시행한다.

研究論集 刊行 및 編輯規則

제정: 1999. 08. 20.
제 1 차 개정: 2003. 08. 22.
제 2 차 개정: 2004. 04. 16.
제 3 차 개정: 2005. 03. 18.
전문개정: 2008. 05. 26.
제 5 차 개정: 2009. 12. 18.

제1장 총 칙

제 1 조 (目的)

이 규칙은 사단법인 한국행정판례연구회(이하 "학회"라 한다)의 정관 제27조의 규정에 따라 연구논집(이하 '논집'이라 한다)을 간행 및 편집함에 있어서 필요한 사항을 정함을 목적으로 한다.

제 2 조 (題號)

논집의 제호는 '行政判例研究'(Studies on Public Administration Cases)라 한다.

제 3 조 (刊行週期)

① 논집은 연 2회 정기적으로 매년 6월 30일, 12월 31일에 간행함을 원칙으로 한다.

② 전항의 정기간행 이외에 필요한 경우는 특별호를 간행할 수 있다.

제 4 조 (刊行形式)

논집의 간행형식은 다음 각 호의 어느 하나에 의한다.

1. 등록된 출판사와의 출판권 설정의 형식
2. 자비출판의 형식

제 5 조 (收錄對象)

① 논집에 수록할 논문은 다음과 같다.

1. 발표논문: 학회의 연구발표회에서 발표하고 제출한 논문으로서 편집위원회의 심사절차를 거쳐 게재확정된 논문
2. 제출논문: 회원 또는 비회원이 논집게재를 위하여 따로 제출한 논문으로서 편집위원회의 심사절차를 거쳐 게재확정된 논문
3. 그 밖에 편집위원회의 심사절차와 간행위원회의 의결을 거쳐 수록하기로 한 논문 등

② 논집에는 부록으로서 다음의 문건을 수록할 수 있다.

1. 학회의 정관, 회칙 및 각종 규칙
2. 학회의 역사 또는 활동상황
3. 학회의 각종 통계

③ 논집에는 간행비용의 조달을 위하여 광고를 게재할 수 있다.

제 6 조 (收錄論文要件)

논집에 수록할 논문은 다음 각호의 요건을 갖춘 것이어야 한다.

1. 행정판례의 평석 또는 연구에 관한 논문일 것
2. 다른 학술지 등에 발표한 일이 없는 논문일 것
3. 이 규정 또는 별도의 공고에 의한 원고작성요령 및 심사기준에 부합하는 학술연구로서의 형식과 품격을 갖춘 논문일 것

제 7 조 (著作權)

① 논집의 편자는 학회의 명의로 하고, 논집의 개별 논문에는 집필자(저작자)를 명기한다.

② 학회는 논집의 편집저작권을 보유한다.

제 2 장 刊行委員會와 編輯委員會

제 8 조 (刊行 및 編輯主管)

① 논집의 간행 및 편집에 관한 업무를 관장하기 위하여 학회에 간 행위원회와 편집위원회를 둔다.

② 간행위원회는 논집의 간행에 관한 중요한 사항을 심의·의결한다.

③ 편집위원회는 간행위원회의 결정에 따라 논집의 편집에 관한 업무를 행한다.

제 9 조 (刊行委員會의 構成과 職務 등)

① 간행위원회는 편집위원을 포함하여 회장이 위촉하는 적정한 수의 위원으로 구성하고 임기는 1년으로 하되 연임할 수 있다.

② 간행위원회는 위원장, 부위원장 및 간사 각 1인을 둔다.

③ 간행위원장은 위원 중에서 호선하고, 부위원장은 학회의 출판담당 상임이사로 하고, 간사는 위원 중에서 위원장이 위촉한다.

④ 간행위원회는 다음의 사항을 심의·의결한다.

1. 논집의 간행계획에 관한 사항
2. 논집의 특별호의 기획 등에 관한 사항
3. 이 규칙의 개정에 관한 사항
4. 출판권을 설정할 출판사의 선정에 관한 사항
5. 그 밖에 논집의 간행과 관련된 중요한 사항

⑤ 간행위원회는 다음 각 호의 경우에 위원장이 소집하고, 간행위원회는 위원 과반수의 출석과 출석위원 과반수의 찬성으로 의결

한다.

1. 회장 또는 위원장이 필요하다고 판단하는 경우

2. 위원 과반수의 요구가 있는 경우

제10조 (編輯委員會의 構成과 職務 등)

① 편집위원회는 학회의 출판담당 상임이사를 포함하여 회장이 이사회의 승인을 얻어 선임하는 10인 내외의 위원으로 구성하고 임기는 3년으로 한다.

② 편집위원회는 위원장, 부위원장 및 간사 각 1인을 둔다.

③ 편집위원장은 위원 중에서 호선하고, 부위원장은 학회의 출판담당 상임이사로 하고, 간사는 위원 중에서 위원장이 위촉한다.

④ 편집위원회는 다음의 사항을 행한다.

1. 이 규칙에 의하는 외에 논집에 수록할 논문의 원고작성요령 및 심사기준에 관한 세칙의 제정 및 개정

2. 논문심사위원의 위촉

3. 논문심사의 의뢰 및 취합, 종합판정, 수정요청 및 수정후재심사, 논집에의 게재확정 또는 거부 등 논문심사절차의 진행

4. 논집의 편집 및 교정

5. 그 밖에 논집의 편집과 관련된 사항

⑤ 편집위원회는 다음 각 호의 경우에 위원장이 소집하고, 위원 과반수의 출석과 출석위원 과반수의 찬성으로 의결한다.

1. 회장 또는 위원장이 필요하다고 판단하는 경우

2. 위원 과반수의 요구가 있는 경우

제3장 論文의 提出과 審査節次 등

제11조 (論文提出의 基準)

① 논문원고의 분량은 A4용지 20매(200자 원고지 150매) 내외로 한다.

② 논문의 원고는 (주)한글과 컴퓨터의 "문서파일(HWP)"로 작성하고 한글사용을 원칙으로 하되, 필요한 경우 국한문혼용 또는 외국어를 사용할 수 있다.

③ 논문원고의 구성은 다음 각 호의 순서에 의한다.

1. 제목
2. 목차
3. 본문
4. 한글초록·주제어
5. 외국어초록·주제어
6. 참고문헌
7. 부록(필요한 경우)

④ 논문은 제1항 내지 제3항 이외에 편집위원회가 따로 정하는 원고작성요령 또는 심사기준에 관한 세칙을 준수하고, 원고는 편집위원회가 정하여 공고하는 기한 내에 출판간사를 통하여 출판담당 상임이사에게 제출하여야 한다.

제12조 (論文審査節次의 開始)

① 논문접수가 완료되면 출판담당 상임이사는 심사절차에 필요한 서류를 작성하여 편집위원장에게 보고하여야 한다.

② 편집위원장은 전항의 보고를 받으면 편집위원회를 소집하여 논문심사절차를 진행하여야 한다.

제13조 (論文審査委員의 委囑과 審査 依賴 등)

① 편집위원회는 간행위원, 편집위원 기타 해당 분야의 전문가 중에서 심사대상 논문 한 편당 3인의 논문심사위원을 위촉하여 심사를 의뢰한다.

② 제 1 항의 규정에 의하여 위촉되어 심사를 의뢰받는 논문심사위원이 심사대상 논문 또는 그 제출자와 특별한 관계가 명백하게 있어 논문심사의 공정성을 해할 우려가 있는 사람이어서는 안 된다.

제14조 (秘密維持) ① 편집위원장은 논문심사위원의 선정 및 심사의 진행에 관한 사항이 외부로 누설되지 않도록 필요한 조치를 취하여야 한다.

② 편집위원 및 논문심사위원은 논문심사에 관한 사항을 외부로 누설해서는 안 된다.

제15조 (論文審査의 基準) 논문심사위원이 논집에 수록할 논문을 심사함에 있어서는 다음 각 호의 기준을 종합적으로 고려하여 심사의견을 제출하여야 한다.

1. 제 6 조에 정한 수록요건
2. 제11조에 정한 논문제출기준
3. 연구내용의 전문성과 창의성 및 논리적 체계성
4. 연구내용의 근거제시의 적절성 및 객관성

제16조 (論文審査委員別 論文審査의 判定) ① 논문심사위원은 제15조의 논문심사기준에 따라 [별표 1]의 [논문심사서](서식)에 심사의견을 기술하여 제출하여야 한다.

② 논문심사위원은 심사대상 논문에 대하여 다음 각호에 따라 '판정의견'을 제출한다.

1. '게재적합': 논집에의 게재가 적합하다고 판단하는 경우
2. '게재부적합': 논집에의 게재가 부적합하다고 판단하는 경우

3. '수정후게재': 논문내용의 수정·보완 후 논집에의 게재가 적합하다고 판단하는 경우

③ 전항 제 1 호에 의한 '게재적합' 판정의 경우에도 논문심사위원은 수정·보완이 필요한 경미한 사항을 기술할 수 있다.

④ 제 2 항 제 2 호에 의한 '게재부적합' 판정 및 제 3 호에 의한 '수정후게재' 판정의 경우에는 각각 부적합사유와 논문내용의 수정·보완할 점을 구체적으로 명기하여야 한다.

第17조 (編輯委員會의 綜合判定 및 再審査) ① 편집위원회는 논문심사위원 3인의 논문심사서가 접수되면 [별표 2]의 종합판정기준에 의하여 '게재확정', '수정후게재', '수정후재심사' 또는 '불게재'로 종합판정을 하고, 그 결과 및 논문심사위원의 심사의견을 논문제출자에게 통보한다.

② 편집위원회의 종합판정 결과, '수정후재심사'로 판정된 논문에 대하여는 재심사절차를 진행한다. 이때 최초심사에서 '게재적합' 또는 '수정후게재' 판정을 한 심사위원은 교체하지 아니하고, '게재부적합' 판정을 한 논문심사위원은 다른 사람으로 교체하여 심사를 의뢰한다.

③ 전항의 논문을 재심사하는 논문심사위원은 '게재적합' 또는 '게재부적합'으로만 판정하며, 편집위원회는 재심사의 결과 '게재적합'이 둘 이상이면 '게재확정'으로 최종 판정한다.

第18조 (修正要請 등)

① 편집위원장은 제17조의 규정에 의해 '수정후게재/ 또는 '수정후재심사' 판정을 받은 논문에 대하여 수정을 요청하여야 한다.

② 편집위원장은 제17조의 규정에 의해 '게재확정'으로 판정된 논문에 대하여도 편집위원회의 판단에 따라 수정이 필요하다고 인정하는 때에는 내용상 수정을 요청할 수 있다.

③ 편집위원회는 집필자가 전항의 수정요청에 따르지 않거나 재심

사를 위해 고지된 기한 내에 수정된 논문을 제출하지 않을 때에는 처음 제출된 논문을 '불게재'로 최종 판정한다.

제4장 기 타

제19조 (審査謝禮費의 支給) 논문심사위원에게 논집의 간행·편집을 위한 예산의 범위 안에서 심사사례비를 지급할 수 있다.

제20조(輔助要員) 학회는 논집의 간행·편집을 위하여 필요하다고 인정하는 때에는 원고의 편집, 인쇄본의 교정, 부록의 작성 등에 관한 보조요원을 고용할 수 있다.

제21조 (刊行·編輯財源) ① 논집의 간행·편집에 필요한 재원은 다음 각호에 의한다.

1. 출판수입
2. 광고수입
3. 판매수입
4. 논문게재료
5. 외부 지원금
6. 기타 학회의 재원

② 논문 집필자에 대한 원고료는 따로 지급하지 아니한다.

제22조 (論集의 配布) ① 간행된 논집은 회원에게 배포한다.

② 논문의 집필자에게는 전항의 배포본 외에 일정한 부수의 증정본을 교부할 수 있다.

附 則 (1999. 8. 20. 제정)

이 규칙은 1999년 8 월 20일부터 시행한다.

附　　則

이 규칙은 2003년 8 월 22일부터 시행한다

.

附　　則

이 규칙은 2004년 4 월 17일부터 시행한다.

附　　則

이 규칙은 2005년 3 월 19일부터 시행한다.

附　　則

이 규칙은 2008년 5 월 26일부터 시행한다.

附　　則

이 규칙은 2009년 12월 18일부터 시행한다.

[별표 1 : 논문심사서(서식)]

「行政判例硏究」 게재신청논문 심사서

社團法人 韓國行政判例硏究會

<table>
<tr><td>게재논집</td><td colspan="2">行政判例硏究 제15－2집</td><td>심사일</td><td>2010. . .</td></tr>
<tr><td rowspan="2">심사위원</td><td rowspan="2">소속</td><td rowspan="2"></td><td>직위</td><td></td></tr>
<tr><td>성명</td><td>(인)</td></tr>
<tr><td>게재신청논문
[심사대상논문]</td><td colspan="4"></td></tr>
<tr><td>판정의견</td><td colspan="4">1. 게재적합 ( ): 논집의 게재가 가능하다고 판단하는 경우
2. 게재부적합 ( ): 논집의 게재가 불가능하다고 판단하는 경우
3. 수정후게재 ( ): 논문내용의 수정·보완 후 논집의 게재가 가능하다고 판단하는 경우</td></tr>
<tr><td>심사의견</td><td colspan="4"></td></tr>
<tr><td>심사기준</td><td colspan="4">• 행정판례의 평석 또는 연구에 관한 논문일 것
• 다른 학술지 등에 발표한 일이 없는 논문일 것
• 연구내용의 전문성과 창의성 및 논리적 체계성이 인정되는 논문일 것
• 연구내용의 근거제시가 적절성과 객관성을 갖춘 논문일 것</td></tr>
</table>

※ 심사의견 작성시 유의사항 ※

▷ '게재적합' 판정의 경우에도 수정·보완이 필요한 사항을 기술할 수 있습니다.

▷ '게재부적합' 및 '수정후 게재' 판정의 경우에는 각각 부적합사유와 논문내용의 수정·보완할 점을 구체적으로 명기하여 주십시오.

▷ 표 안의 공간이 부족하면 별지를 이용해 주십시오.

[별표 2: 종합판정기준]

<table>
<tr><th></th><th>심사위원의 판정</th><th>편집위원회 종합판정</th></tr>
<tr><td>1</td><td>○ ○ ○</td><td rowspan="2">게재확정</td></tr>
<tr><td>2</td><td>○ ○ △</td></tr>
<tr><td>3</td><td>○ △ △</td><td rowspan="3">수정후게재</td></tr>
<tr><td>4</td><td>△ △ △</td></tr>
<tr><td>5</td><td>○ ○ ×</td></tr>
<tr><td>6</td><td>○ △ ×</td><td rowspan="3">수정후재심사</td></tr>
<tr><td>7</td><td>△ △ ×</td></tr>
<tr><td>8</td><td>○ × ×</td></tr>
<tr><td>9</td><td>△ × ×</td><td rowspan="2">불게재</td></tr>
<tr><td>10</td><td>× × ×</td></tr>
</table>

○ = "게재적합" △ = "수정후게재" × = "게재부적합"

「行政判例硏究」 原稿作成要領

I. 원고작성기준

1. 원고는 워드프로세서 프로그램인 [한글]로 작성하여 전자우편을 통해 출판간사에게 제출한다.
2. 원고분량은 도표, 사진, 참고문헌 포함하여 200자 원고지 150매 내외로 한다.
3. 원고는 「원고표지 – 제목 - 저자 - 목차(로마자표시와 아라비아숫자까지) – 본문 – 참고문헌 – 국문 초록 – 국문 주제어(5개 내외) – 외국문 초록 – 외국문 주제어(5개 내외)」의 순으로 작성한다.
4. 원고의 표지에는 논문제목, 저자명, 소속기관과 직책, 주소, 전화번호(사무실, 핸드폰)와 e-mail주소를 기재하여야 한다.
5. 외국문 초록(논문제목, 저자명, 소속 및 직위 포함)은 영어를 사용하는 것이 원칙이지만, 논문의 내용에 따라서 독일어, 프랑스어, 중국어, 일본어를 사용할 수도 있다.
6. 논문의 저자가 2인 이상인 경우 주저자(First Author)와 공동저자(Corresponding Author)를 구분하고, 주저자·공동저자의 순서로 표기하여야 한다. 특별한 표시가 없는 경우에는 제일 앞에 기재된 자를 주저자로 본다.
7. 목차는 로마숫자(보기 : Ⅰ, Ⅱ), 아라비아숫자(보기 : 1, 2), 괄호숫자(보기: (1), (2)), 반괄호숫자(보기 : 1), 2), 원숫자(보기 : ①, ②)의 순으로 한다. 그 이후의 목차번호는 논문제출자가 임의로 정하여 사용할 수 있다.

II. 각주작성기준

1. 기본원칙

(1) 본문과 관련한 저술을 소개하거나 부연이 필요한 경우 각주로 처리한다. 각주는 일련번호를 사용하여 작성한다.

(2) 각주의 인명, 서명, 논문명 등은 원어대로 씀을 원칙으로 한다.

(3) 외국 잡지의 경우 처음 인용시 잡지명을 전부 기재하고 그 이후 각 주에서는 약어로 표시한다.

2. 처음 인용할 경우의 각주 표기 방법

(1) 저서: 저자명, 서명, 출판사, 출판년도, 면수.

번역서의 경우 저자명은 본래의 이름으로 표기하고, 저자명과 서명 사이에 옮긴이의 이름을 쓰고 "옮김"을 덧붙인다.

엮은 책의 경우 저자명과 서명 사이에 엮은이의 이름을 쓰고 "엮음"을 덧붙인다. 저자와 엮은이가 같은 경우 엮은이를 생략할 수 있다.

(2) 정기간행물: 저자명, "논문제목", 「잡지명」, 제00권 제00호, 출판연도, 면수.

번역문헌의 경우 저자명과 논문제목 사이에 역자명을 쓰고 "옮김"을 덧붙인다.

(3) 기념논문집: 저자명, "논문제목", 기념논문집명(000선생00기념논문집), 출판사, 출판년도, 면수.

(4) 판결 인용: 다음과 같이 대법원과 헌법재판소의 양식에 준하여 작성한다.

판결 : 대법원 2000. 00. 00. 선고 00두0000 판결.

결정 : 대법원 2000. 00. 00.자 00아0000 결정.

헌법재판소 결정 : 헌법재판소 2000. 00. 00. 선고 00헌가00

결정.

(5) 외국문헌 : 그 나라의 표준표기방식에 의한다.

(6) 외국판결 : 그 나라의 표준표기방식에 의한다.

(7) 신문기사는 기사면수를 따로 밝히지 않는다(신문명 0000. 00. 00.자). 다만, 필요한 경우 글쓴이와 글제목을 밝힐 수 있다.

(8) 인터넷에서의 자료인용은 원칙적으로 다음과 같이 표기한다.
저자 혹은 서버관리주체, 자료명, 해당 URL(검색일자)

(9) 국문 또는 한자로 표기되는 저서나 논문을 인용할 때는 면으로(120면, 120면-122면), 로마자로 표기되는 저서나 논문을 인용할 때는 p.(p. 120, pp. 121-135) 또는 S.(S. 120, S. 121 ff.)로 인용면수를 표기한다.

3. 앞의 각주 혹은 각주에서 제시된 문헌을 다시 인용할 경우 다음과 같이 표기한다. 국내문헌, 외국문헌 모두 같다. 다만, 저자나 문헌 혹은 양자 모두가 여럿인 경우 이에 따르지 않고 각각 필요한 저자명, 문헌명 등을 덧붙여 표기함으로써 구별한다.

(1) 바로 위의 각주가 아닌 앞의 각주의 문헌을 다시 인용할 경우
1) 저서인용: 저자명, 앞의 책, 면수
2) 논문인용: 저자명, 앞의 글, 면수
3) 논문 이외의 글 인용: 저자명, 앞의 글, 면수

(2) 바로 위의 각주에 인용된 문헌을 다시 인용할 경우에는 "위의 책, 면수", "위의 글, 면수"로 표시한다.

(3) 하나의 각주에서 앞서 인용한 문헌을 다시 인용할 경우에는 "같은 책, 면수", "같은 글, 면수"로 표시한다.

4. 기타

(1) 3인 공저까지는 저자명을 모두 표기하되, 저자간의 표시는 "/"

로 구분하고 "/" 이후에는 한 칸을 띄어 쓴다. 4인 이상의 경우 성을 온전히 표기하되, 중간이름은 첫글자만을 표기한다.

(2) 부제의 표기가 필요한 경우 원래 문헌의 표기양식과 관계없이 원칙적으로 콜론으로 연결한다.

(3) 글의 성격상 전거만을 밝히는 각주가 너무 많을 경우 약자를 사용하여 본문에서 그 전거를 밝힐 수 있다.

(4) 여러 문헌의 소개는 세미콜론(;)으로 하고, 재인용의 경우 원전과 재인용출처 사이를 콜론(:)으로 연결한다.

III. 참고문헌작성기준

1. 순서

국문, 외국문헌 순으로 정리하되, 단행본, 논문, 자료의 순으로 정리한다.

2. 국내문헌

(1) 단행본: 저자, 서명, 출판사, 출판연도.

(2) 논문: 저자명, "논문제목", 잡지명 제00권 제00호, 출판연도.

3. 외국문헌

그 나라의 표준적인 인용방법과 순서에 따라 정리한다.

歷代 任員 名單

■ 초대(1984. 10. 29.)

회　　장　金道昶
부 회 장　徐元宇·崔光律(1987. 11. 27.부터)

■ 제 2 대(1988. 12. 9.)

회　　장　金道昶
부 회 장　徐元宇·崔光律
감　　사　李尙圭
상임이사　李鴻薰(총무), 金南辰(연구), 朴鈗炘(출판), 梁承斗(섭외)
이　　사　金東熙, 金斗千, 金英勳, 金元主, 金伊烈, 金鐵容, 石琮顯, 芮鍾德, 李康爀, 李升煥, 趙慶根, 崔松和, 韓昌奎, 黃祐呂

■ 제 3 대(1990. 2. 23.)

회　　장　金道昶
부 회 장　徐元宇·崔光律
감　　사　金鐵容
상임이사　李鴻薰(총무), 黃祐呂(총무), 金南辰(연구), 朴鈗炘(출판), 梁承斗(섭외)
이　　사　金東熙, 金斗千, 金英勳, 金元主, 金伊烈, 石琮顯, 芮鍾德, 李康爀, 李升煥, 李鴻薰
(1991. 1. 25.부터) 趙慶根, 崔松和, 韓昌奎, 黃祐呂

■ 제 4 대(1993. 2. 23.)

회　　장 金道昶
부 회 장 徐元宇·崔光律
감　　사 金鐵容
상임이사 李鴻薰(총무), 金南辰(연구), 朴鈗炘(출판), 梁承斗(섭외)
이　　사 金東熙, 金英勳, 金元主, 朴松圭, 卞在玉, 石琮顯, 孫智烈, 芮鍾德, 李康國, 李康爀, 李京運, 李淳容, 李重光, 李鴻薰, 趙慶根, 趙憲銖, 千柄泰, 崔松和, 韓昌奎, 黃祐呂

■ 제 5 대(1996. 2. 23.)

명예회장 金道昶
고　　문 徐元宇·金鐵容
회　　장 崔光律
부 회 장 金南辰·徐廷友
감　　사 韓昌奎
상임이사 金東熙(총무), 金元主(연구), 李康國(출판), 梁承斗(섭외)
이　　사 金英勳, 朴松圭, 朴鈗炘, 卞在玉, 石琮顯, 李康爀, 李京運, 李淳容, 李升煥, 李重光, 李鴻薰, 趙慶根, 趙憲銖, 千柄泰, 崔松和, 黃祐呂

■ 제 6 대(1999. 2. 19.)

명예회장 金道昶
고　　문 徐元宇, 金鐵容, 金南辰, 徐廷友, 韓昌奎
회　　장 崔光律
부 회 장 梁承斗, 李康國
감　　사 金元主
상임이사 李鴻薰(총무), 金東熙(연구), 崔松和(출판), 金善旭(섭외)

이 사 金東建, 金英勳, 南勝吉, 朴松圭, 朴鈗炘, 白潤基, 卞海喆, 石琮顯, 李京運, 李光潤, 李升煥, 李重光, 鄭然彧, 趙憲銖, 洪準亨, 黃祐呂

■ 제 7 대(2002. 2. 15.)

명예회장 金道昶
고 문 金南辰, 金元主, 徐元宇, 徐廷友, 梁承斗, 李康國, 崔光律, 韓昌奎
회 장 金鐵容
부 회 장 金東建, 崔松和
감 사 金東熙
상임이사 金善旭(총무), 朴正勳(연구), 李光潤(출판), 李京運(섭외)
이 사 金英勳, 金海龍, 南勝吉, 朴均省, 朴鈗炘, 白潤基, 卞海喆, 石琮顯, 李東洽, 李範柱, 李重光, 李鴻薰, 鄭夏重, 趙憲銖, 洪準亨, 黃祐呂

■ 제 8 대(2005. 2. 21. / 2008. 2. 20.) *

명예회장 金道昶(2005. 7. 17. 별세)
고 문 金南辰, 金元主, 徐元宇(2005. 10. 16. 별세), 徐廷友, 梁承斗, 李康國, 崔光律, 韓昌奎, 金鐵容, 金英勳, 朴鈗炘, 金東熙
회 장 崔松和
부 회 장 李鴻薰, 鄭夏重
감 사 金東建, 李京運,
상임이사 李光潤(총무), 安哲相(기획), 洪準亨/吳峻根(연구), 金性洙(출판), 徐基錫(섭외)
이 사 金善旭, 金海龍, 南勝吉, 朴均省, 朴秀赫, 朴正勳, 白潤基, 卞海喆, 石琮顯, 石鎬哲, 蘇淳茂, 柳至泰, 尹炯漢, 李東洽, 李範柱, 李殷祈, 李重光, 趙龍鎬, 趙憲銖, 崔正一, 黃祐呂,

金香基, 裵柄皓, 劉南碩

간　　사　李元雨 / 金鐘甫(총무), 李賢修(연구), 金重權(재무), 宣正源 / 李熙貞(출판), 권은민(섭외)

* 위 '회장', '부회장', '상임이사', '이사'는 2007. 4. 20. 제정된 사단법인 한국행정판례연구회 정관 제13조, 제14조, 제15조의 '이사장 겸 회장', '이사 겸 부회장', '이사 겸 상임이사', '운영이사'임.

■제 9 대(2008. 2. 15. / 2011. 2. 14.)

고　　문　金南辰, 金東熙, 金英勳, 金元主, 金鐵容, 朴鈗炘, 徐廷友, 梁承斗, 李康國, 李鴻薰, 鄭夏重, 崔光律, 韓昌奎

회　　장　崔松和

부 회 장　李京運, 徐基錫

감　　사　金東建, 金善旭

이사 겸 상임이사　慶　健(총무), 安哲相(기획), 朴均省(연구), 韓堅愚(출판), 權純一(섭외/연구)

운영이사　具旭書, 권은민, 金光洙, 金性洙, 金連泰, 金容燮, 金容贊, 金裕煥, 金義煥, 金重權, 金敞祚, 金海龍, 金香基, 金鉉峻, 朴正勳, 朴海植, 裵柄皓, 白潤基, 卞海喆, 石琮顯, 石鎬哲, 成百玹, 蘇淳茂, 申東昇, 辛奉起, 吳峻根, 劉南碩, 俞珍式, 尹炯漢, 李光潤, 李承寧, 李元雨, 李殷祈, 李重光, 鄭鍾錧, 鄭準鉉, 趙龍鎬, 曺海鉉, 趙憲銖, 崔正一, 洪準亨

간　　사　張暻源 · 李殷相·安東寅(총무), 鄭亨植 · 장상균(기획), 金泰昊(기획/연구), 金聖泰·崔善雄·鄭南哲(연구), 李熙貞 · 河明鎬·崔桂暎(출판), 林聖勳(섭외), 박재윤(총무)

■제 10 대(2011. 2. 15./ 2014. 2. 14)

명예회장　金鐵容, 崔光律

고　　문　金南辰, 金東建, 金東熙, 金英勳, 金元主, 朴鈗炘, 徐廷友, 梁承斗, 李康國, 李京運, 鄭夏重, 崔松和, 韓昌奎

회　　장　李鴻薰

부 회 장　徐基錫, 李光潤

감　　사　金善旭, 蘇淳茂

이사 겸 상임이사　金重權(총무), 安哲相(기획), 劉南碩, 金容燮(연구), 金鐘甫(출판), 金敞祚, 金義煥(섭외/연구)

운영이사　姜錫勳, 慶　健, 具旭書, 權純一, 權殷旼, 琴泰煥, 金光洙, 金性洙, 金連泰, 金容燮, 金容贊, 金海龍, 金香基, 金鉉峻, 朴均省, 朴正勳, 朴海植, 裵柄皓, 白潤基, 卞海喆, 石琮顯, 石鎬哲, 宣正源, 成百玹, 申東昇, 辛奉起, 呂相薰, 吳峻根, 俞珍式, 尹炯漢, 李承寧, 李元雨, 李殷祈, 李重光, 李賢修, 李熙貞, 林永浩, 鄭南哲, 鄭鍾錧, 鄭準鉉, 鄭亨植, 趙龍鎬, 曺海鉉, 趙憲銖, 崔正一, 洪準亨, 韓堅愚, 河明鎬

간　　사　安東寅, 李羲俊(총무), 蔣尙均(기획), 金泰昊, 朴在胤(연구), 朴玄廷, 姜知恩(출판), 李殷相(섭외)

■제 11 대(2014. 2. 15./ 2017. 2. 14.)

명예회장　金鐵容, 崔光律

고　　문　金南辰, 金東建, 金東熙, 金英勳, 金元主, 朴鈗炘, 徐廷友, 梁承斗, 李康國, 李京運, 崔松和, 韓昌奎 李光潤, 徐基錫

회　　장　鄭夏重

부 회 장　安哲相, 朴正勳

감　　사　蘇淳茂, 白潤基

상임이사　李熙貞(총무), 鄭鎬庚(연구), 李承寧, 康鉉浩(기획) 金義煥, 鄭夏明(섭외), 鄭南哲(출판)

운영이사　姜錫勳, 慶　健, 具旭書, 權純一, 權殷旼, 琴泰煥, 金光洙, 金

性洙, 金連泰, 金容燮, 金容贊, 金海龍, 金香基, 金鉉峻, 朴均省, 朴正勳, 朴海植, 裵柄皓, 白潤基, 卞海喆, 石琮顯, 石鎬哲, 宣正源, 成百玹, 申東昇, 辛奉起, 呂相薰, 吳峻根, 兪珍式, 尹炯漢, 李承寧, 李元雨, 李殷祈, 李重光, 李賢修, 李熙貞, 林永浩, 鄭南哲, 鄭鍾錧, 鄭準鉉, 鄭亨植, 趙龍鎬, 曺海鉉, 趙憲銖, 崔正一, 洪準亨, 韓堅愚, 河明鎬

간　　사 房東熙, 崔允寧(총무), 崔桂暎, 張承爀(연구), 洪先基(기획) 桂仁國(출판)

月例 集會 記錄

〈2014. 6. 현재〉

순번	연월일	발표자	발 표 제 목
1-1	84.12.11.	金南辰	聽問을 결한 行政處分의 違法性
-2		李鴻薰	都市計劃과 行政拒否處分
2-1	85.2.22.	崔世英	行政規則의 法規性 認定 與否
-2		崔光律	實地讓渡價額을 넘는 讓渡差益의 인정여부
3-1	3.29.	石琮顯	都市計劃決定의 法的 性質
-2		金東建	違法한 旅館建物의 건축과 營業許可의 취소
4-1	4.26.	徐元宇	當然無效의 行政訴訟과 事情判決
-2		黃祐呂	아파트地區내의 土地와 空閑地稅
5-1	5.31.	朴鈗炘	林産物團束에관한法律 제7조에 대한 違法性 認定의 與否
-2		姜求哲	行政訴訟에 있어서의 立證責任의 문제
6-1	6.28.	金鐵容	酒類販賣業 免許處分 撤回의 근거와 撤回權 留保의 한계
-2		盧瑩保	國稅基本法 제42조 소정의 讓渡擔保財産의 의미
7-1	9.27.	金道昶	信賴保護에 관한 行政判例의 최근 동향
-2		金東熙	自動車運輸事業法 제31조 등에 관한 處分要

순번	연월일	발표자	발 표 제 목
			領의 성질
8-1	10.25.	李尙圭	入札參加資格 制限行爲의 법적 성질
-2		李相敦	公有水面埋立에 따른 不動産所有權 國家歸屬의 무효확인
9-1	11.22.	梁承斗	抗告訴訟의 提起要件
-2		韓昌奎	地目變更 拒否의 성질
10	86.1.31.	李相赫	行政訴訟에 있어서의 訴의 利益의 문제
11	2.28	崔松和	運轉免許 缺格者에 대한 면허의 효력
12	3.28	金道昶	憲法上의 違憲審査權의 所在
13	4.25.	趙慶根	美聯邦情報公開法에 대한 약간의 고찰
14	5.30.	張台柱	西獨에 있어서 隣人保護에 관한 判例의 최근동향
15	6.27.	金斗千	僞裝事業者와 買入稅額 控除
外1	9.30.	藤田宙靖	日本의 最近行政判例 동향
16	10.31.	金英勳	注油所 許可와 瑕疵의 承繼
17	11.28.	芮鍾德	漁業免許의 취소와 裁量權의 濫用
外2	87.3.21.	鹽野宏	日本 行政法學界의 現況
		園部逸夫	새 行政訴訟法 시행 1년을 보고
18	4.25.	金道昶	知的財産權의 문제들
19-1	4.22.	李升煥	商標法에 관한 최근판례의 동향
-2			工場登錄 拒否處分과 소의 이익
20	5.29.	金南辰	執行停止의 요건과 本案理由와의 관계
21	9.25.	崔光律	日本公法學會 總會參觀 등에 관한 보고
22-1	10.30.	金道昶	地方自治權의 강화와 行政權限의 위임에 관한 문제
-2			
23	11.27.	金鐵容	不作爲를 구하는 訴의 가부

순번	연월일	발표자	발 표 제 목
24	88.2.26.	金時秀	租稅賦課處分에 있어서의 當初處分과 更正拒否處分의 법률관계
25-1	3.25.	徐元宇	최근 日本公法學界의 동향
-2		朴鈗炘	平澤港 漁業補償 문제
外3	4.29.	成田頼明	日本 行政法學과 行政判例의 최근 동향
26	5.27.	李尙圭	防衛稅 過誤納 還給拒否處分의 취소
27	6.24.	徐元宇	運輸事業計劃 변경인가처분의 취소
28	8.26.	金完燮	처분후의 事情變更과 소의 이익
29	10.7.	石琮顯	行政處分(訓令)의 법적 성질
30	10.28.	李鴻薰	土地收用裁決處分의 취소
31	11.17.	朴鈗炘	行政計劃의 법적 성질
32	89.1.27.	金東熙	載量行爲에 대한 司法的統制의 한계
33	2.24.	李碩祐	國稅還給申請權의 인정 여부
34	3.24.	朴松圭	國産新技術製品 保護決定處分의 일부취소
35-1	4.28.	金鐵容	독일 行政法學界의 최근동향
-2		千柄泰	제 3 자의 行政審判前置節次 이행 여부
36	5.26.	金善旭	公務員의 團體行動의 違法性
37	6.30.	金元主	租稅行政과 信義誠實의 원칙
38	8.25.	趙憲銖	國稅還給拒否處分의 법적 성질
39	9.29.	鄭準鉉	刑事訴追와 行政處分의 효력
40	10.27.	韓堅愚	行政規則(訓令)의 성질
41	11.24.	金斗千	相續稅法 제32조의2의 違憲 여부
外4	12.27.	小早川光朗	日本 行政法學界의 최근 동향
42	90.1.19.	金鐵容	豫防的 不作爲訴訟의 許容 여부
43	2.23.	李光潤	營造物行爲의 법적 성질
44	3.30.	南勝吉	行政刑罰의 범위

순번	연월일	발표자	발 표 제 목
45	4.27.	黃祐呂	法律의 遡及效
46	5.25.	朴均省	行政訴訟과 訴의 이익
47	6.29.	卞在玉	軍檢察官의 公訴權行使에 관한 憲法訴願
48	8.31.	成樂寅	結社의 自由의 事前制限
49	9.28.	辛奉起	憲法訴願과 辯護士 强制主義
50	10.26.	朴圭河	行政官廳의 權限의 委任·再委任
51	11.30.	朴國洙	行政行爲의 公定力과 國家賠償責任
52	91.1.25.	梁承斗	土地去來許可의 법적 성질
53	2.22.	徐元宇	建築許可 保留의 위법성 문제
外5-1	3.29.	南博方	處分取消訴訟과 裁決取消訴訟
-2		藤田宙靖	日本 土地法制의 현황과 課題
54	4.26.	吳峻根	遺傳子工學的 施設 設置許可와 法律留保
55	5.31.	金南辰	拒否行爲의 行政處分性과 "법률상 이익 있는 자"의 의미
56	6.28.	鄭然彧	無效確認訴訟과 訴의 이익
57	8.30.	金性洙	主觀的公權과 基本權
58	9.27.	金英勳	運轉免許 取消處分의 취소
59	10.25.	石琮顯	基準地價告示地域 내의 收用補償額 算定基準에 관한 판례동향
60	11.29.	朴鈗炘	工事中止處分의 취소
61	92.1.31.	卞海喆	公物에 대한 强制執行
62	2.28.	李康國	違憲法律의 효력－그 遡及效의 범위와 관련하여
63	3.27	金善旭	公勤務에 관한 女性支援指針과 憲法上의 平等原則
64	4.24.	全光錫	不合致決定의 허용 여부
65	5.29.	崔正一	行政規則의 법적성질 및 효력

순번	연월일	발표자	발 표 제 목
66	6.26.	李琦雨	獨逸 Münster 高等行政裁判所 1964.1.8. 판결
67	8.28.	朴鈗炘	地方自治團體의 자주적인 條例制定權과 規律문제
68	9.18.	金元主	讓渡所得稅 등 賦課處分의 취소
69	10.16.	洪準亨	結果除去請求權과 行政介入請求權
70	11.20.	金時秀	土地收用裁決處分의 취소
71	93.1.15.	金海龍	環境技術관계 行政決定에 대한 司法的 統制의 범위
72	2.19.	李重光	租稅法上 不當利得 返還請求權
73	3.19.	高永訓	行政規則에 의한 行政府의 立法行爲外
外6	4.16.	J.Anouil	EC法의 現在와 將來
74	5.21.	柳至泰	行政訴訟에서의 行政行爲 根據變更에 관한 판례분석
75	6.18.	徐元宇	原處分主義와 被告適格
76	8.20.	朴均省	國家의 公務員에 대한 求償權
77	9.17.	金東熙	教員任用義務不履行 違法確認訴訟
78	10.15.	盧永錄	建設業免許 取消處分의 취소
79	94.1.21.	徐廷友	無效確認을 구하는 의미의 租稅取消訴訟과 租稅還給金 消滅時效의 起算點
80	2.18.	洪準亨	判斷餘地의 한계
81	3.18.	裵輔允	憲法訴願 審判請求 却下決定에 대한 헌법소원
82	4.15.	金善旭	舊東獨判事의 獨逸判事任用에 관한 決定과 그 不服에 대한 管轄權
83	5.20.	李京運	學則의 법적 성질
84	6.17.	朴松圭	任用行爲取消處分의 취소
85	8.19.	金鐵容	公務員 個人의 不法行爲責任

순번	연월일	발표자	발 표 제 목
86	9.30.	卞在玉	日本 家永教科書檢定 第一次訴訟 上告審 判決의 評釋
87	10.21.	金香基	無名抗告訴訟의 可否
88	11.18.	李康國	行政行爲의 瑕疵의 治癒
89	95.1.20.	趙憲銖	取消判決의 遡及效
90	2.17.	朴秀赫	獨逸 統一條約과 補償法上의 原狀回復 排除規定의 合憲 여부
外7	3.17.	小高剛	損失補償에 관한 日本 最高裁判所 判決의 분석
91	4.21.	崔松和	行政處分의 理由明示義務에 관한 판례
92	5.19.	崔正一	石油販賣業의 양도와 歸責事由의 승계
93	6.16.	鄭夏重	國家賠償法 제5조에 의한 배상책임의 성격
94	8.18.	吳振煥	無效인 條例에 근거한 行政處分의 효력
95	9.15.	金敞祚	日本 長良川 安八水害 賠償判決
96	10.20.	黃祐呂	非常高等軍法會議 判決의 破棄와 還送法院
97	11.17.	白潤基	地方自治法 제98조 및 제159조에 의한 訴訟
98	96.1.19.	徐元宇	營業停止期間徒過後의 取消訴訟과 訴의 이익
99	2.23.	金海龍	計劃變更 내지 保障請求權의 성립요건
外8	3.19.	鹽野宏	日本 行政法 判例의 近年動向 - 行政訴訟을 중심으로
100	4.19.	金東熙	國家賠償과 公務員에 대한 求償
101	5.17.	梁承斗	教員懲戒와 그 救濟制度
102	6.28.	金容燮	運轉免許取消·停止處分의 法的 性質 및 그 한계
103	8.16.	李京運	轉補發令의 處分性
104	9.20.	盧永錄	申告納稅方式의 租稅와 그 瑕疵의 판단기준
105	10.18.	金敞祚	道路公害와 道路設置·管理者의 賠償責任

순번	연월일	발표자	발 표 제 목
106	11.15.	金裕煥	形式的 拒否處分에 대한 取消訴訟의 審理범위
107	97.1.17.	裵柄皓	北韓國籍住民에 대한 强制退去命令의 적법성
108	2.21.	趙龍鎬	公衆保健醫師 採用契約解止에 대한 爭訟
109	3.21.	金鐵容	行政節次法의 내용
110	4.18.	趙憲銖	建築物臺帳 職權訂正行爲의 처분성
111	5.16.	鄭夏重	交通標識板의 법적성격
112	6.20.	裵輔允	違憲決定과 行政處分의 효력
113	8.22.	吳峻根	聽聞의 실시요건
114	9.19.	金善旭	옴부즈만條例案 再議決 無效確認判決의 문제점
115	10.17.	李光潤	機關訴訟의 성질
116	11.21.	朴正勳	敎授再任用拒否의 처분성
117	98.1.16.	白潤基	當事者訴訟의 대상
118	2.20.	辛奉起	機關訴訟 주문의 형식
119	3.20.	洪準亨	行政法院 出帆의 意義와 행정법원의 課題
120	4.17.	宣正源	오스트리아와 독일의 不作爲訴訟에 관한 고찰
121	5.16.	李東洽	刑事記錄 열람·등사 거부처분
122	6.19.	金東建	環境行政訴訟과 地域住民의 原告適格
123	98.8.21.	金南辰	法規命令과 行政規則의 구별
124	9.18.	金敞祚	河川 管理 責任
125	10.16.	金容燮	行政審判의 裁決에 대한 取消訴訟
126	11.20.	徐廷友	垈地造成事業計劃 승인처분의 재량행위
127	99.1.15.	南勝吉	處分의 기준을 규정한 施行規則(部令)의 성격
128	2.19.	金裕煥	違憲法律에 根據한 行政處分의 效力
129	3.19.	鄭夏重	多段階行政節次에 있어서 事前決定과 部分許可의 意味

순번	연월일	발표자	발 표 제 목
130	4.16.	裵輔允	南北交流協力 등 統一에 관한 법적 문제
131	5.21.	康鉉浩	計劃承認과 司法的 統制
132	6.18.	俞珍式	行政指導와 違法性阻却事由
133	8.20.	朴正勳	侵益的 行政行爲의 公定力과 刑事裁判
134	9.17.	金東熙	建築許可신청서 返戾처분취소
		金南澈	行政審判法 제37조 제2항에 의한 自治權侵害의 가능성
135	10.15.	金炳圻	條例에 대한 再議要求事由와 大法院提訴
		權殷玟	公賣決定·通知의 처분성 및 소송상 문제점
136	11.19.	石鎬哲	羈束力의 범위로서의 처분사유의 동일
		金珉昊	직무와 관련된 不法行爲에 있어 공무원 개인의 책임
137	00.1.21.	尹炯漢	任用缺格과 退職給與
		裵柄皓	還買權소송의 管轄문제
138	2.18.	趙憲銖	個人事業의 法人轉換과 租稅減免
		金連泰	조세행정에 있어서 경정처분의 효력
139	3.17.	俞珍式	自動車運輸事業 면허처분에 있어서 競業, 競願의 범위
		慶 健	情報公開請求權의 憲法的 根據와 그 制限
140	4.21.	朴正勳	拒否處分 取消訴訟에 있어 違法判斷의 基準時와 訴의 利益
		金柄圻	行政訴訟上 執行停止의 要件으로서의 '回復하기 어려운 損害'와 그 立證責任
141	5.19.	洪準亨	不可變力, 信賴保護, 그리고 行政上 二重危險의 禁止
		康鉉浩	建築變更許可와 附款

순번	연월일	발표자	발 표 제 목
142	6.16.	趙龍鎬	寄附金品募集許可의 法的性質
		金容燮	行政上 公表
143	8.18.	朴松圭	盜難당한 自動車에 대한 自動車稅와 免許稅
		權殷玟	廢棄物處理業 許可權者가 한 '不適正通報'의 法的性質
144	9.22.	石鎬哲	公法的 側面에서 본 日照權 保護
145	10.20.	蘇淳茂	後發的 事由에 의한 更正請求權을 條理上 인정할 수 있는지 與否
		金光洙	土地形質變更許可와 信賴保護原則
146	11.17.	朴鈗炘	慣行漁業權
		宣正源	複合民願과 認·許可擬制
147	01.1.19.	崔松和	판례에 있어서 공익
		李光潤	도로가 행정재산이 되기 위한 요건 및 잡종재산에 대한 시효취득
148	2.16.	金鐵容	개발제한 구역의 시정과 손실 보상
		鄭夏重	부관에 대한 행정소송
149	3. 8.	金性洙	독일연방헌재의 폐기물법에 대한 결정과 환경법상 협력의 원칙
		李東植	중소기업에 대한 조세 특례와 종업원의 전출. 파견
150	4.20.	李京運	주택건설사업계획 사전결정의 구속력
		裵輔允	2000년 미국대통령 선거 소송 사건
151	5. 9.	李東洽	위헌법률에 근거한 처분에 대한 집행력 허용 여부
		金珉昊	상속세 및 증여세법상 증여의 의미
152	6.15.	李元雨	정부투자기관의 부정당업자 제재조치의 법적

순번	연월일	발표자	발 표 제 목
			성질
		朴榮萬	군사시설보호법상의 협의와 항고소송
153	8.17.	崔正一	법규명령형식의 재량준칙의 법적성질 및 효력
		趙憲銖	유적발굴허가와 행정청의 재량
154	9.21.	金東熙	국가배상법 제 5 조상의 영조물의 설치·관리상 하자의 관념
		金東建	대법원 판례상의 재량행위
155	10.10.	吳峻根	행정절차법 시행이후의 행정절차 관련 주요 행정판례 동향분석
		柳至泰	공물법의 체계에 관한 판례 검토
156	11. 7.	白潤基	행정소송에 있어서 건축주와 인근주민의 이익의 충돌과 그 조화
		徐廷範	국가배상에 있어서 위법성과 과실의 일원화에 관하여
157	02.1.18.	金善旭	독일헌법상의 직업공무원제도와 시간제공무원
		朴正勳	처분사유의 추가·변경 – 제재철회와 공익상 철회
158	2.15.	辛奉起	일본의 기관소송 법제와 판례
		權殷玟	원친징수행위의 처분성과 원천징수의무자의 불복방법
159	3.15.	朴均省	환경영향평가의 하자와 사업계획승인처분의 효력
		金鐘甫	관리처분계획의 처분성과 그 공정력의 범위
160	4.19.	崔光律	농지전용에 관한 위임명령의 한계
		俞珍式	건축법상 일조보호규정의 私法上의 의미
161	5.17.	朴鈗炘	국가배상법 제2조 제1항 단서에 대한 헌법재

순번	연월일	발표자	발 표 제 목
			판소의 한정위헌결정 및 관련 대법원판례에 대한 평석
		宣正源	행정의 공증에 대한 사법적 통제의 의미와 기능의 명확화
162	6.21.	金元主	도로배연에 의한 대기오염과 인과관계
		康鉉浩	재량준칙의 법적 성격
163	7.19.	裵柄皓	회의록과 정보공개법상 비공개대상정보
		慶 健	공문서관리의 잘못과 국가배상책임
164	8.16.	金容燮	거부처분취소판결의 기속력
		金炳圻	보완요구의 '부작위'성과 재결의 기속력
165	9.13.	尹炯漢	기납부 택지초과소유부담금 환급청구권의 성질과 환급가산금의 이자율
		鄭夏明	미국연방대법원의 이른바 임시규제적 수용에 관한 새로운 판결례
166	10.18.	李鴻薰	공용지하사용과 간접손실보상
		金光洙	국가배상소송과 헌법소원심판의 관계
167	11.15.	徐元宇	행정법규위반행위의 사법적 효력
		李康國	조세채무의 성립과 확정
168	12.20.	蘇淳茂	인텔리전트빌딩에 대한 재산세중과시행규칙의 유효성 여부
169	03.1.17.	金敞祚	정보공개제도상의 비공개사유와 본인개시청구
		金聖泰	운전면허수시적성검사와 개인 정보보호
170	2.21.	金東熙	기속재량행위와 관련된 몇 가지 논점 또는 의문점
		曺海鉉	행정처분의 근거 및 이유제시의 정도
171	3.21.	白潤基	불합격처분에 대한 효력정지결정에 대한 고찰

순번	연월일	발표자	발 표 제 목
		宣正源	행정입법에 대한 부수적 통제
172	5.16.	李元雨	한국증권업협회의 협회등록최소결정의 법적 성질
		金容贊	정보공개청구사건에서의 몇 가지 쟁점
173	6.20.	金重權	이른바 "수리를 요하는 신고"의 문제점에 관한 소고
		洪準亨	평생교육시설 설치자 지위승계와 설치자 변경 신청서 반려처분의 적법 여부
174	7.18.	金鐵容	학교법인임원취임승인취소처분과 행정절차법
		金秀珍	성별에 따른 상이한 창업지원금신청기간설정과 국가의 평등보장의무
175	8.22.	鄭夏重	법관의 재판작용에 대한 국가배상책임
		金鐘甫	정비조합(재건축, 재개발조합) 인가의 법적 성격
176	9.19.	金炳圻	수익적 행정행위의 철회의 법적 성질과 철회사유
		朴榮萬	군사시설보호구역설정행위의 법적 성격
177	10. 9	朴正勳	취소판결의 기판력과 기속력
		李東植	구 소득세법 제101조 제2항에 따른 양도소득세부과와 이중과세 문제
178	11.21.	李東洽	최근 행정소송의 주요사례
		慶 健	하천구역으로 편입된 토지에 대한 손실보상
179	12.19.	朴均省	거부처분취소판결의 기속력과 간접강제
180	04.1.16.	李光潤	광역지방자치단체와 기초지방자치단체의 성격
		朴海植	행정소송법상 간접강제결정에 기한 배상금의 성질
181	2.20.	金海龍	행정계획에 대한 사법심사에 있어서 법원의

순번	연월일	발표자	발 표 제 목
			석명권행사 한계와 입증책임
		李賢修	영업양도와 공법상 지위의 승계
182	3.19.	俞珍式	기부채납부관을 둘러싼 법률문제
		鄭泰學	매입세액의 공제와 세금계산서의 작성·교부시기
183	4.16.	柳至泰	행정행위의 취소의 취소
		金致煥	통지의 법적 성질
184	5.21.	鄭準鉉	단순하자 있는 행정명령을 위반한 행위의 가벌성
		權殷玟	압류처분취소소송에서 부과처분의 근거법률이 위헌이라는 주장이 허용되는지 여부
185	6.18.	趙憲銖	사업양도와 제 2 차 납세의무
		金連泰	과징금 부과처분에 대한 집행정지결정의 효력
186	7.16.	金容燮	보조금 교부결정을 둘러싼 법적 문제
		林聖勳	영내 구타·가혹 행위로 인한 자살에 대한 배상과 보상
187	8.20.	李京運	교수재임용거부처분취소
		曺媛卿	국가공무원법 제69조 위헌제청
188	9.17.	鄭成太	법규명령의 처분성
		金敞祚	원자로 설치허가 무효확인소송
189	04.10.15.	崔正一	법령보충적행정규칙의 법적 성질 및 효력
		李湖暎	독점규제법상 특수관계인에 대한 부당지원행위의 규제
190	11.19.	金香基	재결에 대한 취소소송
		劉南碩	집행정지의 요건으로서 "회복하기 어려운 손해를 예방하기 위한 긴급한 필요"와 그 고려

순번	연월일	발표자	발 표 제 목
			사항으로서의 '승소가능성'
191	12.17.	尹炯漢	사전통지의 대상과 흠결의 효과
192	05.1.31.	鄭鎬慶	행정소송의 협의의 소의 이익과 헌법소원의 보충성
		金重權	국토이용계획변경신청권의 예외적 인정의 문제점에 관한 소고
193	2.18.	宣正源	하자승계론에 몇 가지 쟁점에 관한 검토
		李熙貞	공법상 계약의 해지와 의견청취절차
194	3.18.	安哲相	취소소송 사이의 소의 변경과 새로운 소의 제소기간
		康鉉浩	민간투자법제에 따른 우선협상대상자지정의 법적 제문제
195	4.15.	吳峻根	재량행위의 판단기준과 재량행위 투명화를 위한 법제정비
		李根壽	대집행의 법적 성격
196	5.20.	河宗大	금산법에 기한 계약이전결정 등의 처분과 주주의 원고적격
		金鐘甫	토지형질변경의 법적 성격
197	6.17.	朴海植	제재적 행정처분의 효력기간 경과와 법률상 이익
		李桂洙	공무원의 정치적 자유와 정치운동금지의무
198	8.19.	金容燮	재결의 기속력의 주관적 범위를 둘러싼 논의
		徐正旭	공시지가와 하자의 승계
199	9.16.	金鉉峻	용도지역 지정·변경행위의 법적 성질과 그에 대한 사법심사
		趙成奎	직접민주주의와 조례제정권의 한계

순번	연월일	발표자	발 표 제 목
200	10.21.	金光洙	공직선거법과 행정형벌
		崔桂暎	용도폐지된 공공시설에 대한 무상양도신청거부의 처분성
201	11.12.	鄭夏重	행정판례의 발전과 전망
		朴正勳	행정판례의 발전과 전망
		尹炯漢	행정재판제도의 발전과 행정판례
		朴海植	행정재판제도의 발전과 행정판례
202	12.16.	鄭泰容	행정심판청구인적격에 관한 몇 가지 사례
203	06. 1.20	朴均省	행정상 즉시강제의 통제 — 비례원칙, 영장주의, 적법절차의 원칙과 관련하여 —
		權殷玟	기본행위인 영업권 양도계약이 무효라고 주장하는 경우에 행정청이 한 변경신고수리처분에 대한 불복방법 등
204	2.17.	曺海鉉	민주화운동관련자명예회복및보상등에관한법률에 기한 행정소송의 형태
		金重權	사권형성적 행정행위와 그 폐지의 문제점에 관한 소고
205	06.3.17.	朴正勳	불확정개념과 재량 — 법규의 적용에 관한 행정의 우선권
		李相悳	한국지역난방공사 공급규정 변경신고를 산업자원부장관이 수리한 행위의 법적 성질
206	4.21.	俞珍式	공유수면매립법상 사정변경에 의한 매립면허의 취소신청
		林永浩	채석허가기간의 만료와 채석허가취소처분에 대한 소의 이익
207	5.19	嚴基燮	공정거래법상 사업자단체의 부당제한행위의

순번	연월일	발표자	발 표 제 목
			성립요건
		李賢修	납입고지에 의한 변상금부과처분의 취소와 소멸시효의 중단
208	6.16.	金鐘甫	재건축 창립총회의 이중기능
		鄭夏明	미국 연방대법원의 행정입법재량통제
209	8.17.	裵柄皓	개정 하천법 부칙 제2조의 손실보상과 당사자 소송
		金裕煥	공공갈등의 사법적 해결 — 의미와 한계
210	9.15.	金容燮	텔레비전 수신료와 관련된 행정법적 쟁점
		崔桂暎	행정처분과 형벌
211	10.20.	金海龍	처분기간이 경과된 행정처분을 다툴 법률상 이익(행정소송법 제12조 후문 관련)과 제재적
		石鎬哲	처분기준을 정한 부령의 법규성 인정 문제
212	11.17.	宣正源	입헌주의적 지방자치와 조직고권
		李煕貞	주민투표권 침해에 대한 사법심사
213	06.12.8.-		법제처 · 한국행정판례연구회 공동주관 관학협동워크샵
	9.	朴 仁	법령보충적 성격의 행정규칙의 현황과 문제점
		林永浩	법령보충적 성격의 행정규치에 대한 판례분석
		鄭南哲	법령보충적 성격의 행정규칙의 정비방향과 위임사항의 한계
		金重權	민주적 법치국가에서 의회와 행정의 공관적 법정립에 따른 법제처의 역할에 관한 소고
		金海龍	국토계획 관련법제의 문제점과 개선방안
214	07.1.19.	張暻源	독일 맥주순수령 판결을 통해 본 유럽과 독일의 경제행정법

순번	연월일	발표자	발 표 제 목
		權純一	재정경제부령에 의한 덤핑방지관세부과조치의 처분성 재론-기능적 관점에서-
215	2.23.	鄭準鉉	소위 '공익사업법'상 협의취득의 법적 성질
		裵輔允	구 농어촌정비법 제93조 제1항의 국공유지양증여의 창설환지 등의 문제점
216	3.16.	朴榮萬	법령의 개정과 신뢰보호의 원칙
		金重權	행정입법적 고시의 처분성인정과 관련한 문제점에 관한 소고
217	4.20.	金容贊	국가지정문화재현상변경허가처분의 재량행위성
		李湖暎	합의추정된 가격담합의 과징금산정
218	5.18	金敞祚	공인중개사시험불합격처분 취소소송
		李宣憙	행정청의 고시와 원고적격
219	6.15.	李光潤	제재적 처분기준의 성격과 제재기간 경과후의 소익
		金暎賢	행정소송의 피고적격
220	07.8.17.	金義煥	정보공개법상의 공공기관 및 정보공개청구와 권리남용
		金秀珍	행정서류의 외국으로의 송달
221	9.21.	蘇淳茂	명의신탁 주식에 대한 증여의제에 있어서 조세회피목적의 해석
		慶 健	관계기관과의 협의를 거치지 아니한 조례의 효력
222	10.19.	成百玹	공특법상 '이주대책'과 공급규칙상 '특별공급'과의 관계
		金南澈	건축허가의 법적 성질에 대한 판례의 검토
223	11.16.	金性洙	민간투자사업의 성격과 사업자 선정의 법적

순번	연월일	발표자	발 표 제 목
			과제
224	12.21.	趙憲銖	병역의무 이행과 불이익 처우 금지의 관계
225	08.1.18.	金南辰	국가의 경찰법, 질서법상의 책임
		李殷祈	폐기물관리법제와 폐기물처리조치명령취소처분
		鄭成太	대형국책사업에 대한 사법심사(일명 새만금사건을 중심으로)
226	2.15.	辛奉起	한국 행정판례에 있어서 형량하자론의 도입과 평가
		鄭鍾錧	하천법상의 손실보상
227	3.21.	鄭夏重	사립학교법상의 임시이사의 이사선임권한
		林聖勳	행정입법 부작위에 관한 몇가지 문제점
228	4.18.	金光洙	자치사무에 대한 국가감독의 한계
		金熙喆	토지수용으로 인한 손실보상금 산정
229	5.16.	申東昇	행정행위 하자승계와 선결문제
		趙成奎	과징금의 법적 성질과 부과기준
230	6.20.	姜錫勳	위임입법의 방식 및 해석론에 관한 고찰
		鄭南哲	명확성원칙의 판단기준과 사법심사의 한계
231	8.22.	鄭泰學	조세통칙과 신의성실의 원칙
		李京運	부관으로서의 기한
232	9.19.	朴尙勳	시간강사의 근로자성
		金善旭	지방자치단체장의 소속공무원에 대한 징계권과 직무유기
233	10.17.	趙允熙	정보통신부 장관의 위성망국제등록신청과 항고소송의 대상
		金鉉峻	환경사법 액세스권 보장을 위한 "법률상 이익"의 해석

순번	연월일	발표자	발 표 제 목
234	11.21.	裵輔允	권한쟁의심판의 제3자 소송담당
		李賢修	공물의 성립요건
235	12.19.	金鐵容	행정청의 처분근거・이유제시의무와 처분근거・이유제시의 정도
236	09.1.16.	金炳圻	행정법상 신뢰보호원칙
		劉慶才	원인자부담금
237	2.20.	金聖泰	도로교통법 제58조 위헌확인
		林永浩	공매 통지의 법적 성격
238	3.20.	崔桂暎	위헌결정의 효력과 취소소송의 제소기간
		金尙煥	법규명령에 대한 헌법소원의 적법요건
239	4.17.	朴均省	직무상 의무위반으로 인한 국가배상책임
		金國鉉	사망자의 법규위반으로 인한 제재사유의 승계
240	5.15.	金容燮	택지개발업무처리지침 위반과 영업소 폐쇄
		金炅蘭	개발제한구역의 해제와 원고적격
241	6.19.	朴正勳	무효확인소송의 보충성
		曺海鉉	민주화운동관련자 명예회복 및 보상 등에 관한 법률에 의한 보상금의 지급을 구하는 소송의 형태
242	8.21.	鄭泰容	행정심판 재결 확정력의 의미
		安哲相	지방계약직 공무원의 징계
243	9.18.	金鐘甫	「도시 및 주거환경정비법」상 정비기반시설의 귀속 관계
		徐基錫	국회의 입법행위 또는 입법부작위로 인한 국가배상책임
244	10.16.	河明鎬	법인에 대한 양벌규정의 위헌여부
		趙龍鎬	표준지공시지가 하자의 승계

순번	연월일	발표자	발 표 제 목
245	11.20.	金連泰	한국마사회의 조교사 및 기수의 면허부여 또는 취소의 처분성
		金義煥	행정상 법률관계에 있어서의 소멸시효의 원용과 신의성실의 원칙
246	12.18.	朴鈗炘	주거이전비 보상의 법적 절차, 성격 및 소송법적 쟁점
247	10.1.15	林宰洪	출입국관리법상 난민인정행위의 법적 성격과 난민인정요건
		金泰昊	하자있는 수익적 행정처분의 직권취소
248	2.19	金南澈	국가기관의 지방자치단체에 대한 감독·감사권한
		權殷玟	미국산 쇠고기 수입 고시의 법적 문제
249	3.19	金聲培	수용재결과 헌법상 정교분리원칙
		姜相旭	건축물대장 용도변경신청 거부의 처분성
250	4.16	李宣憙	공정거래법상 시정조치로서 정보교환 금지명령
		金鍾泌	이주대책대상자제외처분 취소소송의 쟁점
251	5.14	鄭夏重	공법상 부당이득반환청구권의 독자성
		魯坰泌	관리처분계획안에 대한 총회결의 무효확인을 다투는 소송방법
252	6.18	金秀珍	합의제 행정기관의 설치에 관한 조례 제정의 허용 여부
		白濟欽	과세처분에 대한 증액경정처분과 행정소송
253	8.20	崔正一	경원자 소송에서의 원고적격과 사정판결제도의 위헌 여부
		蔣尙均	승진임용신청에 대한 부작위위법확인소송
254	9.17	金敞祚	강의전담교원제와 해직처분
		河宗大	행정처분으로서의 통보 및 신고의 수리

순번	연월일	발표자	발 표 제 목
255	10.15	최진수	징발매수재산의 환매권
		朴海植	주민등록전입신고 수리 여부에 대한 심사범위와 대상
256	11.12	金容燮	부당결부금지원칙과 부관
		朴尙勳	공무원에 대한 불이익한 전보인사 조치와 손해배상
257	12.10	金東熙	제재적 재량처분의 기준을 정한 부령
258	11.1.14	成智鏞	위임입법의 한계와 행정입법에 대한 사법심사
		安東寅	법령의 개정과 신뢰보호원칙 — 신뢰보호원칙의 적극적 활용에 대한 관견 —
259	2.18	崔桂暎	민간기업에 의한 수용
		金泰昊	사전환경성검토와 사법심사
260	3.18	金鉉峻	규제권한 불행사에 의한 국가배상책임의 구조와 위법성 판단기준
		朴在胤	지방자치단체 자치감사의 범위와 한계
261	4.15	金重權	민간투자사업의 법적 절차와 처분하자
		徐輔國	행정입법의 부작위에 대한 헌법소원과 행정소송
262	5.20	李熙貞	귀화허가의 법적 성질
		尹仁聖	독점규제 및 공정거래에 관한 법률 제3조의2 제1항 제5호 후단에 규정된 "부당하게 소비자의 이익을 현저히 저해할 우려가 있는 행위"에 관한 소고
263	6.17	朴均省	납골당설치신고 수리거부의 법적 성질 및 적법성 판단
		姜錫勳	재조사결정의 법적 성격과 제소기간의 기산점
264	8.19	金光洙	임시이사의법적 지원

순번	연월일	발표자	발 표 제 목
		趙允熙	불복절차 도중의 과세처분 취소와 재처분금지
265	9.16	鄭準鉉	개인택시사업면허 양도시 하자의 승계
		김용하	잔여지 수용청구권의 행사방법 및 불복수단
266	10.21	崔峰碩	과징금 부과처분의 재량권 일탈 · 남용
		朴榮萬	군인공무원관계와 기본권 보장
267	11.11	俞珍式	정보공개법상 비공개사유
		주한길	행정소송법상 집행정지의 요건
268	12.16	琴泰煥	최근 외국 행정판례의 동향 및 분석
		金致煥	미국, 일본, 프랑스, 독일
		田勳	
		李殷相	
		李鴻薰	사회발전과 행정판결
269	12.1.27	裵炳皓	재개발조합설립인가 등에 관한 소송의 방법
		河明鎬	사회보장행정에서 권리의 체계와 구제
270	2.17	朴玄廷	건축법 위반과 이행강제금
		金善娥	출퇴근 재해의 인정범위
271	3.16	金重權	국가배상법상 중과실의 의미
		徐泰煥	행정소송법상 직권심리주의의 의미와 범위
272	4.20	李湖暎	시장지배적사업자의 기술적 보호조치와 공정거래법
		李玩憙	공정거래법상 신고자 감면제도
273	5.18	李東植	세무조사 결정통지의 처분성
		鄭基相	조세소송에서 실의성실원칙
274	6.15	許康茂	생활대책대상자선정거부의 처분성과 신청권의 존부
		朴貞杹	기대권의 법리와 교원재임용거부 및 부당한 근로계약 갱신 거절의 효력
275	8.17	金敞祚	정보공개법상 비공개사유로서 법인 등의 경

순번	연월일	발표자	발 표 제 목
			영 · 영업상 비밀에 관한 사항
		成承桓	경찰권 발동의 한계와 기본권
276	9.21	金宣希	도시정비법상 조합설립인가처분과 변경인가처분
		李相憙	국가와 지방자치단체의 보조금 지원과 지원거부의 처분성
277	10.19	康鉉浩	건축법상 인허가의제의 효과를 수반하는 신고
		尹景雅	결손처분과 그 취소 및 공매통지의 처분성
278	11.16	金容燮	원격평생교육시설 신고 및 그 수리거부
		李義俊	사업시행자의 생활기본시설 설치 의무
279	12.21	琴泰煥	미국, 일본, 프랑스, 독일의 최근 행정판례동향
		金致煥	
		田 勳	
		李殷相	
		崔松和	행정판례의 회고와 전망
280	13.1.18	崔桂暎	행정처분의 위법성과 국가배상책임
		金泰昊	정보공개법상 비공개사유로서 '진행 중인 재판에 관련된 정보'
281	2.15	金致煥	주민소송의 대상
		朴在胤	체육시설을 위한 수용
282	3.15	金聲培	국가유공자요건비해당결정처분
		金東國	해임처분무효
283	4.19	徐輔國	압류등처분무효확인
		崔柄律	자동차운전면허취소처분취소
284	5.24	裵柄皓	국가배상청구권의 소멸시효
		朴海植	감면불인정처분등취소
285	6.21	朴均省	국방·군사시설사업실시계획승인처분무효확인등

순번	연월일	발표자	발 표 제 목
		金慧眞	형의 집행 및 수용자의 처우에 관한 법률 제45조 제1항 위헌확인
286	8.16	俞珍式	여객자동차운수사업법 제14조 등 위헌확인 등
		김필용	증여세부과처분취소
287	9.27	慶建	정보공개청구거부처분취소
		이산해	과징금부과처분취소·부당이득환수처분취소
288	10.18	金裕煥	직권면직취소
		許盛旭	관리처분계획무효확인
289	11.15	金炳圻	완충녹지지정의 해제신청거부처분의 취소
		成重卓	조합설립인가처분무효확인
290	12.20	金聲培	미국, 일본, 프랑스, 독일의 최근 행정판례 동향
		金致煥	
		吳丞奎	
		桂仁國	
		鄭夏重	행정판례에 있어서 몇 가지 쟁점에 관한 소고
291	14. 1. 17	金相贊	국가공무원 복무규정 제3조 제2항 등 위헌확인
		金容河	사업시행승인처분취소
292	2.21	姜知恩	주택건설사업승인불허가처분 취소 등
		金世鉉	소득금액변동통지와 하자의 승계 판례변경에 따른 신뢰성 보호 문제
293	3.21	金重權	지방자치단체의 구역관할결정의 제 문제에 관한 소고
		李相悳	체납자 출국금지처분의 요건과 재량통제
294	4.18	俞珍式	정보공개거부처분취소
		金惠眞	백두대간보호에관한법률 제7조 제1항 제6호 위헌소원

순번	연월일	발표자	발 표 제 목
295	5.16	安東寅	토지대장의 직권말소 및 기재사항 변경거부의 처분성
		河泰興	증액경정처분의 취소를 구하는 항고소송에서 납세의무자가 다툴 수 있는 불복사유의 범위
296	6.20	金容燮	독립유공자법적용배제결정 - 처분취소소송에 있어 선행처분의 위법성승계
		李承勳	조합설립추진위원회 설립승인 무효 확인

行政判例研究 I~ XIX-1 總目次

行政判例研究 I ~ XIX-1 總目次

主題別 總目次

研究判例 總目次

行政判例研究 Ⅰ ~ ⅩⅨ-1 總目次

[第 Ⅰ 卷]

Ⅰ. 行政上立法

Ⅱ. 行政裁量

Ⅲ. 行政行爲의 附款

Ⅵ. 行政行爲의 取消

Ⅴ. 行政節次

Ⅵ. 行政計劃

Ⅶ. 行政訴訟의 對象

Ⅷ. 行政訴訟에 있어서의 訴의 利益

Ⅸ. 行政訴訟의 執行停止

Ⅹ. 行政權限의 委任

Ⅺ. 公務員法

Ⅻ. 營造物法

ⅩⅢ. 知的所有權·遺傳工學

ⅩⅣ. 租 稅

ⅩⅤ. 違憲審査

[第 Ⅱ 卷]

Ⅰ. 個人的 公權

Ⅱ 行政上立法

Ⅲ. 行政行爲

Ⅹ. 地方自治

Ⅺ. 租 稅

Ⅻ. 違憲審査

[第 Ⅲ 卷]

Ⅱ. 個人的 公權

Ⅲ. 信賴保護

Ⅳ. 行政上立法

Ⅴ. 行政行爲

[第 Ⅳ 卷]

Ⅰ. 行政行爲

Ⅱ. 行政計劃

Ⅲ. 行政節次

Ⅳ. 行政爭訟 一般

Ⅴ. 行政訴訟의 對象과 權利保護 必要性

Ⅱ. 行政行爲

Ⅲ. 行政計劃

Ⅳ. 行政節次

Ⅴ. 行政訴訟

Ⅵ. 損害塡補

Ⅶ. 公務員法

Ⅷ. 地方自治法

Ⅸ. 秩序行政法

Ⅹ. 租　　稅

[第 VI 卷]

Ⅰ. 行政法의 基本槪念

Ⅱ. 行政行爲

Ⅲ. 行政訴訟

Ⅳ. 給付行政 · 環境行政

Ⅴ. 租　　稅

Ⅵ. 外國判例研究

[第 Ⅶ 卷]

Ⅰ. 行政行爲

Ⅱ. 行政行爲

Ⅲ. 行政節次

Ⅳ. 行政上 損害塡補

Ⅴ. 行政訴訟

Ⅵ. 建築行政法

Ⅶ. 環境行政法

Ⅷ. 文化行政法

Ⅸ. 外國行政法判例研究

[第 Ⅷ 卷]

Ⅰ. 行政立法

Ⅱ. 行政行爲

Ⅲ. 情報公開

Ⅳ. 行政의 實效性確保手段

Ⅴ. 行政上 損害塡補

Ⅵ. 行政訴訟

Ⅶ. 土地行政法

Ⅷ. 租稅行政法

Ⅸ. 外國行政判例研究

Ⅹ. 韓·日行政訴訟法制의 改正과 向後方向(國際學術會議)

[第 Ⅸ 卷]

Ⅰ. 行政行爲

Ⅱ. 行政節次

Ⅲ. 行政訴訟

Ⅳ. 地方自治法

Ⅴ. 租稅行政法

Ⅵ. 최근 行政訴訟判決의 主要動向

[第 X 卷]

Ⅰ. 行政立法

Ⅱ. 行政行爲

Ⅲ. 行政節次

Ⅳ. 行政上 損害塡補

Ⅴ. 行政訴訟

Ⅵ. 租稅行政法

[第XI 卷]

Ⅰ. 韓國行政判例研究會 200회 特輯 紀念論文

Ⅱ. 行政行爲

Ⅲ. 行政의 實效性確保手段

Ⅳ. 行政訴訟

Ⅴ. 地方自治法

VI. **建築行政法**

[第XII卷]

I. **韓法令補充的 性格의 行政規則의 整備方案**
— 法制處 · 韓國行政判例研究會 官學協同 Workshop —

II. **行政立法**

III. **行政訴訟法**

Ⅳ. 經濟行政法

Ⅴ. 租稅行政法

[第 XIII 卷]

Ⅰ. 行政立法

Ⅱ. 行政行爲

Ⅲ. 行政計劃

Ⅳ. 行政節次法

Ⅴ. 行政上 損害塡補

Ⅳ. 行政의 實效性確保手段

Ⅴ. 行政上 損害塡補

Ⅵ. 行政訴訟法

Ⅶ. 公物·營造物法

Ⅷ. 外國判例 및 外國法制 硏究

[第 XIV-2卷]

Ⅰ. 行政法의 基本原理

Ⅱ. 行政行爲의 附款

Ⅲ. 行政行爲의 瑕疵

Ⅳ. 行政의 實效性確保手段

Ⅴ. 行政上 損害塡補

Ⅵ. 公務員法

Ⅶ. 外國判例 및 外國法制 硏究

[第XV-1卷]

Ⅰ. 行政法의 基本原理

Ⅱ. 行政行爲의 概念과 種類

Ⅲ. 行政行爲의 職權取消·撤回

Ⅳ. 取消訴訟의 對象

Ⅴ. 行政上 損害塡補

Ⅵ. 公務員法

Ⅶ. 地方自治法

Ⅷ. 經濟行政法

Ⅸ. 建築行政法

[第XV-2卷]

Ⅰ. 認·許可 擬制 制度의 效果와 立法의 方向

(2010. 6. 4. 韓國行政判例硏究會·法制處 공동세미나)

Ⅱ. 行政立法

Ⅲ. 行政行爲

Ⅳ. 行政訴訟

Ⅴ. 地方自治法

Ⅵ. 外國判例 및 外國法制 研究

[第ⅩⅥ-1卷]

Ⅰ. 行政法의 基本原理

Ⅱ. 行政立法

Ⅲ. 行政行爲

Ⅳ. 損害塡補

Ⅴ. 地方自治法

VI. 租稅行政法

[第 XVI-2卷]

I.行政行爲의 瑕疵

II. 行政訴訟一般

III. 行政訴訟의 類型

IV. 經濟行政法

V. 外國判例 및 外國法制 研究

[第 XVII -1卷]

Ⅰ. 行政行爲의 附款

Ⅱ. 行政計劃

Ⅲ. 行政의 實效性 確保手段

Ⅳ. 取消訴訟의 對象

Ⅴ. 行政訴訟의 類型

Ⅵ. 地方自治法

Ⅶ. 經濟行政法

Ⅷ. 租稅行政法

[第 XVII -2卷]

Ⅰ. 行政行爲의 槪念과 種類

Ⅱ. 行政節次 및 情報公開

Ⅲ. 損害塡補

Ⅳ. 秩序行政法

Ⅴ. 經濟行政法

Ⅵ. 勞動行政法

Ⅶ. 外國判例 및 外國法制 研究

[第 XVIII -1卷]

Ⅰ. 行政行爲의 瑕疵

Ⅱ. 行政節次 및 情報公開

Ⅲ. 取消訴訟의 對象

Ⅴ. 損害塡補

Ⅵ. 建築行政法

Ⅶ. 環境行政法

Ⅷ. 外國判例 및 外國法制研究

[第ⅩⅨ-1卷]

Ⅰ. 行政行爲의 瑕疵

Ⅱ. 行政節次 및 情報公開

主題別 總目次(行政判例研究 Ⅰ~ⅩⅨ-1)

行政法의 基本原理

個人的 公權

行政立法

行政行爲의 槪念과 種類

行政行爲의 附款

行政行爲의 效力

行政行爲의 瑕疵

行政行爲의 職權取消·撤回

行政計劃

行政節次 및 情報公開

行政의 實效性確保手段

行政爭訟一般

取消訴訟의 對象

行政訴訟에 있어서의 訴의 利益

行政訴訟의 審理

行政訴訟과 假救濟

行政訴訟의 類型

損害塡補

行政組織法

公務員法

地方自治法

秩序行政法

公物·營造物法

環境行政法

助成行政法

經濟行政法

租稅行政法

建築行政法

土地行政法

敎育行政法

文化行政法

勞動行政法

憲法裁判

外國判例 및 外國法制 研究

行政訴訟判決의 主要動向

紀念論文

研究判例 總目次
(行政判例研究 Ⅰ~ⅩⅨ-1)

〔대 법 원〕

〔서울고등법원〕

〔광주고등법원〕

〔수원지방법원〕

〔서울행정법원〕

〔헌법재판소〕

〔EU판례〕

유럽법원, 1987. 3.12. 판결(사건번호 178/84) XII-298

〔독일판례〕

연방헌법재판소(Bundesverfassungsgericht) 1975.10.28. 판결(BVerfGE 40, 237) III-57

연방헌법재판소 1998. 5. 7. 판결(BVerfGE 98, 83; 98, 106) VI-355

연방행정법원(Bundesverwaltungsgericht) 1979.12.13. 판결(BVerwGE 59, 221) IV-3

연방행정법원 1980.12. 3. 판결(BVerwGE 73, 97) I-219

연방행정법원 1982.12. 1. 판결(BVerwGE 66, 307) II-7

연방행정법원 1985.12.19. 판결(BVerwGE 72, 300) II-83, II-193

연방행정법원 2000. 3. 2. 판결 - 2C1.99- VII-407

연방행정법원 2006. 4.26. 판결 – 6C19/05 XIV–479

연방행정법원 2006.10.17. 판결 – 1C18/05 XIV–458

연방행정법원 2006.12.21. 결정 – 1C29/03 XIV–465

연방행정법원 2007. 7.25. 판결 – 6C27/06 XIV–469

연방행정법원 2007. 8 22. 결정 – 9B8/07 XIV–475

연방행정법원 2008. 2.21. 결정 – 4 C 13/0 XIV–2–321

연방행정법원 2008. 3.13. 판결 – 2 C 128/07 XIV–2–321

연방행정법원 2008. 4.15. 결정 – 6 PB 3/08 XIV–2–321

연방행정법원 2008. 4.29. 판결 – 1 WB 11/07 XIV–2–321

연방행정법원 2008. 6.26. 판결 – 7 C 50/07 XIV–2–321

연방행정법원 2009. 2.25. 판결 – 6 C 25/08 XV–2–459

연방행정법원 2009. 6. 9. 판결 – 1 C 7/08 XV–2–459

연방행정법원 2009. 9. 7. 결정 – 2 B 69/09 XV–2–459

연방행정법원 2009.11.11. 결정 – 6 B 22/09 XV–2–459

연방행정법원 2009.12.30. 결정 – 4 BN 13/09 XV–2–459

연방행정법원 2010. 1.28. 판결 – 8 C 19/09 XVI–2–328

〔프랑스판례〕

〔미국판례〕

〔일본판례〕

行政判例研究 XIX - 1

2014년 6월 25일 초판인쇄
2014년 6월 30일 초판발행

편서사 사단법인 한국행정판례연구회
대 표 정 하 중

발행인 안 종 만

발행처 (주)박영사
서울특별시 종로구 평동 13-31번지
전화 (733) 6771 FAX (736) 4818
등록 1959. 3. 11. 제300-1959-1호(倫)

편저자와 협의하여 인지를 생략함

www.pybook.co.kr e-mail: pys@pybook.co.kr

정 가 39,000원

ISBN 979-11-303-2644-3
ISBN 978-89-6454-600-0(세트)
ISSN 1599-7413 23